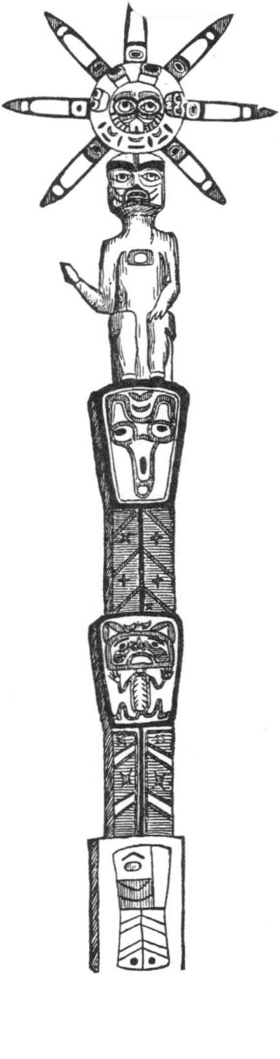

Franz Boas, George Hunt (Hrsg.)

Die fremde Welt der Kwakiutl

Indianische Mythen der Nord-Westküste Kanadas

übersetzt und eingeleitet
von Dr. Harro Strehlow

Reihe DOCUMENTA ETHNOGRAPHICA
Herausgegeben von Michael Kuper

Verlag Clemens Zerling

Die Deutsche Bibliothek - CIP-Einheitsaufnahme
Die **fremde Welt der Kwakiutl :** indianische Mythen der Nord-Westküste Kanadas / Franz Boas ; George Hunt (Hrsg.). Übers. und eingeleitet von Harro Strehlow. - 1. Aufl. - Berlin: Zerling, 1994
(Reihe Documenta ethnographica ; 6)
Einheitssacht.: Kwakiutl tales <dt.>
ISBN 3-88468-057-9
NE: Boas, Franz (Hrsg.); EST; GT

Die Texte erschienen 1935 in New York als: Kwakiutl-Tales. New Series by Franz Boas. Die Karten im Vorwort entnahmen wir aus: E. Kasten, Maskentänze der Kwakiutl, Reimer Verlag, Berlin 1990. Abdruck mit freundlicher Genehmigung der Staatlichen Museen zu Berlin.

1. Auflage, Berlin 1994

ISBN 3-88468-057-9

Grafische Gestaltung
Sybille Zerling und Arno Heßling
Rotation Verlag-Service, Berlin

Druck und Bindung
Wiener Verlag GeS. mbH Nfg. Kg.,
A-2325 Himberg

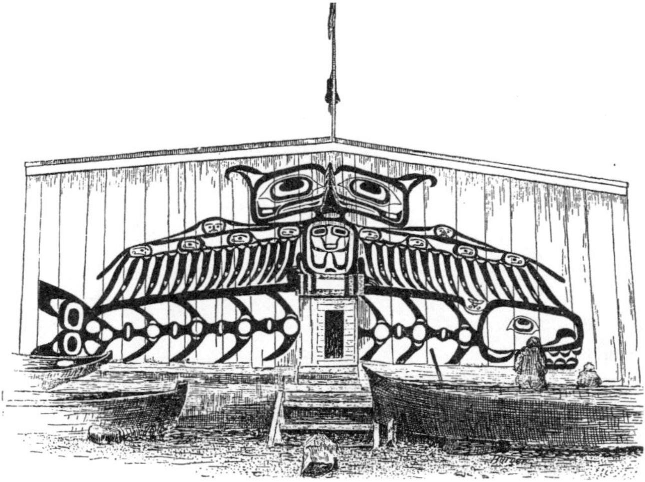

Winterfest der Koskimo-Hamats'as am Strand
im östlichen Teil von Fort Rupert,
Vancouver Island, British Columbia.
Von Oregon Columbus Hastings,
1894

Inhalt

Die Geschichte

Die Sänger erhielten ein weiteres Signal, den Takt zu schlagen. Herein kamen die Orcas. Sie traten zu zweit und zu dritt ein. Sie trugen aus Holz geschnitzte Finnen, die sie auf ihre Rücken gebunden hatten, und stießen Blas aus. Sie bewegten sich in gebeugter Haltung, so daß die Finnen aufrecht standen. Blas ausstoßend liefen sie um das Feuer, bis sie neben den Kormoranen stehen blieben. Jetzt erklärte der Sprecher: „Wißt ihr, warum wir unsere Zeremonie mit dem Einzug der Kormorane und der Orcas eröffnen? In den alten Zeiten, als Kwekwaxa'we in seinem ungefalteten Kanu durch die Welt reiste, kam er nach Gwa'lgwala'lalis, wo das Dorf der Na'kwaxdax lag. Damals lebten dort die Na'kwaxdax und die Orcas. Kwekwaxa'we verließ sie und zog nach Y Exwe'sdem. Als er fort war, entstanden Probleme zwischen den Na'kwaxdax und den Schwertwalen. Als Kwekwaxa'we davon hörte, verwandelte er einige der Wale in Vögel, andere in Sand. Deswegen ertönt der Sand an der Küste von Gwa'lgwala'lalis, wenn man darüber läuft."

Nachdem er mit seiner Erklärung fertig war, kamen die Frauen herein, als Vögel verkleidet. Sie tanzten um das Feuer und blieben bei den Kormoranen und Orcas stehen. Der Sprecher fuhr fort: "Wißt ihr, was das bedeutet? Die Vögel lebten in Y Exwe'sdem, als Kwekwaxa'we dort ankam. Sie lebten in einer Höhle. Kwekwaxa'we bemalte sie mit unterschiedlichen Farben. Die Krähen und die Kormorane wollten hübscher werden als alle anderen und warteten bis zuletzt. Doch dann stellte es sich heraus, daß Kwekwaxa'we alle seine Farben verbraucht hatte und nur noch etwas Holzkohle übrig war, mit der er sie anmalte. Deshalb sind sie schwarz. Nachdem die Vögel angemalt waren, kamen sie tanzend aus der Höhle. Zu dieser Zeit war das Kanu von Kwekwaxa'we verbrannt. Wenn ihr nicht glaubt, was ich berichte, Koskimo, kommt und besucht mich, und ich werde euch den Ort zeigen." Nach dieser Erklärung verteilten die Na'kwaxdax ihre Decken an die Kwa'gul und die Koskimo.

(Boas unveröffentlichtes Manuskript, nach *Codere* 1966).

Dieser kurze Ausschnitt aus der Schilderung einer Winterzeremonie in Fort Rupert, die Franz Boas erlebte, führt uns in die - inzwischen untergegangene - Welt der indianischen Völker der Nord-Westküste Amerikas. Das Zitat unterscheidet sich vom Rest des Berichtes dadurch, daß der Sprecher der Na'kwaxdax Gründe für die verschiedenen Tänze nennt, während üblicherweise als bekannt vorausgesetzt wird, weshalb die Tänzer ihre bestimmten Figuren aufführen.

Damit gibt uns der Sprecher der Na'kwaxdax einen Schlüssel zum Verständnis der Winterzeremonie und der Mythen der Kwakiutl. Ein wichtiger Aspekt dabei ist die Darstellung der eigenen Geschichte, die Besinnung auf den mythischen Ursprung und die mit übernatürlichen Ereignissen verbundenen Erlebnisse der Kwakiutl. Damit erklärt sich auch die verwirrende Vielfalt der Erzählungen und Überlieferungen, die nicht nur Franz Boas, sondern auch alle anderen Europäer, die sich mit den Mythen der Nord-Westküstenindianer befaßt haben, beeindruckt und erstaunt hat. Denn jede Familie, jeder Numaym, jedes Dorf besitzt seine eigene Abstammungs- und Siedlungsgeschichte, die auf ihren mythischen Ursprung und weitere mythische Erlebnisse zurückgeführt und in den unterschiedlichen Wappen, Kupferplatten, im unterschiedlichen Zeremonialschmuck aus Thujabast und Thujarinde und vor allem in den Tänzen und Liedern vergegenwärtigt und symbolisiert wird.

Wenn auch viele Darstellungen und Bestandteile der Winterzeremonie festgelegt sind, so bleibt zumindest der historische Aspekt wandelbar. Wie Boas in seiner Schilderung ausführt, werden auch aktuelle Ereignisse wie die Begegnung mit Europäern oder der Versuch einer Verhaftung als karikierende Darstellungen mit in die Zeremonie aufgenommen und erhalten sich dann über lange Zeiträume. Aber auch historische Ereignisse wie die Zusammenlegung von Dörfern oder das Aufspalten einer Gemeinschaft werden als getanzte Mythen in der Erinnerung der Festbesucher wachgehalten.

Neben dieser mythischen Sichtweise der Geschichte gibt es auch eine andere: die europäische Geschichtsbetrachtung. Nach dieser Überlieferung erreichten im letzten Drittel des 18. Jahrhunderts Europäer die Völker der Nord-Westküste Amerikas. Kan (1989) nennt für die weiter im Norden wohnenden Tlingit 1741 als Jahr der ersten Begegnung mit Russen. Größeren Bekanntheitsgrad genießt bei uns die Landung von Captain James Cook mit seinen beiden Schiffen „Resolution" und „Discovery" im April 1778 auf Vancouver Island. In der Folge kam es zu Handelsbeziehungen mit europäischen und amerikanischen Seefahrern und Pelzhändlern. 1792 nahm Georg Vancouver den ersten Kontakt zu den Kwakiutl auf und mußte feststellen, daß sie nicht nur den Umgang mit Musketen beherrschten, sondern auch mit europäischen Waren gut versorgt waren (*Kasten* 1990).

1849 gründete die Hudson Bay Company den Handelsposten Fort Rupert. Die vermehrten Kontakte mit Europäern brachten den indianischen Völkern nicht nur eine bessere Versorgung mit europäischen Erzeugnissen, sondern auch bis dahin unbekannte Infektionskrankheiten. 1862 starb etwa ein Drittel der Bewohner der Nord-Westküste an Pocken. Der durch Europäer illegal vertriebene Alkohol verursachte zusätzliche soziale Probleme. Der durch den Handel erworbene Wohlstand barg Sprengstoff für eine zwar dynamische, aber doch festgefügte soziale Ordnung.

Als 1871 die britische Kolonie British Columbia Kanada angegliedert wurde, fielen die indianischen Einwohner der Nord-Westküste unter die Indianer-Gesetzgebung und Verwaltung der Kanadischen Regierung. Etwa um die gleiche Zeit begann eine verstärkte Missionstätigkeit, vor allem durch die Anglikanische Kirche. Die Missionare verfaßten das erste Wörterbuch in Kwakwala, der Sprache der Südkwakiutl, und übersetzten die Bibel.

1876 betrieb die Kirche mit Erfolg das Verbot der wichtigsten Veranstaltungen der Nord-Westküstenbewohner, des Potlatch und der Winterzeremonie. Als es 1889 deswegen zu ersten Verhaftungen kam, versuchte auch Franz Boas eine Aufhebung dieses Gesetzes zu erreichen. Doch der Einfluß der Kirche blieb stärker, so daß die Indianerbehörde das Gesetz beibehielt. Die Bedeutung der Potlatchs war so wichtig, daß sie trotzdem weiter abgehalten wurden, wenn auch zum Teil heimlich oder unter der Tarnung christlicher Feste. Noch 1921 führte dies zur Verhaftung und Verurteilung zu mehrmonatigen Gefängnisstrafen von mehr als zwanzig wichtigen Häuptlingen als Teilnehmern eines Potlatch. Die Richter verurteilten Veranstaltung und Teilnahme am Potlatch sowie Vergabe und Annahme von Geschenken dabei. Die Häuptlinge konnten der Einkerkerung nur dadurch entgehen oder sie mildern, daß sie sich bereit erklärten, ihre zeremoniellen Gegenstände gegen Bezahlung abzugeben. Im Ganzen kamen so über 500 Objekte zusammen, für welche die Regierung insgesamt 1400 Dollar zahlte, was ungefähr dem vierten Teil des Wertes einer einzigen Kupferplatte entsprach. Der größte Teil der Sammlung gelangte als Potlatch-Collection in das Victoria-Memorial-Museum, das heutige Canadian Museum of Civilization. Seit der Aufhebung des Potlatch-Verbotes 1951 bemühten sich die früheren Besitzer der Gegenstände und ihre Nachkommen, wenigstens den in Kanada verbliebenen Teil wieder zurückzuerhalten. 1973 konnten sie einen Teilerfolg erringen, durch den die Zeremonialgegenstände zwar nicht ihren Besitzern zurückgegeben, sondern in zwei eigens für diesen Zweck errichtete Museen in der Alert-Bay und in Cape Mudge überführt wurden. 1987 folgte der im Royal Ontario Museum befindliche Teil der Potlatch-Collection. Nur im Museum of the American Indian in Washington befinden sich noch wertvolle Zeremonialgegenstände, über deren Rückführung aber inzwischen ebenfalls nachgedacht wird (*Sens* 1994).

Bei der Assimilierungspolitik spielte begleitend dem Verbot von Potlatch und Winterzeremonien die Einrichtung von Schulen eine wichtige Rolle. Neben der Einrichtung von Dorfschulen, in denen der Gebrauch der Kwakwala-Sprache verboten war, erhielten die Internatsschulen besondere Bedeutung. Der erzwungene Besuch entfernte die Kinder aus dem gesellschaftlichen Leben ihres Volkes. Sie durften ihre Sprache nicht verwenden und mußten statt dessen Sprache, Kleidung, Haarschnitt und Lebensweise der europäischen Kanadier annehmen. Teilweise wurden die Kinder auch einzeln bei - meist sektiererisch religiösen - Familien in den Städten untergebracht, getrennt von allen Verwandten und anderen Indianern. Auf die Bedeutung von Schule und Missionstätigkeit für die Assimilierungspolitik verweisen auch die Berichte der Indianerbeauftragten immer wieder (*Codere* 1950), die ihre Hoffnung darauf setzten, daß sich die Jugend der sozialen Ordnung und den alten Bräuchen mehr und mehr entfremdete. Dabei war eine Assimilierungspolitik - neben den unmenschlichen Aspekten und Menschenrechtsverletzungen - unnötig, da die Kwakiutl durchaus Bereitschaft und Willen zeigten, sich in das europäisch geprägte Wirtschaftssystem einzupassen und sich die notwendige Schulbildung anzueignen, allerdings unter Beibehaltung ihrer kulturellen Selbständigkeit.

Erst seit wenigen Jahren ist es möglich, in den Dorfschulen auch Kwakwala zu lehren und zu lernen und die Traditionen und Kultur der Kwakiutl zu pflegen und weiterzuentwickeln.

Nachdem die Integration in einigen Wirtschaftszweigen gelungen war und die Kwakiutl Fischerei-, Holzverarbeitungsbetriebe und ähnliches geschaffen hatten, ließ die Konzentration und Industrialisierung in diesen Bereichen die eigenständige Wirtschaft zusammenbrechen. In jüngster Zeit kommt eine neue Bedrohung der Menschen und ihrer Kultur hinzu. Die jahrtausendealten Wälder mit den viele hundert Jahre alten Baumriesen der Nord-Westküste sind zur Vernichtung durch Holzkonzerne freigegeben. Die Konzessionen haben aber nicht die indianischen Völker der Nord-Westküste vergeben, sondern die Provinzregierung. So kommen ihnen auch die Einnahmen nicht zu gute, sondern über ihre Köpfe hinweg verfügen wieder einmal andere über ihr Leben. Gerade in einem empfindlichen Ökosystem wie der Nord-Westküste sind die Folgen des Raubbaus an den Wäldern verheerend. Durch die Verschmutzung der Flüsse verschwanden die Lachse, die Eulachon-Fische und viele andere Wassertiere. Regenfälle waschen den Boden schnell aus und machen das Land unbewohnbar. Gerade Thuja und Hemlockkiefer hatten für das gesellschaftliche und geistige Leben eine besondere Bedeutung, die mit dem Kahlschlag der Wälder ebenfalls verloren geht.

Diese europäische Geschichtsschreibung kann durch viele weitere Daten verschiedener Völker und Siedlungen ergänzt werden. So mit dem unglücklichen Versuch der Anwerbung einer Kwakiutl-Gruppe für eine Völkerschau durch Jacobson 1881

(*Thode-Arora* 1989), den er 1885 ebenso erfolglos wiederholte, weshalb er dann eine Gruppe Bella Coola zusammenstellte; oder mit der durch Franz Boas organisierten Teilnahme einer Gruppe Kwakiutl an der Weltausstellung 1893 in Chicago.

Wie auch bei vielen anderen Völkern Nordamerikas kam es in den letzten zwanzig Jahren zu einer Rückbesinnung auf die eigene Kultur. Sie löste nach jahrzehntelanger Zwangspause durch Belebung der alten Bräuche und der eigenen Sprache neue Impulse an der Nord-Westküste aus. So versuchen Künstler, die alten Traditionen weiterzuentwickeln und mit neuen Formen zu verbinden. Potlatch-Feste und Winterzeremonien finden wieder statt, nicht in der alten komplexen religiös-ökonomisch-historisch-gesellschaftlich bestimmenden Form, aber als Ausdruck des Wiederbelebens einer eigenständigen wertvollen Kultur, deren Erbe es zu sichern gilt.

Die Völker der Nord-Westküste Amerikas

Sprechen wir von den Bewohnern der Nord-Westküste Amerikas, so beziehen wir uns damit auf die Völker, die ein Gebiet bewohnten oder bewohnen, das sich in seinen Ausläufern vom Norden Kaliforniens bis nach Alaska erstreckt. In diesem mehr als 1700 km langen Küstenstreifen siedelten bereits vor 8500 Jahren Menschen (*Kasten* 1989). Wie aus archäologischen Funden ersichtlich ist, unterschieden sich die Lebensgewohnheiten um diese Zeit nicht wesentlich von denen der Völker im vorigen Jahrhundert. Der Aufbau der Dörfer, die Benutzung von Kanus und dieselben Beutetiere verdeutlichen dies.

Im Kerngebiet von British Columbia lassen sich zehn ethnische Gruppen mit 34 sprachlich verschiedenen Untergruppen ausmachen. Diese Vielfalt teilt sich in sieben "Menschengruppen" auf (nach *Läng* 1989): Tlingit, Haida, Tsimshian, nördliche und südliche Kwakiutl, Nootka, Küsten-Salish und Bella Coola. Teilweise werden nördliche und südliche Kwakiutl auch als zwei verschiedene Gruppen aufgefaßt. Die sprachlichen Unterschiede der beiden

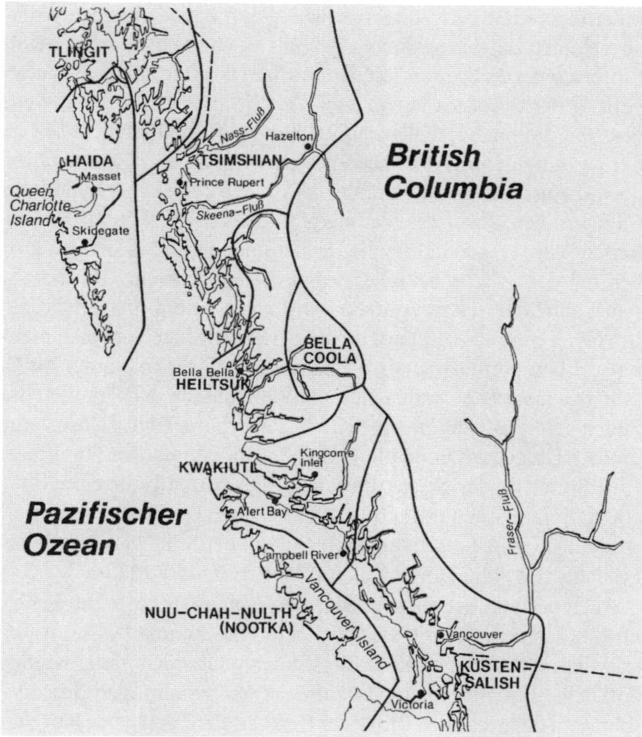

Indianische Sprachgruppen der Nord-Westküste

Gruppen sollen denen von Niederländisch und Englisch entsprechen (*Codere* 1961). Erwähnt werden müssen auch die Chinook, deren Sprache im letzten Jahrhundert als Handelssprache des gesamten Gebietes diente. Den letzten Vertreter dieses heute ausgestorbenen Volkes traf Franz Boas 1890 in Oregon.

Trotz dieser Vielfalt an Völkern und Sprachgruppen ähneln sich die Kulturen der Nord-Westküste. Bestimmt durch die äußeren Bedingungen und die seit Urzeiten bestehenden Beziehungen zwischen den einzelnen Völkern haben sich prägende Elemente herausgebildet, die den gesamten Bereich zu einer einzigartigen Kultur formten. Das beginnt mit dem Aufbau der Dörfer, deren Häuser entlang der Gewässer lagen, eine Giebelfront zum Wasser gewendet, und die mit symbolischen Zeichnungen in ähnlichem Stil an der gesamten Nord-Westküste geschmückt waren. Dazu gehören auch die großen Wappenpfähle, die an den Häusern oder in ihrer Nähe standen, sowie die Sommerplattformen, Holzbauten, die näher am Wasser standen als die Häuser und auf denen sich ein großer Teil des Lebens bei geeignetem Wetter abspielte. Die Häuser selbst ähnelten sich im Aufbau. Der Boden war mit Brettern belegt. Um einen zentralen Innenraum mit Feuerstelle lagen ein oder mehrere erhöhte Stufen, oft als Plattformen bezeichnet. An der Rückseite des Hauses befanden sich die Wohnabteile der Familien. Im Süden fehlte oft der zentrale Teil, dafür hatten die Häuser eine größere Länge und Bodentiefe. Die Plattformen bildeten in diesem Falle Stufen an den Seiten des Hauses. Die Grundfläche eines Hauses maß im Norden etwa 15 x 10 Meter, die Festhäuser waren oft wesentlich größer. So stand noch 1855 in der Nähe von Seattle ein Festhaus mit einer Länge von 160 Metern (*Lindig* 1972).

Auch bestand bei allen Völkern der Nord-Westküste die Einteilung des Jahres in eine weltliche und eine sakrale Hälfte. In der sakralen Winterzeit fanden die Winterzeremonien statt, wurden Potlatchs und andere gesellschaftliche Veranstaltungen durchgeführt und die wichtigen Dinge der Gemeinschaft geregelt. Das Sommerhalbjahr diente der Jagd und dem Sammeln und Zubereiten von Früchten. Es gab nur wenige Feste in dieser Zeit.

Wenn schon, wie angedeutet, innerhalb der Kwakiutl jedes Dorf, jeder Numaym und jede Familie ihre eigene Überlieferung und Ausgestaltung der Winterzeremonien besitzt, so trifft das in verstärktem Ausmaß auf die verschiedenen Völker der Nord-Westküste zu. Bei aller Ähnlichkeit in der Lebensweise und Kultur bestehen in den Überlieferungen und Mythen der einzelnen Völker wie in ihrer tänzerischen und maskenhaften Darstellung bedeutende und nicht zu vernachlässigende Unterschiede, so daß wir im Begriff der „Nord-Westküstenkultur“ eine Reihe recht verschiedenartiger Kulturen zusammenfassen.

Die Kwakiutl

Die Kwakiutl bewohnen ein Gebiet, daß sich von der Vancouver Island bis fast zum Skeena-River erstreckt. Sie bilden zwei unterschiedliche Gruppen, die Nordkwakiutl, Heiltsuk oder Bella Bella, und die Südkwakiutl, deren Kultur Franz Boas am intensivsten erforschte. Die Nachbarvölker im Süden sind die Nootka und die Küsten-Salish, im Norden die Tsimshian und im Osten die Bella Coola.

Eine Vielzahl von Inseln, Schären, Fjorden und Meeresarmen prägt die Landschaft. Das Klima wird von der warmen Kuro-Schio-Strömung bestimmt. Im Winter kann wegen der nördlichen Lage aber eine sehr große Kälte auftreten, so daß Flüsse und Meeresarme teilweise zufrieren. Zahlreiche Niederschläge bewirken eine üppige Vegetation, die in den nördlichen Regenwäldern mit ihren jahrhundertealten Baumriesen ihre beeindruckendste Ausprägung findet. Obwohl die Wälder mit ihren Beeren, ihrem Wild und vor allem ihren Bäumen für das Leben der Kwakiutl unverzichtbar waren, wandte sich ihre gesamte Kultur und ihr Lebensablauf dem Wasser zu. In den Wäldern sahen sie den unheimlichen, bedrohlichen Raum, in dem die Ungeheuer und übernatürlichen Mächte lauerten. In die Wälder begab sich der Kwakiutl für ein metaphysisches Erlebnis und kehrte in ein übernatürliches Wesen verwandelt wieder aus der Wildnis zurück.

Dagegen bot das Meer mit seinen Armen und Buchten den eigentlichen Lebensraum der Kwakiutl. Das Meer diente als Verbindungs- und Transportweg. Verschiedene Boote vom sechs Meter langen Jagdkanu bis zum 20 Meter langen Reise- und Transportkanu ermöglichten die notwendige Mobilität. Das Meer barg auch die Nahrung, die verschiedenen Lachsarten, die Eulachon-Fische, Schnecken, Muscheln und als See-Eier bezeichnete Seeigel. Im Meer schwammen Seehunde und Seelöwen, auf die wegen des Fleisches, Fettes und Fells Jagd gemacht wurde. Es war auch die Heimat der Seeotter, deren kostbares Fell die Kwakiutl nicht nur für den eigenen Bedarf, sondern auch für den Handel nutzten. Wale jagten sie in der Regel nicht, aber wenn ein Wal an Land trieb, bildete er eine willkommene Bereiche-

Seite 18 und Seite 19:

Siedlungsgebiet und Dorfgruppen der Kwakiutl

rung des Speiseplans und der Ölvorräte. Zugleich drohten von dem Meer vielerlei Gefahren, und diese Bedrohung wurde durch verschiedene Seeungeheuer personifiziert.

Die reichen Wälder mit ihren Thujen, Hemlocktannen und anderen Bäumen schufen die Basis für eine Kultur, die eine einzigartige Holzverarbeitung herausbildete. Die Häuser errichteten sie ohne Verwendung von Nägeln. Viele Hausgeräte wurden aus Holz gefertigt. Durch besondere und sonst unbekannte Verarbeitungsverfahren stellten sie so Kisten und Schüsseln her. Neben der Anfertigung von Gebrauchsgegenständen spielte die Holzschnitzkunst für die Herstellung von Masken, Wappenpfählen und anderen Schmuckgegenständen eine große Rolle.

Wälder und Meer boten Nahrung und Kleidung im Überfluß. Dadurch entstand an der gesamten Nord-Westküste eine gesellschaftliche Arbeits- und Aufgabenteilung, die für Jäger- und Sammlergesellschaften einzigartig blieb und die vielleicht die am weitesten fortgeschrittene Entwicklung dieser Kulturform repräsentiert. Es gab besonders Privilegierte mit hohem Reichtum, etwa dem Adel vergleichbar, und in der Rangfolge tiefer stehend verschiedene andere soziale Schichten. Auf der untersten Stufe standen die Sklaven, die sich aus Gefangenen zusammensetzten und im Verständnis der Kwakiutl nicht zur Gesellschaft gehörten.

Das gesellschaftliche System der Kwakiutl war äußerst komplex und ist in seiner Gesamtheit von den europäischen Forschern nicht befriedigend dargelegt worden. Als die am einfachsten erkennbare Unterteilung lassen sich die Dorfgemeinschaften erfassen. Boas (1897) nannte 20 Dorfgruppen, von denen sich zwei in jeweils fünf Dorfuntergruppen gliederten. Diese Dorfgruppen bildeten Einheiten, die von Boas als „Tribes“ bezeichnet wurden und sich jeweils voneinander unterschieden. Dabei blieben die Dorfgruppen nicht konstant, sondern siedelten um, zogen auseinander oder vereinten sich ganz oder in Teilen, so daß neue Dorfgruppen entstanden.

Doch in den Dorfgruppen finden wir nicht das wichtigste Element der Kwakiutl-Gesellschaft. Jede Dorfgruppe zerfiel in verschiedene Numaym, Dorfabteilungen. Jeder Numaym siedelte

Geschnitztes Geschirr
der Kwakiutl

in einem Bereich des Dorfes. Er hatte seinen eigenen Häuptling, und die Zugehörigkeit zu einem Numaym und die Identifizierung mit ihm war von entscheidender Bedeutung für jeden Kwakiutl. Ein Numaym kann als eine Abstammungslinie bezeichnet werden. Innerhalb des Numaym gab es als Untergliederungen noch die Hausgruppen, die Bewohner eines Hauses, und die Familiengruppen.

Innerhalb des Dorfes und des Numaym bestand eine soziale Hierarchie, die sich in eine Vielzahl von Rangstufen gliederte. Jeder Rang besaß besondere Wappen und Schmuckzeichen, jedem Rang war im Haus und im Versammlungshaus ein besonderer Platz zugeordnet. Der Rang bestimmte auch die Privilegien und Aufgaben des Einzelnen bzw. der Familiengruppe. Zwar gab es ein kompliziertes System der Vererbung von Rangstufen, doch wurde der Erbe einer Rangstufe nicht automatisch Mitglied dieses Ranges, sondern erwarb ihn durch eine Übernahme des Ranges bei einer Winterzeremonie oder einem Potlatch. Dabei ermöglichte der Erwerb der untergeordneten Rangstufen erst den Erwerb der höheren. So sicherten die Privilegienhalter, daß der Zugang zu hohen Rangstufen nur denen möglich war, die genügend Reichtum für mehrfache Feiern aufbringen konnten. Rangstufen und Ämter konnten aber nicht nur durch Vererbung erworben werden, sondern auch durch Heirat, Kauf oder auch durch Ermordung des Trägers und Erbeutung von Wappen und anderen Zeichen.

Ein charakteristisches Merkmal der Kwakiutl-Gesellschaft war, daß der Erwerb eines Amtes oder einer Rangstufe nur durch die öffentliche Anerkennung gültig wurde. Diese öffentliche Anerkennung fand während der Winterzeremonien oder der Potlatchs statt. Diese Ranghierarchie bestand nicht nur innerhalb eines Numaym, sondern Abstufungen gliederten ebenfalls das Verhältnis zwischen den Numaym und den Dörfern. Dadurch ergab sich eine Summe von 658 verschiedenen Rangstufen oder Sitzen. Die Ränge bestimmten in gewissem Sinne auch die weltliche Ordnung der Kwakiutl. Ihre eigentliche Bedeutung aber eröffnete sich erst bei der Durchführung von Festen und Potlatchs. Der Rang bestimmte nicht nur die Beziehungen der Festteilnehmer zueinander, sondern jeder Rang hatte eine besondere

Aufgabe und eine besondere Beziehung zur übernatürlichen Welt, die in seinem Namen und seiner Geschichte zum Ausdruck kam.

Diese weltliche Ordnung der Kwakiutl-Gesellschaft überlagerte noch eine sakrale Gliederung. Im Winterhalbjahr, wenn die übernatürliche Macht aus dem Norden in die Wohngebiete der Kwakiutl drang und das Leben der Menschen beeinflußte, trat diese sakrale Gliederung der Gesellschaft hervor. Einen wichtigen Teil dieser Organisation bildeten die Geheimbünde. Auch sie hatten ihren mythischen Ursprung in einer Begegnung mit den übernatürlichen Mächten und dem Erwerb eines übernatürlichen Schatzes durch den mythischen Begründer des Geheimbundes. Sie übernahmen vor allem sakrale Aufgaben und spielten bei der Durchführung der großen Feste des Winterhalbjahres eine maßgebliche Rolle. War es die Aufgabe der weltlichen Gliederung der Gesellschaft, die Einhaltung der Fang- und Sammelrechte jedes einzelnen Mitgliedes der Gesellschaft zu garantieren, so übernahmen die Geheimbünde im Winterhalbjahr die Aufgabe, das Leben der Gemeinschaft gegen die herandrängenden übernatürlichen Kräfte durch die richtige Abhaltung der Zeremonien und Feiern zu sichern. Die Geheimbünde besaßen jeweils nur eine bestimmte Anzahl Mitglieder. Die Aufnahme in einen Geheimbund war nur möglich, wenn ein Mitglied seine Stellung und die damit verbundenen Privilegien, Namen, Wappen, Masken und andere Kennzeichen abtrat. Die Weitergabe konnte nach Boas durch Heirat oder in einer bewaffneten Auseinandersetzung durch Erschlagen des Trägers eines Namens erfolgen. Wie bei der weltlichen Ordnung konnte niemand gleich in die höchste Stufe der Geheimbünde aufsteigen. Auch hier mußte er erst über erneute Initiationen und Feiern die Rangfolge durchlaufen. Vorschriften über die Länge der Mitgliedschaft in den einzelnen Geheimbünden gewährleistete, daß nur bei entsprechendem Wohlstand und mit höherem Alter die Mitgliedschaft in den hochrangigen Geheimbünden erworben werden konnte. Die vier wichtigsten Geheimbünde waren die Kannibalen, die Narren, die Krieger und die Bären. Jeder dieser Geheimbünde hatte bei der Durchführung der Winterzeremonie eine wichtige Funktion. Doch nicht nur die Geheimbünde spielten für den Ablauf der Zeremonien eine wichtige Rolle; die gesamte Gesellschaft teilte sich auf in verschiedene Abteilungen, die alle aktiv oder passiv zum Gelingen der Winterzeremonien als die wichtigsten Feiern des Winterhalbjahres beitrugen.

Die Winterzeremonie

Franz Boas nahm 1895 an einer Winterzeremonie bei Fort Rupert teil und beschrieb sie (*Codere* 1966). Die Winterzeremonien bildeten für die Beobachter den auffälligsten und beeindruckendsten Teil des Lebens der Kwakiutl. Sie erstreckten sich über mehrere Tage und krempelten für diesen Zeitraum das Leben des Dorfes völlig um. Nach Anbruch der Dunkelheit fanden die großen Festveranstaltungen statt, während am Tage das Dorf ruhte und sich vor allem geschmückten Boten und anderen für die Zeremonie wichtigen Mitgliedern zeigte. Sichtbarer Höhepunkt war das Einrücken der Masken in das Dorf, die anschließend eingefangen werden mußten, und der Überbringung ins Festhaus, der Einzug der Geheimbünde in das Festhaus und die damit verbundenen Tänze und Gesänge. Bei diesen Veranstaltungen wurden die Masken gezeigt, teilweise traten überlebensgroße Puppen auf. Ein geheimnisvolles Verschwinden und Wiederauftauchen der Tänzer, der Klang von Rasseln, Pfeifen und Trommeln zauberten ein Gesamtkunstwerk von großer Wirkung auf den Betrachter. Dieser Teil der Feierlichkeit verband sich oft mit einem oder mehreren Potlatchs, bei denen Gegenstände verschenkt wurden, und mit anderen Veranstaltungen am Rande.

Soweit das beeindruckende Bild, das die fremden Beobachter erlebten. Doch für die Kwakiutl bedeuteten die Winterzeremonien viel mehr als nur ein großartiges Gesamtkunstwerk. Die Winterzeremonie war eine ineinander verwobene Abfolge von religiösen und weltlichen Ereignissen mit zwei Hauptaufgaben. Die wichtigste Aufgabe lag darin, mit Hilfe der Winterzeremonie die Bedrohung durch die übernatürliche Macht zurückzuweisen, die im Winter aus dem Norden in die Dörfer einbrach. Dazu gehörte, die Zeremonie in ihren sakralen Bestandteilen korrekt auszuführen. Die Geheimbünde und andere spirituelle Gliederungen der Gesellschaft mußten in voller Stärke ihre Aufgaben erfüllen können. Als Symbol der Bewältigung der übernatürlichen Bedrohung wurde diese in den Mitgliedern der Geheimbünde und vor allem den Initianden personifiziert. Der Initiand verschwand vor der Winterzeremonie aus dem Dorf und kehrte als übernatürliches Wesen während der Zeremonie zurück, oft begleitet von anderen übernatürlichen Wesen, die er zuvor aus seinem Freundes- oder Geschwisterkreis ausgewählt hatte und die ebenfalls das Dorf verlassen hatten. Der Initiand war kein nun verkleideter Mensch mehr, sondern durch seinen Aufenthalt in der Wildnis und seine Begegnung mit einer übernatürlichen Macht selbst zu einem übernatürlichen und damit gefährlichen Wesen geworden. Dieses übernatürliche Wesen galt es einzufangen und in das Zeremonienhaus zu bringen, wo Zeremonie, Tänze, Gesänge und der Trommelschlag es besänftigten, bis wieder der Mensch als Mitglied seines Geheimbundes hervortrat, ein Mensch allerdings, der seinen übernatürlichen Schatz und damit einen neuen Namen erworben hatte.

Damit wiederholte der Initiand die mythische Geschichte des ersten Trägers seines neuen Namens im Geheimbund und eignete sich somit dessen Geschichte an. Um diese Aufnahme in den Geheimbund, die oft sehr dramatisch gestaltet war und durch die Ekstase des Initianden, der die Geheimbundmitglieder und vielen Zuschauer den Einbruch der übernatürlichen Macht und seine anschließende Zähmung erleben ließ, reihten sich andere Tänze, die mythische Erlebnisse aus der Geschichte der einzelnen Gruppen darstellten. Dazu kamen Tanzdarstellungen zur Erheiterung und Entspannung der Teilnehmer und Mahlzeiten. War die Zähmung des Initianden zugleich eine öffentliche Anerkennung seiner neuen Rolle als Mitglied eines Geheimbundes, so wurde in Form von Potlatchs auch die weltliche Ordnung durch die öffentliche Vergabe von Rängen mit ihren Namen, Sitzen, Wappen, Kupfern bestätigt und erneuert.

Der Potlatch

Die Potlatchs sind die bekanntesten und auch am meisten miß- oder unverstandenen Veranstaltungen der Kwakiutl und andere Völker der Nord-Westküste Amerikas. Schlagworte wie „Fighting with property“ und das scheinbar unsinnige Verschenken und die Vernichtung von Eigentum und Reichtum haben nicht nur Indianerbeauftragten und Missionaren Probleme bereitet, sondern sind je nach Standpunkt als Beweise für die Primitivität und Unfähigkeit der Kwakiutl oder als Alternative zur europäisch-industriellen Besitzanreicherung vorgebracht worden. Auch bei den Ethnologen ist die Deutung der Potlatchs nicht einheitlich; durch die Auswahl verschiedener Aspekte aus dem komplexen Vorgang entstehen völlig unterschiedliche Ansichten.

Wäre es den Kwakiutl nur um die Verteilung von Eigentum und die Vernichtung von Reichtum gegangen, bliebe es völlig unverständlich, weshalb sie mit einer solchen Beharrlichkeit genau an dieser Form gesellschaftlicher Veranstaltung festgehalten haben. Selbst nach dem Verbot von Winterzeremonie und Potlatch und der Verfolgung durch die Behörden der kanadischen Regierung führten sie Potlatchs durch, zuletzt, soweit bekannt, 1936, während man die sicher viel spektakulärere Winterzeremonie schon früher nicht mehr abhielt. Ohne zu verstehen, was tatsächlich beim Potlatch geschah, erkannten die Indianerbeauftragten und die Missionare in dieser Veranstaltung das eigentliche Hindernis für die Assimilierung der Kwakiutl. Sie spürten, daß durch solche Feste die von ihnen abgelehnten sozialen Strukturen immer wieder erneuert wurden.

Potlatchs hielten sie zu vielen Gelegenheiten ab, bei Namensgebungen, Hochzeiten, Erstattung der Hochzeitsgelder, bei Trauerfällen, bei Kaufgeschäften von Zeremonialgegenständen, bei Rückzahlung von geliehenem Geld mit Zinsen und während der Winterzeremonien aus verschiedenen Gründen. Im Verlauf der Feier verteilten die Häuptlinge nach den Gesängen, Tänzen und Reden Lebensmittel, Gebrauchsgegenstände, Felle und Decken. Teilweise wurden Lebensmittel und Öl, aber auch Decken verbrannt und ebenso Kupferplatten zerbrochen. Bei den Kwakiutl nahmen ab

Mitte des vorigen Jahrhunderts die Potlatchs eine hervorragende Rolle gegenüber allen anderen Festen ein. Sie traten häufiger als zuvor auf, und der Wert der verteilten Gegenstände wuchs um ein Vielfaches an. So betrug die Zahl der verteilten Decken vor 1849 beim bedeutendsten überlieferten Fest 320, wobei es sich um selbstgefertigte Decken und Felle handelte. Nach 1849 wurde durch den Handel die Hudson Bay Handelsdecke zur Werteinheit, deren Wert von einem halben Dollar im Lauf der Zeit auf anderthalb Dollar stieg. Um die Jahrhundertwende wurden bei einem einzigen Potlatch 18000 dieser Handelsdecken verteilt, 1936 die enorme Summe von 33000.

Diese Decken besaßen - neben ihrem Kaufpreis - nur noch symbolischen Wert. Bei einer Bevölkerung von wenig mehr als 1000 Kwakiutl ist eine praktische Verwendung von 18000 Dekken kaum noch vorstellbar, und die Decken wurden nur für die Potlatchs eingetauscht oder gekauft. Natürlich bargen diese Verteilungs- und Schenkaktionen einen Sinn, eine Aufgabe in der Gemeinschaft der Kwakiutl, die so wichtig war, daß sie sich länger als alle anderen Bräuche hielt und selbst den Gefängnisstrafen und der Assimilierungspolitik lange Zeit trotzte.

Diese Erscheinungsformen führten zu einem Verständnis, wie es Bierhorst (1993) beispielhaft formuliert: „Damit beschäftigt, Reichtümer zu erjagen, entwickelten die Häuptlinge der Nord-Westküste und ihre Gefolgsleute eine Art verfeinerter Kriegsführung, in der Symbole wie auch Güter die Waffen darstellten. Rivalisierende Häuptlinge repräsentierten ihre Clans, die begierig waren, ihre Stammbäume, Embleme und ihr Wissen in bezug auf Zeremonien zur Schau zu stellen, um so zu beweisen, daß sie ihre Rivalen ausstechen konnten. Normalerweise war die Arena für eine Zurschaustellung dieser Art der Potlatch, eine Art Versammlung zum Zweck der Verteilung von Gütern."

Auch Baumann & Schliessler (1987) charakterisieren den Potlatch ähnlich: „Die Einladung (zum Potlatch) wurde ausgesprochen, um den Wohlstand der im Mittelpunkt stehenden Familien zu dokumentieren, was durch eine möglichst üppige, geradezu verschwenderische Bewirtung der Gäste geschah, die dann noch feierlich mit Geschenken bedacht oder überhäuft wurden."

Bolz & Peyer (1987) führen an: „Potlatch: Verdienstfest an der Nord-Westküste, das in erster Linie dazu diente, den sozialen Rang des Gastgebers zu erhöhen."

Eine viel umfassendere Darstellung der Bedeutung eines Potlatch findet sich bei Lindig (1994): „Unter diesem Begriff lassen sich eine Reihe ritueller Aktivitäten bündeln, die Aspekte des Versammelns, Feierns, Redens und Schenkens einschließen. Weil schriftliche Aufzeichnungsmethoden fehlten, dienten geladene Gäste als Zeugen, um die korrekte Abwicklung rechtlicher, sozialer und ökonomischer Transaktionen zu beurkunden, etwa die Übertragung von Rechten an Titeln, Namen, Liedern, Tänzen oder materiellem Besitz... Geschenke dienten dabei als 'Zeugengeld' und drückten zugleich den Wohlstand eines Haushalts oder einer Verwandtschaftsgruppe aus. So gesehen bildete ein Potlatch *die* zentrale gesellschaftliche Instanz, regelte er doch wichtige rechtliche und politische Anliegen. Er war Parlament und Gericht, Theater und Marktplatz in einem."

Auch die Bedeutung des Verschenkens für den sozialen Rang und das Ansehen dessen, der das Potlatch abhält, wird oft betont.

Dennoch müssen uns alle diese Erklärungsversuche unbefriedigt lassen. Sie bleiben auf einer Beschreibung der materiellen Erscheinungen stehen, ohne auf die Sinngebung für die Kwakiutl einzugehen. Die sakrale Bedeutung der Ereignisse spielt in den Betrachtungen keine Rolle, wird anscheinend auch kaum erfaßt angesichts des für einen Europäer überwältigenden äußerlichen Erlebnisses eines Potlatch.

Dennoch muß diese Veranstaltung sicher vor einem sakralen Hintergrund gesehen werden. Hinweise darauf ergeben sich aus der Beschreibung von Potlatchs bei anderen Völkern, die Ähnlichkeiten mit denen der Kwakiutl vor 1849 haben dürften. Kan (1989) beschreibt die Bestattungsbräuche der Tlingit und ihre Vorstellungen über den Geist und die verschiedenen Wesenheiten der Seele des Verstorbenen. Das abschließende Potlatch der sich in einzelnen Phasen über ein Jahr erstreckenden Bestattungsfeierlichkeiten beinhaltet nicht nur die Verbrennung von Nahrung und Geschenken als Gaben für die Ahnenreihe der Verstorbenen, die sich ebenfalls versammelt haben, sondern auch - und in viel größerem Maße - die Speisung und die Vergabe der Geschenke an die Gäste; denn die Gäste bilden neben dem Feuer das Tor, durch das diese Gaben zu den Verstorbenen gelangen können. Letztlich werden auch die Besitztümer des Bestatteten verteilt, wodurch der neue Besitzer auch einen Teil des Wesens des Verstorbenen erhält. Auf diese Weise wird der Tote vorbereitet für seine Wiedergeburt, die dann stattfindet, wenn ein Nachkomme seinen Namen und die damit verbundenen Symbole erhält. Die genaue Durchführung der Begräbnisbräuche bis zum Potlatch war für den Toten notwendig, ebenso für die Lebenden, damit der Verstorbene nicht als Geist in den Träumen und dem Denken der Lebenden Unruhe schafft.

Einen ähnlichen Hinweis gibt Läng (1989), wenn er darauf verweist, daß bei der Verteilung von Geschenken nicht nur die Lebenden beschenkt wurden, sondern auch immer die Geister, die zu den Festen ebenfalls anwesend waren und die sonst störend - bis hin zur Tötung - in das Leben eingreifen könnten.

Wir haben damit Hinweise für ein umfassendes Verständnis des Potlatch. Das Potlatch diente der Sicherung der weltlichen Ordnung und ihrem Schutz vor der Geisterwelt. Die Vergabe von Geschenken oder Speisen befriedigte die Gäste und die eigenen Vorfahren, die durch diese Gäste und durch die Verbrennung an den Geschenken teilhatten. Zugleich diente sie der Sicherung, Bestätigung und Neuordnung der gesellschaftlichen Ränge, die ja auch eine zweifache Bedeutung genossen: eine weltliche und eine Verbindung zur Geister- und übernatürlichen Welt.

Die Beschreibung von Kasten (1990) trifft diese Zusammenhänge am besten: „Die Bedeutung des Potlatch beschränkt sich deshalb nicht auf jeweils kulturpsychologische, ökonomische, religiöse, sozio-kulturelle oder sozio-politische Inhalte, wenngleich der eine oder andere Aspekt in bestimmten historischen Situationen im Vordergrund gestanden haben könnte. Demgegenüber ließe sich der Potlatch aufgrund seiner Komplexität und seiner ihm innewohnenden Dynamik auch heute noch am ehesten als *totales Phänomen* begreifen.“

Die Bedeutung des Potlatch für die Aufrechterhaltung der weltlichen und geistigen Ordnung, die beide für die weitere Existenz als lebensnotwendig verstanden wurden, hielt sich offensichtlich bei den Kwakiutl bis weit in das zwanzigste Jahrhundert und bewirkte die ungeheure Kraft, sich allen Versuchen eines Verbots zu widersetzen. War der Potlatch ursprünglich eine wichtige Feier neben anderen, so führte die besondere Geschichte der Kwakiutl zu Veränderungen, denen die bekannten Erscheinungen zum Ende des letzten Jahrhunderts mit Verschenken und Vernichtung enormer Werte entstammten. Zwei Ereignisse spielten dabei wohl eine wichtige Rolle. Zum einen sank die Zahl der Kwakiutl von rund 17000 vor dem Eintreffen der Europäer auf weniger als ein Zehntel. Zugleich nahm durch den Handel der Reichtum der einzelnen Kwakiutl zu und überstieg teilweise den ihnen in der Hierarchie zustehenden Anteil. Die Rangplätze konnten nicht mehr mit ihnen würdigen Kwakiutl besetzt werden, da einfach nicht mehr genügend Leute lebten. Um aber alle Aufgaben für die Aufrechterhaltung von weltlicher und geistlicher Ordnung wahrnehmen zu können, mußte es zu Ämterhäufungen und zur Übernahme von Ämtern durch Angehörige anderer Rangstufen kommen. Der vermehrte Reichtum einzelner führte dazu, daß für höhere Ränge und ihre Symbole weitaus mehr bezahlt und anschließend verschenkt werden konnte als früher. Dennoch reichte niemals alleine das Geld aus, einen bestimmten Rang zu erwerben. Da jede Übertragung des Rangsitzes der öffentlichen Zustimmung bedurfte, konnte ein für unwürdig angesehener Bewerber auch abgelehnt werden, ungeachtet der Summen, die er bot. Diese beiden Elemente reichten aber aus, die Menge der bei den Potlatchs verschenkten und vernichteten Werte unglaublich zu steigern und die gegen Ende des Jahrhunderts verbreiteten Potlatchs zwischen Rivalen hervorzurufen. Wenn auch die Elemente des Schutzes der Weltordnung im Potlatch für den Außenstehenden kaum noch sichtbar waren, so müssen sie den Kwakiutl dennoch bewußt gewesen sein, da anders das erstaunliche Beharren auf diesen Festen unverständlich bleibt.

Der Kannibale

Im Leben der Kwakiutl spielte die Vorstellung von Tod und Wiedergeburt eine große Rolle. Viele Geschichten behandeln dieses Thema in symbolischer Form. Oft wird die Beendigung eines Lebensabschnittes und die Suche nach einem übernatürlichen Schatz und damit einem neuen Lebensabschnitt als Tod oder gar als Selbstmord dargestellt. Der Verstorbene oder der Selbstmörder erhält nach seiner Wiedererweckung zum Leben von einem übernatürlichen Wesen einen übernatürlichen Schatz, wobei sich diese übernatürlichen Mächte nur selten als Wesen aus der oberen oder jenseitigen Welt entpuppen, sondern oft handelt es sich um Tiere oder Pflanzen, die ihre Maske abgenommen haben und zu Menschen geworden sind. Durch seine Auferstehung verliert der Mensch sein vorheriges Leben und kehrt in das Dorf als ein übernatürliches Wesen zurück, das erst durch die gemeinschaftliche Aktion der Dorfbewohner wieder zu einem Menschen und Mitglied der Gemeinschaft gemacht wird. Viele Geschichten behandeln die Verwandlung in einen Kannibalen.

Nun ist nicht anzunehmen, daß in einer Gesellschaft, die zum größten Teil vom Verzehr tierischer Fette und Eiweiße lebt, der Kannibalismus eine lebenserhaltende Funktion hat, wie es in einer Gesellschaft mit ausgeprägtem Eiweißmangel denkbar wäre. Nach Boas Angaben gehört die Ausprägung des kannibalischen Verzehrs einem jüngeren Datum an und tauchte erst im 19. Jahrhundert bei den Kwakiutl auf, wobei es sich im Tanz um den symbolischen Verzehr eines verstorbenen Angehörigen handelt. Die diesem Kannibalismus zugrundeliegenden Vorstellungen bilden aber einen viel älteren Bestandteil ihrer Weltsicht.

Einen Hinweis auf die Bedeutung des Kannibalen finden wir in der Geschichte von Ma'tagila. Bei seiner Verwandlung in den Kannibalen erhält der so Wiedergeborene einen Todbringer, den er nicht nach Belieben anwenden darf, sondern den er immer wieder anzuwenden gezwungen ist.

Der Kannibale stellt eine Verkörperung des Todes dar. Doch der Tod war nicht der Abschluß des Lebens, sondern notwendige Bedingung für die Wiedergeburt. Ein Symbol dafür, das wir auch beim Kannibalen finden, liegt im Verschlingen und Auswürgen seiner Opfer. Während der Winterzeremonie biß der Kannibalen-Initiand Teilnehmern der Zeremonie in die Arme oder den Rücken und würgte das Fleisch dann im heiligen Raum wieder hervor. Er verzehrte es nicht, sondern gab dem Beißen durch das Auswürgen eine neue Bedeutung. Für die Kwakiutl bedeuteten Verzehr und Auswürgen Verwandlung. Der große Kannibale im Norden verzehrte die Menschen und würgte sie in neuer Form wieder hervor. Die Öffnung zum heiligen Raum war als Mund ausgebildet, auch Haustüren bildeten den Mund oder Schnabel des auf der Hausseite aufgemalten übernatürlichen Wesens. Die Kwakiutl unterschieden zwischen denen, die verschlungen worden waren, und denen, die diesen Schritt von Tod und Wiedergeburt nicht mitgemacht hatten. Dieses Verschlingen blieb nicht harmlos, sondern mit Gefahren verbunden, die nur durch besondere Reinigungszeremonien von schon mit einer übernatürlichen Erfahrung Ausgestatteten überwunden werden konnten. Ein Bild für diese Gefahren ist die schnappende Tür, durch die nicht jeder zu treten vermochte.

Der Kannibale als die höchste und aggressivste Wesenheit der Winterzeremonie verkörpert aber noch mehr. Er ist die ungebremste Wildheit, die gefährlichste übernatürliche Macht, die in das Leben der Menschen eindringt. Seine Wildheit und Übernatürlichkeit vermag nur durch die gemeinsame Aktion der Menschen gezähmt werden. Er hat die Möglichkeit, sich dabei zu verwandeln, einzelnen oder vielen Schaden zuzufügen, die gemeinsame Tat der Dorfbewohner zwingt ihn aber, sich doch in das Versammlungshaus, in den heiligen Raum zu begeben. Doch damit ist seine Zähmung noch lange nicht vollendet. Die ganze Zeremonie der Besänftigung des Kannibalen kann sich über mehrere Tage erstrecken, wobei Gesänge und Tänze sich mit erneuten Ausbruchsversuchen des Kannibalen abwechseln, bis er endlich gezähmt zu sein scheint. Dabei droht der gesamte Vorgang für die Dorfbewohner gelegentlich recht gefährlich zu werden: die schon früher gezähmten Kannibalen nehmen mit allen anderen Geheimbünden an der Zeremonie teil, und es gehören oft nur Kleinigkeiten wie ein besonderes Stichwort dazu, ihrer Wildheit zum Durchbruch zu verhelfen, was dann auch bei ihnen erneute Besänftigungen und Zähmungen notwendig macht. Mit der Zähmung des Kannibalen geht der Name und Rang seines Vorgängers, meist seines Vaters, an ihn über, und der Vater scheidet aus dem Geheimbund aus. Auch das symbolisiert Tod und Wiedergeburt. Der gezähmte Kannibale ist gleichzeitig Kannibale und Mensch, verkörpert so die Einheit von übernatürlicher und irdischer Welt, von Wildnis und menschlichem Zusammenleben. Durch seine Stellung im Geheimbund verkörpert er auch seinen mythischen Vorfahren, der als erster durch seinen Tod und seine Wiedergeburt zum Kannibalen wurde.

Die Kupferplatte

Die Kupferplatte spielte bei den Potlatchs eine bedeutende Rolle. Große Mengen von Decken wechselten beim Kauf und Verkauf der Kupfer den Besitzer, um anschließend an die Gäste verteilt zu werden. Der Wert einer Kupferplatte betrug zu Anfang des zwanzigsten Jahrhunderts weit mehr als 5000 Dollar. Kupferplatten wurden zerbrochen und die Teile verkauft oder verteilt, Kupferplatten wurden auch ins Meer geworfen und so vernichtet.

Wie beim Potlatch waren der Verkauf und die Vernichtung nur die äußeren auffälligen Formen, die einem Verständnis der Bedeutung im Wege stehen. Die Kupferplatte bezog ihren Wert nicht aus der Kupfermenge, die verarbeitet wurde. Ihr Wert beruhte auf ihrer mythischen Geschichte. Jede Kupferplatte trug einen eigenen Namen. Die Zahl der Kupferplatten blieb ebenso wie die der Namen und Ränge begrenzt und konnte nicht beliebig erweitert werden. Und da ein Name eine bestimmte Stellung im Zusammenspiel aus weltlicher und übernatürlicher Ordnung beinhaltete, ein Symbol für übernatürliche Kräfte und die Beziehung zur Geisterwelt darstellte, erhielt mit dem Erwerb einer Kupferplatte sein Käufer ebenfalls diese Funktionen. Die Kupfer hatten daher ihre eigene mythische und weltliche Geschichte. Der Kauf einer Kupferplatte war deshalb auch nicht jedem mög-

Kupferplatte mit der Darstellung eines Habichts. Die Zeichnung ist eingeätzt und trägt eine schwarze Bemalung. Nur der Kopf und die Fänge unter dem Schnabel sind dargestellt.

lich, sondern, wie andere Namen und Rangstufen, durften nur die dem Kupfer Würdigen es erwerben.

Das Zerbrechen der Kupferplatte bedeutete in erster Linie nicht die Zerstörung von materiellem Wert, sondern symbolisierte ebenfalls Sterben und bei der Zusammenführung Wiedergeburt. Der Kauf einer Kupferplatte zeigte die Übernahme einer bestimmten Stellung in der weltlichen und überweltlichen Ordnung an. Kauf und Verkauf von Kupferplatten blieben öffentliche Angelegenheiten, führten also zur Veranstaltung eines Potlatch. Und wie sich beim Potlatch die Summe der verteilten Werte vervielfachte, stiegen auch die Werte der Kupferplatten aus denselben Gründen enorm an. Da man die bei der Weitergabe einer Kupferplatte bezahlten Decken und anderen Werte der vorherigen Besitzer beim Potlatch verteilte, verursachte der Wertanstieg von Kupferplatten die hohen Summen, die beim Potlatch verteilt wurden. Wenn man den hohen materiellen Wert bedenkt, den man für eine Kupferplatte bezahlte, wird deutlich, daß die Kwakiutl die Abgabe von 500 Kultgegenständen, deren Wert erstattet werden sollte und wofür sie dann schließlich 1400 Dollar erhielten, als Raub ansehen mußten.

Franz Boas und George Hunt

„Wir möchten wissen, ob du gekommen bist, um unsere Tänze und Festmähler zu beenden, wie es die Missionare und Indianerbeautragten, die bei unseren Nachbarn leben, versuchen. Wir möchten hier niemanden haben, der unsere Bräuche stört. Es wurde uns gesagt, ein Kriegsherr werde kommen, wenn wir fortsetzen zu handeln, wie unsere Großväter und Urgroßväter verfahren haben. Doch wir kümmern uns nicht um solche Worte. Ist das denn das Land der Weißen? Uns wird erzählt, es sei das Land der Queen; doch nein! Es ist mein Land! Wo war denn die Queen, als unser Gott vom Himmel herabkam? Wo war die Queen, als unser Gott das Land meinem Großvater übergab und zu ihm sprach: Das wird dir gehören*? Mein Vater besaß das Land und war ein mächtiger Häuptling; jetzt ist es meins. Und wenn euer Kriegsherr kommt, laß ihn unsere Häuser zerstören. Siehst du dort die Wälder? Siehst du dort die Bäume? Wir werden sie fällen und neue Häuser errichten und leben, wie unsere Väter lebten. Wir werden tanzen, wenn unsere Bräuche uns vorschreiben zu tanzen, wir werden Festmahle abhalten, wenn unsere Herzen sich danach sehnen, Gastmähler zu veranstalten. Fordern wir vom weißen Mann:* Lebe, wie wir leben*? Nein, das machen wir nicht. Weshalb fordert ihr dann von uns:* Lebt wie die weißen Männer*? Es ist ein strenges Gesetz, das uns gebietet, zu tanzen. Es ist ein strenges Gesetz, daß uns gebietet, unser Eigentum unter den Freunden und Nachbarn zu verteilen. Es ist ein gutes Gesetz. Soll der weiße Mann seine Gesetze beachten,*

wir wollen unsere beachten. So, wenn du gekommen bist, uns unsere Tänze zu verbieten, verschwinde, wenn nicht, so bist du uns willkommen." (*Boas* 1896).

Diese kompromißlose Ansprache eines Führers der Kwakiutl hörte Franz Boas bei seinem ersten Besuch, als er öffentlich darlegen mußte, mit welchen Absichten er gekommen war. Beim Abschluß dieser Versammlung erhielt Boas mit der Bezeichnung Heiltsakusl (The One who Says the Right Things) das Recht, seine Untersuchungen bei den Kwakiutl durchführen zu dürfen.

Franz Boas wurde am 9. Juli 1859 in Minden als Sohn einer jüdischen Kaufmannsfamilie geboren. Von 1883 bis 1886 arbeitete er in Berlin am Museum für Völkerkunde. Nachdem er 1883 seine erste Expedition in die Arktis durchgeführt und Material für das Museum für Völkerkunde gesammelt hatte, verließ er nach seiner Habilitation 1886 Berlin, um in die USA überzusiedeln. Dort wurde er zum Begründer der amerikanischen Ethnologie und hatte großen Einfluß auf die Entwicklung dieser Wissenschaft. Seine Würdigung in Deutschland dagegen blieb gering, so daß sein fünfzigster Todestag am 21. Dezember 1992 in Berlin keine Beachtung fand. Nur der Initiative von Dürr u.a. ist es zu verdanken, daß eine Ausstellung in den Räumen der Staatsbibliothek zustande kam, die sich mit der Person und Bedeutung Franz Boas befaßte. (*Dürr* u.a. 1992).

Franz Boas verdanken wir die umfassendste enzyklopädische Darstellung der Traditionen, Bräuche und Lebensweisen eines Volkes. Etwa fünfzig Jahre lang befaßte er sich in eigener Feldforschung oder über einen Gewährsmann, der für ihn Material zusammentrug, George Hunt, mit den Kwakiutl. Boas Ansatz, aus der Sicht der Kwakiutl ihr Leben darzustellen, ließ ihn alle Erzählungen der Kwakiutl und so viel von ihrem Leben, wie er zusammentragen konnte, erfassen. Er war der erste, der das untersuchte Volk selbst zu Worte kommen ließ, und schuf damit eine Forschungsrichtung, die erst nach dem zweiten Weltkrieg in großem Ausmaß Bedeutung erlangte. Das Gesamtwerk alleine über die Kwakiutl umfaßt mehr als fünftausend Druckseiten, vor allem Erzählungen, aber auch viele Details zu ihrer Lebensweise. Eine von ihm unbedingt als notwendig erachtete Bedingung lag in der Kenntnis der Sprache. Schon bald bemerkte er, daß die von den Missionaren erarbeiteten Wörterbücher nicht ausreichten. So widmete er sich intensiven linguistischen Studien. Ein großer Teil der Erzählungen sind in Kwakwala aufgeschrieben und ins Englische übersetzt. Daß Boas das Kwakwala beherrschte, geht auch aus Berichten von Kwakiutl hervor, die ihn noch kannten. Ihrer Meinung nach (*Codere* 1966), sprach er alles richtig - nur etwas langsam.

Wenn so auch ein bisher unübertroffenes Bild vom Leben und der Vorstellungswelt eines Volkes geschaffen wurde, so müssen doch einige kritische Punkte genannt werden. Im Rahmen der Auseinandersetzungen innerhalb der Ethnologie galt Boas Interesse der Ausbreitung kultureller Formen und mythischer Überlieferungen. So versuchte er vor allem, ursprüngliche und alte Mythen und Geschichten zu erfahren und war nur in geringem Maße an der Aufzeichnung ihrer Neu- und Weiterentwicklung durch jüngere, insbesondere durch europäische Kultureinflüsse interessiert. Sein Vertrauensmann George Hunt folgte dieser Linie, wie aus seinen Kommentaren hervorgeht. Dadurch sind möglicherweise interessante Entwicklungen des Selbstverständnisses und der Weltvorstellungen der Kwakiutl aus der letzten Hälfte des vorigen Jahrhunderts verlorengegangen, die einen faszinierenden Einblick in die Potlatch-Entwicklung aus der Sicht der Kwakiutl hätten geben können. Es muß aber betont werden, daß diese Kritik aus neuzeitlicher Sicht hervorgebracht wird, denn zu Boas Zeiten entsprach die Erfassung der Alltags- und Gegenwartskultur fremder Völker kaum den Forschungszielen. In seiner Beschreibung der materiellen Grundlagen der Kwakiutl-Kultur hat Boas sogar einen weit über seine Zeit hinausreichenden Beitrag geleistet.

George Hunt war der Vertraute Boas, der im Gebiet der Kwakiutl lebte und reiste, der für ihn Material sammelte und Erzählungen und Berichte aufzeichnete. Als Sohn des schottischen Leiters eines Handelspostens in Fort Rupert und einer hochgestellten Tlingit-Frau wuchs Hunt zwar unter Kwakiutl auf, wurde von ihnen jedoch eher als „Sohn eines nördlichen Volkes" begriffen. Sein Selbstverständnis bleibt unklar, er scheint indianische Traditionen vor allem dann geschätzt zu haben, wenn sie ihm nützten. Zum Beispiel führte er Grabplündereien durch, obwohl die Kwakiutl das ausdrücklich nicht wünschten. Auch seine Stellungnahmen zeigen gelegentlich, daß er den Sinn des Erzählten nicht immer verstand: so sein Kommentar über Seelen und Geister, in dem er auch von „den Indianern" spricht, sich selbst also ausnimmt. Sein Bericht über seinen Werdegang als Schamane besitzt ebenso etwas entsprechend Zweideutiges. Oft sieht es so aus, als sei er nur darauf aus, die Betrügereien der Schamanen zu entlarven. In anderen Fällen aber setzt er seine Stellung als Schamane gegenüber den Kwakiutl ein, um bestimmte Dinge zu erreichen. Es wurde argumentiert, daß in einer Zeit, als die Ausübung des heidnischen Schamanismus unter Strafe stand, Hunt versuchte, sich durch diese Darstellung zu schützen. Insgesamt vermittelt er eher den Eindruck eines zwar fleißigen Sammlers, der aber zu dem, was er sammelt, in Distanz steht.

Doch es bleibt insgesamt das Verdienst von Boas und Hunt, die Welt der Kwakiutl gerade noch vor ihrem Untergang so umfangreich dokumentiert zu haben, daß wir auch heute noch an ihr teilhaben können. Beim Lesen der Erzählungen erhalten wir Einblick in eine komplexe Kultur, in deren Mittelpunkt die Gemeinschaft das Gleichgewicht zwischen der diesseitigen und der jenseitigen Weltordnung garantiert.

Die fremde Welt der Kwakiutl

Die Kwakiutl treten in den Geschichten zwar als Personen auf, besitzen aber keine individuellen Namen. Ihr Name bestimmt sich durch ihre Stellung und Aufgabe innerhalb ihrer Gesellschaft. Selbst beim Namenserwerb besteht keine Wahlfreiheit, sondern das übernatürliche Erlebnis des Urahnen dieses Namens und Ranges wiederholt sich bei dem Nachfahren. Es wäre sicher aus anthropologischer Sicht sehr interessant, den Stand der Individualisierung bei diesen Völkern zu untersuchen, hängt dieser doch eng mit dem evolutionären Fortschritt zusammen.

Für die Mythen und Geschichten hat dies zur Folge, daß individuellen Zügen einzelner Personen keinerlei Aufmerksamkeit geschenkt wird. Über besondere physische Merkmale erfahren wir so gut wie nichts, Charaktereigenschaften ergeben sich allenfalls aus dem Verlauf der Ereignisse. Der Mensch, das Individuum, tritt voll hinter den Handlungsablauf zurück. Umständlich und detailgetreu wird aber jede Hand- oder Körperbewegung beschrieben, auch wenn es in Serie geschieht, und jedes Mal das Ende und der Abschluß einer Handlung betont. Genauere Wesenszuschreibungen erfolgen erst, wenn die Realität auf einer übernatürlichen Ebene ihr wahres Gesicht zeigt. Dabei unterliegen diese Gesichter zumeist einem steten Wandel, der das Geheimnis der Ursachenwelt charakterisiert. Hier in dieser übernatürlichen Welt muß das, was wir als Realität verstehen, zunächst erst einmal geträumt werden, um sich manifestieren zu können. Doch zeigen zahlreiche Überlieferungen, daß von den erworbenen Schätzen als irdische Manifestationen nur schwache und fade Widerspiegelungen übrigbleiben, die sich oft genug auf die Illusion von Macht- durch Gewaltentfaltung reduzieren. In diesem Sinne ist die Welt der Kwakiutl so fremd uns dann doch nicht. Doch einzigartig bleibt, daß sie in dieser ihrer Welt der übernatürlichen Erscheinungen ohne Götter auskamen.

Harro Strehlow

Tanz eines Haʼmatsa

Qa'neqelak
Gesammelt von George Hunt

Reiher lebte an der Whale-Bay (Gwe'gwakawalis). Qa'neqelak besuchte Reiher in seinem Haus. Reiher begrüßte ihn: „Sei willkommen, Kind, daß du in mein Haus gekommen bist." Reiher fragte ihn nicht, woher er kam, fragte ihn nicht: „Wer bist du?" sondern meinte nur, er sei sein Sohn und behandelte ihn gut. Qa'neqelak und Only-One (Nemo'gwis), das andere Kind von Reiher, mochten einander.

Eines Tages errichtete Reiher eine Fischreuse, um im Fluß Kenail Blaurückenlachse zu fangen. Sobald die Lachsfalle fertig war, ging er heim, denn Only-One und Qa'neqelak blieben immer zu Hause. Als der Tag dämmerte, brachen Reiher und seine Frau auf, um nach der Lachsfalle zu sehen. Ein Lachs befand sich in dem Netz. Da sprach Reiher zu seiner Frau: „Was können wir machen, um den Blaurückenlachs vor unseren Kindern zu verbergen, denn sie werden uns nach Nahrung fragen." Die Frau antwortete: „Sei unbesorgt, du mußt sie erschrecken, wenn wir die Landspitze erreichen. Du mußt rufen *bringt euch in Sicherheit, Kinder, Geister sind hier*!" Das machte er, als er die Kinder sah, und sie rannten in die Wälder.

Reiher paddelte jetzt stark und rannte von der Küste nahe seines Hauses an Land. So brachte er den Lachs in sein Haus. Schnell fertigte er die Röstzange, während seine Frau den Lachs zerschnitt und ihn dann röstete. Sobald der Lachs gar war, verzehrten sie ihn eilig und verbargen dann die übriggebliebenen Gräten. Gerade als sie damit fertig waren, kamen die Kinder in das Haus zurück und setzten sich nieder. Reiher lobte die Kinder, sie hätten recht gehandelt, als sie gerade ins Land gerannt seien, „um euch selbst zu verstecken, denn ich erwarte immerzu, daß die Geisterkrieger kommen".

Am nächsten Morgen brach er mit dem ersten Tageslicht wieder auf, um nach seiner Lachsfalle zu sehen. Diesmal zog er zwei Lachse aus der Reuse. Er machte sich auf den Heimweg. Als er die Landspitze erreichte, schrie er: „Lauft weg, Kinder, Geister sind hier!" Gleich sah er die Kinder landeinwärts in die

Wälder rennen. Schnell paddelte Reiher weiter und eilte von der Küste in der Nähe seines Hauses an Land. Sofort ergriff Reiher die beiden Lachse und trug sie in sein Haus. Seine Frau schnitt gleich die beiden Lachse auf, und Reiher fertigte die Röstzange, zwei Röstzangen. Sobald die Lachse fertig geröstet waren, aßen sie das Geröstete schnell auf. Kaum waren sie mit der Mahlzeit fertig, warfen sie die verbleibenden Überreste an Gräten ins Feuer. Und kaum war das passiert, kamen Qa´neqelak und Only-One nach Hause zurück und setzten sich. Sie sahen zornig aus, aber sie sagten nichts.

Wieder brach ein neuer Tag an, und Reiher machte sich auf zu seiner Lachsfalle. Diesmal konnte er drei Lachse herausholen. Als er auf dem Heimweg die Landspitze erreichte, schrie er: „Lauft, Kinder, die Geister sind hier!“ und sah, wie seine Kinder in die Wälder rannten. Da paddelte er schnell und lief von der Küste nahe seines Hauses landeinwärts. Reiher schleppte die drei Lachse an, ging in sein Haus und legte sie nieder. Dann stellte er schnell Röstzangen her, drei Röstzangen, während seine Frau flink die drei Lachse aufschnitt. Danach rösteten sie diese am Feuer. Sobald sie gar waren, verzehrten sie diese schnell und verbargen danach die Gräten. Qa´neqelak und Only-One kamen herein und setzten sich. Jetzt sahen sie wirklich böse aus, während Reiher und seine Frau einen zufriedenen Eindruck machten, da sie gesättigt waren.

Als der nächste Tag anbrach, machten sich Reiher und seine Frau wieder auf, nach ihrer Lachsfalle zu sehen. Diesmal waren vier Lachse darin gefangen. Reiher nahm sie heraus, befestigte sie außerhalb seines kleinen Kanus und fuhr heim. Als er die Landspitze erreichte, brüllte er: „Lauft weg, Kinder, Geister sind hier!“ Wieder sah er seine Kinder landeinwärts in die Wälder rennen. Da paddelte er heftig und eilte von der Küste nahe seines Hauses landeinwärts. Er schleppte die vier Lachse und ging in sein Haus. Sofort schnitt seine Frau sie auf, während Reiher die Röstzangen anfertigte, vier Röstzangen. Sobald die Röstzangen fertig waren, stellte er sie aufrecht neben das Feuer. Und als die Fische gar waren, verzehrten sie das Geröstete, jeder von ihnen zwei Röstlachse. Reiher wußte nicht, daß Qa´neqelak diesmal durch ein Loch in der Wand des Hauses blickte und seine Eltern beobachtete, wie sie das Geröstete aßen. Da hörte Qa'neqelak die Worte Reihers, wie er seiner Frau riet, schnell zu essen, „sonst könnten wir von unseren Kindern erwischt werden. Wir wollen schnell diese Reste der Gräten verstecken". So waren sie beinahe fertig mit dem Essen, als Qa'neqelak das Haus betrat. „Das ist es also, was ihr treibt, ihr Verdammten." Er ergriff Reiher, riß seinen Leib in zwei Teile und warf ihn hoch. „Du wirst der Reiher der kommenden Menschen sein!" rief er, und der Reiher flog davon. Dann ergriff er die Frau von Reiher, riß ihren Körper in zwei Teile und warf sie empor. „Du wirst der Specht der späteren Menschen sein!" rief er, als der Specht auf den Pfahl des Hauses zusteuerte, an ihm klopfte und schließlich mit Reiher aus dem Haus flog, der nun ein Reiher war.

Jetzt keimte in Qa'neqelak der Wunsch zu erfahren, was er in dieser unserer Welt machen könne. Da sprach er zu Only-One: „Ich werde nicht weit von unserem Hause weggehen." Er verließ das Haus und machte sich zur Landspitze auf. Als er dort ankam, sah er einen großen Vogel, der nach etwas hackte, was von ihm stückchenweise verzehrt wurde. Da erkannte er - sieh da! - es war der Donnervogel, der, als er Qa'neqelak erblickte, fortflog und zurückließ, wonach er gerade gepickt hatte. Qa'neqelak wollte sehen, wonach der Vogel gerade gepickt hatte. Da erkannte er, daß es sich um eine doppelköpfige Schlange handelte. Er zog einen schmalen Hautstreifen vom Rücken der doppelköpfigen Schlange ab, der „Auf-dem-Schlangenrücken" hieß und den er als Gürtel verwenden wollte. Danach nahm er die zwei Augäpfel an sich. So vermehrte er seine übernatürlichen Kräfte, indem er den „Auf-dem-Schlangenrücken" und ihre Augäpfel an sich nahm.

Er wanderte weiter nach Kwane, einer sandigen Küste, und setzte sich dort nieder. Da kam er auf die Idee, ein geräumiges Haus zu errichten, welches das Haus seines jüngeren Bruders Only-One werden sollte. Qa'neqelak erhob sich und rief: „Komm her, Swell-Striking-Beach (Toxtowalis), du sollst hier der Pfosten meines zukünftigen Hauses sein!" Ein Mann kam aus der Dünung und stellte sich an die Stelle, die Qa'neqelak ihm zugewiesen hatte.

Da rief Qa'neqelak erneut: „Komm her, Sound-of-Rolling-Gravel (Qalqapalalis), du sollst hier der Pfosten meines zukünftigen Hauses sein!“ Ein Mann kam aus der Dünung und stellte sich an die Stelle, die Qa'neqelak ihm zugewiesen hatte.

Wieder rief Qa'neqelak: „Komm her, Angry-Face (Bekumlisila), du sollst hier der Pfosten meines zukünftigen Hauses sein!“ Ein Mann kam und stellte sich an die Stelle, die Qa'neqelak ihm zugewiesen hatte.

Noch einmal rief Qa'neqelak: „ Komm her, Standing-on-Edge-on-Top (Ketoqälis), du sollst hier der Pfosten meines zukünftigen Hauses sein. Ein Mann kam und stellte sich an die Stelle, die Qa'neqelak ihm zugewiesen hatte.

Die vier Männer bildeten jetzt die vier Pfosten des langen Hauses, das unter zwei Namen bekannt ist, Blowing-from-One-End-to-the-Other (Yewebalil) oder Place-where-Faces-are-Indistinct (Gwa'gwekelilas). Ich weiß nicht, woher Qa'neqelak die Balken und die Dachbretter erhielt. Aber schließlich war das Haus, das er baute, fertig. Dann ging er zu seinem eigenen Haus zurück. Only-One hatte auf dem Boden gesessen, während Qa'neqelak das neue Haus errichtet hatte. Als Qa'neqelak eintrat, teilte er Only-One mit, daß er ihm ein Haus am Kwane errichtet habe, „als dein Haus für die Zeit, während ich fort bin. Ich werde am Morgen für dich Vorräte besorgen“. Als der Morgen dämmerte, erhoben sich Qa'neqelak und Only-One und begaben sich nach Kwane. Als sie angekommen waren, setzten sie sich außen an der Vorderseite nieder. Qa'neqelak sah einen Wal blasen. Er ergriff seine Schleuder, nahm einen Augapfel der doppelköpfigen Schlange und legte ihn in die Schleuder. Er schoß den Schleuderstein nach dem Wal und rief: „Schlange, krieche hinein! Schlange, krieche hinein! Schlange, krieche hinein!“ Schließlich schwamm der Wal auf das Land und blieb nicht fern vom Haus tot liegen. Qa'neqelak holte den Augapfel wieder aus dem Wal. Insgesamt tötete Qa'neqelak vier Wale mit der Schleuder als Vorrat für Only-One. Danach änderte er den Namen von Kwane. Jetzt trägt die Stelle den Namen Whales-Between (Gwegwakelis).

Dann sprach er zu Only-One und teilte ihm mit, daß er aufbräche, die Prinzessin von Gwanalalis zu sehen. „Das ist der Grund, warum ich diese vier Wale als Vorrat für dich gefangen und dieses Haus für dich errichtet habe. Jetzt gehe ich fort, aber ich weiß nicht, wie viel Zeit ich brauchen werde", sagte er beim Aufbruch.

Er begegnete einem Mann, der auf dem Boden saß und etwas an einem Sandstein schärfte, was von ihm geschärft wurde. Sofort trat er näher und fragte ihn: „Was ist das denn, was von dir geschärft wird, Freund?“ Der Mann antwortete: „Wer bist du denn, daß du nicht weißt, daß Qa´neqelak kommen wird, um die Dinge zu richten? Ich schärfe mein Muschelmesser, um mit ihm zu kämpfen, falls er mich schädigen sollte.“ Qa´neqelak bat: „Gib mir das Messer, daß ich es ansehen kann.“ Sogleich reichte der Mann die beiden Muschelmesser Qa´neqelak. Der nahm sie und meinte: „Das ist gut! Aber das ist noch besser“, und drückte die beiden Muschelmesser an die linke und recht Kopfseite des Mannes. „Jetzt kehre mir deine Rückseite zu!“ befahl er. Und sofort drehte der Mann sich um und wendete ihm den Rücken zu. Qa´neqelak rieb den Mahlstaub der Muscheln auf dem Sandstein und dann damit das Hinterteil des Mannes ein. Das ist der Grund, warum das Hinterteil des Hirsches einen weißen Spiegel hat. „Du wirst der Hirsch der späteren Generationen sein“, verkündete Qa´neqelak. Der Hirsch sprang davon und flüchtete landeinwärts in die Wälder. Die Schalen der großen Muscheln, die die frühen Leute Muschelmesser nannten, bilden seine Ohren.

Qa´neqelak wanderte weiter. Er erblickte einen Mann, der etwas schärfte, was von ihm geschärft wurde. Qa´neqelak ging zu ihm und fragte den kleinen Mann: „Was wird denn von dir geschärft, Freund?“ Der Mann antwortete: „Das wird ein Speer werden, damit ich mit Qa´neqelak kämpfen kann. Denn es heißt, er wird kommen und uns die richtige Rolle zuteilen.“ Da bat Qa´neqelak ihn: „Gib mir für einen Moment deinen Speer, damit ich ihn betrachte.“ Sofort reichte der Mann den Speer hin. Qa´neqelak betrachtete den Speer. „Das ist gut! Dreh dein Hinterteil in diese Richtung, Freund!“ Der kleine Mann drehte sein Hinterteil zu Qa´neqelak, der den Speer als Schwanz in das Hinterteil klemmte. „Du wirst der Nerz der späteren Generationen sein“, erklärte Qa´neqelak. Der Mann lief ins Innere des Landes und trug nun als Schwanz, was vorher sein Speer gewesen war.

Qa´neqelak wanderte weiter. Da erblickte er einen Mann, der auf dem Boden saß und etwas schärfte, was von ihm geschärft wurde. Qa´neqelak steckte wiederum einen Speer, der mit Ringen geschmückt war, in das Hinterteil des Mannes. „Du wirst der Waschbär der späteren Generationen sein", erklärte Qa´neqelak ihm. Dann rannte der Waschbär in die Wälder.

Qa´neqelak wanderte weiter. Er erblickte wieder einen Mann, der auf dem Boden saß und etwas schärfte, was von ihm geschärft wurde. Qa´neqelak verwandelte ihn in einen Otter.

Als er das getan hatte, wanderte er weiter und hörte auf einmal viele Leute sprechen. Da erblickte er einen Mann mit lauter Mündern auf seinem Körper. Qa´neqelak fragte ihn: „Bist du es, den ich gehört habe, als ob viele Leute sprächen?" Die vielen Münder des Mannes antworteten gleichzeitig: „Ich bin es, den du gehört hast", antworteten sie. Da sprach Qa´neqelak zu ihm: „Es ist schlecht, daß du so beschaffen bist mit deinen vielen Mündern. Ich werde das in Ordnung bringen, so daß du nur einen Mund hast, wie auch ich nur einen Mund besitze." Er spie in seine Handfläche und preßte sie auf den Körper des Mannes. Da schlossen sich alle Münder auf dem Leib. Der Mann besaß nur noch einen Mund.

Qa´neqelak wanderte weiter. Er erblickte viele Häuser auf der Westseite des Flusses Gose. Über einem Haus stieg ein wenig Rauch auf. Das kam Qa´neqelak merkwürdig vor. So betrat er das Haus. Ein Kind saß dort auf dem Boden. Qa´neqelak befragte das Kind: „Wo sind die Besitzer dieser vielen Häuser?" Das Kind antwortete bereitwillig: „Ach du liebe Zeit! Ein Ungeheuer dort in dem Teich hinter dem Dorf brachte meinem Volk den Tod. Sobald jemand Wasser holen geht, wird er von Hanaqatsa verschlungen. Sieh mich an! Ich würde wirklich gerne Wasser trinken, aber obwohl ich noch etwas Wasser in meinem Gefäß habe, beherrsche ich mich, denn ich will nur trinken, wenn ich es wirklich brauche." Da sprach Qa´neqelak zu ihm: „Trink dein Wasser hier ruhig und geh dann neues Wasser holen. Ich werde dir folgen, um zu sehen, was dir geschieht von dem, den du Hanaqatsa nanntest." Sofort nahm das Kind das Gefäß und trank das restliche Wasser. Dann forderte es Qa´neqelak auf, ihm zu folgen. Als sie den Teich erreichten, bat Qa´neqelak das Kind: „Bleib einen Moment stehen, damit ich dir diesen Gürtel umbinden kann.“ Sobald er das Kind gegürtet hatte, forderte er es auf: „Geh und hol Wasser!“ Sofort ging das Kind Wasser holen. Im selben Augenblick ergriff Hanaqatsa es mit seinem Maul. Qa´neqelak rief: „Schlange, kriech hinein! Schlange, kriech hinein! Schlange, kriech hinein!“ Da erbrach Hanaqatsa alles, was er zu sich genommen hatte. Qa´neqelak besprenkelte das Kind mit seinem Lebenswasser und belebte es wieder. Dann forderte er es auf, die Knochen der Leute zu sortieren, die schon länger tot waren. Als die Knochen für jede Person zusammengelegt waren, nahm Qa´neqelak sein Lebenswasser und sprenkelte es über die Knochen. Alle erwachten zum Leben. Viele Männer und Frauen setzten sich auf, doch einige hatten ein kurzes Bein, andere waren zu Hermaphroditen geworden. Die Hermaphroditen wollten nun zusammenbleiben, denn, wenn sie arbeiteten, entsprach ihre Lebensart der von Frauen. Wenn sie sprachen, glichen ihre Stimmen denen von Frauen, und sie wollten nicht in der Nähe von Männern weilen, denn sie waren Weber von Matten, schnitten Lachse auf und gruben nach Kleewurzeln. Ihre Tätigkeit ist keine Männerarbeit. Hermaphroditen haben auch keinen Ehegatten oder eine Gattin. Die Ursache dafür, daß nur ein Volk, die Koskimo, so viele Hermaphroditen besitzt, liegt darin, daß Qa´neqelak die Knochen der von Hanaqatsa bei Gose verschlungenen Männer und Frauen zu schnell zusammengefügt hat. Jetzt höre ich auf, über Qa´neqelak zu erzählen. Das ist das Ende.

Lexalixelayu, der Sohn von Nomasenxelis, der in Tseltsaqalalis lebte, sah Qa´neqelak kommen. Er lief in das Haus und teilte seinem Vater mit: „Ein Mann kommt auf unser Haus zu.“ Der Vater erwiderte: „Ich habe ihn erwartet, unseren Gott, der die Welt in Ordnung bringt. Ich werde ihn bitten, mich in eine kleine Insel an der Landspitze Newede (Sutil Point) beim Xusbalis (Fort auf der Landspitze) zu verwandeln. Der Name der Insel soll Hanxstalis sein (Shining on the Water). So werde ich von allen Kanus, die vorbeikommen, gesehen werden.“ Wenig später traf Qa'neqelak ein. Als er eintrat, begrüßte ihn Nomasenxelis und sprach: „Willkommen, Gott! Ich möchte in eine Insel verwandelt werden, so daß ich niemals sterbe." Qa'neqelak belästigte Lexalixelayu nicht, der sich vor der Macht fürchtete. Er besaß gewaltige übernatürliche Kräfte (laxsa naualak) und konnte die übernatürlichen Kräfte anwenden (mamaqa).

Nachdem Qa'neqelak das Haus für seinen Bruder Nemo'gwis errichtet und Leute geschaffen hatte, um darin zu leben, sah er, daß sie alle niedergeschlagen waren. Deshalb lud er sie am Abend zu einer Nonlem-Zeremonie ein. Dabei benutzte er das „Verkehrt-Sprechen", was heißt, er sagte das Gegenteil von dem, was er meinte. So sprach er: „Ich lade euch nicht ein! Kommt bloß nicht sofort." Wenn er sagte, er ginge jetzt Fritillarien sammeln, meinte er, er gehe zur Küste. Er erklärte den Leuten, daß das Nonlem vier Tage dauern und er in dieser Zeit närrisch und unfähig sein würde, angemessen zu sprechen. Danach zeigte er ihnen die Nonlem-Masken, zuerst den Orca, dann den Meermann, zuletzt den Qomogwe. Bei jedem dieser Tänze erscheint erst der Tänzer, tanzt um das Feuer und rennt dann aus dem Haus. Dann erst erscheint die Maske.

Omäl

Erzählt von Kwakwaano, einem Na'kwaxdax

Es heißt, daß Omäl (Rabe) in Ostowa lebte. Er suchte nach einer Frau. Er ging zu den Gräbern und fragte: „Gibt es hier keine Zwillinge, Gräber am Felsen?" - „Wir hier an den Felsen sind von dieser Art." Noch einmal fragte Omäl das Grab: „Gibt es keine Zwillinge hier, Gräber an den Felsen?" - „Ich bin ein gestorbener Zwilling." Da nahm Omäl sie zu seiner Frau und kehrte mit ihr heim. Er forderte seine jüngeren Brüder auf, eine Lachsreuse in seinem kleinen Flußlauf zu errichten. Die jüngeren Brüder machten sich an die Arbeit. Sobald die Lachsfalle fertig war, rief er nach seiner Frau, sie solle sich aufmachen und ins Wasser waten. Omäl stand am Ufer, und die Zwillingsfrau ging ins Wasser. Viele Lachse schwammen den Fluß hinauf, als die Zwillingsfrau ins Wasser watete. Bald hatte sich das Netz der Lachsreuse gefüllt. Nur in der Lachsfalle von Hirsch fand sich kein einziger Lachs, denn er war närrisch. Seine Falle war ringsum geschlossen. Dann zerschnitt die Frau eine große Anzahl Lachse. Das ergab sehr viele Köpfe, Mittelstücke und Flossen. Omäls Haus hatte sich mit Lachsen gefüllt und er holte Brennmaterial, um sie zu trocknen. Als er mit dem Brennholz auf der Schulter hereinkam, verhakten sich die Mittelstücke in seinem Haar. Da sagte Omäl: „Ihr merkwürdigen Dinge, ihr habt mich gefangen, ihr stammt von den Geistern." Seine Frau fragte: „Was hast du gesagt, Omäl? Was hast du gesagt?" - „Ich habe gar nichts gesagt, meine Frau." Aber er hatte doch gesagt: „Ihr seid von den Geistern, ihr seid von den Geistern." Die Zwillingsfrau wurde wütend und der getrocknete Lachs genauso. Da erwachten die getrockneten Lachse zum Leben, ihr ganzes Volk. Omäl hielt seine erste Frau fest, als sie alle zum Wasser glitten. Kein Lachs blieb zurück, als sie das Haus verließen. Omäl und seine Kinder weinten, denn sie hatten kein Essen und waren hungrig.

Omäl rief sein Volk zusammen. Er wollte um die Tochter des Häuptlings der Lachse werben. Er brachte sein enthülltes Kanu ins Wasser und ging mit seinen jüngeren Brüdern an Bord. Keine Frau und kein Kind folgte ihnen, und sie begannen zu paddeln. Hirsch stand im Kanu und paddelte, als sie das freie Wasser erreichten. Es heißt, sie kamen in Sicht von Kwawä. Da meinte Omäl: „Laßt uns einige Steine bei Xexdema in der Meeresbucht von Knight aufnehmen." So nahmen sie vier Steine bei Xexdema und verließen dann die Meeresbucht. Schließlich stießen sie auf ihrer Suche nach dem Haus des Häuptlings der Lachse auf den Horizont, die Grenze unserer Welt. Sie erreichten ein schönes Land, eine Ortschaft, wo es viele Häuser gab. Da meinte Omäl: „Laßt uns nicht gleich an Land gehen und das Kanu hinaufziehen." Die Häuser waren für sie unsichtbar, und sie konnten von deren Bewohnern auch nicht gesehen werden. Es dauerte nicht lange, bis jemand aus dem Dorf gepaddelt kam. Ein alter Mann paddelte dort entlang. Er hielt nach Bäumen Ausschau und konnte Omäl nicht sehen, denn der war in ein hübsches Feuerholz geschlüpft, von dem er wußte, der alte Mann würde es aufsammeln. Der alte Mann nahm seine Keile heraus und wußte nicht, daß Omäl in dem Holz saß, das auf dem Boden stand. Er hackte zuerst die Spitze des Baumes ab. Dann trieb der alte Mann einen seiner Keile in das Holz. Omäl biß die Spitze des Keils ab, und der Keil sprang aus dem Holz. Der alte Mann ergriff den Keil und betrachtete ihn. Er nahm einen anderen Keil und trieb auch ihn in das Holz. Wieder biß Omäl die Spitze ab. Der alte Mann nahm ihn ebenfalls und sah ihn an. Dann ergriff er einen weiteren Keil, um ihn in das Holz zu treiben, und wieder sprang er heraus. Er ergriff den Keil, sah ihn an und begann zu schreien: „Soll ich vielleicht von meinem Herrn wegen des Keils getadelt werden, der schon da war, als das Licht in die Welt kam?“ Da trat Omäl aus dem Baum und fragte: „Warum lärmst du so bei dem, was du vorhast, alter Mann? Gib mir deine Keile.“ Er nahm die Keile und steckte die Spitzen in seinen Mund, wo er immer noch die abgebissenen Stücke der Keile aufbewahrte. Er klebte die Spitzen der Keile an ihre alten Plätze. Da waren sie wieder völlig in Ordnung. Alle Keile stellte Omäl so in kurzer Zeit wieder her, damit er schnell mit seiner Werbung vorankomme. Dann warf er den Baum um auf die Erde. Er brach ihn in Stücke, und der alte Mann brachte das Feuerholz in sein Kanu. Omäl fragte den alten Mann: „Kommt die Tochter des Häuptlings nicht herunter zur Küste, um das Feuerholz zu holen?“ Der alte Mann antwortete: „Sie wird auftauchen und sie wird herunterkommen, sobald ich die Küste erreiche, um das kleinste Stück zu holen, das ich beim Feuerholzsammeln gefunden habe.“ Da sprach Omäl: „Laß mich in dieses Feuerholz hineinschlüpfen“, und stieg nach Innen in das Feuerholz. Der alte Mann stapelte das Feuerholz in seinem Kanu auf und fuhr heimwärts. Er erreichte die Küste nahe seines Hauses und warf das Feuerholz aus dem Kanu, als die kleine hübsche Tochter kam. An der Küste war es, wo das Mädchen das Feuerholz in seine Arme nahm, in dem Omäl steckte. Als das Mädchen losging, streckte Omäl seine Hände aus dem Feuerholz, um es zu umarmen. Sofort schleuderte das Mädchen das Feuerholz in den Sand, besah es und nahm es wieder auf. Wieder umarmte Omäl es. Das Mädchen warf das Holz in den Sand und starrte es an. Omäl rief den alten Mann an: „Sobald ich viermal von dem Mädchen zu Boden geworfen worden bin, mußt du das Feuerholzstück nehmen, in dem ich mich verstecke, und es in die Ecke des Hauses stellen. Stelle mich nicht zu nahe an das Feuer, denn ich könnte mich entzünden." Schließlich wurde es Nacht, und die Mutter des Mädchens ergriff das Feuerholz, in dem Omäl verborgen war, und warf es ins Feuer. Das Holz kam hinter dem Feuer zu liegen, denn die Frau wußte nicht, daß er im Holz steckte.

Die Nacht brach herein, und das Mädchen legte sich in seinem Raum nieder. Da stieg Omäl aus dem Holz, ging zu ihr und sagte: „Ich bin Omäl. Ich möchte dich zur Frau haben." - „Na, na, mein Lieber, mein Vater bringt alle um, die von Zeit zu Zeit versuchen, mich zu freien. Ist er nicht der Häuptling der Lachse? Sieh da! Hier kommen schon die Orcas." Und die Orcas, die im Meer gejagt hatten, kamen heran und machten Lärm.

Sobald der Tag anbrach, rief der Vater des Mädchens: „Steh auf, mein Liebes, und komm mit deinem Gatten zum Frühstück." Da meinte das Mädchen zu Omäl: „Nun mußt du aufpassen, mein Lieber, mein Vater versucht alle umzubringen, die von Zeit zu Zeit auftauchen, mich zu freien." Omäl setzte sich nieder. Das Mädchen folgte nicht. Das ganze Dorf kam in das Haus. Pfähle mit scharfen Spitzen wurden am Rande des Feuers in den Boden getrieben. Als alles fertig war, rief der Häuptling seinen Schwiegersohn Omäl: „Komm her, Omäl, steh auf." Omäl wurde an einen Pfosten gebunden, der in den Boden gerammt war, und dann geröstet. Sein Schwiegervater entfachte ein heftiges Feuer. Aber der Schwiegervater bemerkte nicht, daß Omäl sich in dem in den Boden getriebenen Pfosten verbarg. Dann kehrten alle nach Hause zurück. Das gesamte Dorf ging heim.

Wieder wurde es Nacht. Diese Nacht lag Omäl nicht bei seiner Frau. Erst in der nächsten Nacht legte er sich zu ihr. Da rief der Häuptling das ganze Dorf , Omäl und alle Frauen zusammen. Alle folgten dem Ruf. Diesmal wurden Pfosten in der Mitte des Raumes in den Boden gerammt. Als sie damit fertig waren, rief der Schwiegervater: „Komm her, Omäl." Omäl kam heran. Er erhob sich und stand neben dem Pfosten auf dem Boden. Mit ausgestreckten Armen banden sie ihn mit Thujaseilen an den Pfosten. Neben das Feuer legten sie einen Tümmler. Das Feuer loderte auf. Da bemerkten sie, daß Omäl sich in dem in den Boden getriebenen Pfosten verbarg und erneut rechtzeitig verschwand, denn er besaß übernatürliche Kräfte. Wieder verließen die Dorfbewohner das Haus.

Die jüngeren Brüder besprachen sich inzwischen miteinander. Hirsch meinte, er wolle hingehen und Krieg führen, denn er hatte seinen Speer noch nicht geworfen.

Aufs neue wurde es Nacht. Omäl befand sich noch in seinem in den Boden gerammten Pfosten. In dieser Nacht legte er sich wieder zu seiner Frau. Als der Tag anbrach, rief der Häuptling: „Steh auf, mein Liebes, damit wir das Frühstück einnehmen können." Wieder rief der Vater der jungen Frau das Dorf zusammen. Es sollte sich im Haus eng zusammensetzen. Dann fragte der Häuptling seinen Schwiegersohn: „Bist du ein übernatürliches Wesen, Omäl?" Und Omäl antwortete: „Richtig, ich bin ein übernatürliches Wesen." - „Laß mich dich testen", erwiderte der Häuptling. „Bitte", bat Omäl, „gestatte, daß meine Brüder herkommen." Der Häuptling stimmte zu: „Rufe deine Brüder herbei und achte auf deine Frau." Omäl ruderte los und rief seine Brüder. Sobald er bei seinen Brüdern ankam, nahm er die vier Steine von der Knight-Bucht aus dem Kanu. Und sieh da! Seine jüngeren Brüder ließen ihr Kanu ins Wasser. Omäl nahm auch etwas Ocker, der ebenfalls von der Knight-Bucht kam, Lehm, Adlerdaunen und Holzkohle mit sich. Sie schoben ihr Kanu, und Hirsch warf seine Lanze auf einen Mann. Von seinen Brüdern wurde Hirsch ausgelacht. Der Häuptling bat sie dann in das Haus. Vier Orcas bildeten an der Küste eine Linie. Alle, die sich im Haus aufhielten, kamen heraus. Sie sollten sofort zur Knight-Bucht fahren und Helala sollte zum Skeena-Fluß (Tsexina) ziehen. Die Killerwale, die das Reisekanu von Omäl auf der Fahrt zur Knight-Bucht zu bilden hatten, wandten sich seewärts. Omäl täuschte nun einen Fehler vor, als er schwamm. Er schaukelte auf dem Wasser herum. Und dann ging Omäl wieder an Land, ohne daß ihn das Volk sehen konnte.

Die Na'kwaxdax erhielten ihre Nonlem-Zeremonie bei Yaxwaesdem, als Omäl die Vögel anmalte, die bis dahin weiß gewesen waren. Nachdem er sie angemalt hatte, tanzten sie mit dem folgenden Lied:

yixwa´es	yixwa´es	tsetsäsagag anemx stale
Tanz an der Küste	Tanz an der Küste	es möge sein, als ob es war

lanukumega hadaga, ha ya ya
Besitzer des Hauptes der Herrin der Welt, der Lady Frau, ha ya ya

Wenn dieser Tanz ausgeführt wird, tragen die Frauen ihre bis zu den Füßen herabfallenden Decken um den Hals gebunden. Die Arme und Hände dehnen die Decken aus. Sie tanzen langsam.

Ha´daga

Erzählt von Ya´qolas

Ha´daga war eine Schwester von Omäl. Sie lebten in Wa´edze. Gawaxe´l, das ist Omäl, lebte in Le´nlenlaak. Von dort ging er nach Wa´edze. Seine Lieblingsschwester war Ha´daga. Ha´daga, die Lieblingsschwester, aß See-Eier zusammen mit allen Kindern aus dem Dorf. Während sie aß, rief Krähe: „Kax, kax, kax. Der Liebling von Gawaenox verzehrt See-Eier. Kax, kax, kax." Als Omäl das hörte, schämte er sich wegen seiner Schwester. Er befahl den Leuten, ihre Häuser abzubrechen und sie zu verlassen. Sie beluden ihre Kanus mit den Hausbrettern und bauten ein neues Haus in Wa´edze. Ha´daga blieb alleine zurück. Sie hatte zwei Hunde. Um sich einen Unterschlupf zu errichten, suchte sie nach alten Matten und alten Brettern. Als sie damit fertig war, sprach sie zu den Hunden: „Ich wollte, ihr wärt Männer, dann könntet ihr mir helfen, Thujaholz zu besorgen, das ich spalten könnte." Da antworteten die Hunde. „Wir sind Männer!" Sie zogen in die Wälder, um Thujazweige zu holen. Sie sagte zu dem einen Hund: „Ich wünschte, du wärst ein Mann, so daß du Fichtenwurzeln für mich holen könntest." Er machte sich auf und brachte sie in seiner Schnauze. Sie spaltete die

Wurzeln und flocht sich eine Fischreuse. Als sie fertig war, aß sie. Danach legte sie die Reuse bei Naxa (eine Stelle nahe dem Leuchtturm) in das Wasser. Sie beschwor diese: „Ich wünsche, du würdest den Sohn von Qo´mogwa fangen.“ Wenig später zog sie die Fischreuse heraus. Sie war gefüllt mit Schleimfischen. Dreimal war sie voller Schleimfische. Zum vierten Mal wiederholte sie, daß sie gerne den Sohn von Qo´mogwa fangen würde. Als sie die Reuse zum vierten Mal hochzog, sah sie einen kleinen Mann darin, der auf einer Kiste saß. Sie riß die Reuse auf. Er kam heraus, ging an Land und bat sie, die Kiste zu bringen. Sie war nicht imstande, sie anzuheben. Da nahm er sie selbst auf und brachte sie bis zur Hochwassergrenze. Als er sie öffnete, befanden sich zwei Wale darin. Dann heiratete er sie und errichtete ein Haus. Sie gewannen das Öl aus den Walen. Als sie daran arbeiteten, kam eine Möwe hinzu. Ha´daga rief sie herbei und sprach: „Komm doch her, ich werde dir etwas Walspeck geben. Hier ist ein Stück gekochten Specks, das ich meiner Großmutter schicken will. Du wirst sie finden. Sie ist immer damit beschäftigt, Thujarindendecken auszubessern. Die Möwe nahm den Speck und flog davon. Sie flog sehr niedrig über das Dorf. Da erblickte sie eine alte Frau, die gerade eine Thujarindendecke ausbesserte und dachte: „Das muß sie sein.“ Sie landete nahe bei ihr und rief: „ Dieses hier wird dir von der einen geschickt, die du verlassen hast.“ Da erhob sich die alte Frau und ging in das Haus. Sie setzte sich vor ihre Arbeit, das Gesicht der Rückseite des Hauses zugewandt. Heimlich biß sie ein Stückchen von dem Speck ab. Omäl hörte das Geräusch, das sie beim Kauen verursachte, und fragte: „Was machst du da? Was kaust du?“ Die alte Frau erwiderte: „Ich kaue die Thujarinde, die ich bearbeite.“ Als sie wieder heimlich ein Stück abbiß, sah Omäl das. „Es hört sich an, als ob du etwas ißt.“ Er stand auf und warf sie zu Boden. In ihrem Mund fand er den Speck. Da schlug sie ihm den Speck in das Gesicht und schrie: „Diesen Walspeck sandte mir die eine, die du verlassen hast.“

„A a a a“, rief Omäl. Er ging hinaus, Muscheln für seine Schwester zu sammeln. Dann zogen sie zu dem Platz zurück, wo Ha´daga alleine zurückgeblieben war. Omäl trug den Korb voller

Muscheln zu ihr und hoffte, sie auszusöhnen. Er rief: „Hadzego', hadzego', tsetsexbesa'gak asaaqos yaqwulwadzeses g iadzo g iadzo!" Ha'daga bat ihren Mann, die Tür zu öffnen, und ließ Omäl ein. Er kam herein und setzte sich nieder. Ha'daga kochte einen Seehund und gab ihrem Bruder eine kleine Fettschüssel, die sie aus ihrem Raum holte. Sie stellte diese mit Öl gefüllt vor ihren Bruder. Als Omäl dies sah, dachte er: „Sie ist zu klein." Er dachte, wenn er einmal das Brot in die Ölschüssel eintauchte, würde alles Öl verbraucht sein. Doch als er zu essen begann, konnte er sie nicht leeren. Er aß voller Gier, und das Öl rann geradezu durch ihn hindurch. Da sagte er: „Meine Decke macht ein knatterndes Geräusch." Ha'daga ekelte sich und warf ihn hinaus. Nach dem Fest luden alle Leute ihr Hab und Gut ab und blieben bei Ha'daga.

Omäl und Grizzlybär

Erzählt von Kämaxalas, einer Gwa'waenox-Frau,
Tochter eines Nimkish
Aufgeschrieben von George Hunt

Omäl und seine jüngeren Brüder, Hirsch, Waschbär, Otter, Nerz, Eichhörnchen und Zaunkönig lebten in Geyox, am Ende der Bucht nahe Hegems. Eines Tages errichtete Qeqawat, wie Zaunkönig bei den Kwakiutl auch heißt, eine Lachsreuse im Geyox-Fluß. Sobald er das Netz, das für den Fang von Blaurückenlachsen bestimmt war, fertig gespannt hatte, kehrte er, Zaunkönig, nach Hause zurück. Als es Nacht wurde, legte er sich nieder und schlief. Sofort träumte er von seiner Lachsreuse. Im Traum sah er, daß die zwei Fischkörbe zerbrochen waren. (Die Körbe haben zwei Namen, außerdem werden die für Blaurückenlachse auch Rundkörperkörbe genannt). Er träumte weiter von seiner Lachsreuse. Im Traum sprach die Reuse zu ihm und forderte Zaunkönig auf, aufzupassen, am frühen Morgen aufzustehen und den Blaurücken herauszunehmen, der in ihr gefangen war. Es sei wegen des

Grizzlybären (Modogila, der bei den Kwakiutl Gila heißt), „falls der Grizzly etwas von mir erfahren sollte. Dann wird er immer kommen, mich zerbrechen, den Blaurücken herausnehmen, den ich gefangen halte, und ihn verzehren", mahnte die Reuse Zaunkönig in seinem Traum. Sobald der Morgen dämmerte, erwachte Zaunkönig, nahm seinen Umhang und sein Feuerholz (Selodayu, das bei den Kwakiutl Ank heißt) und riß Thujarinde klein. Da erwachte seine Mutter Heaven-Maker-Woman (Lewagilaogwa). Er meinte zu ihr: „Du sollst wissen, daß ich jetzt hinausgehe, um den Blaurücken, der in meiner Falle steckt, herauszunehmen, denn ich fürchte, daß ein Grizzlybär meine Lachsreuse zerbrechen könnte." Heaven-Maker-Woman erwiderte ihrem Kind Zaunkönig: „Geh hinaus, Kind, nur sei vorsichtig bei allem, was du machst, damit du nicht verletzt wirst." Zaunkönig machte sich zum Fluß auf und kam bald bei seiner Lachsreuse an. Er sah, daß beide Körbe bis zur Öffnung mit den Blaurückenlachsen gefüllt waren. Da beschwor Zaunkönig: „Das ist es, was ich mir wünsche, daß du immer bis zur Öffnung mit Blaurückenlachsen gefüllt sein mögest, denn du bist eine Lachsreuse. Dank dir, übernatürliches Wesen. Du hast Mitleid mit mir gehabt." Er nahm seine Lachse aus der Reuse. Dann brach Zaunkönig vier Thujazweige ab, drehte sie und verband sie mit Weidenruten zu einem Tragenetz, um die gefangenen Lachse abzuschleppen. Er band die Lachse hinein und zog sie dann den Fluß hinab. Als er am Ufer in der Nähe seines Hauses ankam, saßen seine Brüder Omäl, Hirsch, Waschbär, Otter, Nerz und Eichhörnchen auf der Sommerplattform vor Zaunkönigs Haus, denn Omäl erwartete die Heimkehr Zaunkönigs, nachdem er hinausgegangen war, nach seiner Lachsreuse zu sehen. Deshalb sah Omäl ihn sofort, als er das Ufer erreichte, und forderte gleich seine Brüder auf, zu Zaunkönig hinunter zu gehen. Omäl und seine Brüder eilten zum Ufer und zogen die Blaurückenlachse an den vier Leinen auf das Ufer, an der dem Meer zugewandten Seite von Zaunkönigs Haus. Zaunkönig bat Omäl, seine Brüder aufzufordern, ein Feuer auf der Seeseite seines Hauses zu entfachen und Steine in das Feuer zu legen, um alle Lachse zu dämpfen. Sogleich entzündeten die Älteren draußen das Feuer, während die anderen Steine sammelten und in das Feuer warfen. Als die Steine im Feuer heiß waren, wies Omäl seine jüngeren Brüder an, landeinwärts zu gehen und viele Stinkkohlblätter zu holen. Die Brüder brachen schnell auf, und es verging nur kurze Zeit, bis sie alle mit den Armen voller Stinkkohlblätter zurückkamen. Sie legten sie auf den Boden neben dem Feuer mit den heißen Steinen. Als die Steine richtig rot glühten, harkten sie das Feuer auseinander und legten die Lachse auf die rotglühenden Steine. Dann streuten sie die Stinkkohlblätter über das, was gedämpft wurde. Waschbär und Hirsch brachten jeder einen Eimer voll Wasser, das sie ebenfalls über das sprühten, was gedämpft wurde. So lagen alle Lachse bald mit einer Schicht Stinkkohlblätter bedeckt. Es dauerte jetzt nicht mehr lange, und die auf ihren Bäuchen liegenden Blaurücken waren gekocht. Omäl forderte sofort seine jüngeren Brüder auf, die Kohldecke zu entfernen, sich um die garen Lachse zu setzen und sie zu verspeisen. Als sie das Mahl beendet hatten, kam Zaunkönig aus seinem Haus und wollte mit seinen Brüdern das Essen teilen. Zaunkönig verlor kein Wort seinen Brüdern gegenüber, denn er nahm an, neue Blaurücken würden seine Lachsreuse füllen.

Der Abend kam und Zaunkönig ging zeitig zu Bett, da er früh am Morgen aufstehen wollte. Als es dämmerte, erhob er sich und band seinen Umhang um. Es heißt, er nahm auch sein Feuerholz und zerkleinerte Thujarinde mit sich, als er den Fluß hinaufzog. An seiner Reuse angekommen, erkannte er, daß sie zerbrochen war und sich kein Lachs mehr darin befand. Umgehend flickte Zaunkönig seine Reuse. Es war schon beinahe Abend, als er endlich die Reparatur beendet hatte und sich auf den Weg nach Hause machte. Omäl und seine jüngeren Brüder saßen wieder auf der Sommerplattform an der Seeseite seines Hauses, denn sie erwarteten, daß Zaunkönig wieder viele Blaurückenlachse gefangen hatte. Als Zaunkönig am Ufer seines Hauses in Sicht kam, erkannte Omäl, daß er keinen einzigen Lachs gefangen hatte. Da wurden die Herzen Omäls und seiner Brüder böse, denn sie hatten den ganzen Tag nichts gegessen und hingen ab von dem, was Zaunkönig fing. Deshalb waren Omäl und seine jüngeren Brüder wirklich hungrig. Zaunkönig kam und ging in sein Haus. Er legte sich sogleich auf den Rücken in sein Bett und wollte schlafen. Er aß nach seiner Ankunft nichts, denn sein Herz brannte vor Zorn über den, der seine Lachsreuse zerstört hatte.

Schon vor der Morgendämmerung stand Zaunkönig auf. Er ergriff seinen Umhang, sein Feuerholz und die zerkleinerte Thujarinde. Es war noch dunkel, als er das Haus verließ. Er lief flußaufwärts, und die Morgendämmerung begann gerade, als er seine Reuse erreichte. Da erblickte er einen Grizzly, der seine Reuse zerbrach, die Blaurücken herauszog und sie landeinwärts von der Reuse wegschleppte. Zaunkönig sprach ihn an: „He, Grizzlybär, weshalb zerstörst du meine Reuse, du häßlicher hohler Magen, du Häßlicher, der doch überall Nahrung findet!" Grizzlybär antwortete auf diese Anrede: „He, was ist das, du Winzling, du kannst gegen keinen bestehen und kommst doch mit einem wütenden Gesicht auf mich zu. Sieh! Ich werde dich einsaugen. Sieh! Ich werde dich mit meinen Klauen zerschmettern. Sieh! Ich werde dich mit meiner Schnauze packen, weil du es wagst, hierher zu kommen und mich zu beschimpfen." Zaunkönig rief: „Vorwärts, versuch doch, mich einzusaugen, versuch doch, mich zu zerquetschen." Da riß Grizzly seine Schnauze auf und saugte Zaunkönig ein. Zaunkönig durchlief die Eingeweide von Bär vom Anfang bis zum Ende und sprang zu seinem After hinaus.

Grizzlybär merkte nicht, daß Zaunkönig aus seinem After geschlüpft war. „Jetzt hast du meine Stärke zu spüren bekommen", brummte er. Da fragte Zaunkönig hinter ihm: „He, Grizzlybär, was meinst du, wenn du behauptest, daß ich von dir geschlagen sei, wo ich doch noch lebe?" Bär rief: „Ich werde dich einsaugen!" „Mach doch! Saug mich doch ein! Dann werde ich in deinem Innern ein Feuer entfachen!" antwortete Zaunkönig. Grizzlybär öffnete seine Schnauze und saugte Zaunkönig ein. Sobald Zaunkönig im Magen des Bären ankam, drehte er sein Feuerholz, und es dauerte nicht lange, bis die Thujarinde Feuer fing. Zaunkönig nahm seinen Umhang und hielt ihn an die glimmende Thujarinde. Danach schlüpfte Zaunkönig aus dem After von Grizzlybär. Rauch strömte aus Grizzlybärs Nase, seinem Mund und auch seinem After. Grizzlybär begann zu husten.

„Hust, hust, hust, hust, Grizzlybär! Hust, hust, Grizzlybär! Es geschieht dir recht, Grizzlybär, es geschieht dir recht. Weshalb hustest du denn? Obwohl ich nur ein kleiner Mann bin, kannst du mich nicht überwältigen. Obwohl du so groß bist, fürchte ich mich nicht vor dir. Mach weiter! Huste weiter! Es geschieht dir recht!" Grizzlybär mußte nicht lange husten, da war er schon tot. Als Grizzlybär gestorben war, eilte Zaunkönig nach Hause. Als er am Ufer seines Hauses ankam, sah er Omäl und seine jüngeren Brüder auf der Sommerplattform an der Seeseite seines Hauses sitzen. Zaunkönig eilte an Omäl und seinen Brüdern vorbei und ging in das Haus. Omäl bemerkte, daß Zaunkönig seinen Umhang nicht trug, obwohl er ihn sonst immer bei sich hatte. Sobald Zaunkönig im Haus war, rief er: „Mutter! Komm mit, komm mit, Mutter! Komm mit, komm mit, Mutter! Du mußt etwas auf dem Rücken tragen! Wirklich, er liegt auf seinem Bauch, Mutter! Der tote Grizzlybär, Mutter!" Doch die Mutter glaubte den Worten von Zaunkönig nicht und meinte. „Du ungezogener Junge, es wäre unmöglich, so etwas zu wagen. Du würdest bestenfalls von Grizzlybärs Schnauze gepackt werden." Zaunkönig antwortete: „Es ist wahr, Mutter, Grizzlybär ist wirklich tot." Dann verließ Zaunkönig das Haus und rief Omäl und seine jüngeren Brüder. Er überzeugte sie, mit ihm zu kommen und ihm zu helfen, denn er wollte Grizzlybär häuten. Omäl forderte seine jüngeren Brüder auf, in ihre Häuser zu gehen und ihre Messer zu holen. Das machten sie und waren bald zurück. Auf dem Weg kamen sie an einem tiefen Canyon vorbei und erreichten dann die Stelle, wo Grizzlybär tot dalag. Sie enthäuteten ihn, und es dauerte gar nicht lange, so war das Fell völlig abgezogen. Dann zerteilten sie das Fleisch. Sobald sie dies beendet hatten, sprach Zaunkönig zu ihnen: „Du bist derjenige, Eichhörnchen, der das Fell auf seinem Rücken tragen soll." Da riefen Omäl und seine jüngeren Brüder gleichzeitig: „Das geht nicht. Eichhörnchen ist nicht stark genug, das Fell auf seinem Rücken zu tragen. Es ist zu schwer, denn er hat nur schwache Hände." Da meinte Zaunkönig, dann solle Otter das Fell tragen. Wieder riefen Omäl und seine jüngeren Brüder gemeinsam aus: „Das geht nicht. Otter ist nicht stark genug, dieses Fell auf seinem Rücken zu tragen. Es ist zu schwer, denn er ist sehr kurzbeinig.“ Da meinte Zaunkönig: „Laßt ihn, Nerz, das Fell auf seinem Rücken tragen.“ Doch sofort antwortete Mink: „Nicht ich, ich wünsche es nicht, denn ich bin nicht stark genug. Laß es Omäl auf seinem Rücken tragen.“ Alle jüngeren Brüder von Omäl stimmten den Worten von Mink zu. Da lud Omäl das Fell auf seinen Rücken. Er wartete nicht auf seine jüngeren Brüder, sondern wanderte los.

Seine jüngeren Brüder brachen schließlich auch auf. Doch nachdem sie den tiefen Canyon überquert hatten, konnten sie Omäls Spuren nicht mehr erkennen. Sie gingen weiter, und als sie ihr Haus erreichten, fragte Zaunkönig sofort seine Mutter: „Ist Omäl nicht angekommen?“ Die Mutter bestätigte, daß Omäl nicht nach Hause gekommen sei. Zaunkönig meinte, daß sie alle gemeinsam aufbrechen sollten, nach ihrem älteren Bruder zu sehen. So zogen die sechs Brüder gemeinsam los. Als sie den tiefen Canyon erreichten, erblickte Nerz Omäl, der herankam und nichts mehr auf seinem Rücken trug. Omäl ergriff als erster das Wort: „Ich hatte einen Unfall mit dem Fell, das ich trug. Ich fiel in ein tiefes Loch im Canyon.“ Da sprach Hirsch: „Ich vermute, der Grund, weshalb Omäl uns verließ, als er das Fell auf seinem Rücken trug, ist, daß er es alleine essen wollte, der Gierschlund.“ Mit diesen Worten sprang er auf Omäls Leib. Das Fett des Bären quoll auf beiden Seiten aus ihm heraus, aus dem Mund und aus dem After. Da wurde Omäl wütend über das, was seine jüngeren Brüder mit ihm machten. Er teilte Zaunkönig mit: „Was ihr mir angetan habt, reicht, jüngere Brüder, denn ihr habt mich wegen des Bärenfells verletzt. Jetzt, *Qeqawat!*, wirst du der Zaunkönig der kommenden Generationen; du, Hirsch, wirst der Hirsch der kommenden Generationen; du, Waschbär, wirst der Waschbär der kommenden Generationen; du, Otter, wirst der Otter der kommenden Generationen; du Eichhörnchen, wirst das Eichhörnchen der kommenden Generationen; und du, Nerz, wirst für die kommenden Generationen der Nerz sein.“ Alle die jüngeren Brüder von Omäl wurden zu Vierbeinern, nur Zaunkönig zu einem Zaunkönig. Die fünf Arten von Vierbeinern zerstreuten sich den Fluß entlang. Einzig der Zaunkönig begann sofort auf dem Boden nach Futter zu suchen. Jetzt war Omäl alleine.

Er kam auf den Einfall, seinen Körper zu verändern und ein junger Mann zu werden, so daß er von der Mutter von Qeqawat, der jetzt ein Zaunkönig war, nicht erkannt würde. Sobald er die Verwandlung beendet hatte, brach Omäl, jetzt als ein junger Mann, auf und begab sich zum Haus von Qeqawat, der nun ein Zaunkönig war. Er trat hinein und sprach die Mutter von Qeqawat an: „Weshalb bist du alleine zu Haus?" Sofort antwortete Himmels-Macher-Frau, die Mutter von Zaunkönig: „He, wer bist du, junger Mann? Woher kommst du? Hast du nicht Omäl und seine jüngeren Brüder getroffen? Sie sind aufgebrochen, um auf ihren Rücken das Fleisch eines Grizzly herzuschaffen, den Qeqawat, mein Kind, getötet hat." Omäl meinte, er habe sie nicht getroffen, „denn ich komme aus nördlicher Richtung und weiß, daß du keinen Gatten hast. Das ist der Grund, weshalb ich kam, denn ich will dich, Himmels-Macher-Frau, zu meiner Gattin haben". Himmels-Macher-Frau stimmte seinen Worten zu und sie vermählten sich. Omäl ermahnte seine Frau, nicht über Zaunkönig und die anderen nachzudenken. So machte es die Frau und dachte niemals mehr an ihren Sohn, seit sie den unbekannten Mann hatte, der in Wirklichkeit Omäl war. Ihr Mann forderte sie immer auf, Grizzlybärenfleisch zu dämpfen, denn „ich bin immer hungrig", wie er sagte. So machte es seine Frau, und es dauerte nicht lange, bis sie alles Fleisch verbraucht hatten. Sobald es alle war, machte sich Omäl, der hübsche Mann, fertig, teilte seiner Frau mit, er gehe auf die Morgenjagd und verließ das Haus. Omäl kehrte nicht mehr zu seiner Frau zurück.

Das ist das Ende der Geschichte, die Kämaxalas erzählt hat, deren Vater ein Nimkish ist und deren Mutter eine Gwa'waenox.

A'dagilis

Erzählt von Gi'qalas, einem Gwa'waenox

A'dagilis und Wolf spielten auf dem Boden. Dann bewarfen A'dagilis und Wolf einander mit Quarz. Schließlich wurde Wolf zornig auf A'dagilis, denn der übertrieb es beim Spiel auf dem Boden mit Wolf. Wolf nahm seinen Schwanz, den Todbringer, und schleuderte ihn gegen A'dagilis. Für kurze Zeit war A'dagilis tot. Aber er wurde von Hermelin wiederbelebt. A'dagilis erhielt Hilfe von Hermelin. Er erhielt von Hermelin ein Mittel, um lange am Leben zu bleiben. Wolf paßte nicht auf. Sein Schwanz wurde herausgezogen und von A'dagilis versteckt. Wolf fragte ihn nach seinem Wolfsschwanz. „Dafür will ich dir einen guten Rat für die Lachse geben. Du darfst den todbringenden Kiefer (das ist der Unterkiefer) nicht essen." A'dagilis antwortete ihm: „Wir werden deine Sprache nicht länger verstehen. Aber wir werden wissen, was dieser dein Wolfsschwanz anstellt. Du wirst unseren kommenden Geschlechtern nicht mehr schaden." - „Ich werde jetzt jeden zum Leben erwecken und alle, die deine Dörfer bewohnen wollen, sich selbst reinigen lassen. Nun werdet ihr mich den Wolf nennen." - „Jetzt sind wir fertig, und ich werde den Todbringerkiefer nicht verzehren, mit dem der Lachs sich auf Klötze legt."

Geheul ertönte. Es war die Sprache, mit der der Wolf dich anzureden versucht: „Ha, ha, ha. Deine Zähne essen immer noch den todbringenden Kiefer des Lachses."

Der Wolf

Erzählt von Gi'qalas, einem Gwa'waenox

Wolf lud alle Tiere ein. Die Tiere sollten zusammen einen Wintertanz aufführen, Wolf, Vielfraß und Schwarzbär. Ihr Anführer war der Waldmann. Sie veranstalteten den Wintertanz im Innern eines Felsens. Der Platz ist eine geräumige Höhle. Als Trommel benutzten sie einen wunderbaren Gegenstand. Die Trommel ist bekannt. Es ist die Wurzel einer Thuja. Und so tanzten sie. Quarz war das Spielzeug von Wolf. Dann folgte ein Kriegstanz. Vielfraß tanzte den Kriegstanz. Als Geheimnisse besaßen sie kleine Vögel, die sie als ihre übernatürlichen Schätze hüteten. Dann zeigte der Waldmann seine Macht als Mann. Er ergriff die doppelköpfige Schlange und benutzte sie als Gürtel. Der Anführer kam und sprach über die Zukunft der anderen. Er verwies auf ihren Charakter als ein Volk. „Laßt uns so bleiben und laßt uns nicht zusammenhocken. Wir wollen uns lieber über die Welt ausbreiten. Was können wir mit unserem heiligen Raum machen? Sagt nicht vergebens, das wird die Geschichte dieses Platzes sein, der verlassen in unserem Land zurückblieb. Das wird die Geschichte derer sein, die unsere Stelle einnehmen.“

Nerz

Erzählt von Gi´qalas, einem Gwa´waenox

Nerz achtete auf seine Lachsreuse. Als sie Beute hatte, fragte er sie: „Was ist dein Fang, Lachsreuse?“ - „Was für ein kleines Wesen sollte es denn sein? Eine kleine Groppe.“ - „He, entlaß sie wieder in das Wasser!“

Wieder fragte er: „Was ist dein Fang, Lachsreuse?“ Diesmal antwortete die Lachsreuse: „Eine kleine Flunder.“ (Dann antwortete sie nacheinander: ein Schleimfisch, ein Hundsfisch, ein Rotdorsch, ein Frühlingslachs, ein Stahlkopflachs, ein Ketalachs, ein Silberlachs, eine Forelle, ein Kama »ein sehr kleiner Fisch«, eine doppelköpfige Schlange). „Das ist es!“

Er schnitt sie auf. Dann sandte Nerz eine Einladung, und alle Tiere kamen herbei, Wölfe, Schwarzbären und Vielfraße. Da tanzte er mit seinem Lied:

Nerz trägt auf seinem Kopf den Hut aus dem toten Liebling der Wölfe, yaha

Sperling trat auf und tanzte:
Unser Freund, der Spatz, trägt etwas in jeder Hand

Das Rotkehlchen trat auf und tanzte:
Ahai, ahä, laßt unseren Freund Rotkehlchen noch etwas tanzen, ahai, ahä

Waschbär trat auf:
Der Kleine hat ein Kennzeichen um seine Augen,
ahaha, ahaha, a aha, a ahä

Gao´xse trat auf:
Er versucht mich zu heilen, heilend die Nase.
Du kamst und versuchtest, mich zu heilen.
Es gibt jetzt keinen Grund für Furcht, wenn du den After heilst.

Nerz und die Geister
Berichtet von George Hunt

Nerz lebte in Crooked Beach (Qa´logwis). A´lekelels, der Anführer der Ho´sdalagimux und der La´laenox lebte seinerseits an einem Ort namens Stench Beach (Ya´xposdesela) nördlich von Crooked Beach. Nerz ging nun jede Nacht und stahl aus den Häusern der Ho´sdalagimux und der La´laenox See-Eier, denn darin bestand ihre einzige Nahrung, See-Eier. Auch Nerz liebte es sehr, immer See-Eier zu verzehren, denn das war die wahre Speise für ihn, den Sonnenmacher. Nerz hatte das schon lange Zeit gemacht, jede Nacht hatte er See-Eier weggenommen. Doch beide Völker, die Ho´sdalagimux und die La´laenox, wußten nicht, wer allnächtlich See-Eier stahl. Endlich sprach der Häuptling A´lekelels zu seinem Volk und ordnete an, daß vier junge Männer die ganze Nacht wachen und auf den warten sollten, der kommen würde, um die See-Eier aus den Häusern zu stehlen, denn es sei wirklich hell, da Vollmond scheine. Mitternacht war schon vorbei, als Nerz dicht an der Küste entlanggepaddelt kam. Er verhielt sich ganz still, als er an die Küste kam. Dann stieg er aus seinem kleinen Kanu und hielt einen Korb in der Hand. Leise klomm er das Ufer empor. Die vier jungen Männer preßten sich an den Boden, und so sah Nerz sie nicht, als er an ihnen vorbeischlich. Nerz ging nun gerade in das Haus von A'lekelels. Sobald er das Haus betreten hatte, sprangen die vier jungen Männer heran und versperrten die Tür von A'lekelels Haus. Nerz war jetzt im Haus eingeschlossen, und zwei der jungen Männer bewachten die Tür. Die beiden anderen eilten zum Ufer, wo das kleine Kanu lag, und zerbrachen es. Dann kehrten sie zurück und setzten sich auf der Rückseite des Hauses nieder, für den Fall, daß Nerz dort herauszukommen versuchte. Als der Morgen dämmerte, öffneten die vier jungen Männer die Tür des Hauses ihres Anführers A'lekelels und traten ein. Sie weckten den Häuptling und teilten ihm mit, daß sie den, der immer die Eier stahl, Nerz, eingeschlossen hätten. Der Häuptling befahl, das ganze Volk solle in sein Haus kommen. Da riefen die vier jungen Männer alle Leute zusammen: „Wir rufen euch im Auftrag unseres Anführers A'lekelels zusammen, damit jeder von uns auf Nerz einschlagen kann, der hier im Haus von A'lekelels gefangen ist!" Alle Männer stürmten in das Haus. Sobald sie alle eingetreten waren, verbarrikadierten sie die Tür. Doch Nerz suchten sie vergeblich. Sie konnten ihn nicht finden. Als sie gerade das Haus wieder verlassen hatten, hörten sie, wie jemand am anderen Ende des Dorfes rief: „Ah! Vergebens seid ihr in das Haus von Atsetseyilts gerannt. Ah! Ihr könnt mich nicht fangen." (Atsetseyilts ist die Aussprache von Nerz, der wie ein kleines Kind spricht). Nerz war es, der rief, und sofort stiegen alle Männer in ihre Kriegskanus und paddelten zu dem Ort, von wo er schrie. Die Krieger erblickten Nerz, wie er zwischen die Felsen rannte, die am Fuß der Steilküste angehäuft waren, steile Felsen. Nerz hatte nicht die Zeit, zu seinem Ziel zu gelangen, da erreichte das erste Kanu die Stelle, wo er sich gerade aufhielt. Nerz kroch unter die Felsen, die sich dort zusammentürmten. Die Männer sprangen aus dem Kanu und ergriffen spitze Pfähle, um unter die Felsen zu stechen, wo Nerz saß. Da erblickte Nerz einen Seestern, der an einem der Felsen saß, wo er sich verborgen hatte. Er ergriff den Seestern und schnitt ihn auf. Die Eingeweide steckte er auf die Spitze eines der Pfähle. Der Krieger zog den Pfahl hervor und sah die Eingeweide auf der Spitze. Da rief er: „Nerz ist tot. Seht hier diese Eingeweide, die auf der

Spitze dessen steckten, womit ich ihn aufspießen wollte.“ Da kehrten die Krieger um und fuhren nach Hause. Sie hatten schon beinahe das Ufer nahe ihrer Häuser erreicht, als Nerz aus seinem Versteck hervorkam. Er stellte sich auf einen Felsen und brüllte den Kriegern laut nach: „Oh, ihr Helden, das waren die Eingeweide eines Seesterns, die ihr im Krieg erobert habt. Ich, Nerz, lebe noch.“ Er rannte die Felsen entlang bis zum Ende der Steilklippe, brachte sich dann in Sicherheit und machte sich auf den Heimweg. Vergebens kehrten die Krieger um, vergebens suchten sie Nerz dort, wo er auf dem Felsen gestanden hatte. Nerz war durch die Rückwand des Hauses entwichen, als er das Geräusch hörte, wie sie sein Kanu zerbrachen.

Der Ursprung des Xwe´xwe-Tanzes

Erzählt von Ya´qolas

Wä´qe paddelte in der Nähe von Xulk. Er fuhr nordwärts, bis er nach Kwane kam. Er ging an Land, entlud sein Kanu, blieb für lange Zeit dort und errichtete ein kleines Haus. Eines Abends, als er in seinem Haus saß, vernahm er ein dröhnendes Geräusch und hörte Stimmen von Leuten. Da nahm er bei sich die Reinigungen vor, denn er dachte, das sei etwas Übernatürliches. Er hörte wieder etwas und ging hinaus, um zu sehen, was es sei. Er kam nach Axdem und erblickte ein Haus. Funken flogen aus dem Dach. Das Geräusch kam aus diesem Haus. Er blickte durch ein Astloch und sah den Xwe´xwe-Tanz. Wenn ein bestimmtes Wort im Gesang ausgesprochen wurde, fielen die Leute nieder und verwandelten sich in Rotdorsche. Ihre Schwänze schlugen auf den Boden und verursachten das Geräusch. Die Leute müssen steinalt gewesen sein, denn sie bemerkten nicht, daß sich ein Fremder näherte. Vier Nächte kam er und sah ihrem Tanz zu. Dann dachte er bei sich: „Ich gehe hinein, um zu sehen, was geschehen wird.“ Er trat in das Haus. Niemand nahm Notiz von ihm. Da erhob er sich und rief: „Ich habe euch als meinen übernatürlichen Schatz gefunden. Ich will euren Tanz als meinen Zaubertanz annehmen." Sie stimmten zu.

Das Folgende ist ihr Gesang, der in einer fremden Sprache gesungen wird:

Hayamenä yehehaya yehehaya nogwam
hayamenä yehehaya yehehaya memeqeya yeheya

Anmerkung: Die Fort Rupert-Leute berichten, daß der Xwe'xwe-Tanz von Comox kam.

Die Entstehung des Xwe'xwe-Tanzes

Erzählt von La'bit 1912

Wä'qe lebte in der Nähe von Xulk. Eines Tages wollte er nach Tse'qume über die See paddeln, um den Ort kennenzulernen, an dem Qa'neqelak auf die Erde gekommen war. Am Morgen brach er auf. Es dauerte bis zum Abend, als er den Whale-Beach (Gwe'-gwakawalis) erreichte und sein Kanu an Land zog. Dann errichtete er einen Unterstand. Als der Unterstand fertig war, ging er hinein und entfachte mit der einbrechenden Dunkelheit das Feuer. Wä'qe aß zu Abend, legte sich nieder und versuchte zu schlafen. Aber er konnte nicht einschlafen, denn irgend etwas beunruhigte und störte ihn. Spät in der Nacht schreckte er durch ein dröhnendes Geräusch, das er vernahm, auf. Der Boden seines Hauses wackelte wie bei einem Erdbeben. Doch dauerte es nicht lange, bis es wieder ruhig wurde. Wieder hörte er das dröhnende Geräusch, wieder wurde der Boden des Hauses erschüttert. Das geschah insgesamt viermal. Da erhob sich Wä'qe, verließ sein Haus und setzte sich davor auf den Boden. Jetzt vernahm er ein Geräusch, als wenn viele Leute sprächen, von Axde'm her auf der Nordseite seines Hauses. Wä'qe kehrte in sein Haus zurück und legte sich auf sein Lager. Er konnte das Geräusch sprechender Leute nun klar hören und schlief ein. Er träumte, daß ein Mann in sein Haus käme und zu ihm spräche: „Schlafe nicht,

Freund, sondern erhebe dich, reinige dich, bürste dich mit Hemlocktannenzweigen im nahen Fluß ab. Versuche morgen Nacht zu erreichen, was du heute gehört hast. Du mußt in das Wasser des Flusses steigen, sobald der Morgen dämmert. Sobald es dunkel wird, sollst du dich nach Axde'm begeben und dort auf den Boden setzen. Nachdem die Erde viermal gebebt hat, suche das Winterzeremonienhaus auf und setze dich innen rechts neben die Tür. Du darfst dich nicht ängstigen." Mit diesen Worten verschwand er. Sogleich erhob sich Wä'qe, ging zum Fluß, brach Zweige der Hemlocktanne ab und setzte sich in das Wasser. Er rieb seinen Körper mit den Zweigen ab. Als er damit fertig war, kehrte er in sein Haus zurück, um zu schlafen. Mit der Morgendämmerung stieg er wieder in das Wasser des Flusses und rieb seinen Körper aufs neue mit Hemlocktannenzweigen ab. Wiederum kehrte er in sein Haus zurück und legte sich bei Tageslicht zum Schlafen nieder. Er träumte, daß ein Mann in sein Haus käme und zu ihm spräche: „Ich komme noch einmal, mein Freund Wä'qe, um dir zu versichern, daß du keinen Grund hast, uns zu fürchten. Komm heute Nacht geradewegs in unser Winterzeremonienhaus, bevor das Feuer in der Mitte entfacht ist, und setze dich rechts neben die Tür. Du hast deine Reinigung erfolgreich vorgenommen, nachdem ich dir letzte Nacht riet, dich in den Fluß zu setzen und mit Hemlocktannenzweigen abzubürsten." Mit diesen Worten verschwand er.

Wä'qe aß den ganzen Tag nichts. Als es Abend wurde, suchte er noch einmal den Fluß auf, setzte sich in das Wasser und rieb seinen Körper mit Hemlocktannenzweigen ab. Dann begab er sich nach Axde'm. Dort angekommen, setzte er sich zwischen die Büsche auf den gesäuberten Boden. Er mußte nicht lange dort sitzen, bis die Dunkelheit anbrach. Da erblickte Wä'qe vor sich zur See hin ein großes Haus, in dem noch kein Feuer brannte. Wä'qe erhob sich von der Stelle, wo er auf dem Boden gesessen hatte und betrat das Haus. Er nahm rechter Hand neben der Eingangstür Platz. Wä'qe hörte nicht, daß jemand im Haus umherging. Doch dann sah er glühende Kohlen. Das Feuer in der Mitte des Hauses entflammte. Danach kamen viele Männer und Frauen herein. Die Männer setzten sich an der Rückseite des

Hauses nieder, die Frauen an den Seiten. Sobald sich alle niedergelassen hatten, betrat ein Mann das Haus und stellte sich auf den Boden an der Rückseite des Hauses. Das war der Sprecher des Hauses. Er sprach: „Wir sind alle hereingekommen, ihr Überirdischen. Frauen, paßt auf, wenn die übernatürliche Macht zu euch kommt, denn ich werde sie jetzt rufen." Und dann sang er das heilige Lied:

a a ha a a ha
Magischer Geist
a a ha a a ha
Magischer Geist.

Dabei rannte er einmal um das Feuer in der Mitte des Hauses, bis er wieder zu seinem Standort zurückkam. Da wurden alle Frauen zu Rotdorschen und schlugen um sich. Dadurch entstand das dröhnende Geräusch überall auf dem Boden. Doch es dauerte nicht lange, und sie wurden wieder zu Frauen. Dann sang der Sprecher des Hauses dasselbe Lied noch einmal, genau das gleiche wie vorher, und die Frauen verwandelten sich wieder in Dorsche und schlugen um sich. Als das viermal geschehen war, traten vier Männer durch die Tür des Hauses, die Xwe'xwe-Masken trugen. Sie hatten lange Zungen, und die Augen traten aus den Xwe'xwe-Masken hervor. Viermal wandelten sie mit schnellen Schritten um das Feuer in der Mitte des Hauses. Während die vier Xwe'xwe-Masken so mit schnellen Schritten um das Feuer eilten, schlugen die in Dorsche verwandelten Frauen weiter um sich. Nach der vierten Umrundung begannen die Vorsänger mit ihren Gesängen:

Hayamena ye ne he ya ye he he ya hayamena
ye he he ya ya he he ya ye he ya he he
Hayamena ye he he ya he ich bin hayamena
ye he he ya ye he he ya he ich bin hayamena.

Die vier Xwe'xwe-Masken trugen beim Tanz in jeder Hand einen Ring aus mit Thujagerten zusammengebundenen Kammmuschelschalen. Sobald der Gesang beendet war, begannen die Vorsänger mit einem neuen Gesang:

Geht fort, ihr Häßlichen, ihr Häßlichen geht fort, ha ha ha ha haa

Ha, ihr Häßlichen mit den heraushängenden Zungen, ihr Häßlichen mit den heraushängenden Zungen, ha ha ha ha haa

Ha, ihr Häßlichen mit den vorstehenden Augen, ihr Häßlichen mit den vorstehenden Augen, ha ha ha ha haa.

Die Xwe'xwe-Masken tanzten erst rund um das Feuer und dann zur Tür hinaus. Die Gesänge hörten auf, all die Rotdorsche verwandelten sich zurück in Frauen, die sich auf ihre Plätze im Haus setzten. Nun ergriff der Sprecher des Hauses das Wort: „Freunde, das habt ihr gut gemacht für diesen einen, der gekommen ist, zwischen uns zu sitzen, unseren großen Freund Wä'qe. Jetzt hast du als übernatürlichen Zauberschatz diese großartige Zeremonie erhalten, das Xwe'xwe, ich bin der Rotdorsch. Dies ist mein Haus, das an seinen vier Pfosten geschnitzte Seelöwen besitzt. Du wirst jetzt den Namen Wä'qe führen, Freund. Was willst du mit diesem Haus beginnen? Wünschst du hier zu bleiben oder willst du nach Xulk zurückkehren, von wo du herkamst?" Wä'qe antwortete ihm: „Ich danke euch, Freunde. Ich erhielt wirklich einen übernatürlichen Schatz. In der Vergangenheit konnte niemand diese großartige Zeremonie, das Xwe'xwe, sehen. Niemand kannte dieses Winterzeremonienhaus. Ich wünsche, daß dieses Haus auf dem Gelände meines Dorfes Xulk steht." Der Sprecher des Hauses erwiderte: „Jetzt geh, Freund. Kehre morgen früh nach Hause zurück. Ich und mein Volk werden dir nach vier Tagen folgen. Dieses dein Haus werden wir mitbringen und es dort in der Nacht meiner Ankunft auf den Boden stellen, wo du es wünschst. Sobald das Haus dann an Ort und Stelle steht, rufe dein Dorf zusammen. Sie sollen in das Haus hineingehen und sich an den beiden niedrigen Seiten niedersetzen. Ich werde am oberen Ende des Hauses stehen, und du sollst die Stelle einnehmen, wo ich an der Rückwand des Hauses stand, und mein heiliges Lied zur Anrufung der Geister singen, denn ihr werdet mich und mein Volk nicht sehen können; wir werden unsichtbar sein, wenn wir kommen." Wä'qe meinte nun: „Ich werde am Morgen nach Hause gehen und euch erwarten. Ich danke dir für deine Worte, Freund." Das Feuer in der Mitte des Hauses erlosch gerade. Alle Männer und Frauen im Haus verschwanden. Wä'qe kehrte daraufhin zurück zu seinem Unterstand und schlief eine Weile. Sobald der Morgen dämmerte, brach er in seinem Kanu auf, und es dauerte nicht einmal bis zum Abend, bis er Xulk erreichte. Er ging geradewegs in sein Haus und legte sich in sein Bett. Er blieb vier Tage lang liegen.

Nachdem er vier Tage so gelegen hatte, erhob er sich früh am Morgen, um sein ganzes Dorf mit Frauen und Kindern zum Frühstück in sein Haus einzuladen. Als alle versammelt waren, gab Wä'qe ihnen Speisen, und nach dem Essen begann er seine Rede: „Seid gegrüßt, Dorfbewohner. Hört alle auf die Worte, die ich an euch richte. Ich möchte, daß ihr alle heute in das Wasser dieses Flusses steigt. Fragt mich jetzt nicht, warum, sondern vertraut mir." Sofort verließ die gesamte Gemeinschaft das Haus und ging in das Wasser des Flusses. Wä'qe stieg ebenfalls in den Fluß und rieb seinen Körper mit Zweigen der Hemlocktanne ab. Seine Mitbewohner glaubten, daß er einen übernatürlichen Zauber erhalten habe, wo er gewesen war. Als das gesamte Dorf sich gereinigt hatte, sprach Wä'qe zu ihnen: „Meine Dorfleute! Jetzt seid ihr bereit für das, was ich heute Nacht erwarte. Seid achtsam und steht sofort auf, wenn ich euch rufe. Vor allem, habt keine Angst vor dem, was ihr hören werdet, Leute."

Am Abend war die ganze Gemeinschaft bereit. Mit Einbruch der Nacht hörte Wä'qe ein Flüstern: „Komm, Freund Wä'qe, und begib dich in dein Haus." Sofort folgte Wä'qe dem, was er nur als Schritte hören konnte; eine Person vermochte er nicht zu sehen. Sie betraten das Haus, und da waren nur die glühenden Kohlen im Feuer in der Mitte des Hauses. Ein Geräusch wie Sprechen forderte nun Wä'qe auf, sein Dorf einzuladen, damit alle in das Haus kommen sollten. Wä'qe rief sein Dorf zusammen. Alle kamen und setzten sich an den niedrigen Wänden zu beiden Seiten des Hauses nieder. Wä'qe stand an der Rückseite des Hauses und sprach zu seinen Dorfleuten: „Paßt jetzt auf, Leute, und seht meinen übernatürlichen Zauber." Dann sang er das heilige Lied des Sprechers des Hauses. Mit dem Ende des heiligen Gesanges ertönte ein dröhnendes Geräusch an beiden Seiten des Hauses und der Boden bebte. Doch es dauerte nicht lange, und der dröhnende Lärm brach ab. Auch der bebende Boden wurde wieder ruhig. Es verging einige Zeit, und dann sang Wä'qe den heiligen Gesang zum zweiten Mal. Beim Ende des Gesanges ertönte wieder das dröhnende Geräusch und der Boden wurde erschüttert wie bei einem Erdbeben. Dreimal geschah das. Es war beim vierten Mal, als die vier Xwe'xwe-Masken erschienen. Ihr Gesang stammte von den Unsichtbaren, und die vier Masken tanzten. Als der erste Gesang beendet war, begannen sie den zweiten Gesang. Wieder tanzten die vier Xwe'xwe-Masken und verschwanden dann im Schlafraum. Als alles vorbei war, ergriff Wä'qe das Wort: „Meine Dorfbewohner, ihr habt jetzt den übernatürlichen Zauber kennengelernt, den ich von den Rotdorschen erhalten habe, und das Winterzeremonienhaus mit den geschnitzten Pfosten, welche schwarze Seelöwen darstellen." Dann ging er ebenfalls in den Schlafraum. Er erblickte die vier Xwe'xwe-Masken und vier große Trommeln, vier eingekerbte runde Thujastangen, einen Klafter lang (Anmerkung: sie werden über die Kuppeln der Trommeln gestrichen, um das dröhnende Geräusch auf dem Boden zu erzeugen). Da waren auch die vier Ringe aus über Thujaruten gezogenen Muschelschalen, welche die Xwe'xwe-Masken beim Tanz trugen. Das alles war in dem Raum niedergelegt. Wä'qe hatte sonst keine Nahrung und keine anderen Eigentumsgegenstände als Schatz von den Rotdorschen erhalten. Aus diesem Grunde heißt es auch, der Rotdorsch sei geizig. Das ist das Ende der Geschichte.

Ursprungsgeschichte der Gi'gilgam, Nimkish
Aufgeschrieben von Dan Cranmer

Ein Lachs besaß den Namen Xwa'xwas. Einmal schwamm er den Fluß hinauf nach Gwa'na'lalis. Er versuchte, bei Odza'las an das Ufer zu gelangen und wurde ein Mann. Er war der einzige, der vor der großen Überschwemmung an Land lebte. Vor langer Zeit kam dann die große Überschwemmung, und er nahm seine vorherige Gestalt wieder an, als er noch ein Lachs gewesen war. Die Flut reichte bis zu dem Gebirge im Inland, soweit ging das Meer. Dann wich die See wieder zurück, und er kam wieder nach Odza'las. Noch einmal verwandelte er sich in einen Mann. Und es heißt, vor langer Zeit errichtete er in Odza'las ein Haus, einen dicken Balken. Als Werkzeug besaß er nur so etwas wie diese Dechsel, heißt es. Er bearbeitete das Holz mit dem Beil. Dann rammte er die Pfosten in den Boden. Er bearbeitete den Balken weiter. Schließlich hatte er dieses fertiggestellt. Es heißt, ein großer Vogel, der Donnervogel, kam und setzte sich auf einen Felsen oder einen Stein, der jetzt den Namen Thunderbird-Place trägt. Xwa'xwas sprach zum Donnervogel: „Oh, übernatürlicher Geist, ich habe dich als einen Schatz, sonst war mein Werk vergebens." Da antwortete der Donnervogel. Er lüftete seine Donnervogelmaske und sprach: „Deswegen bin ich gekommen, um dir zu helfen. Die Art, wie du lebst, erweckt mein Mitleid." Er flog auf und landete auf dem Balken. Er hob ihn mit seinen Fängen vom Boden und legte ihn auf das, was schon in den Boden gerammt war. Er landete wieder und zog sein Donnervogelkostüm aus. Dann sprach er zu Xwa'xwas und unterwies ihn: „Du wirst nicht oft sprechen. Nur in der Zeit wird es sein, daß du durch eine Bewegung Lärm verursachst, wenn ich meine Nachkommen besuchen werde." Dann ließ er sein Donnervogelkostüm fortfliegen, und es flog dorthin zurück, von wo es von oben gekommen war. Er fragte Xwa'xwas: „Vorwärts, bestimme die Stelle für mein Haus, Bruder. Wo soll mein Platz sein?" - „ Hier flußabwärts wird dein Platz sein, Bruder, denn du wurdest erst nach mir auf dieser Welt ein Mensch." Dann errichtete er sein Haus unterhalb von Xwa'xwas Haus. Er war jetzt der jüngere Bruder, denn er kam später als Mensch auf diese Welt. Daher heißen sie Gi'gilgam, wegen Kuno'sila, der herabgekommen war.

Ursprungsgeschichte der Tsetselwalagame

Unser Herr, Coming-Right-Down-River, kam und erreichte Gwa'na'lalis. Er fragte ihn: „Was möchtest du sein? Willst du kein Berg sein?“ - „Oh, dann würde alles von mir herunterrollen.“ - „Möchtest du vielleicht ein großer harter Stein sein, der an der Küste liegt?“ - „Oh, dann würde ich vielleicht in den kommenden Zeiten in zwei Stücke brechen, wenn es in unserer Welt Licht gibt.“ - „Sei doch ein Fluß, der auch in Zukunft niemals aufhören wird zu fließen, wenn es einmal Licht in dieser Welt geben wird.“ - „Laß mich ein Fluß sein.“ Da wurde er an der Küste niedergeworfen und verwandelte sich in einen Fluß. Es wurde ihm mitgeteilt: „Du wirst der Ort sein, wo die Lachse sich sammeln.“ Gwa'na'lalis wurde ein Fluß und trägt seitdem den Namen Gwa'ne.

Dann nahte die große Überschwemmung. Das war die Zeit, als ein Mann aus der See vom Rande der Welt heraufkam, wo das Seeungeheuer Ne'mxxaligiyu lebt. Der da auftauchte hieß Only-One-Coming-Up, der aus der See kam, von dem Seeungeheuer in der Tiefe. Er nahm Xulk als sein Land in Besitz, das Land von Gwa'na'lalis. „Nur-einer-kommt-herauf“ hatte ein Kind, Berg. Berg bekam ein Kind mit dem Namen Tselwalagame. Tselwalagame brach auf. Aber er kannte nicht den Weg in dieses Land. Er erhielt einen überirdischen Schatz. Er erhielt ihn, so heißt es, durch den Rat eines weisen Mannes, des Einen, der für die Nimkish sorgt, daß er weitergehen und nachahmen solle, wie die mythischen Tiere den Takt schlagen und tanzen. Er habe auch zu seinem Tanzplatz jeden einzuladen, wer auch immer es sei. Er solle jetzt dorthin aufbrechen und dann wieder hierher zurückkehren. Es heißt, er tanzte die ganze Nacht. Der weise Mann war unruhig. Er schickte zwei Übernatürliche aus dem Haus an die Meeresküste. Sie sollten versuchen herauszufinden, was er erwartete zu hören, wenn man den Takt schlug. Die Übernatürlichen kamen zurück und der eine sagte: „Laßt uns aufgeben. Ich habe nichts gehört.“ Da meinte der andere, der weiter gegangen war: „Ich habe etwas sehr undeutlich gehört.“ Schließlich brach der Tag an. Der weise Mann, der Eine, der für die

Nimkish sorgt, fühlte große Unruhe. Er meinte, sie sollten ihn einladen, auch wenn sie den Ort nicht genau kennen, wo er wohne. Er holte das Dorf zusammen und alle riefen gemeinsam: „Oh, kommt herbei, ihr Übernatürlichen, von überall auf der Welt." Viermal sangen sie so. Dabei glich der Gesang immer mehr der Art, wie der weise Mann rief. Jetzt hatten sie beendet, was sie im Haus ausführen mußten. Viermal sangen sie. Da ertönte das Geheul der Wölfe. Es waren viele, die kamen und den einen zurückbrachten, der lange Zeit in der Irre geweilt hatte. Ein gewaltiger Wolf war zu sehen. Er kam die Küste herauf. Die Kanus lagen noch auf Land. Vier Planken wurden jetzt über vier zusammengebundene Kanus gelegt. Sie brachen auf, ihn zu erwischen. Die Nimkish stiegen in ihre vier zusammengebundenen Kanus. Sie wollten einfangen, was sie gesehen hatten. Sie erreichten auf See die Stelle, wo sie den gewaltigen Wolf zuerst erblickt hatten. Schon kurz davor erkannten sie den Körper des Wolfs. Der weise Mann verließ sein Kanu und fragte: „Was ist dein übernatürlicher Zauber?" Da antwortete der Übernatürliche: „Mein Zauber reicht von einem Ende der Welt bis zum anderen. Mein Zauber reicht bis zum Himmel. Mein Zauber ist großartig, es ist der Wolfszauber." Er trug den Namen Tsetselwalagame. Der weise Mann bat ihn vorzutreten und zu zeigen, was man machen müsse. Da heulte er viermal. Als er heulte, antworteten ihm die Kayoquath mit Geheul. Er heulte noch einmal. Diesmal antworteten ihm die Bella Coola. Dann ertönte sein Gesang. Er war vier Zeilen lang. Auf diese Weise wurde der Gesang der Nimkish in unserer Zeit bekannt.

Die Geschichte von Ne´nelkenox

Niedergeschrieben von Dan Cranmer

Er kam, um ein Mensch unserer Welt zu sein. Sein Name war Unattainable (Wawigustalag ilitsogwilake). Er stakte mit seiner Familie den Fluß hinauf und suchte nach Lachsen bei Ne´nelgas.

Eines der vielen anderen Kinder wollte mit ihm spielen, Dinge tauschen. Sie beendeten das Spiel, und er ging nach Hause. Spät in der Nacht bekam er Hunger. Er weckte seine Eltern und fragte nach etwas Essen. Doch seine Eltern schalten nur: „Sammle dir doch etwas vom Boden und iß es. Wir sind nicht dazu bereit, wenn du es selbst machen kannst." Da half er sich selbst und bereitete eine Speise. Er legte einen Stein in das Feuer, um seine Speise zu rösten. Die Steine wurden heiß, und er nahm sie heraus. Er reinigte sie von der Asche und schüttete Lachsrogen darauf. Der Rogen zerplatzte. Er sprühte ihm ins Gesicht und auf seinen Körper. Das verletzte ihn. Seine Eltern lachten ihn nur aus. Da legte sich das Kind nieder und aß vier Tage lang nichts. Die Eltern machten sich Sorgen wegen der langen Zeit, die er nichts gegessen hatte. Schließlich bekleidete er sich. Er trug eine genähte Decke und Ohrperlen aus Muschelschalen. Das Kind aß nichts, wenn die Eltern versuchten, ihm Nahrung anzubieten. Die Nacht kam, und er stand auf und ging baden. Sofort wurden sein Gesicht und sein Körper wieder geheilt. Er badete zweimal an diesem Abend. Dann brach er auf. Er wollte sich selbst töten.

Er zog am Flußufer entlang ins Landesinnere. Er badete wieder und legte eine Decke auf den Boden. Weiter wanderte er ins Landesinnere. Er badete noch einmal und legte seine zweite Decke auf den Boden. Wieder brach er auf und ging eine weite Strekke. Zum dritten Mal badete er und legte die Muschelschale des einen Ohres auf den Boden. Weiter ging er landeinwärts, bis er wieder badete und diesmal die Muschelschale des anderen Ohres auf den Boden legte. Dann zog er weiter und erreichte den Fuß eines hohen Berges. Dort badete er im Wasser, das vom Berg herunterann. Als er gebadet hatte, kam etwas wie ein Vogel vor ihm geflogen. Er fühlte sich unsicher und badete noch einmal. Als er fertig war, kam das, was vor ihm herumflog, herunter. Etwas trug ihn vom Boden weg und den Berg hinauf. Viermal wurde er so hinaufgetragen. Dann hatte es ihn auf den Gipfel des Berges gebracht. Jetzt merkte er, daß er selbst fliegen konnte. Er bewegte sich herum, wie es ihm gefiel. Nun überlegte er, ob er imstande wäre, die Gipfel der Berge zu besuchen. Aber er dachte, es ginge nicht, da er keine Flügel hätte. So wanderte er wieder flußabwärts bis dahin, wo er vorher die Fähigkeit zu fliegen erhalten hatte. Sein Körper war ein Vogelkörper geworden, doch sein Gesicht noch das Gesicht eines Menschen. Vier Tage bewegte er sich so zu der früheren Stelle flußabwärts. Vier Tage lief er und erreichte dann den Ort, von wo er losgeflogen war. Es heißt, daß er hier an diesem Fluß der Nimkish landete. Er kam angeflogen, indem er auf seinen Flügeln glitt. Die Nimkish, die im Fluß badeten, erblickten ihn. Er ließ sich auf dem Wipfel eines Baumes nieder. Dort sprach er. Er sang seinen heiligen Gesang. Er sang. Die Nimkish flohen sofort, als sie den Vogel singen hörten. Sie fürchteten den singenden Vogel.

Da landete er an der Stelle, von der er aufgebrochen war, sich selbst zu töten. Er setzte sich auf einem Baumwipfel. Sein Freund kam dort entlanggegangen. Vergebens hielt er Ausschau nach den Spuren des Vogels. Vergebens suchte er. Da sprach ihn der an, der auf dem Wipfel saß: „Bist du es?" Vergebens blickte der Freund auf dem Boden herum, ihn zu entdecken. Dann hob er den Blick. Was war denn das? Ein Vogel saß auf dem höchsten Ast des Baumes, nur sein Gesicht glich dem eines Menschen. Sogleich sprach er seinen Freund an: „Laß mich wissen, wie es unseren Eltern geht." - „Mein Lieber", wiederholte er, „wie geht es unseren Eltern? Bin ich nun wirklich ein Mann? Mein Lieber, ich komme nur hin und wieder, damit ich erfahre, was passiert, ob etwas schlecht wird. Ich komme immer auf dem Weg, wo du bist, um gefüttert zu werden. Geh, erzähle unseren Eltern, ich sei dein Bruder und nach Hause gekommen. Du sollst sie auffordern, sich zu reinigen. Es reicht, daß sie ihre Köpfe ins Wasser stecken, wenn sie nicht stark genug sind." Eilig rannte der Freund los und erzählte es seinen Eltern: „Sklaven, bleibt nicht im Haus. Unser Herr ist gekommen. Er ist heimgekommen."

Sie tauchten ihre Köpfe in das Wasser und reinigten sich so. Die alten Leute wurden wieder kräftiger. Sie sammelten Hemlocktannenzweige und rieben damit ihre Körper ab. Der Freund des einen, der jetzt ein übernatürliches Wesen war, kehrte zurück, um mit seinem Freund zu sprechen. Der flog herum und teilte ihm mit: „Kehre zu unseren Eltern zurück. Sie sollen einen

Wintertanz in unserem Dorf veranstalten. Ein Haus soll errichtet werden, und dann werde ich eintreffen." Der Freund benachrichtigte die Eltern. Sofort führten sie einen Wintertanz auf. Da erblickte der Vater sein fliegendes Kind. „Sklaven, seht hier unser Kind. Es fliegt hier vorbei." Seine Hände zitterten beim Tanz. „Hört jetzt auf, sonst könnte er in den Fluß stürzen. Ihr werdet noch lange Zeit tanzen können." Dann erreichte der Vater das Dorf. Sofort errichtete er sein Haus. Die Dorfleute überraschte, wie stark sie waren. Sie sammelten Bretter, die zerstreut herumlagen. Die Dorfbewohner halfen ihm bei seiner Aufgabe. „Das Kind unseres Anführers ist hierher gekommen, es kam zurück." Als sie das Haus seines Vaters errichtet hatten, wurde es Nacht.

Es herrschte schon lange tiefe Nacht, als der Übernatürliche eintraf und im Vorbeifliegen sprach. Er hatte schon den Dorfanfang erreicht. Das Dorf erwachte sofort, als es den Klang hörte, als er kam und Lärm machte. „Sklaven", riefen alle Männer. Sofort erhoben sich alle Männer, Frauen und Kinder in der Nacht und liefen ins Wasser. Sie badeten und reinigten sich. Am Morgen sahen sie, daß er auf der Landseite des Dorfes saß. Sie versuchten sofort, ihn zu fangen, doch er flog davon. Am nächsten Tag versuchten sie, ihn mit Schlingen zu erwischen, doch jedesmal entkam er der Schlinge gerade noch. Er wollte jetzt zu Ende bringen, was er mit seinem Freund geplant hatte. So ging er zum Haus seines Vaters. Sein Freund saß auf dem Dach und fing ihn mit einer Schlinge. Bretter waren im Haus vorbereitet. Sie wurden die Ma'dem-Bretter. Sein Freund befand sich neben den Ma'dem-Brettern. Er wurde in den Boden gestoßen und hatte jetzt einen heiligen Raum. Man bewachte ihn ständig. Immer, wenn sie schlafen gingen, wurde er festgebunden, denn sie hatten Angst, daß er wieder verschwinden würde. Der Sommer kam. Da mußte er für sich selbst sorgen und sie hörten auf, ihn festzubinden. Er zog sein Kleid aus, das Vogelkleid seines Körpers. Er legte sein Gewand ab. Sie banden ihn nicht mehr im Haus fest. Er wurde ein Mensch, wie wir es sind. Der Sommer kam, und der obere Rand des Himmels senkte sich herab. Da wollte er mit seinen Freunden aufs Wasser ziehen. Er baute sich ein gutes neues Kanu. Sie stakten los. Sie waren noch nicht weit seewärts gepaddelt, als das kleine Kanu an einer seichten Stelle kenterte. Seine Freunde wollten ihm helfen. Doch sie konnten ihn nicht mehr finden. Er war wieder verschwunden. Aber er blieb nicht lange fort. Nach drei Monaten kehrte er zurück. Sein Volk fürchtete, daß er sich niedergeschlagen fühlen könnte und wieder verschwände. Einmal spielten sie mit Wurfringen hinter den Häusern. Da brach er aus der Erde hervor, und der Boden bewegte sich stark. Er kam, heißt es, wegen seiner Zauberkraft in anderer Gestalt aus der Erde. Sofort wurde er zurück in den Boden gestoßen. Es dauerte nicht lange, heißt es, daß er wieder natürlich wurde. Alle seine Zauberkräfte verschwanden.

Die Geschichte von O´xsem

Niedergeschrieben von Dan Cranmer

Der Vater von O´xsem war Negä´, seine Mutter war eine A´wa ilela-Frau. Er hatte einen Cousin Yäkwil, das Kind von Qumxelagilis. Negä´ besaß eine Kupferplatte, und Yäkwil hörte von Negä´s Kupferplatte. Sieh da! Er entwickelte einen Plan, was zu tun sei. Er sandte eine Botschaft zu der A´wa ilela, ihm beim Mord zu helfen. Yäkwil schickte eine weitere Botschaft zu O´xsem, er solle mit seinem Vater und seinen Onkeln nach Odza´las kommen. O´xsem fuhr mit seinem Vater und den Onkeln den Fluß hinunter, bis sie Xulk erreichten. Die Kupferplatte führten sie bei sich.

O´xsem hatte eine weibliche Verwandte, eine der Frauen von Yäkwil. Die erzählte ihm, daß er wegen des Kupfers getötet werden sollte. Sobald er landete, rannte die Frau zum Ufer und ermahnte O´xsem, er solle schnell zurückfahren. Sein Vater und seine Onkel gingen schon das Ufer hinauf. Da löste die Frau die Fangleine des Kanus, rief ihm ein ‘Auf Wiedersehen’ zu, und O´xsem fuhr davon. O´xsem stakte hinüber zur anderen Seite des Flusses, sprang aus dem Kanu und rannte flußaufwärts bis nach Odza'las. Dort hörte er, daß sein Vater und seine Onkel ermordet seien und man versuche, ihn zu fassen. Denn O'xsem trug auf seinem Rücken die eingehüllte Kupferplatte. Er wurde also verfolgt. Aber sie konnten ihn nicht erwischen, denn er bewegte sich außerordentlich flink. Sein Haar war so lang, daß es den Boden berührte. Und es hatte eine blonde Farbe, weshalb er O'xsem hieß. Sein eigentlicher Name war Lala'kinis. Er machte sich flußaufwärts auf den Heimweg. Dabei fiel die Kupferplatte aus ihrer Umhüllung. Er wußte nicht, wo genau er das Kupfer bei seiner Flucht verloren hatte. Schließlich kam er zu Hause an. „Was treibt ihr, meine Lieben? Mein Vater und meine Onkel sind ermordet. Macht euch fertig und laßt uns entfliehen!" Da packten seine Mutter und seine Tanten ihr Eigentum zusammen und brachen auf. „Dein jüngerer Bruder ist unten beim Fischen." O'xsem rannte zum Fluß hinunter. Doch was war das? Sein jüngerer Bruder wurde vom Wasser überflutet. Er zog ihn an den Füßen heraus und warf ihn über die Schulter. Dann rannte er wieder hinauf. Er war noch nicht weit gekommen, als der jüngere Bruder zu weinen begann und ins Leben zurückkehrte. Er kam nach Kakatideq. Dort band er aus Treibholz ein Floß zusammen und überquerte den Fluß, denn er hatte vier Feinde erblickt. Das Wetter war neblig. Und als der Nebel sich vom Wasser hob, erblickten ihn die Krieger. „Das ist O'xsem", schrien sie. Aber die Freunde von O'xsem im Kanu entgegneten: „Das ist ein Seehund. Seht, er gleitet ins Wasser. Seht, es ist ein Kormoran, der auf einem Felsen sitzt."

Schließlich erreichte O'xsem Meguno'tsexsde. Er schritt landeinwärts. Doch was war das? Dort lagen Teile untergegangener Kanus herum. Insgesamt waren es drei. Er trug sie zusammen. Er fand auch noch den Flügel eines Adlers. Jetzt machte er sich aus dem Knochen des Flügels ein Werkzeug für das Kanu. Dann nahm er Thujagerten und drehte sie zusammen. Er reparierte die Kanus durch Zusammennähen und dichtete sie ab. Drei Paddel fand er ebenfalls. Zum Schluß stellte er noch einen Schöpfer her. Er setzte das Kanu aufs Wasser und begann zu paddeln. Sein jüngerer Bruder steuerte es mit dünnen Brettern. Sie paddelten sehr schnell. Sie paddelten und reisten bei Nacht. Endlich erreichten sie Ta'yagol, das Dorf seiner Verwandten mütterlicherseits. Als der Tag anbrach, klopfte er an die Tür des Hauses seines Onkels. Der Onkel öffnete und gab ihnen zu essen. Dann rief der Onkel seine Leute, vor allem die Krieger zusammen und fragte, ob sie O'xsem etwas geben könnten. Qolqaxsto gab ihm seine Keule aus solidem Stein. „Geh und zeig, was du damit anfangen kannst." Da schlug er einen Mann im Haus mit der Keule, und der Mann war sofort tot. Auch Kekelaxstol gab ihm seine Steinkeule, und er erschlug einen weiteren Mann im Haus. Das war es, was er damit machen wollte.

Dann blieb den Männern kaum noch Zeit, sich zu verstecken, denn die Krieger kamen schon das Ufer hinauf. Die Männer suchten sich schnell ein Versteck. O'xsem verbarg sich in einer Ecke des Hauses, als die Feinde hereindrangen. O'xsems Onkel lud die ankommenden Krieger ein. Sie legten viel Holz ins Feuer und schliefen dann im Haus, denn sie waren erschöpft und hatten zwei Tage nicht mehr geruht. Da erschlug O'xsem sie einen nach dem anderen und brachte sie so alle um.

Danach begab sich O'xsem zur Knight Inlet. Dorthin lud er alle Familien ein. Er hatte das Dorf seiner väterlichen Abstammung, der Nimkish, erreicht. Alle Familien kamen an Land. Auch Wä'qe zog zur Knight Inlet. Wä'qe hatte eine Tochter. Sie war von allen Familien umworben, doch niemand wurde akzeptiert. Auch Lala'kinis warb um dieses Mädchen. Er sandte einen Boten zu Wä'qe. Sofort stimmte Wä'qe der Hochzeit mit Lala'kinis zu. Das erfuhr Lala'kinis von dem Boten. Ihm wurde mitgeteilt, daß er angenommen sei. Lala'kinis erhob sich aus dem Kreis der anderen und schritt hinaus. Die anderen im Haus meinten, er ginge hinaus, um etwas zu erledigen, doch bewahre! Er ging, um zu baden und sich zu reinigen. Nun war bekannt, daß Wä'qes Tochter mit einhundert Sklaven im Grasland nach Wurzeln grub. Lala'kinis verkleidete sich. Er band sein Haar um sein Haupt und bestreute es mit Adlerdaunen. Dann begab er sich zu der Stelle, an der sie sich aufhielt. Er fand den Ort und sprach mit ihr. Er half ihr, Wurzeln auszugraben. Das Herz des Mädchens war glücklich. Lala'kinis fragte sie: „Wem hat man gestattet, daß er dich heiraten darf?" Das Mädchen lächelte nur. Da fragte Lala'kinis sie noch einmal, und sie antwortete ihm: „Lala'kinis wurde von meinem Vater akzeptiert." - „Was für ein Mann ist Lala'kinis?" - „Es gibt nur wenige wie Lala'kinis in den Familien." Da öffnete Lala'kinis sein Haar. „Ich bin O'xsem." Das Mädchen fiel um und wurde ohnmächtig. O'xsem ließ sie liegen und kehrte nach Hause zurück. Er stieg auf das Dach seines Hauses und sang seinen heiligen Gesang. Er fühlte sich gut, denn Häuptling Wä'qe hatte ihn akzeptiert.

Die Sklaven von Wä'qe sammelten sich in einem Kreis rund um das Mädchen. Vier Tage lang begab sie sich zu demselben Ort auf der Heide. Dann machte sich Wä'qe Sorgen. Er wies sie an, sie solle heimkehren und sich für die Hochzeit mit O'xsem einkleiden. Da kehrte sie nach Hause zurück. Sie wurde mit einhundert Sklaven zu O'xsem gebracht. O'xsem verschenkte die Sklaven weiter. Er übergab sie an alle Familien. O'xsem war der erste, der so etwas machte, als er die Sklaven und alles andere fortgab. Danach zerstreuten sich die Familien wieder und begaben sich in ihre Dörfer. Die Nimkish kehrten nach Hause, nach Xulk, zurück. Lala'kinis belud als letzter sein Kanu. Er brach mit einem schwer beladenen Kanu auf. Da wußten die Nimkish, daß er heimfuhr.

Yäkwil schickte seine Männer aus, sie sollten hinter O'xsem herfahren und ihn umbringen. Sobald O'xsem sie entdeckte, stellte er sich mit seiner Steinkeule in seinem Kanu auf und paßte auf, ob er geschlagen werden sollte. Er bewegte sich nicht in seinem Kanu. Doch sie waren nicht imstande, ihn zu schlagen. Jetzt ging er in Xulk an Land. Seine Ladung war ein riesiger Nahrungsvorrat, den Wä'qe für ihn gekauft hatte. Yäkwils Haus stand am Ufer am Fuß von Xulk. Dort lag er und wartete immer darauf, O'xsem töten zu können. Als O'xsem ankam, rannten viele Nimkish hinunter, hoben das Kanu mit den Männern und der Ladung darin hoch und stellten es vor dem Haus des Vaters nieder. Inzwischen stakte Yäkwil den Fluß hinauf nach Gwa'dze. O'xsem gab immer wieder seinem Volk von seinen Nahrungsvorräten zu essen. Dann kam die Zeit der Lachsfischerei. Die Nimkish stakten den Fluß hinauf. Das war, kurz bevor auch

O'xsem den Fluß hinauffuhr. Er sandte eine Nachricht, daß er jetzt geholt werden wolle. Da schickte Yäkwil seine Männer aus, ihn den Fluß hinaufzustaken. Der eigentliche Grund war, daß er ihn töten wollte, doch wieder blieben sie beim Versuch der Ermordung erfolglos. Denn O'xsems Leute kamen ihnen zuvor. Sie zogen sein Kanu, die Männer und die Last, so verehrten ihn seine Leute.

Jetzt beschloß er, Yäkwil aufzusuchen und ihn umzubringen. Von Zeit zu Zeit versuchte er vergeblich, ihn in seinem Wohnort Gwa'dze zu treffen. Seine Geliebte, eine von Yäkwils Frauen, riet ihm, er solle aufpassen, wenn Yäkwil am nächsten Tag ein Bad im Badehaus nähme. „Dann mußt du kommen und durch ein Loch hineinblicken. Wenn er sein Haar trocknet, mußt du eindringen. Wenn du das machst, werde ich sein Haar um meine Hand wickeln, so daß er nicht aufstehen kann." Am folgenden Tag machte er sich bereit und versteckte sich, bis Yäkwil badete. Endlich stieg Yäkwil ins Wasser. Er blieb nicht lange darin, sondern kam wieder heraus. Seine Frauen breiteten eine neue Matte auf dem Boden aus. Seine Frauen trockneten ihm das Haar. Er lag auf dem Rücken. Auf der einen Seite stand O'xsems Geliebte neben der Tür. Sie gab vor, die Tür zu verriegeln. Da sprang O'xsem mit der Keule in den Händen ins Badehaus. Vergebens versuchte Yäkwil aufzuspringen. O'xsems Geliebte hielt ihn am Boden, indem sie sein Haar um ihre Hand gewunden hatte. Da erschlug O'xsem ihn mit der Keule. Er war sofort tot. So tötete O'xsem seinen Gegner. Dann kehrte er zurück zu seinem Haus.

O'xsem war auch ein Rivale von Wa'xewid. Wa'xewid hatte die Tante von O'xsem als Frau. Wa'xewid hatte auch zwei Kinder adoptiert. Die Kinder wollten den Fluß hinaufgehen, um nach Lachsen in ihrer Lachreuse zu sehen, und trugen ihre Speere bei sich. Sie warfen die Speere nach vorne. Da schlugen die Speere auf etwas, was einen metallischen Klang von sich gab. Was konnte das sein? Eine Kupferplatte. Sie hatten jetzt gefunden, was O'xsem aus seinem Gepäck geglitten war. Da schufen sie ein Abbild von der Platte. Die Kupferplatte wurde nachgebildet. Sie verbargen das Kupfer zwischen zwei Bäumen. Nur die Nachbildung brachten sie mit nach Hause. Am Abend erreichten sie ihr

Heim. „Da seid ihr ja, ihr Meister", begrüßte sie die Mutter und gab ihnen zu essen. Nach dem Essen erzählten sie von ihrem Fund. „Sieh das hier, unseren Schatz. So sieht er aus. So groß ist er." Doch die Mutter erwiderte: „Oh, Meister, das ist nicht wirklich euer Schatz, was ihr gefunden habt. Das ist die Kupferplatte eures verstorbenen Großvaters. Wo gehört sie hin? Vielleicht gehört sie zu eurem Onkel hier." Der jüngere Bruder antwortete: „Es ist närrisch zu sagen, das Kupfer muß unserem Onkel gegeben werden. Weshalb sollten wir auf eine solche Idee kommen? Du bist es, der wir die Kupferplatte geben. Du sollst sie deinem Mann überreichen, denn wir wissen, daß er Mitleid mit uns hatte. Er hat für uns Hirschfelldecken gemacht und uns sein Kanu nicht verweigert. Dafür sind wir sehr dankbar." Da meinte die Mutter nur: „Ich danke euch, Kinder, für das, was ihr sagtet."

Der Numaym Gi'gilgam feierten ein Fest. Wa'xewid saß zwischen ihnen auf dem Boden. Seine Frau rief einen Jugendlichen: „Geh und rufe Wa'xewid. Teile ihm mit, er soll schnell zu seiner Frau kommen. Sie wurde ohnmächtig." Wa'xewid begab sich schnell in sein Haus. Er ließ seine Decke auf dem Boden zurück, als er zu seiner Frau eilte. „Da bist du ja, mein Lieber. Das ist sonst nicht meine Art. Ich wollte nur, daß du schnell die großartigen Worte unserer Kinder erfährst. Sie fanden die Kupferplatte deines verstorbenen Großvaters. Sieh hier. Das ist ihre Größe. Jetzt wollen sich diese adoptierten Kinder dankbar dafür erweisen, daß du sie gutherzig aufgenommen hast. Du warst ihr einziger Schutz." - „Ich danke für diese Worte unserer Kinder. Deswegen werde ich sie noch mehr in Ehren halten, noch mehr freundliche Gefühle für sie empfinden. Mach schnell und hole das Kupfer. Nimm die zwei Jugendlichen als Begleitung mit." Da zersplitterte sie Bretter, um die Späne als Fackeln zu nehmen. Sie entzündete einen langen, langsam brennenden Span. Wa'xewids Frau ergriff eine Matte, und sie zogen bei Nacht los. Nach langer Zeit erreichten sie Qa'we. Dort entzündeten sie, was ihre Fackel sein sollte. Sie leuchtete ihnen landeinwärts. „Bleibt hier", riefen die Kinder ihren Begleitern zu. Nur die Kinder kannten den richtigen Weg in die Wälder zum Kupfer. Sie kamen mit ihm zurück und übergaben es der Mutter. Sofort nahm die Mutter die Matte, schlug sie um die Kupferplatte und trug sie in das Kanu, mit dem sie sofort losstakten. Schließlich kamen sie zu Hause an. „Da seid ihr ja“, sagte Wa'xewid zu seiner Frau, „ich danke euch.“ Wa'xewid war außer sich vor Freude, sein Herz schlug heftig vor Entzücken. Er stieg sofort auf das Dach seines Hauses und sang seinen heiligen Gesang. Darüber waren die Dorfbewohner erstaunt. „Was mag mit unserem Häuptling los sein? Warum singt er in der Nacht?“ - „Die Kupferplatte unseres verstorbenen Häuptlings ist zu ihm gekommen und wurde ihm ausgehändigt.“ O'xsem verriegelte vergebens seine Tür, als er den Klang der Worte von Wa'xewid vernahm. In seinem Herzen wurde er krank. Neid packte ihn, als er den Klang der Worte Wa'xewids hörte, nachdem der die Kupferplatte bekommen hatte.

Wa'xewid verkaufte die Platte. Gegen alle Arten von Gegenständen verkaufte er sie, das Eigentum der frühen Indianer. Dann gab Wa'xewid ein Potlatch für die Familien. Er hielt es genauso ab wie O'xsem, als der die vielen Sklaven seinen Familien gegeben hatte. Niemand hatte das vorher gemacht, O'xsem und Wa'xewid waren die ersten. Als erste gaben sie ihren Besitz an die geladenen Familien weg.

Wa'xewid zog wieder nach Odza'las. Oft gab er voller Freude seinen Besitz weg. Es war ein großartiges Potlatch. Schließlich schickte er einen seiner Diener auf die andere Seite des Flusses, damit dieser auf die Worte, die er sprechen würde, eine Antwort gäbe. Einer der Sprecher von Wa'xewid setzte sich nun an das diesseitige Ufer und fragte: „Wer ist der wirkliche Häuptling, ihr Bäume?“ Da antwortete der Mann, der sich vorher am anderen Ufer versteckt hatte: „Der eine, in dem Haus dort oben, Wa'xewid, der ist der Häuptling.“ Auf die Art machte er seinen Rivalen O'xsem krank.

Haus-Geschichte über ein Fest der Ersten

Berichtet von George Hunt

Only-One (Nemo´gwis) lebte in Wäk´awayaas alleine in seinem Haus. Eines Tages kam ihm die Idee, landeinwärts zu wandern. Er war noch nicht lange unterwegs, da erblickte er ein kleines auf der Erde liegendes Kind. Es hatte die Größe eines Neugeborenen. Sobald Only-One das Kind erblickte, ging er hin und setzte sich neben das Kind auf den Boden. Er wartete vergeblich darauf, daß die Mutter käme. Nachdem er so lange auf die Mutter gewartet hatte, gab er die Hoffnung auf, sie erscheine noch, nahm das Kind in die Arme und sprach: „Danke, daß ich durch einen glücklichen Zufall ein Kind bekommen habe. Ich habe dich durch einen glücklichen Zufall erhalten. Deshalb soll dein Name, großartiges Kind, 'Supernatural-Treasure-that-came-down' sein." Das Kind, ein Junge, wuchs gut heran. Only-One wusch den Jungen immer, und das war der Grund, warum der Knabe so schnell wuchs, der Supernatural-Treasure-that-came-down. So wuchs der Junge in Wä´kawayaas auf, und Only-One glaubte wirklich, daß Supernatural-Treasure-that-came-down sein Kind sei. Eines Tages saßen Only-One und sein Kind in ihrem Haus, als ein junger Mann ankam und das Haus betrat. Sofort begrüßte Only-One ihn: „Willkommen, Bruder, woher kommst du?“ Der junge Mann antwortete: „Ich bin Lo´lotsa, Herr, ich bin immer mit diesem Supernatural-treasure-that-came-down zusammen.“ Only-One konnte niemals herausfinden, wo Lo´lotsa hergekommen war.

Only-One und Supernatural-Treasure-that-came-down blieben immer zusammen. Einmal wanderte Only-One umher. Er kam nach Red-Bottom-Bushes (La´laquxla). Da erblickte er ein kleines Haus.

Ein Mann saß vor dem Haus. Only-One begrüßte ihn: „Ich danke dir, Bruder, daß wir uns begegnen. Wer bist du?“ Der andere erwiderte: „Ich bin Dze´nxqayo, Bruder.“ Only-One fragte Dze´nxqayo: „Von wem stammt der Rauch dort im Süden?“ Und Dze´nxqayo, der früher einmal Qo´los hieß, entgegnete: „Ich habe ihn niemals getroffen.“ Da brach Only-One auf und kam nach

Ta'yagol. Er erblickte ein kleines Haus in Ta'yagol. Eine Möwe saß vor dem Haus, auf der Seeseite des kleinen Hauses. Sobald die Möwe Only-One erblickte, nahm sie ihre Möwenmaske ab und verwandelte sich in einen Mann. Only-One sprach ihn an: „Ich danke dir, Bruder, daß wir uns begegnen. Wer bist du?“ Der Mann antwortete: „Ich bin La'laxsendayo, Bruder.“ Only-One fragte weiter: „Von wem stammt der Rauch dort im Süden?“ La'laxsendayo entgegnete: „Ich habe ihn niemals getroffen.“ Only-One brach abermals auf und gelangte an die Mündung des Flusses von Fort Rupert (Tsa'xis, Tide-Ripple-Beach). Er erblickte dort ein kleines Haus. Alle Wände und das Dach bestanden vollständig aus Thujarinde. Ein Mann saß auf der Seeseite vor dem Haus. Only-One begrüßte ihn: „Ich danke dir, Bruder, daß wir uns begegnen. Wer bist du?“ Der Mann antwortete: „Ich bin O'dzestalis, Bruder.“ Danach brach Only-One nach Ka'qa auf. Er war froh, denn er fand, der Ort sei geschützt, wenn der Südostwind bläst. Von dort kehrte er nach Hause, nach Wä'-kawayaas, zurück. Mit Supernatural-Treasure-that-came-down und Lo'lotsa zog er dann nach Ka'qa und errichtete dort ein Haus. Als Only-One das Haus fertiggestellt hatte, sollte Supernatural-Treasure-that-came-down Seeotter und Robben an der Küste bei Fort Rupert schlagen gehen. Bald hatte er viele Seeotter und Robben erlegt. Doch jetzt wurde Only-One begierig auf das, was er noch sehen konnte, die vielen Seeotter und Robben auf der Shell-Island (Qe'msexlä). Er und Lo'lotsa nahmen einen Thujastamm, der am Ufer beim Haus angetrieben war, und brannten ihn in der Mitte aus, so daß er innen hohl wurde. Als sie dies beendet hatten, brannten sie Bug und Heck des Kanus, das sie herstellten. Als sie damit fertig waren, setzten sie das Kanu ins Wasser. Da meinte Supernatural-Treasure-that-came-down, daß er und Lo'lotsa zur Deer-Island fahren wollten, um das Kanu im Wasser zu erproben. Sie paddelten los, und es dauerte gar nicht lange, da kehrten sie zurück, das Kanu voller Seeotter. Sie fuhren oft hinaus, und jedesmal war das Kanu bei der Rückkehr voller Seeotter. Da wollte Only-One den Namen von Supernatural-Treasure-that-came-down ändern, und er gab ihm den neuen Namen Omaxta'lale. Only-One schickte

Lo'lotsa los, Ha'yalikawe aus Lela'de, Ha'nalena und andere Freunde einzuladen. Als das Fest vorbei war, wollten Ha'yalikawe und Ha'nalena nicht nach Hause gehen.

Omaxta'lale brach jetzt landeinwärts von Ka'qa auf. Plötzlich hörte er Beilschläge. Er stieg in das Wasser eines Teiches. Nachdem er viermal in das Wasser von vier Teichen gestiegen war, erblickte er einen Mann in einem Kanu, Felsgebirgshuhn. Als Omaxta'lale ihn ansprach, verschwand Felsgebirgshuhn. Da stieg Omaxta'lale in das Kanu und stieß es an, und von selbst verließ es die Wälder und hielt am Ufer ihres Hauses in Ka'qa an.

Omaxta'lale verkündete nun, daß er weit weg fahren wolle. Als der Tag anbrach, bestiegen er und Lo'lotsa das Kanu. Er steuerte Sa'lotsa an. Als er dort ankam, bemerkte er ein Kanu, das von Yae'xugiwano her auf die Stelle zusteuerte, wo Omaxta'lales Kanu auf dem Wasser lag. Als es sich näherte, paddelte Omaxta'lale los, um es zu treffen. Gegenseitig hielten sie ihre Kanus fest. Omaxta'lale begann das Gespräch: „Ich danke dir, Bruder, daß wir uns getroffen haben. Von welchem Ort kommst du her, Bruder?“ Der Mann antwortete: „Ich danke dir, Bruder, daß wir uns beim Paddeln getroffen haben. Ich bin Qa'wadiliqala, Bruder, und ich besitze eine Zeremonie, Great-one-brought-from-above. Welche Zeremonie besitzt du?“ Omaxta'lale berichtete ihm: „Ich besitze das große Xwe'xwe, Bruder.“ Qa'wadiliqala fragte weiter: „Und weshalb fährst du hier umher?“ - „Ich komme, um deine Tochter zu heiraten, Bruder.“ Er wolle sein Jagdkanu, seine Harpune und seine aus Darm hergestellte Harpunenleine und die bis über die Knie reichende Seeotterpelzdecke geben. Qa'wadiliqala erhob sich in seinem Kanu und sprach: „Komm, Bruder Omaxta'lale! Steig herüber in dieses dein Kanu, jetzt gehört es dir, dieses mein Reisekanu, mit allen meinen Marderpelzdecken und Luchspelzdecken, allen Murmeltierpelzdecken und allen Schneeziegenfelldecken. Nun gehört dir das alles, Bruder.“ Da stieg jeder in das Kanu des anderen. Omaxta'lale schlug vor: „Bruder, laß uns zu meinem Haus fahren. Dort ist sein Rauch zu sehen, dieser Dunst, den wir dort sehen können. Es ist nicht weit.“ Qa'wadiliqala erwiderte: „Sage nicht so etwas, Bruder, laß uns lieber zu meinem Haus fahren, damit du bald deine Frau sehen kannst, Hä'qualemega, meine Tochter." Omaxta'lale stimmte zu, und sie ruderten los. Als sie an Qa'wadiliqalas Haus ankamen, sprach dieser: „Du mußt aufpassen, Bruder, wenn du durch die Tür meines Hauses treten willst. Du mußt ganz dicht bei mir bleiben." Sobald sie nun ankamen, öffnete der Rabe seinen Schnabel vom Boden, und die vier Männer (die Häuptlinge und ihre Steuermänner) sprangen gleichzeitig in das Haus. Omaxta'lale bemerkte, daß alle auf dem Boden stehenden Pfosten des Hauses lebendig waren und doppelköpfige Schlangen die Balken bildeten. Qa'wadiliqala forderte Omaxta'lale auf, sich an die Seite von Hä'qulalemega zu setzen, die ihren Platz an der Rückseite des Hauses hatte. Omaxta'lale setzte sich neben Hä'qulalemega, und sie wurden vermählt. Omaxta'lale verlor nun endgültig seinen Kindernamen und lud mit den Gaben, die er von seiner Frau, der Tochter Qa'wadiliqalas erhalten hatte, alle Familien ein, und es gab viele Familien.

Omaxta'lale hörte nun von einem Häuptling Wa'xapalaso der Gruppe Ma'maleleqala, ein Rivale des Ma'leleqala, der in Nu'xdema lebte. Wa'xapalaso hatte eine Tochter Wilx'staselaogwa, die Omaxta'lale gerne zur Frau haben wollte. Er erzählte es seiner Familie, und sofort brachen sie auf, um Wilx'staselaogwa zu werben. Durch diese Heirat erhielt er den Namen Great-Head-Smoke-Owner (Wa'las Kwaxilanokume) und das Haus mit einem Eistaucher an der Vorderseite, außerdem eine Dzo'noqwa-Hausschüssel, eine Adlerhausschüssel und viele Behälter mit Fischöl, Kisten mit Holzäpfeln und viele genähte Decken. Jetzt hatte Omaxta'lale zwei Frauen. Wieder lud er alle Familien mit dem ein, was er bei der Hochzeit mit Wa'xapalaso erhalten hatte. Jetzt hieß er nicht mehr Omaxta'lale, sondern führte den Namen Great-Head-Smoke-Owner.

Schließlich wollte sich Great-Head-Smoke-Owner auch auf der nördlichen Seite einmal umsehen. Er kam bei Rivers Inlet (Wa'nuk) an. Er erblickte Ya'qalenala, den ersten Häuptling des Numaym Qo'kaxtenox des Rivers Inlet-Volkes. Ya'qalenalas Tochter hieß Copper-In-House (La'qwäl). Great-Head-Smoke-Owner heiratete auch Copper-In-House. So erhielt er das Vorrecht des Kannibalen-Tanzes mit vier Pfeifen und Thujarinde.

Er bekam auch den Namen des Kannibalen-Tänzers, Gwa'yokulagilis. Er war der erste Kannibalen-Tänzer, der zu den ersten Kwakiutl-Familien kam. Nach der Hochzeit hieß sein Name während der weltlichen Jahreszeit Ya'qalenala anstatt Great-Head-Smoke-Owner. Ya'qalenala verkündete ihm, ein großer Wal werde kommen und mit sich alle Arten von Lebensmittel bringen. Dann kehrte Great-Head-Smoke-Owner mit seiner Frau Copper-In-House nach Ka'qa zurück. Vier Tage weilte Great-Head-Smoke-Owner dort, als ein großer Wal an das Ufer von Great-Head-Smoke-Owners Haus gespült wurde. Das war die Hochzeitsgabe von Ya'qalenala an Great-Head-Smoke-Owner für seine Tochter Copper-In-House. Great-Head-Smoke-Owner gab mit dem Wal ein Fest für alle Familien, die er wieder eingeladen hatte. Jetzt trug Great-Head-Smoke-Owner auch den Namen Ya'qalenala.

Noch einmal kam es ihm in den Sinn, im Norden nach einer Frau zu suchen. Ya'qalenala brach in Begleitung seiner zahlreichen Hausgenossen auf. Er erreichte den Meeresarm der Bella Coola. Doch an der Spitze der Halbinsel konnte er keinen Menschen erblicken. Dafür fand er einen breiten Pfad, den er landeinwärts zog. Schließlich traf er auf ein Dorf. Das waren die Chilcotin. Er nahm als Frau Ya'silanaga, die Tochter von A'naxäm. So erhielt er durch die Hochzeit den Namen A'naxäm, außerdem viele Luchsfelle, Marderpelze, Murmeltierpelzdecken und die Art der Chilcotin zu tanzen. Als Namen hatte er jetzt A'naxäm und Hama'lagiyu erhalten. Ya'qalenala und seine Frau Ya'silanaga verließen das Dorf und bestiegen das Kanu. Sie erreichten den Meeresarm der Bella Coola und gelangten nach Kwa'ina. Dort erblickte Ya'qalenala ein Haus. Er verließ das Kanu und stieg an Land. Als er das Ufer betrat, kam ein Mann aus dem Haus. Als der Mann ihn erreichte, sprach er ihn an: „Danke, Bruder." Der Mann erwiderte: „Danke, Bruder, wer bist du?" – „Ich bin Ya'qalenala. Ich bin Omaxta'lale. Ich bin Great-Head-Smoke-Owner, Bruder, und ich kam, um deine Tochter zu heiraten." Der Mann entgegnete: „Ich bin Ta'ltem, Häuptling der Kwa'lnagimux. Komm zu deiner Frau, meiner Tochter, Copper-In-House (La'qwäl)." Sofort stiegen seine Chilcotin-Frau und seine Mannschaft aus dem Kanu. Alle traten sie in Ta'ltems Haus, das geschnitzte Pfosten besaß. Als sie sich gesetzt hatten, vermählte sich Ya'qalenala mit Copper-In-House. Dann übergab ihm Ta'ltem seine Kupferplatten „Cause-of-Talk" (Dentalayo) und „Dry-Mouth-Maker" (Se'gexstagila), zwei wertvolle Kupfer. Außerdem übergab er ihm den Kannibalen-Tanz, alle Arten von Thujarinde, den Namen Around-whom-they-Sit (Kwästaak) und seine Pfeifen. Erst am Abend war alles beendet. Da sprach Ta'ltem: „Schwiegersohn Ya'qalenala, jetzt werde ich einen Häuptlingsnamen zu deinen Namen hinzufügen. Der Name, den du erhältst, lautet Getting-Rich (Qo'menakula). Nun wird dir deine Frau in deine Heimat folgen." Als der Tag anbrach, machten sich Ya'qalenala und seine Frauen auf den Weg. Sobald sie zu Hause in Ka'qa ankamen, gab er die Besitztümer, die er von seinen Frauen erhalten hatte, an die Familien ab. Jetzt führte er auch noch die Namen A'naxäm und Getting-Rich. Damit endet diese Geschichte.

Ma'tagila

Erzählt von A'waxelagilis,
Häuptling der Maa'mtagila

Eine Möwe wurde gesehen. Die Möwe lief schnell nach Gwa'dze. Sie war am Long Beach (Gildedzo'lis) zu sehen; eine Möwe, die schnell lief. Dann sprach die Möwe: „Ich bin keine Möwe, ich bin ein Mensch." - „Wer bist du?" - „Ich bin Ma'tagila." Mit diesen Worten nahm er seine Möwenmaske ab und wurde ein Mensch. Er selbst gab sich den Namen Ma'tagila und er hatte ein Kind, als er ein Mensch wurde. Das Kind war ein Junge, der den Namen Le'nslendzem trug. Das Kind überlegte sich, daß es etwas tun wollte. Es fragte den Vater, mit welcher Art von Hilfsmittel man etwas fangen (yu'xwa) könne. Das ist die Art von Gegenstand, die das Kind gerne herstellen wollte, eine Yu'xwayo mit einer Schlinge an jedem Ende, und so machte es sich an die

Arbeit. „Komm, Vater, sieh einmal her, Vater, habe ich es richtig gemacht?" Der Vater näherte sich und besah es. „Das ist in Ordnung, Kind, was du gemacht hast. So muß es sein." - „Aber wie soll ich es aufstellen, wenn ich es an das Ufer bringen will, Ma'tagila?" - „Es spielt keine Rolle, ob es von Wasser bedeckt ist oder außerhalb des Wassers liegt." - „Aber was soll ich machen, Ma'tagila? Soll ich es alleine lassen oder soll ich dabei am Ufer sitzen bleiben?" - „Es spielt keine Rolle, ob du dabei sitzt oder dich entfernst." - „Dann laß mich es aufbauen. Ich werde probieren, ob es das beste ist, wenn ich bei der Sache bleibe, mit der ich so arbeiten will, wie es am günstigsten ist." - „Es spielt keine Rolle, Kind, ob du dabei bleibst, wenn du sie aufgebaut hast." - „Ich werde jetzt losgehen, Vater, ich werde jetzt losgehen und es an das Ufer bringen." Er baute die Falle am Ufer auf und setzte sich eingedenk der Worte des Vaters in die Nähe. Nichts ging in die Falle, keiner der Vögel, die dem Vater als Nahrung dienen konnten. Denn der eigentliche Grund, weshalb er sie aufstellte, galt ihrer Ernährung. Vier Tage lang saß er bei der Falle und verließ sie nicht, denn er wollte Nahrung für seinen Vater und sich bekommen. Auch am fünften Tag saß er noch da. Lange Zeit näherte sich nichts seiner Yu'xwayo. Sein Herz wurde betrübt, denn nichts näherte sich dem, was er hergestellt hatte. „Was ist denn los mit diesem Werkzeug, daß nichts sich ihm nähert?" Vergebens sann er darüber nach. Dann kam er auf die Idee, zurückzugehen und seinen Vater Ma'tagila zu fragen. Er kehrte zurück. „Ich komme nur, um dich etwas zu fragen, Vater. Was mag mit meinem Gerät los sein? Nichts nähert sich dem, was ich geschaffen habe." Da antwortete der Vater: „Geh wieder hin, Kind. Geh und finde die Ursache dafür, weshalb es so ist, daß nichts sich ihm nähert. Geh und setze dich in die Nähe, Kind, und paß auf, ob sich ihm nicht doch etwas nähert." Da kehrte das Kind zurück und setzte sich wieder an das Ufer auf seinen Platz. Es blickte auf seine Falle. Dann blickte es umher. Da sah es etwas herunterkommen. Schon dachte es, das sei bedeutsam. Was es erblickt hatte, kam direkt herunter zu seiner Falle und legte sich flach darauf. Es sprang auf und griff danach. Das Kind dachte, was es gefangen hatte, sei wichtig, denn es unterschied sich von allem, was es kannte, und so blickte es auf die Schlinge seines Werkzeugs. „Was soll ich damit anfangen?" dachte es. „Vielleicht ist es nicht gut, dem Vater, Ma'tagila, etwas zu erzählen. Ich werde dem Vater nichts erzählen und versuchen, ihn damit zu überraschen, was es auch sein mag. Was soll ich jetzt am besten mit der Falle machen? Ich werde losgehen und versuchen, sie landeinwärts zu verstekken, um herauszufinden, ob dort irgend etwas in meine Falle geht." Und er stellte sie unter einen Thujabaum. Vier Tage lang sah er nicht nach ihr. Und er erzählte seinem Vater nichts. Er dachte, er könne es ja vielleicht berichten, wenn es etwas gäbe, was landeinwärts verborgen wäre. Nach vier Tagen wollte er sich hinbegeben und nachsehen. Sein Vater wunderte sich inzwischen, daß er nicht mehr zu seinem Gerät ging. So fragte er sein Kind: „Weshalb gehst du nicht mehr zu deiner Falle?" - „Ich habe dir doch bereits erzählt, daß sich ihr nichts näherte." So versuchte er sich herauszureden. Nach vier Tagen begab er sich landeinwärts und suchte die Falle auf. Sobald er an die Stelle kam, wo die Falle von ihm verborgen auf dem Boden lag, sprach ihn der Mann an, der auf dem verzierten Hirschfell abgebildet war: „Jetzt hast du mich als deinen übernatürlichen Schatz erhalten, und das soll dein Tanz sein. Du wirst ein Kannibalen-Tänzer sein und du wirst einen Kannibalenpfahl besitzen. Dein Name soll Le'xelagilis heißen. Du wirst ein Geister-Tänzer und das hier soll dein rotes Thujarindenbild sein, dieses Männergesicht. Sieh es genau an. Das wird dein Schatz im Haus sein, dieses verzierte Hirschleder, dieses Hirschfell, dessen Kraft niemals endet. Sieh es an, es ist dein Schatz. Von Zeit zu Zeit wirst du mit deinem übernatürlichen Schatz folgendes machen, von Zeit zu Zeit wirst du deinen übernatürlichen Schatz umdrehen, so daß die schlechte Seite zum Vorschein kommt." Dabei wendete er die Decke um, auf ihre schlechte Seite, auf ihre todbringende Seite. „Du wirst nicht imstande sein, es zu unterlassen (du mußt so handeln). Du wirst umhergehen mit dem, was du erhalten hast, überall auf der Erde." Ma'tagila versammelte jetzt alle Leute. Er wollte ihnen von dem Schatz seines Kindes Le'nslendzem berichten und veranstaltete eine Winterzeremonie, um den Schatz seines Kindes Le'nslendzem vorzustellen. Sein Haus stand bei Gwa'dze und hatte den Namen Ko'dagala. Er veranstaltete den Wintertanz, und sein Kind war der Kannibalen- Tänzer. Le'xelagilis, diesen Namen trug es als Kannibalen-Tänzer. Ma'tagila trug als Wintertänzer den Namen Laxla'la. Dann führte er den Geistertanz vor. Seine Schwester mit dem Namen Le'nsewidzemga trug den Wintertanznamen Lolayalis. Danach verteilte er seinen übernatürlichen Schatz, das geschmückte Hirschleder an die, die eingeladen waren. Das Kind wurde ein Häuptling und erhielt den Namen Ma'xwayalidze. Nach dieser Namensänderung setzte er das Kind neben sich auf einen Sitz. Damit endet diese Geschichte.

Se'nle

Erzählt von Hä'maxodalayugwa

Er war ein Vogel, als er auftauchte. „Sei willkommen", wurde er begrüßt. „Ich wollte dein Zauberschatz sein, als ich kam. Du wirst ein Kind bekommen", sagte Wuxe'd. Dann lebte er in seinem Haus. Sein Haus war lang. Dann bekam er als Kind Se'nle. Er trug als Gesicht den Donnervogel (Go'los). An diesem Ort reifte er zum Mann. Eines Tages erhob sich Wuxedeqanak und ging zum Ende seines Hauses. Dort gelangte er zu seiner Quelle. Die Quelle befand sich am landseitigen Ende des Hauses. Er setzte sich beim Wasser nieder, bewegte das Wasser und brachte den Grund an die Oberfläche. Er sah an, was sich im Wasser fand. Er erblickte, was als Copper-Nose-Woman (La'qwakalaga) bezeichnet wird, die Große Kröte. Das war jetzt sein übernatürlicher Schatz. „Wirklich, du bist es", rief er, „jetzt habe ich dich als meinen übernatürlichen Schatz erhalten, mein Liebes." - „Nun sollst du wirklich von mir einen übernatürlicher Schatz erhalten", antwortete die Kröte, „schneide hier entlang, das gebe ich dir als übernatürlichen Schatz." Er schnitt die Kupferplatte ab und ging zurück zu Wuxe'd. „Von jetzt an wirst du neue Namen haben. Und so wird der eine Name für dein Kind sein, Copper-Maker-Woman (Laqwakilayugwa), und es soll dieses Privileg besitzen, den Schutz-Tanz der großen Häuptlingsmaske. Und du wirst für dein Kind den Namen Schützer (Tatentsid) besitzen." Dann machte er sich auf nach Fort Rupert, wo er auch ankam.

Wi'nagilak und Ga'malagilak

Erzählt von Me'nmenleqelas, einer Na'kwaxdax-Frau

Wi'nagilak, der erste Häuptling des Numaym Kwe'kwaenox der Gwa'waenox, lebte in He'gems. Wi'nagilak wollte den Namen Wi'nagilak führen. Das war der Grund, weshalb er immer in den Kampf zog, wo es bekannt wurde, daß die Krieger aller Dörfer zusammenkamen. So hörte Wi'nagilak von einem mit übernatürlichen Kräften ausgestatteten Mann namens Ga'malagilak, der Urahn des Numaym Ge'xsem der Na'kwaxdax, dessen Dorf bei Leqo'ma am unteren Ende des Awe's lag. Da sprach Wi'nagilak zu seinem Sohn, der den Namen Wa'xonakulas trug: „Laß uns lospaddeln und versuchen, Onkel Ga'malagilak zu treffen." Sofort machte sich Wa'xonakulas bereit. Er sah, daß sein Vater einen Feueranzünder mitnahm, als er an Bord des nicht sehr großen Seitenpaddelkanus ging. Sobald Wi'nagilak und sein Sohn an Bord waren, fuhr das Seitenpaddelkanu los, indem sich die Paddel auf beiden Seiten des Kanus zugleich bewegten. Früh erreichten sie Ke'degwis und erblickten ein Kanu, das die Mündung des Xo'qwaes entlangfuhr. Wi'nagilak hielt darauf zu. Da erkannte er, daß ein alter Mann darin saß, ein sehr schwacher, da er vom Heck des Kanus aus paddelte. Wi'nagilak sprach ihn an: „Was macht mein Freund Ga'malagilak?" Der alte Mann antwortete: „Was denkst du, sollte er denn machen? Er sitzt in seinem Haus." Dann paddelte der alte Mann kräftig los, und der Bug seines Kanus schlug gegen die Wangen (die Seiten des Bugs) von Wi'nagilaks Kanu. Schließlich kenterte Wi'nagilaks Seitenpaddelkanu. Da nahm der alte Mann seine Alter-Mann-Maske vom Gesicht. Sieh an! Es war Ga'malagilak. Er nahm sein Paddel, brachte es in die richtige Stellung und tauchte es ins Wasser. So fuhr er los und erreichte schließlich Awe's.

„Ah, zu schlimm, sieh an! das war Ga'malagilak", rief Wi'nagilak, und begann, hinterherzupaddeln. So beobachtete Wi'nagilak, wie Ga'malagilak den Fuß des steilen Felsens von Leqo'ma erreichte. Eine hohe Riesenthuja stand auf dem Fels am Fuß des Leqo'ma und reichte bis zum Felssims. Die Spitze der Thuja verdeckte auf dem Felssims eine Höhle, die im dort beginnenden nackten Fels lag. Das war die Wohnung von Ga'malagilak, der die Thuja hinaufstieg und sein Kanu hinaufzog. Sobald er sein Höhlenhaus betrat, forderte er seine Mutter Qeyolaga auf, sich zu verkleiden. Als sie sich gewandet hatte, nahm Ga'malagilak Adlerdaunen und schüttete die Daunen über seine Mutter. Qeyolaga war völlig mit Daunen bedeckt, der Kopf und das ganze Gewand. Er ermahnte seine Mutter, aufzupassen, wann sie den Thujastamm entlanglaufen solle, der bis nach unten reiche. Nachdem er seine Mutter Qeyolaga verkleidet hatte, legte er seinen Kriegsnackenring an. Dann forderte er seinen jüngeren Bruder Pa'lelagilak auf: „Hör auf mich! Wenn ich auf dem Felsen am Fuß des Thujabaumes stehe und dann rufe 'Erscheine', mußt du aus unserem Haus eilen, schnell trommeln und rufen 'Erscheine'. Dann soll unsere Mutter erscheinen und den Thujastamm herabkommen."

Wi'nagilak traf ein. Sein Kanu lag im Wasser vor dem unteren Ende des Thujabaumes. Ga'malagilak trat aus seinem Haus. Er rannte den Stamm hinunter und stellte sich auf den Felsen. Sobald er dort stand, erhob sich Wi'nagilak in seinem Kanu. Seinen Wolfs-Feueranzünder hielt er bereit. Er schwang ihn in Richtung auf die Stelle, wo Ga'malagilak auf dem Felsen stand, und rief: „Paß auf, Freund, und laß uns spielen. Es heißt, du besäßest übernatürliche Kräfte." Sobald Wi'nagilak seinen geschnitzten Wolf schwang, fing der gesamte Platz, wo Ga'malagilak stand, Feuer, so daß er mitten in den Flammen stand. Ga'malagilak stand ruhig auf seinem Felsen. Er sagte kein Wort. Wi'nagilak holte das Feuer zurück. Ga'malagilak stand noch immer auf dem Felsen. Da schwang Wi'nagilak noch einmal seinen Feuerbringer in die Richtung, wo Ga'malagilak stand. Doch diesmal zeigte sich Ga'malagilak nicht. Aber nachdem das Feuer eine Weile gebrannt hatte, griff Ga'malagilak mit beiden Händen an die Seiten seines Kriegsnackenringes und schüttelte ihn. Der dadurch entstandene Wind blies das Feuer aus. Danach blickte Ga'malagilak zu seinem Haus empor und rief laut: 'Erscheine'. Gleich kam sein jüngerer Bruder Pa'lelagilak aus dem Höhlenhaus, rief 'Erscheine' und trommelte sehr schnell gegen die Steinfront ihres Höhlenhauses. Dann trat die Mutter Qeyolaga aus dem Haus. Sie rannte den Stamm hinunter und stellte sich neben Ga'malagilak auf den Fels. Als Qeyolaga auf dem Fels stand, rief sie laut: „Mach zu, Qawetsewa, zeige dich, damit der eine, der mich schädigen will, sieht, daß auch ich zu den Übernatürlichen gehöre, Freund Qawetsewa." Augenblicklich begann das Meer zu wirbeln und hohe Wellen zu schlagen. Die Fluten überspülten das Kanu von Wi'nagilak, und er erkannte, daß das Wasser an der Stelle, wo das Kanu lag, eine Untiefe bildete. Ga'malagilak erkannte, wie entsetzt Wi'nagilak war. Deshalb sprach Ga'malagilak zu ihm: „Jetzt paß auf, Freund Wi'nagilak, ängstige dich nicht zu schnell, damit wir weiterspielen können." Da beruhigten sich die Wellen und die Untiefe verschwand. Qeyolaga blickte auf und rief: „Hagel! Hagel! Hagel über die Küste!" Und diese unsere Welt wurde dunkel. Ein Blitz zuckte, der schließlich Wi'nagilaks Seitenpaddelkanu verbrannte. Nun fielen große Hagelkörner, so groß wie Möweneier, und Wi'nagilak war sehr entsetzt und begann Ga'malagilak zu bitten, doch aufzuhören, „denn ich bin von dir besiegt, Übernatürlicher". Sofort hörte es auf zu hageln. Ga'malagilak und Qeyolaga standen immer noch auf dem Felsen am Fuß der Riesenthuja. Das Seitenpaddelkanu von Wi'nagilak und seinem Sohn Wa'xonakulas ragte kaum noch aus dem Wasser. Sie warfen die Hagelkörner über Bord. Als endlich alle Hagelkörner aus dem Kanu geworfen waren, sprach Ga'malagilak: „Mein Freund Wi'nagilak, weshalb bist du so niedergeschlagen? Ich nehme an, unser Spiel ist beendet." Wi'nagilak antwortete: „Laß uns aufhören, ich will nach Hause fahren." Ga'malagilak riet ihm zu warten und stieg die Riesenthuja empor. Er betrat sein Höhlenhaus. Doch es dauerte nicht lange, bis er wieder herauskam und einen Muschelgrabstock aus Eibenholz mitbrachte. Dann sprach er: „Mein Freund Wi'nagilak, du erhältst jetzt als deinen Schatz einen Grabstock aus Eibenholz, denn deine einzige Nahrung sollen Muscheln sein." Und so erhielt Wi'nagilak seinen Grabstock. Wi'nagilak dankte ihm und begab sich zurück nach He'gems. Ga'malagilak und seine Mutter Qeyolaga stiegen wieder hinauf in ihr Höhlenhaus. Das ist das Ende dieser Geschichte.

Ga'malagilak

Erzählt von O'mxid, eine Na'kwaxdax-Geschichte

Sie lebten bei Awe's und nutzten als ihre Wohnung einen steilen Felsen. Ihr Haus war nur eine Höhle in dem steilen Felsen. Sie mußten eine Leiter benutzen, wenn sie ihr Haus verlassen oder hineingehen wollten. Als die Nacht anbrach, zogen sie die Leiter herauf, so daß feindliche Krieger ihr Haus nicht erreichen konnten. Am Morgen ließen sie die Leiter wieder herab. Einmal brach Ga'malagilak auf und paddelte nach Tselisnuk. Er verwendete zwei Paddel, und diese Paddel hatten bemerkenswerte Eigenschaften. So war das, er paddelte einmal mit seinen ungewöhnlichen Paddeln (und sein Kanu erreichte den Bestimmungsort). Ein großes Kanu näherte sich und wurde an der Landspitze sichtbar. Ga'malagilak erkannte sofort, daß es sich um feindliche Krieger handelte. Da veränderte er sein Aussehen. Er wurde zu einem kleinen alten Mann, denn Ga'malagilak war keine gewöhnliche Person. Die Krieger kamen heran und ergriffen das Kanu von Ga'malagilak. Der Anführer der Krieger ergriff das Wort: „Was macht der Häuptling Ga'malagilak?" - „Was macht er wohl gerade? Dieser Häuptling Ga'malagilak sitzt wohl in seinem Haus", erwiderte der alte Mann. Aber er war in Wirklichkeit Ga'malagilak, und die feindlichen Krieger erkannten ihn nicht. „Wir sind unterwegs, um den Häuptling Ga'malagilak zu treffen", riefen die Krieger. „Na, dann los", rief ihnen der alte Mann zu. Dann ergriff Ga'malagilak in seinem Kanu die außerordentlichen Paddel, und sobald er sie einmal eingetaucht hatte, erreichte er auch schon sein Haus. „Yaia“, schrien nun die Krieger, „sieh da, das war ja Ga'malagilak. Er war es, den wir verfolgen.“ Bei den Kriegern handelte es sich um Gwa'waenox. Ihr Anführer hieß Made-to-be-Warrior (Wi'nagilak). Er besaß außergewöhnliche Fähigkeiten. Schließlich erreichte er Ga'malagilaks Ufer. Ga'malagilak kam seine Leiter herunter. „Komm nicht an Land, sonst könntest du zu einem Geist am Ufer meines Landes werden“, rief Ga'malagilak. Dann hob er einen sehr großen Felsen auf und warf ihn über die Krieger in die See. Da wurden die Krieger von den vom Stein aufgeworfenen Wellen landwärts getrieben. Ga'malagilak packte das Reisekanu der Krieger und drückte den Bug unter Wasser. Da ergriff Wi'nagilak das Wort: „Behandle uns doch nicht so, Freund Ga'malagilak, ich wollte dich nur kennenlernen.“ Wi'nagilak nahm einen Schlagstock aus dem Kanu und warf ihn zu Ga'malagilak: „Nimm ihn, Freund. Mein Schlagstock soll jetzt dir gehören und deinen Nachkommen helfen, den richtigen Klang zu erzeugen.“ Ga'malagilak antwortete: „Ich danke dir hierfür, mein Freund. Bleib auf dem Wasser, damit ich dir ebenfalls etwas überreichen kann.“ Mit diesen Worten kehrte er in sein Haus zurück. Er trat wieder heraus und brachte seinen Muschelgrabstock mit. „Nimm das! Jetzt soll das, mein Muschelgrabstock, dir gehören, Freund.“ - „Ich danke dir dafür, Freund Ga'malagilak. Jetzt will ich heimkehren“, meinte Wi'nagilak. Sie paddelten los und fuhren nach Hause. Ihre Paddel waren aus dem Holz der Scheinzypresse hergestellt.

Sie begegneten Tsä'qame. Tsä'qame reiste wirklich schnell. Und so versuchte Wi'nagilak ebenfalls, schnell zu paddeln. Da zerbrachen seine Paddel. Sie splitterten gerade über der Wasseroberfläche, die Paddel von Wi'nagilak, denn das Scheinzypressenholz war zu weich. Tsä'qames Paddel zerbrachen nie, denn sie bestanden aus Eibenholz.

Tsä'qame wendete und hielt das Kanu von Wi'nagilak fest. Da fragte Wi'nagilak: „Was hast du vor, Tsä'qame?“ - „Ich bin auf dem Weg, mit unserem Freund Ga'malagilak zu kämpfen“, antwortete Tsä'qame. Da riet Wi'nagilak ihm: „Hör auf damit, Tsä'qame. Paß, auf! Er ist jemand, den keiner anzugreifen wagt, unser Freund Ga'malagilak. Wir hier haben es kaum überlebt.“ Tsä'qame erwiderte: „Ich will Ga'malagilak nur sehen.“ - „Dann versuch es doch", rief Wi'nagilak. Tsä'qame paddelte los. Er erreichte das Ufer Ga'malagilaks. Ga'malagilak kam die Leiter herunter und rief: „Bleib dem Ufer fern, sonst wirst du zu einem Geist an der Küste meines Landes werden." Er hob einen großen Felsen auf und warf ihn über das Reisekanu von Tsä'qame in die See. Auf dem Gipfel der Wellen, die der Stein erregte, trieb das Kanu auf das Ufer zu. Dann griff Ga'malagilak den Bug des Kanus und zog es ans Ufer. Er packte einen Mann, schnitt ihm den Kopf ab und stieß Tsä'qames Reisekanu wieder ins Meer. Sofort paddelte Tsä'qame fort und fuhr heim. Er hatte Angst bekommen, als das Haupt eines Mitglieds seiner Mannschaft abgeschnitten wurde. Er kam unversehrt nach Hause.

Eines Tages paddelte Ga'malagilak fort. Seine Frau blieb mit den beiden Kindern Pa'lelagilak und Qeyolaga zurück. Unerwartet griffen die Bella Bella an. Sie ergriffen Pa'lelagilak und Qeyolaga. Pa'lelagilak wurde an die Ruderbank ihres Kanus gebunden und aus dem Meeresarm fortgeführt. Dann riefen die Bella Bella: „Fliege fort, Pa'lelagilak! Es heißt, du seist kein gewöhnlicher Mann." - „Ich werde fortfliegen." - „Fliege doch weg!" riefen wieder die Bella Bella. Sie schlugen mit einem Paddel nach Pa'lelagilak. Da erhob sich Pa'lelagilak in dem Kanu, flog auf und ließ sich auf einem Felsen nieder, der sich senkrecht aus dem Wasser erhob. Der Ort, wo er sich auf einen Felsen setzte, wird „Precipitous Face" (Helgamlaas) genannt. Die Ruderbank hing noch auf den Rücken von Pa'lelagilak gebunden. Vergebens schrien die Krieger. Als er losgeflogen war, konnten sie ihn nicht mehr erwischen. Da paddelten sie davon.

Dann riefen die Krieger: „Singe, Qeyolaga! Es heißt, du bist eine Sängerin." Qeyolaga antwortete: „Ich werde singen." Qeyolaga begann zu singen. Hagel fiel. Es fielen große Hagelkörner. Als die Hagelkörner auf die Köpfe der Männer schlugen, waren sie sofort tot. Die Reisekanus der Krieger sanken, nachdem sie mit Hagelkörnern gefüllt waren. Da mußten die Krieger schwimmen. Auch Qeyolaga schwamm los und wandte sich dem Ufer zu. „Ich bin Qeyolaga! Ich bin Qeyolaga!" rief sie. Sie kam an das Ufer und brach auf, Pa'lelagilak zu suchen. Nur ab und zu konnte man einen der verstorbenen Krieger, die jetzt Geister sind, erblicken. Immer paddeln sie umher und auch jüngst wurden sie hin und wieder gesehen. Qeyolaga traf ihren Bruder Pa'lelagilak, und sie zogen heim in ihr Land.

Einmal spielte Qeyolaga mit einem Spielzeugkanu an der Küste. Da wurde sie von einem Seeungeheuer unter Wasser gezogen. Ga'malagilak kam nach Hause und hörte von seiner Frau: „Etwas Ungeheuerliches ist mit unserem Kind geschehen. Sie wurde von einem Seeungeheuer unter Wasser gezogen." - „Ich werde mich aufmachen und nach ihr suchen", meinte Ga'malagilak. Er griff sein Messer, ging zum Ufer und tauchte ins Wasser. Er wollte jedes Seeungeheuer fragen: „Hast du mein Kind gesehen?" Und sobald ein Seeungeheuer erwiderte, es habe sein Kind nicht gesehen, wollte Ga'malagilak ihm den Kopf abschneiden. Er erblickte das mit dem Namen Ne'mxxaligiyu. Er schwamm in es hinein, um seinen Kopf zu finden. Aber er konnte ihn nicht entdecken, das Ungeheuer war zu riesig. Da schnitt er mit seinem Messer das Innere von Ne'mxxaligiyu auf. Dann begab er sich geradewegs nach Hause. Er sagte zu seiner Frau: „Ich habe unser Kind aufgegeben." - „Was können wir denn noch machen?" fragte ihn die Frau. Da paddelte Ga'malagilak noch einmal los und fuhr nach Wams. Er kam bei Old Man (No'mas) an. Die See begann zu kochen. Auf der einen Seite von Old Man erhob Wa'wäxema die Stimme: „Wäqwai, zeige dich diesem einen." Da erhob sich die See, und ein Seeungeheuer erschien und wollte Ga'malagilak verschlingen. Ga'malagilak dachte bei sich: „Ob es das ist, was meinem Kind passiert ist?" Er sprang ins Wasser und tauchte. Er erblickte zwei Meermänner, die auf ihren Bäuchen lagen. Ga'malagilak schwamm zu ihnen und trieb sie landwärts. Doch was war das? Von den Meermännern verdeckt lagen da Knochen. Sieh an! Das war doch seine verstorbene Tochter. Er sammelte alle Knochen ein, brachte sie in sein Reisekanu und dann nach Hause. „Ich bin wieder da und habe unser verstorbenes Kind gefunden", rief er seiner Frau zu. „Danke", antwortete sie. Ga'malagilak sprühte das Wasser des Lebens über sein Kind. Sie, die nur noch aus Knochen bestanden hatte, erwachte wieder zum Leben. Ga'malagilak sprach zu seinem wieder zum Leben erwachten Kind: „Ab jetzt sollst du den Namen Cause-of-Killing-Woman (Kekelagidzegma) tragen, denn ich habe deinetwegen Seeungeheuer in der Tiefe getötet." Dann brachte er alle Köpfe, die er den Seeungeheuern abgeschnitten hatte, an Land und befestigte sie auf einem Rahmen als hängende Schädel. Deshalb heißt dieser Ort „Place-for-Hanging-Skulls" (Xo'qwaes), und dieser Landstrich, wo die verstorbenen Krieger vom Hagel erschlagen wurden, Having-Hail-on-the-Beach (Tselisnuk).

He'manis

Erzählt von Gi'qalas, einem Gwa'waenox

Mount Stevens (Kwä) wurde von denen, bei denen er saß, den Bergen, aus dem Kanu geschickt. „Geh los, du wirst in deinem Land He'manis sein. Du sollst aufbrechen und diese deine rote Thujarinde tragen. Jetzt sollst du aufbrechen. Deine Thujarinde wird der Grund sein, daß niemand es wagt, sich dir zu nähern. Die Pfosten, welche die Vorderbretter deines Hauses tragen, müssen auf dem Boden vorwärtsgehen, wenn du deine rote Thujarinde aufforderst, das Haus zu verlassen, und wenn deine Klapper geschüttelt wird."

Das Kind von He'manis kam aus den Wäldern. Es stellte eine Sperlingsdecke her. Es schoß Sperlinge. War die Sperlingsdecke, die es herstellte, nicht gut? Es versuchte, genügend Sperlinge für eine Bettdecke zu fangen. Das Kind ging erneut auf Jagd und versuchte, Sperlinge zu schießen. Es stand früh am Morgen auf und verließ das Haus. Es ging geradewegs hinunter zum Ufer und hielt seinen Bogen. Das Kind rieb sich die Augen. Es konnte nicht klar erkennen, was es da sah. Dann erkannte es einen großen Vogel. Da rannte es zurück in sein Haus. Es rief den Vater: „Komm, sieh einmal diesen großen Vogel, Vater." Da ging der Vater hinaus und sah ihn an.

Seite 103:
Grabmonument. Darstellung des Ho'xhok, eines Wappens des Numaym Laxse der Qo'moyne. Dieses Monument hatte eine Höhe von 6 Fuß und war aus Thujaholz geschnitzt. Auf dem Bauch des Vogels erkennt man ein Gesicht. Ursprünglich trugen die Flügel schwarze Bemalung, um die Federn darzustellen, doch haben sich jetzt nur noch Farbspuren erhalten.

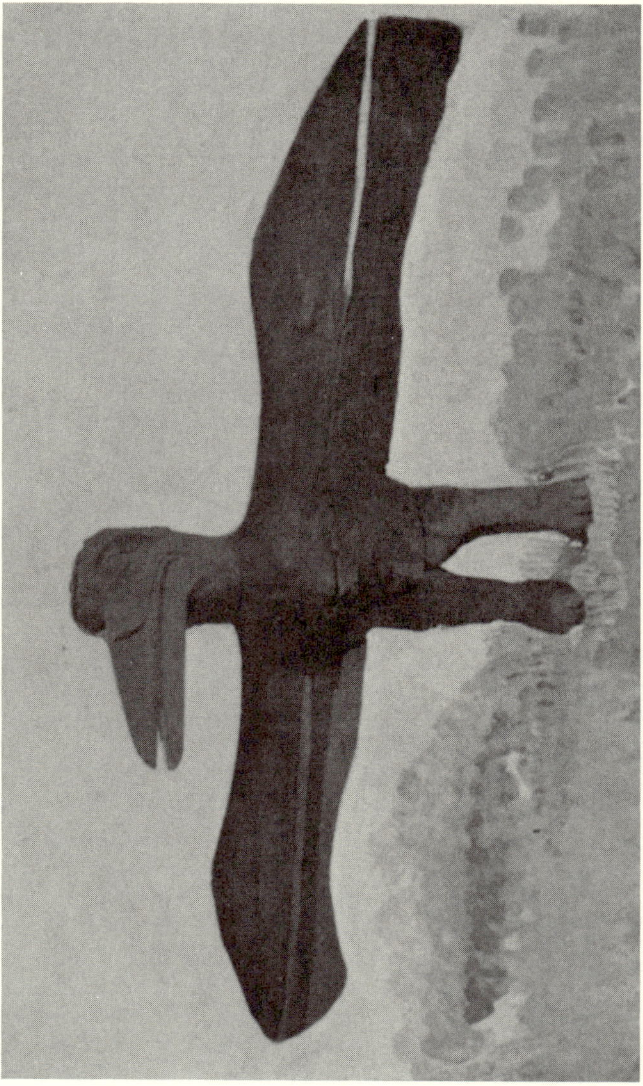

Was war das? Ein Vogel mit ausgebreiteten Schwingen. Die Spitzen der Flügel reichten bis zur halben Höhe der Berge. He'manis bemerkte, daß der Vogel seine Gewandnadel abnahm. Ein Mann kam aus seinem Vogelkleid. Er wendete sein Gesicht der Maske zu und sprach: „Jetzt kannst du wieder emporfliegen. Du wirst nicht mehr donnern. Nur manchmal kannst du ertönen, wenn meine Nachkommen sterben. Du wirst immer nur einmal sprechen, wenn die, die sich mir anschließen, sterben werden. Du wirst auch nicht immer mit den Augen blinzeln. Geh! Jetzt sollst du gehen." Die Vogelmaske flog fort.

„Du mußt dich darum kümmern, Ma'xulaogwa. Schicke deinen Bruder, er soll hingehen und dieses wundervolle Ding rufen, das so etwas gemacht hat, dieses, das heruntergekommen ist. Geh und lade es ein." Er lud den Mann ein. Der kam und betrat das Haus. „Mach schon und koche etwas für ihn." Ma'-xulaogwa nahm ihre Beerenkekse. Sie stellte ein Gefäß vor ihn, in dem die Beerenkekse lagen, und gab dem Mann so zu essen. Der Mann hatte eine Hakennase. Er aß nicht von den Beerenkeksen. Da versuchte sie es mit in Wasser gelegten Schneeballbeeren, die sie ihm als Speise anbot. Auch von denen verzehrte er nichts. So setzte sie Holzäpfel in Wasser vor ihn und bot sie als Speise an. Aber auch die aß er nicht. Da fragte Ma'xulaogwa ihren Vater: „Was könnte denn als Speise für ihn geeignet sein?" Der Mann blickte am Dach des Hauses entlang. Dann sprach der Mann, der Vogelmann, der eine große Hakennase hatte: „Erbsen." - „Geh, hole sie. Oh ja, das ist es, was er als Speise wünscht." Sie holte ein Trockengestell herunter, und der Mann verzehrte dann die gekochten Erbsen. He'manis ergriff das Wort: „Wir nennen das nicht Erbsen. Es wird von uns anders benannt. Du bist doch gekommen, um ein Mann von unserer Welt zu werden." Da fragte der Vogelmann: „Wie nennt ihr das?" - „Wir nennen es Lachslaich." - „Jetzt höre, wenn ich meine Namen aufzähle: Ich bin Coming-Down (Ga'yaxela). Ich bin Thunder-Bird-Dancer (Ku'nxula). Mein Name ist Thunder-Woman (Ku'nxulaogwa), Made-to-be-Thunderer (Ku'nxulasogwilak). Auch das ist mein Name, Spouting-at-the-Point (Lalbaya'wis). Mein Name ist Spouting-Woman (La'lemdalaogwa). Das sollen meine Namen sein, wenn ich komme, meinen Platz in dieser Welt einzunehmen, wenn ich komme, ein Mensch in dieser Welt zu sein."

Der Herr

Erzählt von Gi'qalas, einem Gwa'waenox

Der Herr kam herbei. Er kam an und er sprach zu He'malis: „He'malis, achte auf die Pfosten der Vorderseite deines Hauses, wenn unser Herr Qa'neqelak ankommt." Schließlich traf der ein. Er kam nach He'gems: dort war ein Geräusch. Es wurde vom Herrn gehört. Dort ertönte Heulen. Er hatte Angst, sich dem Heulen zu nähern. Dann passierte er He'gems und fuhr weiter zum Mount Stevens (Kwä). Er erreichte den Mount Stevens. „Der Herr kommt", sagte He'manis zu seinen Kindern, „bewegt euch nicht im Haus." Ma'xulaogwa machte das gerade. „Sieh nicht durch ein Loch." Sie war ein übermütiges Mädchen. He'manis ging hinaus und schlug draußen den Takt für seine wandernde Thujarinde. Dann rief er: „Geh fort." Und so forderte er alle Pfosten der Vorderseite seines Hauses auf wegzugehen. Viermal rief er so. Er rief: „Geh fort", und seine Riesenthujarinde verließ das Haus. Die rote Thujarinde begann zu tanzen. Die große Rassel bewegte sich von selbst. Sie hieß Big Rattle. Sie bewegte sich von selbst über den Boden und traf beim Tanzen den Herrn Qa'neqelak. Es war einfach Rinde der Riesenthuja. Niemand achtete auf sie. Ihr Tanz war wundervoll. Der Takt wurde nur für sie geschlagen. Da warf der Herr vom Kanu aus seinen Steinmacher. Xi'lgwil stand auf und blickte durch ein Loch, als der Herr seinen Steinmacher warf. Was passierte? Xi'lgwil wurde zu einem runden Stein im Haus. Da warf He'manis den Steinmacher des Herrn zurück. Er rief: „Mach weiter." Auf seine Art begann er zu spielen und warf den Steinmacher auf ihn. Das Kanu kenterte fast durch die Wellen, die durch He'manis Art zu spielen entstanden. Dann nahm er seinen Vogelmacher und warf ihn aus dem Kanu. Der Herr warf ihn. He'manis fing ihn gerade noch auf und warf ihn zurück. Was würde passieren? Es waren lauter Vögel, die im Kanu saßen, hinter dem Herrn saßen. Er legte den Vogelmacher zurück in das Kanu, und seine Ruderer wurden wieder Menschen. Da peitschte He'manis die See beim Kanu auf. Das Reisekanu des Herrn kenterte fast. Jetzt ergriff der Herr das Wort und bat ihn: „Laß ab, ich bin geschlagen. Diese Eulachen werden dir jetzt folgen. Dieses Wasser des Lebens soll dir gehören." - „Du hast genug gesprochen. Ich wünsche nicht, daß die Eulachen mir folgen. So nehme ich das Wasser des Lebens. Bring dein Kanu an das Ufer und komm aus dem Kanu." He'manis Feuer brannte, und sie aßen. Als das Mahl beendet war, ging He'manis hinaus. Er erblickte junge Löffelenten. Er rief dem Herrn zu: „Viele junge Löffelenten sind hier." Da sprang Qa'neqelak in sein Kanu und ruderte hinter den jungen Löffelenten her. Sie wendeten sich nach Geyo'x. Der Herr stieg aus seinem Kanu. Er lief den kleinen Fluß stromaufwärts. „Gut ist dieser mein kleiner Fluß. Dieser Fluß soll den Namen Geyo'x tragen." Dann verließ er das Wasser und begab sich zu einem ebenen Platz. Er sah die jungen Löffelenten das Ufer heraufkommen. Er ging den Fluß wieder hinauf. „Reizend ist dieser mein Fluß. Er soll den Namen Jumping-Place (Dexdeme's) tragen." Er zog weiter stromaufwärts und wieder sah er junge Löffelenten, die stromaufwärts schwammen. „Reizend ist dieser mein kleiner Fluß. Er soll den Namen Squirting-River (Tse'tala) tragen. Die jungen Löffelenten zogen noch weiter den Fluß hinauf. Da rief Qa'neqelak: „Reizend ist dieser mein Fluß. Er soll den Namen Real River (Wä'kas) tragen." Immer noch schwammen die Löffelenten den Fluß hinauf. Da rief Qa'neqelak: „Wirklich schön ist mein kleiner Fluß. Buying-Place (Ke'lwade) soll dieser mein kleiner Fluß heißen." Er kam wieder den Fluß herab. Die Löffelenten bewegten sich den Fluß hinauf. „Laßt es uns reinigen". So säuberten sie den Platz. Doch dann verließen sie ihn. Dieser Platz heißt Cleaned (Sink).

Xo'gumga

Erzählt von Kwa'xsestala

Sie fischten bei Qawakas im Fluß. Jemand war der Besitzer des Hauses dort, wo ein Kind auf dem Boden saß. Es war das Haus von Xo'gumga. Xo'gumga trieb Pfähle für ein Lachswehr in den Grund beim Ufer nahe ihres Hauses, wo sie die Fische herholte vom Ufer nahe ihres Hauses. Sie wollte von Zeit zu Zeit die gefangenen Fische zerschneiden und sie zum Trocknen an dem Platz aufhängen, wo man das mit dem Lachs gewöhnlich machte. Sie trocknete viele Fische und brachte sie in ihr Haus. Sie besah ihre Vorräte und war überrascht, daß ihr getrockneter Lachs immer weniger wurde. Da ging sie hinunter zum Ufer, um Fische aus ihrer Lachsfalle zu holen. Und wieder schnitt sie die Fische auf und hängte sie zum Trocknen auf. Sie war besorgt über das, was mit dem von ihr aufgehängten Fischen geschah, denn wenn es Tag wurde, war nur noch wenig vorhanden. Sie sann darüber nach, was sie machen könne. Schließlich schuf sie einen Menschen und stellte ihn nahe der Öffnung des von ihr erbauten Lachswehrs auf. Sie ahmte die Gestalt eines Menschen nach, bekleidete ihr Werk mit einem Umhang. Sie setzte ihm einen Hut auf und beendete damit ihr Werk. Dann verbarg sie sich in ihrem Haus, um zu beobachten, was mit den Fischen aus dem Fluß geschah. Als es Abend wurde, tauchte jemand auf und öffnete die Tür an der Rückseite des Hauses. Sie bemerkte, daß anfangs nur Brüste durch die Türöffnung kamen. Dann hingen die Brüste herunter, und ein glücklich aussehendes Gesicht wurde sichtbar. Jetzt streckte die Frau ihre Hände in das Haus. Sie ergriff den getrockneten Lachs und legte ihn in ihren Korb auf ihrem Rücken.

Da machte sich Xo'gumga an die Arbeit. Sie stellte einen Bogen her. Die Pfeilspitzen besaßen Widerhaken. Diese Pfeile waren Knochen von Vierfüßern. Erneut stellte sie den Menschen, den sie geschaffen hatte, draußen ans Ufer in die Nähe ihres Lachswehrs. Sie stellte ihn ans Ufer. Die Nacht brach an. Jetzt kam die Dzo'noqwa. Wieder näherte sie sich von dem Platz, von wo sie vorher gekommen war. Und sobald ihre Brüste in der Tür erschienen, schoß Xo'gumga nach ihr. Sie schoß auf ihre Brüste. Erst die eine, dann die auf der anderen Seite, so daß die Dzo'noqwa draußen niederfiel. Sie stöhnte und schrie vor Schmerz. Vergebens zerrte sie an den Geschossen. Sie versuchte, die Pfeile zu entfernen. Doch sie fand keine Möglichkeit dazu. Sie brach nur die Pfeilschäfte ab, die Spitzen mit den Widerhaken blieben stecken. Die Dzo'noqwa erreichte ihr Haus. Sie lag tot auf dem Boden, als Xo'gumga sie verfolgte, weil sie das Haus der Dzo'noqwa kennenlernen und ihren Besitz sehen wollte. Oh, was gab es dort an Besitz! Es war keine Nahrung aus dem Fluß zwischen allen diesen Vierfüßern, denn die Dzo'noqwa hatte Fleisch für Einladungen getrocknet. Da schnitt Xo'gumga den Kopf der Dzo'noqwa ab und trug ihn aus dem Wald in ihr Haus, damit er als Waschbecken für ihr Kind diene. Xo'gumga kehrte zum Haus der Dzo'noqwa zurück, um ihren Besitz zu holen. Es gab nichts aus dem Fluß, wegen der Lebensweise der Dzo'noqwa, denn sie besorgte sich alles aus den Wäldern. Der Ort, wo die Dzo'noqwa lebte, heißt Ka'tale.

Dann bekam Xo'gumga ein Kind. Der Mann von Xo'gumga hieß Rich Maker (Qo'mgila). Er hielt sich an der Mündung des Ha'nwade auf. Er überwachte seinen Fluß, so daß ihm dort nichts geraubt werden konnte. Daher wußte er auch nicht, daß seine Frau ein Kind geboren hatte. Xo'gumga nahm das Haupt der Dzo'noqwa und wusch ihr neugeborenes Kind darin. Das Kind erhielt den Namen La'xunala. Es war der erste Held der Mythe.

Eines Tages bat La'xunala seine Mutter, einen Bogen für ihn anzufertigen. Sofort stellte Xo'gumga ihm einen Bogen her. Da schoß das Kind kleine Sperlinge. Dann begann das Kind zu jagen. Es schoß Bären flußaufwärts von seinem Wohnort. Es tötete einige Schwarzbären. Hai! Danach brach es wieder auf und ging noch einmal auf Jagd. Es erblickte einen Grizzlybären, schoß auf ihn und tötete so den Grizzlybären.

Dann brach La'xunala wieder auf. Er ging stromaufwärts bis zu dem Haus auf der Sandbank, nach Qawakas. Er schoß eine Schneeziege. Er schoß einfach hinauf zu ihr und traf sie. Dann wendete er sich um, kehrte zu seiner Mutter zurück und hörte auf, mit dem Bogen zu schießen. Er fragte seine Mutter, und

Xo'gumga erzählte vom Fluß, warum er schlecht sei. Der ganze Fluß steckte noch voller Ungeheuer. Da fragte La'xunala seine Mutter nach verschiedenen Dingen, „denn ich denke, ich werde hinausziehen und die schlechten Dinge, von denen du berichtest, kennenlernen". - „Sag doch so etwas nicht", bat Xo'gumga ihr Kind La'xunala, „dabei kommt nichts Gutes heraus." - „Laß mich ziehen", forderte er seine Mutter auf. Da unterwies ihn die Mutter: „Geh jetzt an Bord, mein Liebling, doch mußt du aufpassen. Sobald du bei Gwa'gemlis ankommst, wirst du diese Landspitze flußabwärts von Gwa'gemlis sehen." Er kam dort an. Da erblickte er das Ungeheuer, von dem seine Mutter berichtet hatte. Er stand lange am Ufer, bis ein wirklich riesiger Bär aufrecht stehend herankam. Seine Schnauze war geöffnet, als er sich La'xunala näherte, und er wollte ihn auffressen. So trafen sie aufeinander. La'xunala ergriff einen runden Stein, den er vorher aufgesammelt hatte, und warf ihn auf den Bären. Er traf ihn direkt in das Maul, da der Bär ja mit aufgerissenem Rachen auf ihn zukam, und sofort war das Ungeheuer tot. Der Stein drang direkt durch den Nacken des Bären und er fiel auf der anderen Seite des Flusses nieder. Danach lief La'xunala flußabwärts. Er erreichte einen Ort mit Namen Xexsta'litso. Dort erblickte er eine Robbe - ein Robbenungeheuer. Es stürzte sich mit offener Schnauze auf La'xunala und wollte ihn beißen. Wieder warf er einen runden Stein in das offene Maul, und die Robbe war tot. Er sammelte den Stein, den er geworfen hatte, wieder auf und ging den Fluß weiter hinunter, bis er an die Mündung kam. Da erblickte er wieder ein Ungeheuer. Außerordentlich weit war der Raum zwischen den Armen des Oktopus. Heute ist dieser Oktopus ein großer Fels an der Mündung des Flusses von Ha'nwade. La'xunala warf den Stein abermals und er traf wieder in das Maul des Tintenfischs, und der starb. Er tötete den Oktopus. Jetzt hatte er alle Ungeheuer des Flusses beseitigt.

He´kin

Erzählt von Gi´qalas, einem Gwa´waenox

He´kin war immer krank. Wunde Stellen bedeckten seinen Körper, als er auf seinem Berg saß, der Having-Toads (Wao´gwat) hieß. Er sah sich nach einem Ort um, wo er sich umbringen könne, so beschämt war er wegen seines Zustandes. Er wandte sich landeinwärts auf seinen Berg zu. Plötzlich hörte er einen Ton, das Geräusch einer großen Kröte. Er ging darauf zu und erreichte den Platz. Dort sah er eine große Kröte. Sieh da, sie hatte ein Junges. Sie kam aus ihrem Nest heraus und brachte auch ihr Junges heraus. Dann sprach die Kröte mit He´kin, und beide Kröten wurden zu Menschen. Die Kröte unterwies den Armen, den He´kin, was er machen solle. Sie forderte ihn auf, er solle die weiche Schicht aus dem Nest ihres Kindes nehmen. „Doch behandle sie nicht rauh! Du mußt sie in diesen Teich legen. Das ist das Wasser des Lebens. Damit mußt du deinen Körper abreiben, nachdem du deinen Körper besprüht hast. Du wirst nach all deinem Kummer in Ordnung sein. Dann sollst du zurückgehen und diese Kupferplatte mit dir nehmen, so wirst du ein Häuptling werden. Du sollst die Decke und dein Geschenk mitnehmen. Das wird dein Name sein. Du wirst den Namen Head-Copper-Maker (La´qwagilageme) tragen und du wirst einen Schatz besitzen. Das wird dein Name sein, Copper-Maker (La´q-wagila).“ So wendete He´kin sich wieder seewärts. Sein Körper war wohl geraten. Die Kröte hatte ihn geheilt. Er war von der Kröte dazu gebracht worden, in etwas zu baden, das ein Weiterleben ermöglicht. Es wird das Wasser des Lebens genannt. Seine Schwester begrüßte ihn: „Du gingst zu einem Ort, wo du deinen Körper einsprühtest .”

Na´xnagim war der Name der Frau. „Dank sei dafür, wie du nun am Leben bist, daß du jetzt geheilt bist.“ - „Trage von jetzt an diese Kupferplatte für deinen späteren Gemahl auf dem Rükken.“ Das ist das Ende.

Nomase´nxelis

Eine Überlieferung der La´lawilela, erzählt von O´mxid

Nomase´nxelis lebte bei Tse´tseqalalis. Einmal errichtete er den Tochterpfahl für seine Tochter E´kagewa. Auf der Spitze von E´kagewas Tochterpfahl saß ein Adler, der immer Geräusche ertönen ließ. Er kreischte. „Wir wollen bei Yaqama´lis Beeren pflükken gehen", sagte E´kagewa zu ihren Sklaven. „Laßt uns aufbrechen!" riefen die Sklaven. Sie ließen ihr Boot ins Wasser. E´kagewa ging herunter zum Ufer. Sie wurde von ihren Sklaven geführt, denn sie war blind. E´kagewa konnte nicht sehen. Sie fuhren hinüber nach Le´mwas. Lange Zeit paddelten sie auf dem Meer. E´kagewa wurde unruhig. Sie erreichten nicht den Ort, wo sie Beeren pflücken wollten. „Wo sind wir hier auf dem Wasser?" fragte E´kagewa. „Die Stimme dessen, der auf meinem Tochterpfahl sitzt, klingt weit entfernt." Da antworteten die Sklaven: „Es ist sehr neblig. Wo mag es sein, wo wir hinsteuern?" Schließlich hörten sie den, der auf dem Tochterpfahl saß, kaum noch. Da ergriff E´kagewa wieder das Wort: „Was machen meine Sklaven hier auf dem Wasser wirklich?" Und sie zerbrach die Paddel der Sklaven. Denn sie vermutete, daß die Sklaven nur vorgaben zu paddeln. Sieh da! Die Sklaven steuerten geradewegs auf die offene See. Sieh da! Es herrschte kein Nebel. E´kagewa hörte nicht mehr ihren Tochterpfahl. „Weshalb macht ihr das?" fragte E´kagewa. Doch die Sklaven antworteten nicht. Sie fuhren weiter und steuerten die Ozeanseite der Welt an. Es dauerte vier Tage, bis sie ein Land erreichten. Sie trafen auf ein Volk, das dort lebte, wo sie am Ufer anlegten. E´kagewa wurde an Land geführt und zum Haus eines Mannes gebracht. Sie und ihre Sklaven erhielten zu essen. Dann wurde E´kagewa gefragt: „Was ist der Grund für eure Fahrt?" - „Meine Sklaven paddelten mit mir fort. Ich bin E´kagewa. Offensichtlich ist mein Vater arm", sagte E´kagewa. „Wie ist der Name deines Vaters?" fragte der Mann. „Er heißt Nomase´nxelis", antwortete E´kagewa. Da sagte der Mann: „Ich möchte dich zu meiner Frau haben. Ich bin Copper-Maker (La´qwagila). Ich werde etwas machen, damit du sehen kannst." - „Nun gut, nimm mich zur Frau", erwiderte E´kagewa.

Da machte La'qwagila, daß sie sehen konnte, denn er war kein gewöhnlicher Mensch. Jetzt konnte E'kagewa sehen. Dann wurde sie schwanger. Sie bekam ein Kind. Das Kind war ein Junge. Wieder wurde sie schwanger. Wieder bekam sie ein Kind, und wieder war es ein Junge. Die Kinder spielten im Haus und näherten sich dabei der kleinen alten Frau, die dort auf dem Boden saß. Sie warfen sie um beim Spielen auf dem Boden. Da wurde die alte Frau böse. „Seid jetzt ruhig. Ist euch denn nicht bekannt, wie ihr in dieses Haus kamt, Kinder?" Da wurden die Kinder traurig wegen der Worte der alten Frau. Sie erzählten es ihrer Mutter: „Was bedeuteten die Worte der alten Frau gegen uns?" - „Was waren denn ihre Worte?" fragte E'kagewa. Da wiederholten die Kinder, was die alte Frau gesagt hatte: „Ist euch denn nicht bekannt, wie ihr in dieses Haus kamt, Kinder? fragte die alte Frau uns." - „Oh, sie spricht die Wahrheit", meinte nun E'kagewa, „vor langer Zeit paddelten meine Sklaven mit mir fort. Das ist nicht mein Heimatland." Dann erzählte E'kagewa die Rede der alten Frau ihrem Mann. Ihr Mann versprach, er würde hinfahren und seine Kinder mitnehmen. E'kagewa meinte: „Mach, daß sie zu ihrem Großvater in unser Land reisen."

La'qwagila kam mit seiner Frau und seinen Kindern zu Nomase'nxelis. Er erreichte das Ufer von Tse'tseqalalis. E'kagewa ging das Ufer hinauf und betrat das Haus ihres Vaters. „Ich bin dein Kind, ich bin E'kagewa. Wir sind gekommen, um dir meine Kinder zu bringen. Aber ich werde in das Land meines Mannes zurückkehren. Dieser, dein Schwiegersohn, hört auf den Namen La'qwagila. Das ist der Name ihres Vaters." - „Danke", erwiderte Nomase'nxilis. Er lag fast im Sterben. Jetzt erholte er sich wieder und warf E'kagewas Tochterpfahl ins Wasser. Seine Spitze wendete sich gegen Le'mwas. Und so bildete die Spitze und was darauf war (Wupaxla?) die Insel vor der Küste bei Le'mwas. So ist es der frühere Tochterpfahl, den die Wellen schlagen, der bei Newe'de stand. Auch Nomase'nxelis ging hinunter zum Ufer und stellte sich ins Wasser. „Hier will ich im Wasser stehen bleiben, damit ich gesehen werde, solange es Tage gibt", rief Nomase'nxelis. Auch heute noch steht Nomase'nxelis auf dem Felsen als ein Stein am südlichen Ende von Tse'tseqalalis.

He'ligiliqala und Lo'lemaga

Erzählt von Ya'qolas, einem Naqe'mgilisala

He'ligiliqala lebte in Qa'las. Lo'lemaga war seine Schwester. Sie führte eine Winterzeremonie durch. Qa'neqelak verschwand hinter ihr, denn er fürchtete sich vor der Winterzeremonie. He'ligiliqala trug auf seiner Stirn das Stirngerät zum Werfen (Meqe'we). He'ligiliqala warf zuerst auf Lo'lemaga, dann warf Lo'lemaga auf ihn zurück. Sie konnten die Bedeutung des Wurfs erkennen, wohin sie auch zielten. Während sie spielten, schlugen sie den Takt. Die Gwa'tsenox näherten sich von der Westküste, um die Daunenfedern zu stehlen, die von der Thujarinde der Tänzer heruntergefallen waren. Sie hatten einen Sklaven geschickt, der Ale'lakas hieß. Der Sklave schlich im Haus umher, während sie schliefen, um die Thujarinde zu stehlen. Doch das Haus besaß übernatürliche Kräfte. Es entdeckte, daß der Sklave stehlen wollte, und als er sich der Tür näherte, saugte es ihn auf. Da erwachten Bruder und Schwester. Sie hörten den Sklaven seinen heiligen Gesang im Untergrund singen, wohin ihn die übernatürliche Kraft verbannt hatte. Sie zogen ihn heraus, und He'ligiliqala fragte ihn: „Sklave, was machst du hier? Wer hat dich geschickt?" Er antwortete: „Ich bin ausgesandt worden, euch zu bitten, ein kleines Stück Thujarinde und etwas Adlerdaunen an meinen Häuptling Ma'xwa zu übersenden. Er bat mich, es für ihn zu stehlen." He'ligiliqala meinte: „Es ist schlecht, was du machst. Weshalb kamst du nicht und fragtest uns danach?" Dann ergriff He'ligiliqala ein kleines Stückchen Thujarinde und eine Handvoll Daunen und sagte: „Sprich nicht darüber. Halte es geheim. Es ist schlecht, daß du versucht hast, das zu stehlen, und nicht gekommen bist, darum zu bitten. Jetzt kehre heim und komm nie wieder. Dieses Haus besitzt übernatürliche Kräfte. Es ist nicht gut, was du zu tun versuchtest." Der Sklave eilte zurück zu seinem Herrn. Er zeigte ein stolzes Gesicht, als er die Thujarinde seinem Herrn gab. Da sang Ma'xwas Vater seinen heiligen Gesang.

Kwe'xagila

Erzählt von O'mxid

Er wollte eine Frau finden unter den Yu'lenox, dieser Kwe'xagila. Er fuhr in seinem faltbaren Kanu los. Seine Töchter Ho'yagilanaga, Copper-Smell-Woman (Ke'poselaogwa) und Death-Causing-Woman (Wa'wanemgiloogwa) gingen nicht mit auf Fahrt. Er hatte diese drei Töchter. La'laxwas kam unter Kwe'-xagilas Haus vorbeigepaddelt. Das Kanu von La'laxwas besaß Seitenpaddel. La'laxwas rief: „Bist du dort in deinem Haus, Freund?" und Ho'yagagilanaga antwortete: „Ich sitze hier in meinem Haus." Sie ahmte die Stimme ihres Vaters nach, denn sie fürchtete, daß La'laxwas vorhabe, Kwe'xagilas Kinder als Sklaven mitzunehmen. Darum fuhr La'laxwas wieder fort, denn er bekam Angst, da er glaubte, Kwe'xagila habe geantwortet. Aber es war sie, seine Tochter, die gesprochen hatte.

Inzwischen fuhr Kwe'xagila zur Triangle Island, um Ya'qelalagilas Tochter zu freien. Und er erhielt sie auch zur Frau. Er kam mit seiner Frau zu seinem Haus. Sogleich trug er das Kanu hinauf zum Kanuabstellplatz. Verstorbene Sklaven bildeten den Lagerplatz für sein Kanu. Jetzt waren die ehemaligen Sklaven, der Abstellplatz für Kwe'xagilas Kanu, zu Steinen geworden. Der Vater der Frau kam, um die Brautgaben zu bringen. Mit den Brautgaben, die vom Schwiegervater ein Jahr nach der Hochzeit überbracht werden, erhielt er als Vorrecht einen Potlatch-Stab. Aber Kwe'xagila war nicht zufrieden mit dem Potlatch-Stab als Vorrecht. Kwe'xagila meinte, er wolle als Privileg den Lausstab erhalten. „In Ordnung, der Lausstab soll dir gehören", antwortete Ya'qelalagila seinem Schwiegersohn. Sie richteten draußen den Lauspfahl auf, vor der Front des Hauses von Kwe'-xagila. Den Pfahl krabbelten große Läuse empor. Das waren in Wirklichkeit große Krabben. Immer, wenn die Läuse hungrig wurden, stiegen sie vom Pfahl herunter, drangen in die Häuser ein und fraßen alle Menschen auf. Kwe'xagila wurde des Pfahles überdrüssig, als die Läuse in sein Haus eindrangen. Kwe'xagila ergriff eine Zange und schlug auf die Läuse ein, die sich jedesmal wieder auf Kwe'xagilas Pfahl zurückzogen. Dann ließ

Kwe'xagila sein Kanu ins Wasser, um zur Triangle Island zu fahren. Dort sprach er zu seinem Schwiegervater: „Nimm deinen Läusepfahl zurück. Er ist wirklich nicht gut. Wir werden zu sehr von den Läusen gestört, die unser Volk auffressen. Viele von uns sind tot, umgebracht von den Läusen. Deshalb wünsche ich, daß du kommst und ihn wieder zurückholst." Da antwortete Ya'qelalagila: „Ich werde aufbrechen und ihn holen, damit er wieder hierher kommt. Du warst es aber doch, der sich den Läusepfahl wünschte." Kwe'xagila fuhr wieder nach Hause und brachte sein Kanu an Land.

Die Xoya'las ziehen nach Xute's

Erzählt von No'la, einem Koskimo,
aufgeschrieben von George Hunt

Die Gruppe mit dem Namen Xoya'las lebte in Ama'gina. Ihr Häuptling war Made-to-Give-always-Potlatches (Ama'wayotsogwilak). Ama'wayotsogwilak achtete sehr auf seinen Körper. Jeden Morgen und jeden Abend stieg er in den kleinen Fluß mit Namen River-Noise (Wa'kala) und rieb seinen Körper mit Hemlocktannenzweigen ab. Eines Tages besuchte Ama'wayotsogwilak einen anderen Zweig seiner Gruppe, der in Go'goyo lebte. Er hielt sich auf der Fahrt immer dicht an der Felsenküste von Xute's. Da bemerkte er, daß der Boden aufgetürmt war, was er vorher noch nie gesehen hatte. Er fuhr gerade an Xute's vorbei. Dann erreichte er Go'goyo und wurde von A'waade, seinem jüngeren Bruder, zu einem Mahl aus geröstetem Schwarzbarsch eingeladen. Als sie das Mahl beendet hatten, bat A'waade ihn, vier Tage zu bleiben. Ama'wayotsogwilak fügte sich dem Wunsch. Er ging jeden Morgen und jeden Abend landeinwärts zur Quelle des Go'goyo, wo er im Wasser seinen Körper mit Hemlocktannenzweigen abrieb. Am vierten Tag verkündete er, daß er nach Hause nach Ama'gina fahren wolle, wenn es Abend würde. Als es nun dunkelte, bestieg er sein kleines Kanu, um mit der Flut hinabzutreiben. Sobald er Xute's erreichte, hörte er viele Männer sprechen, und es schien Ama'wayotsogwilak, daß er dorthin zurückkehren wolle, wo er etwas gehört hatte.

Er gelangte zu seinem Haus in Ama'gina. Er verließ sein Kanu und machte sich auf zum River-Noise. Dort angekommen, sammelte er Hemlocktannen- und Balsampappelspitzen, die äußersten Spitzen der Zweige. Er setzte sich in das Wasser des Flusses. Viermal tauchte er unter. Er rieb seinen Körper mit Hemlocktannenzweigen ein. Nachdem er seinen Körper mit den Tannenzweigen eingerieben hatte, nahm er die Balsampappelzweige und setzte sich ins Wasser. Er rieb seinen Körper mit den Balsampappelzweigen. Nach dem Abreiben blutete in dieser Nacht sein Körper. Vier Tage lang wiederholte er das morgens und abends. Nachdem er so vier Tage am Gewässer verweilt hatte, kehrte er spät in der Nacht aus den Wäldern zurück. Er bestieg sein kleines Kanu und fuhr schweigend nach Xute's. Am unteren Ende des am Rand der Insel liegenden Friedhofs, am unteren Ende von Xute's kam er an. Dort brachte er sein Kanu an Land, auf der Festlandseite der kleinen Insel. Er band sein Kanu an eine Fichte, die nahe am Wasser stand. Sobald es befestigt war, stieg er in das Wasser und rieb seinen Leib mit Hemlocktannenzweigen ab. Als er damit fertig war, ergriff er Balsampappelzweige und rieb sich damit ab. Danach riß er Felsenalgen ab und rieb damit seinen Körper ab. Er war gerade damit fertig und hatte gerade den Schleim der Algen abgewaschen, als er jemanden sprechen hörte: „Ich lade dich ein, Ama'wayotsogwilak, im Auftrag von Supernatural-of-the-Ground (Nau'alakulels). Folge mir." Da erblickte Ama'wayo-tsogwilak den Mann und erwiderte: „Ehrenvoll ist deine Rede, Freund." Er erhob sich von den Felsen und folgte dem Mann, den er nicht erkannte, solange sie die Felsküste am unteren Ende von Xute's entlangliefen. Da erblickte Ama'wayotsogwilak einen hohen Hügel, den Standort für viele Häuser. Als Ama'wayo-tsogwilak die Stelle erreichte, wo der Mann stehen geblieben war, sprach der zu ihm: „Paß auf, mein Freund, ich bin der eine, den ihr Geist (Ha'yalilagas) nennt, denn wir sind die Seelen der verstorbenen Menschen. Ich rate dir, wenn du das Haus unseres Häuptlings Nau'alakulels betrittst, dann iß auf keinen Fall etwas, was sie dir auch anbieten, sonst mußt du hierbleiben. Fragt er dich nach dem Grund deines Kommens, antworte, daß du diesen Ort als neuen Platz für dein Dorf haben möchtest. Vergiß meine Worte nicht."

Der Mann und Ama'wayotsogwilak betraten das Haus. Ein Mann kündigte sie an: „Der Gast unseres Häuptlings ist gekommen." Ein anderer Mann bat Ama'wayotsogwilak, rechts neben der Tür von Nau'alakulels Haus Platz zu nehmen. Sobald er sich gesetzt hatte, nahm ein Mann getrockneten Lachs, röstete ihn über dem Feuer in der Mitte des Hauses und zerteilte ihn auf einer Speisematte. Dann stellte er ihn vor Ama'wayotsogwilak. Sofort nahm der den gerösteten Lachs und gab vor, ihn zu verzehren. Doch in Wirklichkeit verbarg er ihn an seiner Brust. Als er das Mahl beendet hatte, ergriff der Häuptling Nau'alakulels das Wort: „Nun, mein Freund Ama'wayotsogwilak, erzähle mir, weshalb du zu dem von mir geschaffenen Dorfplatz gekommen bist." Ama'wayotsogwilak antwortete sogleich: „Das wünsche ich mir, daß ich deinen Dorfplatz bekomme, Häuptling, daß ich mit meinem Dorf hier leben kann." Da erwiderte Nau'alakulels: „Dein Wunsch sei dir erfüllt. Ziehe mit deinem Dorf hierher. Baut eure Häuser auf dem Boden, den du von mir erhalten hast. Laß mich mit meinen Leuten in ein Dorf unter deinem Dorfplatz ziehen, so daß wir einander hören können, wenn wir im Winter den Takt schlagen. Kommt morgen, denn heute Nacht werden wir in den Untergrund ziehen. Jetzt kehre nach Hause zurück, Freund. Wir sind die Seelen der Toten unserer Völker." Als das Feuer in der Mitte des Hauses gelöscht wurde und verschwand, sieh an! da graute schon der Morgen. Sofort sah sich Ama'wayotsogwilak nach einem guten Standort für sein Haus um. Er steckte den Grund ab, so daß der Bach vor seinem Haus in der Mitte des Dorfes vorbeifloß. Als er damit fertig war, stieg er über die Felsen zum unteren Ende von Xute's, wo sein kleines Kanu an der Seite der Insel beim Friedhof lag. Er stieg in sein kleines Kanu und paddelte zu seinem Haus in Ama'gina. Dort angekommen, lud ihn sein Bruder Place-of-Getting-Rich (Qo'menakulas) zu einem Essen ein. Ama'wayotsogwilak stieg aus seinem Kanu und betrat Qo´menakulas Haus. Er setzte sich an der Rückwand des Hauses nieder. Sogleich erhielt er zerkleinerte getrocknete Heringe. Als er mit dem Mahl fertig war, erzählte er: „Was ich getan habe, ist wichtig, Bruder Qo´menakulas. Ich erhielt als Schatz den Dorfplatz Xute´s. Ich möchte, daß wir alle unsere Häuser und unsere Familien dorthin bringen und diesen Platz hier verlassen, an dem der Südostwind zu stark bläst. Dort, wo der Bach unterhalb eines Hauses vorbeifließt, wird der Platz meines Hauses sein." Qo´menakulas stimmte seinen Worten zu. Dann rief er das Dorf, die Xoya´las, in seinem Haus zusammen. Als sich alle versammelt hatten, teilte Qo´menakulas ihnen mit, er wünsche, daß sie alle ihre Häuser nach Xute´s verlagerten, dem Dorfplatz, den Ama´wayotsogwilak als Schatz erhalten habe. Die Leute stimmten seinen Worten zu. Nach der Unterredung verließen sie das Haus, in das sie zusammengerufen worden waren, stiegen auf die Dächer ihrer Häuser und schoben die Dachbretter hinab, die Balken und Pfosten. Sie legten sie auf ihre zusammengebundenen Kanus. So stapelten sie ihr Eigentum und die Bestandteile ihrer Häuser auf die Plattformen, als die Flut kam. Sobald sie mit dem Beladen fertig waren, trieben sie mit der auflaufenden Flut voran. Sie erreichten bei Hochwasser Xute´s und schleppten schnell die Bretter, Balken und Pfosten an Land. Innerhalb von vier Tagen errichteten sie ihre Häuser, alle Häuser der ersten Xoya´las waren jetzt fertig. Das ganze Dorf war überrascht, als das Feuerholz zum ersten Mal an einem Ende des Dorfes auf den Boden geworfen wurde, daß sich in allen Häusern bis zum anderen Ende des Dorfes ein hohler Ton hören ließ. Es klingt heute noch ganz genauso. Ama´wayotsogwilak erklärte, der Grund für den hohlen Klang sei die Höhle unter dem Dorfplatz von Xute´s, denn das sei der Ort, wo die Geister lebten, die als die Seelen der Toten bezeichnet würden. Daher wissen die Indianer, daß der Dorfplatz der Seelen nicht weit vom Dorfplatz der lebenden Menschen entfernt liegt. Das ist das Ende der Geschichte.

Gi´lgam
Erzählt von O´mxid

„Ich will aufbrechen", meinte Gi´lgam zu seinen Eltern. „In Ordnung", erwiderte sein Vater, „achte auf den Boden und zieh deine Grizzlybärenmaske an." Gi´lgam ergriff seine Bärenmaske und setzte sie auf. Er lief los und erschien am Short River (Tsa´-gwala) an der Rivers Inlet. Dort erblickte er viele Frauen, die Beeren pflückten. Eine der Frauen, die Beeren sammelten, wollte Gi´lgam heimbringen. Er dachte, er sollte seine Grizzlybärenmaske ablegen. Er setzte die Maske ab und legte sie auf den Boden. Dann ging er zu den Frauen, die Beeren pflückten. Er sah sich einmal nach dem Bärenfell um, das seinen Körper bekleidet hatte. Was sollte denn das? Es lief herum. Gi´lgam ergriff einen Ast und schleuderte ihn auf das Bärenfell. So brachte er das Bärenfell zu Fall. Dann schritt Gi´lgam weiter auf die Frauen zu. Er kam bei den Frauen an und nahm eine in seine Arme. „Ich möchte dich zur Frau haben, ich bin Gi´lgam." - „Ich bin einverstanden" erwiderte die Frau. „Ich muß es meinem Vater erzählen", meinte Gi´lgam, „ich bin bald zurück." - „Nun gut", entgegnete die Frau. Darauf lief Gi´lgam zu seinem Grizzlybärenfell zurück. Was war denn das? Das Grizzlybärenfell war nicht an seinem Platz. Sieh an! Das Grizzlybärenfell war alleine zu Gi´lgams Vater am Knight Inlet (Dza´wade) zurückgekehrt. Gi´lgams Grizzlybärenfell betrat das Haus seines Vaters. So lag Gi´lgams früheres Grizzlybärenfell im Haus. Gi´lgams Vater und seine Mutter weinten, als sie erkannten, daß Gi´lgam nicht zurückkehren konnte. Nur seine Bärenhaut war zurückgekehrt.

Gi´lgam heiratete die Rivers Inlet-Frau und lebte bei den Rivers Inlet-Leuten. Er schoß immer mit seinem Pfeil. Es gab unter den großen Tieren und auch unter den gefährlichen keines, das er nicht schon getötet hatte. Deshalb wechselte er auch den Namen. Er hieß nicht mehr Gi´lgam, sondern trug den Namen Archer (Ha´nlekunas). Sein Name wechselte, weil er ein großer Jäger war.

Seine Frau schenkte ihm vier Kinder. Doch dann wurde Archer krank. Er konnte nicht mehr sehen. Seine Frau und seine Kinder verarmten. Sie hatten kein Essen mehr, da Archer nicht mehr jagen konnte, denn er vermochte ja nichts mehr zu sehen. Eines Tages kam ein Bär und näherte sich dem Haus. „Archer“, bat die Frau, „hier ist ein Bär erschienen.“ - „Laß mich versuchen, ihn zu schießen. Halte nur das Ende dieses meines Pfeiles“, meinte Archer zu ihr. Dann spannte er seinen Bogen. Seine Frau hielt das Ende des Pfeils. „Schieß“, rief sie, „jetzt zielt er genau auf den Bären.“ Archer traf den Bären. „Heh, er hat nicht getroffen“, rief die Frau. „Trotzdem, da ist ein ächzendes Geräusch“, meinte Archer. Die Frau und die Kinder gingen hinaus und häuteten den Bären. „Sagt Archer nicht, daß er trotz seiner Blindheit den Bären geschossen hat.“ Dann kochte die Frau den Bären. Als er gar war, gab sie ihren Kindern zu essen, doch Archer erhielt nichts, denn sie stritt ab, daß Archer getroffen hätte, als er auf den Bären schoß. Das jüngste Kind versteckte etwas Fleisch. Es versteckte es, um es Archer zu geben. „Du hast doch den Bären getroffen. Unsere Mutter befahl uns, daß wir dir nichts vom Bären geben sollten. Iß dies.“ Da antwortete Archer: „Behalte es und laß uns zum See wandern. Du sollst mein Führer sein.“ - „Laß uns gehen.“ Sie brachen auf und kamen an den See. „Das ist der See. Setz dich hier auf den Boden“, sagte Archers Kind. „Jetzt kehre nach Hause zurück, Kind“, riet Archer seinem Jüngsten. Da ging das Kind nach Hause. Archer saß jetzt alleine auf dem Boden. Da näherte sich ein schreiender Eistaucher. Archer hörte ihn, konnte ihn aber nicht sehen, weil er blind war. Der Eistaucher kam heran. Archer sprach ihn an: „Ich wünschte, du würdest ein Mann, hättest Mitleid mit mir und machtest mich sehend. Ich kann nicht sehen. Ich bin blind.“ - „Und was bin ich sonst, wenn ich kein Mann bin?“ erwiderte der Eistaucher. „Komm und lege dich auf meinen Rücken.“ Da legte sich Archer auf seinen Rücken. „Paß auf“, riet der Eistaucher, „wir werden im See umhertauchen. Du mußt mich nur anstoßen, wenn dir beim Tauchen im See die Luft ausgeht. Dann wirst du wieder sehen.“ Archer entgegnete: „Laß es uns versuchen.“ Der Eistaucher tauchte. Er war noch nicht weit getaucht, als Archer ihn schon anstieß. Da tauchte er auf: „Handle nicht so vorschnell, sonst wirst du dein Augenlicht nicht wiederbekommen." Dann tauchte er wieder. Sie tauchten bis zum Ende des Sees. Dann ließ er sich auf der Wasseroberfläche nieder. Danach tauchte er noch einmal. Da begann Archer, unter Wasser zu sehen. Er stieß den Eistaucher an. Der tauchte auf. „Wie fühlst du dich?" fragte der Eistaucher. „Ich kann schon ein bißchen sehen", antwortete Archer. „Dann paß auf, wir wollen einmal mehr tauchen", meinte der Eistaucher. „Nun gut", rief Archer. Er tauchte unter. Archer konnte nun wirklich unter Wasser sehen und stieß den Eistaucher nicht an. Als der Eistaucher den See umrundet hatte, tauchte er von alleine wieder auf. „Wie geht es dir?" - „Jetzt kann ich gut sehen", erwiderte Archer. „Du hast nun deinen übernatürlichen Schatz gefunden", meinte der Seetaucher und gab Archer einen Bogen. „Du mußt einen Lachs aus Erlenholz herstellen und in das Wasser des Flusses bei deinem Haus legen. Dann mußt du deine Frau auffordern, den Lachs mit einem Haken zu fangen. Du darfst vom Lachs nicht essen, wenn deine Frau und die Kinder ihn verzehren. Wenn sie mit dem Mahl fertig sind, mußt du ihnen zurufen: 'He! Ihr habt Erlenholz gegessen.'" - „So werde ich es machen", rief Archer. Dann verließ ihn der Eistaucher.

Archer setzte sich auf den Boden. Es kamen zwei in einem Kanu vorbeigepaddelt. Nur wenig ragte das Kanu aus dem Wasser. „Kommt an Land", rief Archer, „und laßt mich bei euch an Bord gehen." - „Komm an Bord", erwiderten die Männer. „Ich habe Angst, daß euer Kanu sinken könnte" - „Ha! Ha! Ha!", lachten die Männer, „dieses Kanu kann nicht sinken. Unser Kanu liegt flach auf dem Wasser." Sieh an! Die beiden Männer entpuppten sich als Biber. Archer stieg in das Kanu. Und wirklich, das Kanu der Biber kippte niemals um. Sie trieben den Fluß hinab. „ Wir sind in der Nähe deines Hauses", erklärten die Biber. „Jetzt sollst du als übernatürlichen Schatz dieses Kanu erhalten, dieses unser Kanu, daß flach auf dem Wasser liegt." - „Ich danke euch dafür."

Archer begab sich zum Fluß in der Nähe seines Hauses. Er schnitzte einen Lachs aus Erlenholz und setzte ihn in das Wasser des Flusses. Wie ein Blaurückenlachs schwamm er im Wasser. Dann ging er nach Hause. „Willkommen, Archer", rief seine

Frau. „Sei gegrüßt“, antwortete Archer. „Ich kann wieder sehen. Spute dich, den Lachs zu fangen, der im Fluß schwimmt.“ Sofort brachen seine Frau und die Kinder auf, den Lachs zu angeln. Sie rösteten und verzehrten ihn. Da rief Archer ihnen zu: „He! Ihr habt Erlenholz verzehrt!“ In diesem Augenblick wurden seine Frau und seine Kinder zu Erlenbäumen. Nur das jüngste Kind blieb am Leben. Archer hatte nun keine Frau mehr.

Er zog zum Long River (Gi'ldada), um eine Frau der Long River-Leute zu heiraten. Er ging auf Jagd und stieß auf einen großen Trupp Schneeziegen. Er schoß sie alle mit seinem Pfeil. Als er alle erlegt hatte, schleppte er sie zu einer Bergklippe und legte sie dort nieder. Dann stieß er die Bergziegen hinunter, so daß sie geradewegs in die Fluten des Long River fielen. Er stieg den Berg wieder hinab und kehrte nach Hause zurück. Sieh an! Die Schneeziegen fielen gerade an der Mündung des Long River herunter. Das ist der Grund, warum der Platz den Namen Gu'na trägt (das heißt: tot heruntergefallen). Archer wechselte jetzt seinen Namen und hieß von nun an Gu'na.

„Laß uns aufbrechen und Seelöwen bei Wa'wis fangen“, schlugen Gu'nas Schwäger vor. „Das wollen wir machen“, stimmte Gu'na zu. Sie paddelten nach Wa'wis. „Gu'na soll als erster aus dem Kanu steigen“, riefen die Schwäger. Gu'na sprang aus dem Kanu auf die Bodenerhebung. Sobald er das Kanu verlassen hatte, paddelten seine Schwäger zurück und ließen ihn allein. Gu'na bedeckte sein Gesicht mit seinem Umhang und weinte.

Plötzlich hörte er eine Stimme: „Ich lade dich in Ama'giläselasos Auftrag ein.“ Vergebens blickte Gu'na sich nach jemand um, der zu ihm gesprochen hätte. Auf dem Felsen war nichts zu sehen. So weinte er aufs neue. „Ich lade dich in Ama'giläselasos Auftrag ein“, ertönte eine Stimme. Wieder blickte er sich vergebens um, wer zu ihm gesprochen hätte. Auf dem Felsen war nichts zu sehen. Da kam Gu'na die Idee, ein Loch in seinen Umhang zu beißen. Das führte er aus, damit er durch den Umhang sehen könne. Da erschien Mouse-Woman (Hälamalaga). „Ich rufe dich im Auftrag von Ama'giläselaso“, rief sie ihm zu. Gu'na antwortete: „Flitz nicht so schnell über den Felsen, Übernatürliche. Ich habe dich schon lange gesehen. Laß uns gemeinsam aufbrechen." - „Folge mir", rief Hälamalaga. Gu'na folgte ihr und betrat das Haus der Seelöwen. Sieh an! Die Seelöwen waren Menschen. Gu'na wärmte sich am Feuer der Seelöwen. Die Seelöwen betrachteten ihn. „Das ist also Gu'na. Er hat Löcher im Körper", riefen die Seelöwen. (Gu'na hatte die Ellbogen auf seine Knie gestützt, so daß die Seelöwen zwischen seinem Körper und den Oberarmen hindurchsehen konnten.) Der Häuptling der Seelöwen fragte Gu'na: „Weshalb weinst du hier?" - „Meine Schwäger haben mich hier zurückgelassen, und so mußte ich auf dem Felsen dieser Insel bleiben", erwiderte Gu'na. Der Häuptling der Seelöwen fragte weiter: „Was möchtest du essen?" Gu'na antwortete: „Meine Nahrung sind Seehunde." - „Ach was", staunten die Seelöwen, „wir essen keine Seehunde; das sind unsere Hunde." Dann schlachteten die Seelöwen einen Seehund und dämpften ihn. Als er gar war, verzehrte Gu'na ihn. Die Seelöwen waren wirklich überrascht, denn sie meinten, die Seehunde seien nur Hunde. Als er das Mahl beendet hatte, fragte der Häuptling der Seelöwen: „Ist es wahr, daß deine Pfeile so schnell sind?" - „Es ist die Wahrheit", antwortete Gu'na. „Wenn du deinen Pfeil durch den großen That-Blocks-the-Way hindurchschießt, werde ich ihn dir als Kanu geben, damit du dahin zurückkehren kannst, von wo du gekommen bist", versprach der Häuptling der Seelöwen. Gu'na entgegnete: „Laß mich versuchen, auf den That-Blocks-the-Way zu schießen, mein Pfeil wird durch den That-Blocks-the-Way hindurchfahren." - „Geht und ruft den That-Blocks-the-Way, damit er auf ihn schießen kann", rief der Häuptling der Seelöwen. Die Kinder liefen los und riefen den That-Blocks-the-Way. Der kam. „Schieß auf ihn!" - „Ich will es versuchen", antwortete Gu'na, und schoß auf ihn. Wirklich durchbohrte der Pfeil That-Blocks-the-Way. Der Häuptling der Seelöwen ergriff das Wort: „Sieh an! Du bist wirklich kein gewöhnlicher Mensch." Gu'na erwiderte: „Das stimmt, ich bin kein gewöhnlicher Mensch." - „Jetzt werde ich ihn dir als Kanu leihen", verkündete der Häuptling der Seelöwen. „Habt Mitleid mit mir, damit ich in meine Heimat zurückkehren kann", meinte Gu'na. Da rief der Häuptling der Seelöwen: „Los! Borgt Gu'na die Blase von That-Blocks-the-Way als Kanu." Die Kinder schleppten die Blase von That-Blocks-the-Way herbei. Der Häuptling der Seelöwen erklärte: „Steige in diese Blase. Du darfst den Möwen nicht gestatten, sich auf sie zu setzen, sonst könnten sie ein Loch in dein Kanu picken. Du brauchst nur im Innern den Ort zu nennen, wohin du willst oder daß du geradewegs zur Küste deines Landes zurückkehren willst.“ - „Ich danke dir für deine Unterweisung“, antwortete Gu'na und stieg in die Blase. Sein Bogen war beinahe zu lang für das Innere der Blase. „Laßt sie ins Wasser“, rief der Häuptling der Seelöwen. Sie nahmen die Blase und setzten sie aufs Wasser. „Qulo'l, Qulo'l, Qulo'l, Qulo'l,“ rief Gu'na und benannte die Küste außen an der Calvert Island (Awikedze). Er rief diesen Namen, damit er direkt dorthin gebracht würde, während er in der Blase von That-Blocks-the-Way saß. Ab und zu kamen Möwen angeflogen und wollten sich auf die Blase setzen. Er schnippte dann mit den Fingern, und die Möwen flogen fort. Denn Gu'na war besorgt, daß die Möwen ein Loch in sein Kanu picken könnten.

Vier Tage trieb er so über das Meer. Dann merkte er, daß er die Küste eines Landes erreicht hatte. Er zog die zusammengepreßte Öffnung der Blase auseinander, stieg hinaus und erkannte das Land, wo er angetrieben war. Er erkannte es wieder. Sieh an! Es war wirklich Qulo'l, wo er gelandet war, nicht weit von seinem Dorf.

Gu'na verspürte jetzt großen Durst. Er suchte nach einer Wurzel, preßte sie und trank den Saft. Das war es, was die ersten Menschen tranken. Da erblickte er am Ufer eine dicke Wurzel, an deren Ende Wasser herausrann. Er entdeckte, daß Wasser aus einer von der Wurzel gebildeten Höhle floß. So fand er seinen Schatz. Von nun an blieb das die Stelle, wo sein Dorf Wasser holte.

Gu'na hatte sein Haar verloren. Es war durch die große Hitze in der Blase ausgefallen. Seine Frau fürchtete sich daher vor ihm. Da verließ er sie und ging zu den Bella Bella. Dort erblickte er Tsewu'mqalagas. Sofort teilte Gu'na ihr mit, daß er sie zur Frau haben wolle. „In Ordnung“, stimmte Tsewu'mqalagas zu. So nahm Gu'na sie zur Frau. Er wohnte jetzt im Land von Tsewu'mqalagas. Das ist das Ende der Geschichte.

Die Geschichte der Qo'mkutes der Gwasela
Erzählt von Lalil, aufgeschrieben von George Hunt

Der Donnervogel landete in Gaya'xste, der flachen Insel an der Einfahrt zur Bucht der Gwasela, die den Namen Nege'le trägt. Er hatte nicht lange auf einem felsigen Platz gesessen, als ihm der Gedanke kam, es sei gut, sein Donnervogelkostüm auszuziehen und in die obere Welt zurückkehren zu lassen. So wurde der Donnervogel ein Mensch. Er baute sich eine kleine Hütte. Nach Fertigstellung des Hauses errichtete er aus Treibholz eine Plattform als Sommersitz. Nachdem er die Plattform beendet hatte, saß der Donnervogel, der jetzt ein Mensch war, immer dort.

Es war ein herrlicher Tag, als er Strength-of-the-Rock erblickte. Er sah aus wie eine Blasenalge (die Kwa'gulwa'wade genannt wird). Er bewegte sich unter Wasser. Dann verließ Strength-of-the-Rock die See, wo Blasenalgen auf dem Fels wuchsen. Sobald Strenght-of-the-Rock das Meer am Felsen verlassen hatte, verwandelte er sich in einen Menschen. Er kam heran und ließ sich auf dem Sommersitz nieder. Er, der Mann, Strength-of-the-Rock, ergriff das Wort und fragte: „Wer bist du, Freund, und was ist deine Abstammung?" Der Donnervogelmann antwortete ihm: „Ich bin Ta'tentsid. Mein Ursprung ist der Donnervogel, der aus der oberen Welt kam." Strength-of-the-Rock erklärte: „Ich bin Ya'gis, Bruder Ta'tentsid, ich bin Qo'mogwe. Das sind meine Namen. Jetzt paß auf und steige hier ins Meer, damit du so stark wirst wie ich. Versuche einfach, unter Wasser zu bleiben." Sofort erhob sich Ta'tentsid, ging zum Ufer hinunter und watete ins Wasser. Als ihm das Wasser bis zur Taille reichte, tauchte er unter. Er blieb nicht lange unter Wasser, bevor er wieder zur Oberfläche kam. Da fragte Ya'gis: „Bruder, reicht dein Atem nur so lange? Versuche es noch einmal und halte die Luft länger an, so daß du länger unter Wasser bleibst." Ta'tentsid tauchte noch einmal und blieb lange unter Wasser, bevor er wieder nach oben kam. Ya'gis lobte: „Das war schon besser. Doch ich meine, daß du wirklich lange unter Wasser bleiben mußt." Er packte eine Riesenthuja und verdrehte sie. Er begann an der Spitze und hörte mit dem Verdrehen erst auf, als er am Fuß der Baumes angekommen war. „Das ist der Grund, warum ich dich auffordere, beim Tauchen so lange unter Wasser zu bleiben, daß du auch stark wirst. Jetzt tauche noch einmal, bleibe wirklich lange unter Wasser." Ta'tentsid tauchte wieder und blieb lange unter Wasser. Er kam wieder empor und konnte für einige Zeit nicht tauchen, bis er wieder zu Atem gekommen war. Nachdem er genügend Luft geschöpft hatte, tauchte er aufs neue. Jetzt blieb er wirklich lange unter Wasser. Als er auftauchte, rief Ya'gis ihn aus dem Wasser, er solle eine Fichte verdrehen. Ta'tentsid verdrehte den Baum ohne Mühe. Jetzt waren sie gleich stark.

Ta'tentsid bat Ya'gis in sein kleines Haus. Er gab ihm zu essen, und als Ya'gis das Mahl beendet hatte, ergriff er das Wort: „Soll ich dir nicht erzählen, Bruder Ta'tentsid, weshalb ich aus dem Meer gekommen bin? Ich möchte, daß wir auf Brautwerbung ziehen, denn ich will die Tochter von La'qwagila am nördlichen Ende der Welt zur Frau. Wir müssen vier Tage warten, bis mein Kanu kommt und am Ufer anlegt, damit wir ein Reisekanu haben." Ta'tentsid fragte: „Du sprichst weise, Bruder. Zu welchem Dorf gehört La'gwagila?" - „Seine Dorfleute sind die Adexane's, deren Häuptling La'qwagila ist. Laß uns losfahren, sobald das Kanu ankommt."

Vier Tage waren vergangen. Ya'gis erhob sich früh am Morgen und verließ das Haus. Er sah, daß das Kanu angekommen war und am Ufer des Hauses lag. Sofort stürmte er ins Haus zurück und weckte Ta'tentsid. Ta'tentsid erwachte, sprang auf, nahm seine Bettdecke und verließ das Haus zusammen mit Ya'gis. Sie gingen hinunter zum Kanu. Ta'tentsid erblickte eine große geschnitzte Kiste, die in der Mitte des Kanus lag und mit Seeotterdecken gefüllt war, dem Hochzeitsgeschenk für die Tochter von La'qwagila. Auch zwei Paddel lagen dort, die Ya'gis nahm, denn er steuerte das Kanu, während Ta'tentsid im Bug saß, als sie aufbrachen. Sie wandten sich nordwärts. Sie blieben dicht an der Küste. Plötzlich entdeckte Ya'gis eine Seeanemone, die auf einem Felsen saß. Ya'gis holte sie mit der Spitze des Paddels (die von den Xae'sela „Patch-on-Rock" genannt wird) vom Felsen und warf sie ans Ufer. Ya'gis sprach: „Du sollst jetzt ein Mensch werden. Dein Name wird Qata sein, und der Name deiner Familie soll Qate'dex lauten für alle, die von dir abstammen." Sofort verwandelte sich die Seeanemone in einen Menschen, den Urahnen der Qate'dex. Qata hatte Leslas als seinen Häuptling, der Oberanführer der Qate'dex wurde.

Ya'gis und Ta'tentsid paddelten weiter. Am Abend erreichten sie das Dorf von La'qwagila und seinen Leuten, den Adexane's. Vielleicht waren es die Gidexane's, die in einem Dorf mit Namen Tengas (Tongass) lebten. La'qwagila lud Ya'gis und Ta'tentsid in sein Haus zum Essen. Sie stiegen das Ufer hinauf und betraten das große Haus, das zehn Schritte tief reichte. Sie setzten sich an die Mitte der Rückwand des Hauses und erhielten sofort eine Mahlzeit. Als sie die Speise bekommen hatten, ergriff Ta'tentsid das Wort: „Wir waren lange unterwegs und sind endlich angekommen, Häuptling La'qwagila, damit du mich und meinen Bruder Ya'gis empfangen kannst. Jetzt hast du uns eingeladen, hineinzukommen und unsere Gesichter am Feuer zu wärmen. Ich will sagen, wir sind hierher gepaddelt, Häuptling La'qwagila, damit Ya'gis um die Hand deiner Tochter anhalten kann." La'qwagila erwiderte: „Deine Worte sind willkommen, Ta'tentsid, was diesen Häuptling Ya'gis betrifft, denn ich habe erwartet, daß er kommt und um die Hand meiner Tochter La'qwagilaogwa anhält. Es ist gut, Ta'tentsid, die Hochzeit soll heute Abend sein, damit eure Herzen Ruhe finden." Gleich nach diesen Worten verließ Ya'gis das Haus, holte die große Kiste mit den Seeotterpelzen und brachte sie in das Haus. Er forderte Ta'tentsid auf, zu der Stelle zu gehen, wo er die Kiste abgestellt hatte. Ta'tentsid begab sich dorthin. Ya'gis öffnete die Kiste und nahm einen Seeotterpelz heraus. Dann begann er zu sprechen: „Wende mir deine Aufmerksamkeit zu, Häuptling La'qwagila, und höre, was ich dir zu sagen habe. Ich nehme jetzt diese Seeotterdecke." Mit diesen Worten warf er sie auf den Boden. Er nahm einen anderen Seeotterpelz aus der Kiste und wiederholte, was er gerade gesagt hatte. Nachdem er so zehn Seeotterpelze aus der Kiste genommen hatte, zog er ein weiteres Seeotterfell aus der Kiste und verkündete: „Jetzt werde ich deine

Tochter über dem Boden schweben lassen, Häuptling. Ein, zwei, drei, vier, fünf Seeotter", und er zog fünf Seeotter aus der Kiste. „Jetzt rufe ich mit diesen fünf Seeottern meine Frau. Wirklich, ich möchte, daß meine Frau sich in mein Hochzeitskanu begibt." Da rief La'qwagila: „Jetzt hast du meine Tochter erworben, Häuptling Ya'gis, jetzt hast du sie als deine Frau erhalten. Ich gebe dir als Hochzeitsgabe dieses Haus, das zehn Schritte tief ist. Ich gebe dir als Hochzeitsgabe den Namen La'qwagila als deinen Namen. Ich gebe dir als Hochzeitsgabe diese vier Schüsseln: den Grizzlybären, den Orca, den Seelöwen und den Wal und dazu diese sieben Sklaven. Das ist der Anführer der sieben Sklaven, die dir zu Füßen tanzen, Häuptling Negä'dze. Nun wirst du ein La'sela (La'sela bedeutet Lewe'laxa) sein, Schwiegersohn. Sie, deine Frau, wird dich mit den Gebräuchen der La'sela vertraut machen. Die sieben Sklaven und ihr Anführer sollen von dir Adexane's-Tänzer genannt werden, denn das ist der Tanz meines Volkes, der Adexane's."

Ta'tentsid und Ya'gis blieben vier Tage. Dann fuhren sie mit Ya'gis Frau La'qwagilagilaogwa und den acht Sklaven zu ihrem Haus in Gaya'xste. Zwei von den Sklaven paddelten immer umher. Sie beobachteten, wie viele junge Löffelenten zum Fluß To'xse zogen, einem Fluß, in dem viele Blaurückenlachse, Frühlingslachse, Schwarzkopflachse, Kisutchslachse und Buckellachse schwammen, und die Sklaven paddelten hinterher. Die jungen Löffelenten zogen den Fluß To'xse hinauf. Die beiden Sklaven erblickten ein Haus. Sie verließen ihr Kanu und betraten das Haus. Dort erblickten sie einen alten Mann, der auf dem Rücken neben dem Feuer lag. Einer der Sklaven sprach ihn an: „Was machst du an meinem Fluß? Zu welchem Dorf gehörst du, daß du hierher kommst und es wagst, an meinem Fluß zu wohnen?" Da antwortete der alte Mann ihm: „Ich bin So'gulis und der Besitzer dieses Flusses. Ich gehöre zum Numaym Wa'las der Na'kwaxdax." Der Sklave drohte, So'gulis zu töten, um den Fluß durch den Mord in Besitz zu bekommen. Doch So'gulis entkam und flüchtete bis nach Qexa'lis nahe der Mündung des Tse'qwe (Seymour Inlet). Danach fuhren die Sklaven zu ihrem Heim in Gaya'xste. Sie berichteten Ya'gis und Ta'tentsid, was sie gemacht hatten. Sogleich zogen Ya'gis und Ta'tentsid mit ihren Sklaven nach To'xse. Dort errichteten sie ein Haus. Als das Haus stand, paddelten die beiden Sklaven wieder los und fuhren nach Nege'le. Das liegt am Ende der Meeresbucht. Wieder erblickten die beiden Sklaven ein Haus. Sie begaben sich direkt dorthin, um den Besitzer des Hauses kennenzulernen. Als sie am Ufer unter dem Haus ankamen, trat ein Mann aus seinem Haus und ging den Sklaven entgegen. Als er das Kanu erreichte, in dem die Sklaven saßen, sprach er sie an: „Eure Ankunft, Brüder, ist für mich eine Überraschung. Wo kommt ihr her? Nun tretet in mein Haus." Einer der Sklaven ergriff das Wort: „Wir sind ausgesandt von unseren Häuptlingen Ya'gis und Ta'tentsid, um zu untersuchen, ob es hier Spuren von Menschen gibt. Jetzt haben wir dich getroffen. Nenne mir deinen Namen." Der Mann entgegnete: „Du hast gut gesprochen. Ich bin Se'saxalas, mein Volk sind die Gi'gilgam. Wo steht das Dorf eurer Häuptlinge?" Da antwortete der Sklave: „Erst lebten wir in Gaya'xste, dann zogen wir nach To'xse. Unsere Leute sind die Qo'mkutes." Damit war die Unterhaltung beendet. Sie stiegen aus ihrem Kanu und folgten Se'saxalas in sein Haus. Die beiden Sklaven bemerkten, daß die vier Pfosten des Hauses geschnitzt waren. Se'saxalas gab seinen Gästen zu essen. Nach dem Mahl verließen die Sklaven das Haus und bestiegen ihr Kanu. Die beiden Sklaven paddelten zu ihrem Haus in To'xse. Als die beiden Sklaven einen Ort in der Nähe To'xses erreichten, eine Gegend, die Gegäge heißt, erblickten sie Rauch aus einem Haus. Sie fuhren darauf zu. Als sie am Ufer ankamen, stiegen sie aus dem Kanu und standen im Türweg des Hauses. Ein Mann saß im Haus. Er sprach die Sklaven an: „Kommt herein, ihr Herren, und setzt euch. Ich bin Hai'alkin, meine Leute sind die Si'senle." Hai'alkin bewirtete seine Gäste, und danach fragte er: „Woher kommt ihr, ihr Herren?" Der eine Sklave antwortete ihm: „Wir sind ausgesandt von unseren Häuptlingen Ya'gis und Ta'tentsid, zu untersuchen, ob es hier Spuren von Menschen gibt. Nun haben wir dich getroffen. Die Leute unserer Häuptlinge Ya'gis und Ta'tentsid tragen den Namen Qo'mkutes. Wir haben auch Se'saxalas kennengelernt, dessen Leute die Gi'gilgam sind. Jetzt wollen wir nach

Hause fahren, um Ya'gis und Ta'tentsid von unseren Begegnungen zu berichten." Dann stiegen sie in ihr Kanu. Es war noch nicht völlig dunkel, als sie ihr Haus in To'xse erreichten. Sobald sie das Haus betreten hatten, berichteten die Sklaven, daß sie Se'saxalas in Nege'le getroffen hätten, dessen Leute den Namen Gi'gilgam tragen, und daß sein Haus vier geschnitzte Pfosten habe. „Dann kamen wir zum Dorf von Hai'alkin, der als Namen seiner Leute Si'senle nannte und der an einem Ort namens Gegäge wohnt. Das sind wirklich freundliche Häuptlinge, denn beide luden uns ein." Ta'tentsid ergriff das Wort: „Hast du die Neuigkeiten unserer Leute gehört, Ya'gis, daß sie den Häuptling Se'saxalas trafen, den Häuptling der Gi'gilgam, und Hai'alkin, den Häuptling der Si'senle? Ich bin überrascht, denn ich dachte, wir wären die einzigen Menschen in diesem Land. Wir wollen sie bei unserem Volk willkommen heißen." Ya'gis bestätigte das: „Wirklich, der Bericht unserer Männer ist vielversprechend. Nun sollt ihr morgen früh die Häuptlinge Se'saxalas und Hai'alkin einladen, in unser Haus zu kommen." Mit der Morgendämmerung brachen die beiden Sklaven auf, Se'saxalas und Hai'alkin im Auftrag von Ya'gis und Ta'tentsid einzuladen. Es war noch nicht Abend, als sie zurückkehrten. Dann kamen Se'saxalas und Hai'alkin. Sobald sie am Ufer des Hauses von Ya'gis und Ta'tentsid eintrafen, begannen die Flöten des Hauses zu pfeifen. Ya'gis und Ta'tentsid tanzten den La'sela, den Tanz, den sie zur Hochzeit von La'qwagila erhalten hatten. Ya'gis führte die sieben Adexane's-Tänzer. Als die Adexane's-Tänzer ihre Vorführung beendet hatten, schenkte Ya'gis Se'saxalas und Hai'alkin verzierte Hirschlederdecken. Ya'gis wechselte seinen Namen und hieß von nun an La'qwagila. Er gab sich den Namen, den er von seinem Schwiegervater erhalten hatte.

Auch Ta'tentsid tanzte nach seinem überlieferten Tanzgesang. Er folgte der Sonnenstrahl-Donnervogelmaske. Auch er gab, als der Tanz beendet war, verzierte Hirschlederdecken an Se'saxalas und Hai'alkin. La'qwagila, Ta'tentsid, Se'saxalas und Hai'alkin verstanden sich jetzt so gut, daß die vier Häuptlinge vereinbarten, sie wollten zusammenbleiben. Der Name ihrer Leute solle Gwasela lauten. Darauf errichteten sie ein Haus an einer günstigen Stelle, die Gwe'kelis heißt. Das war ab jetzt ihr Winterdorf.

Der Ursprung der Chilcotin Gwa'waenox

Erzählt von Gi'qalas, einem Gwa'waenox

Die Gwa'waenox veranstalteten gemeinsam an einem Platz mit Namen Te'mxsem einen Wintertanz. Da meinte ihr Häuptling, die Insel sei schlecht und zu klein, er wolle hinüberfahren zu einem wirklichen Land. Nur dort sollten sie gemeinsam den Wintertanz abhalten. Thujagerten wurden zusammengeflochten. Über dreihundert Klafter, nur Thujagerten. Das Seil wurde von allen im Wal an das Ende gebunden. Denn die jungen Männer der Gwa'waenox befanden sich alle im Initiations-Wal. Dann taten sie, als ob sie bliesen. Sie zogen an den an das Ende des Wales gebundenen Thujazweigen. Die Thujazweige bildeten ein dreihundert Klafter langes Seil. Schließlich kamen sie beim Dorf an. Da brach das Thujaseil, an dem sie zogen, und viele junge Männer gingen unter. Sie waren tot. Die Leute gingen ins Haus, um zu beratschlagen, was zu machen sei. Der Häuptling meinte: „Leute, laßt uns jetzt nichts Sinnloses veranstalten! Die Diskussion darüber, was uns geschehen ist, wird sonst auch in unseren folgenden Generationen nicht aufhören. Laßt uns jetzt das Richtige tun. Mit Rücksicht auf unseren guten Namen hört unsere Gemeinschaft wegen des großen Unglücks, das uns geschehen ist, zu bestehen auf. Laßt unseren Namen nicht mit Schande bedeckt werden . Laßt uns ins Landesinnere ziehen." So zogen sie in das Landesinnere. Es vergingen viele Jahre, bis sie vor langer Zeit wieder an das Meer zurückkehrten und dort ein Haus errichteten. Einer der Erbauer sprang in das Haus: „Ich bin Spouting-in-Front-on-the-Ground (La'lalenaladzo) und hier zu Hause." Ein zweiter kam: „Ich bin Pried-Up-at-End (Kwi'dilbeso) und hier zu Hause." - „Ich bin Clear-Sky (Qoxulisawilis) und hier zu Hause." Schließlich waren sie alle im Haus und nahmen ein Mahl ein. Getrocknetes Hirschfleisch war ihre Speise. Als sie schließlich ihr Mahl beendet hatten, hörten zwei junge Männer plötzlich Schüsse. So zogen sie wieder in das Landesinnere und bauten erneut ihre Häuser auf irgendeinem Untergrund. Worauf sie ihre Häuser errichteten, war zusammengetriebenes Treibholz. Schließlich wandelte sich ihre Sprache und unterschied sich von der, die sie vorher gesprochen hatten. „Laßt uns weggehen. Die Kwakiutl-Familien lachen über uns." Ihre Sprache im Landesinnern änderte sich später.

Sterngeschichte

Berichtet von George Hunt

Die ersten Koskimo lebten zur Blaurückenlachssaison am Mela'de und fingen dort die Lachse. Nachdem alle Blaurückenlachse den Fluß Mela'de hinaufgeschwommen waren, gaben sie das Lachsfischen auf. Dafür stapelten die Seejäger Treibholz an den Rändern des Ufers für ihre kleinen Kanus. Sie wollten die Böden trocknen, denn es war ein schöner Tag. Danach zerkleinerten sie leicht spaltbares Thujaholz, anderthalb Klafter lang, um die Böden ihrer kleinen Jagdkanus abzubrennen. Als jeder Jäger vierzig Thujastöcke hatte, glätteten sie die Enden. Dann nahmen sie gleichlange Streifen Thujarinde und banden sie am vorderen Ende ihrer Vorrichtungen zum Abbrennen der Kanuböden zusammen. Die Vorrichtungen zum Abbrennen der Böden wurden an vier verschiedenen Stellen zusammengebunden. Mit dem Trockenwerden der Böden war der Vorgang beendet. Danach flammten sie am Ufer den Bug im Feuer ab, und sobald die Flamme aufloderte, auch den Kiel ihrer kleinen Jagdkanus, bis sie das Heck ihrer kleinen Jagdkanus erreichten. Nachdem sie den Trockenvorgang beendet hatten, trugen sie ihre Gerätschaften für die Trocknung der Böden zum Ufer und warfen sie ins Meer. Wenn der Jäger die Gerätschaften für die Trocknung der Böden ins Wasser warf, sprach er: „Jetzt, Tag, sei ruhig, denn ich komme, um dieses Feuer, das du forderst, ins Wasser zu geben." Dann kehrte er zu seinem kleinen Jagdkanu zurück und drehte es um. Er nahm eine alte Matte und rieb damit die Holzkohle von seinem kleinen Einbaum. Wenn er damit fertig war, richtete er sein kleines Kanu wieder auf. Mit der Morgendämmerung, mußte sein Werk beendet sein, denn jeden Morgen und jeden

Abend rieb er seinen Körper mit Hemlocktannenzweigen ab. Das machten alle Jäger der ersten Koskimo so.

Noch bevor der Morgen anbrach, gingen alle Seejäger hinunter zum Mela'de-Fluß und rieben ihre Körper mit Hemlocktannenzweigen ab. Sie hatten alle ihre Steuerleute dabei. Als sie sich gereinigt hatten, kehrten sie in ihre Häuser zurück, nahmen ein kleines Frühstück ein und griffen danach ihre Kanukisten, in denen die Lanzenspitzen, die Harpunenleinen, vier Pfeile und ihre Bogen lagen, ihre Paddel und ihre Harpunenschäfte. Sie liefen geradewegs zum Ufer hinunter, wo ihre kleinen Kanus lagen, und weiter bis an den Rand des Wassers, wo sie das, was sie mitgebracht hatten, ablegten. Sie kehrten um und trugen mit ihren Steuerleuten die kleinen Kanus, jeder an einem Ende, und setzten sie vor der Stelle, wo sie ihre Geräte abgelegt hatten, aufs Wasser. Alle Jäger bestiegen nun ihre kleinen Jagdkanus. In einem Einbaum saßen drei Leute, Ya'qela und seine zwei Neffen. Auch in einem anderen Kanu befanden sich drei Männer, Ya'yagextsa und seine jüngeren Brüder, denn Ya'qela war der Seejäger des Numaym Nae'nsxa der Koskimo. Ya'yagextsa war der Seejäger des Numaym Qalenox der Ga'penox. Sie paddelten alle gleichzeitig los, insgesamt mehr als zwanzig kleine Seejagdkanus. Sie erreichten Ka'waq. Sie wollten versuchen, dort Seeotter zu finden, aber es gab dort keine. Sie paddelten weiter und kamen nach Ayaaxsiwe. Hier fanden sie überall auf der Insel viele Seeotter. Ya'qela und Ya'yagextsa blieben zusammen. Die kleinen Jagdkanus verstreuten sich, wie man es bei der Seeotterjagd macht, wenn die Seeotter umzingelt und durch Schreien zum Ertrinken gebracht werden. Der Abend nahte schon, als die anderen Otterjäger viele Otter gefangen hatten. Doch auf den Kanus von Ya'qela und Ya'yagextsa fand sich noch keine Beute. Dadurch fuhren sie von allen Seejägern am schnellsten. Als es fast dunkel war, erblickte Ya'qela plötzlich einen großen, schwimmenden Seeotter. Am Nacken flammte eine Kugel aus Feuer. Ya'qela speerte ihn. Ya'yagextsa speerte ebenfalls den großen Seeotter. Als die Speere ihn trafen, wandte sich der Seeotter seewärts und erhob sich dann zum Himmel. Hinter sich zog er die beiden kleinen Kanus, als er sich aufwärts wandte und an unserem Himmel stehenblieb. Aus dem Seeotter wurden die Plejaden, aus Ya'qela entstand der Jäger am Himmel (der Orion), und der Jäger bei ihm ist Ya'yagextsa. Die Jäger wissen über sie Bescheid, denn sie alle sahen sie hinauffliegen und stehenbleiben, wo der Orion seinen Platz hat und die Plejaden und der andere, der an der Jagd teilnimmt. Daher haben diese Sterne ihre Namen, denn die Seejäger erzählten den ersten Koskimo alles, was mit Ya'qela und Ya'yagextsa und den vier Männern ihrer Mannschaft geschehen war. Das ist das Ende der Geschichte.

Die Geschichte der Gi'gilgam der Haxwa'mis

Berichtet von George Hunt

Pa'selal lebte mit seinem Sohn Ya'qolaseme und seiner Tochter Mele't in Gwa'ye. Pa'selal Hä'qulal war der Oberhäuptling des Numaym Gi'gilgam der Haxwa'mis. Gleichzeitig hatte der Numaym Ge'xsem der Haxwa'mis als Häuptling Lela'kinis. Lela'kinis bat um die Hand von Mele't, der Tochter von Pa'selal Hä'qulal. Doch Pa'selal Hä'qulal wollte seine Tochter Mele't nicht Lela'kinis zur Frau geben, denn er meinte, Lela'kinis sei von zu niedrigem Rang, um seine Tochter zur Frau zu bekommen. Das verärgerte Lela'kinis und er schämte sich wegen der Worte, die Pa'selal Hä'qulal zu ihm gesagt hatte. Er verhexte den Sohn von Pa'selal Hä'qulal, der den Namen Ya'qolaseme trug, denn Lela'kinis spürte, daß er es war, zusammen mit seinen zwei jüngeren Brüdern, die ihrer Schwester Mele't nicht gestatteten, Lela'kinis zu heiraten. Deshalb wollte Lela'kinis Ya'qolaseme behexen, so daß er sterben müsse. Sobald Lela'kinis etwas von Ya'qolaseme erhalten hatte, setzte er seine Zauberkraft ein. Lela'kinis legte das, was er als Hilfsmittel für seine Hexenkraft einsetzte, in eine kleine Kanukiste, wie sie die Seejäger benutzen, und brachte die Kanukiste unter einen mächtigen Thujastamm. Sofort spürte Ya'qolaseme, daß Lela'kinis ihn behext hatte. Er fühlte, daß er behext war und wurde sehr krank. Schnell magerte er ab. Er war nur noch ein Haufen Knochen. Seine beiden jüngeren Brüder und sein Vater Pa'selal Hä'qulal hielten eine geheime Beratung ab und vereinbarten, Ya'qolaseme solle vorgeben, daß er in dieser Nacht stürbe. Dann wollten sie so tun, als ob sie ihn in A'lalxo vergrüben, wenn der Morgen graue.

Kurz vor Tagesanbruch begannen die beiden Frauen von Pa'selal Hä'qulal und die Frau von Ya'qolaseme zu weinen, denn sie glaubten, Ya'qolaseme sei wirklich gestorben. Die drei Frauen wußten nichts von der geheimen Absprache Pa'selal Hä'qulals mit seinen Söhnen, denn Pa'selal erlaubte nicht, daß bekannt wurde, was sie vereinbart hatten. Pa'selal Hä'qulal bettete den früheren Ya'qolaseme in eine lange Kiste, die er als Sarg benutzte. Dann legten sie den Sarg in ein Kanu. Die drei, Pa'selal Hä'qulal und seine beiden Söhne, befanden sich außer dem verstorbenen Ya'qolaseme im Kanu. Sie fuhren los, um ihn in A'lalxo zu vergraben. Die beiden Söhne Pa'selal Hä'qulals gruben im Sand, so daß ein wirklich großes Loch entstand. Pa'selal Hä'qulal zog den Deckel vom Sarg und blickte auf seinen Sohn. Er erkannte, daß er noch am Leben war. Da verkündete der eine, der vorgab, gestorben zu sein, daß es ihm schon besser ginge. Der einzige Unterschied sei, daß er sich furchtbar kalt fühle, meinte Ya'qolaseme zu seinem Vater. Pa'selal Hä'qulal wies Ya'qolaseme an, nicht herauszukommen und nachzusehen, falls er ein Kanu seewärts von seinem Haus herbeipaddeln hören sollte. „Blicke nur durch ein Loch, so daß du es beobachten kannst. Und sobald du erkennst, daß zerkleinerte Thujarinde an die Köpfe der Männer gebunden ist, geh hinaus, sie zu treffen, denn das wird das Kennzeichen deiner jüngeren Brüder sein, wenn sie von Zeit zu Zeit kommen, nach dir zu sehen."

Ya'qolaseme ging es inzwischen wirklich gut. Als Pa'selal Hä'qulal mit seiner Unterweisung aufhörte, kamen auch schon die beiden jüngeren Brüder Ya'qolasemes und berichteten, daß das Haus für ihren älteren Bruder fertig sei. Ya'qolaseme ging nun in den Untergrund seines Hauses, denn es war in den Boden gegraben. Pa'selal Hä'qulal forderte seine beiden Söhne auf, Wasser über den Sand zu sprenkeln, um ihre Spuren völlig zu beseitigen. Als sie das erledigt hatten, bestiegen Pa'selal und seine beiden Söhne das Kanu und paddelten heimwärts nach Gwa'ye. Sie waren noch nicht weit gekommen, als sie Lela'kinis erblickten, den, der Ya'qolaseme behext hatte und der in Richtung A'lalxo paddelte. Sie sprachen nicht miteinander, da Ya'qolaseme die Zauberkiste schon ins Wasser geworfen hatte. Deshalb ging es Ya'qolaseme auch besser. Sie erreichten die Mündung des Leqwe, als Pa'selal Hä'qulal eine kleine im Wasser schwimmende Schachtel erblickte. Er paddelte zu ihr und ergriff sie. Pa'selal Hä'qulal sah hinein. Er erkannte die Zauberschachtel, die Lela'kinis gegen Ya'qolaseme geschaffen hatte. Pa'selal Hä'qulal löste, was in der kleinen Kiste gebunden war, und warf alles ins Meer. Als er das gemacht hatte, paddelte er weiter nach Gwa'ye. Es war die Salalbeerensaison. Seine beiden Söhne sahen regelmäßig nach ihrem älteren Bruder Ya'qolaseme, alle zehn Tage. Daher wußte Pa'selal Hä'qulal auch, daß es seinem Sohn Ya'qolaseme gut ging. Die Salalbeeren waren beinahe überreif, als die Brüder zum letzten Mal losfuhren, ihren ältesten Bruder Ya'qolaseme zu sehen. Diesmal saß er nicht in seinem mit Sand getarnten Haus. Sie fanden auch keine Spuren. So vermuteten sie, daß Lela'kinis ihren ältesten Bruder ermordet hätte. Sie fuhren wieder heim nach Gwa'ye und erzählten es im geheimen ihrem Vater Pa'selal Hä'qulal. Sie zeigten nicht öffentlich, daß ihre Herzen voller Trauer waren, und erst zur Schlafenszeit weinten Pa'selal Hä'qulal, seine beiden Frauen und seine beiden Söhne im verborgenen. Die beiden Frauen von Pa'selal Hä'qulal kannten den Grund nicht, warum sie noch einmal den verstorbenen Ya'qolaseme beweinten. Vergebens versuchten sie herauszufinden, weshalb sie das machten, denn Pa'selal Hä'qulal hatte an dem Morgen, als er verkündete, daß Ya'qolaseme gestorben wäre, nicht geweint, zu der Zeit, als sie sich aufmachten, ihn, der ja noch lebte, in A'lalxo zu begraben.

Für eine Weile ist dieser Teil der Erzählung beendet. Ich werde jetzt weiter von Ya'qolaseme erzählen. Er wurde stärker, aber er blieb sehr ausgezehrt. So saß er eines Morgens in seinem sandbedeckten Haus und dachte über die künftige Bedeutung der Versprechung seines Vaters und seiner beiden jüngeren Brüder nach, sie würden wieder zu seinem Wohnort zurückkehren und nach ihm sehen. Da hörte er das Geräusch von Schritten in der Nähe seines sandbedeckten Hauses. Ein Mann näherte sich dem Haus und setzte sich in seinen Torweg. Der plötzlich auftauchende Mann ergriff das Wort: „Ich bin gekommen, um dich einzuladen, Freund, heute Nacht den Tanz zu beobachten.“ Ya'qolaseme fragte ihn nicht, wer ihn geschickt hätte, ihn einzuladen, denn er fühlte sich unbehaglich, weil er dem Mann vorher nie begegnet war. Deshalb erhob er sich sofort wortlos und folgte dem Mann, der flußaufwärts den A'lalxo entlanglief. Als sie den Fluß so entlanggingen, sprachen sie kein Wort. Erst als es schon beinahe Abend war, ergriff der Mann das Wort: „Laß uns für eine Weile rasten, damit du erfährst, weshalb ich dich einlud, ins Haus unseres Häuptlings zu kommen, dieses Gi'lgiyalis. Du sollst dir alles merken, was heute Nacht geschehen wird.“ Dann brachen sie wieder auf. Sie hatten noch keine weite Strekke zurückgelegt, als Ya'qolaseme einen Mann sagen hörte: „Jetzt kommen wir, nach einem Gesicht zu sehen“, die letzte Einladung zu dem Tanz, die er zu hören bekam. Der Mann forderte Ya'qolaseme auf, sich auf den Boden zu setzen. Sie setzten sich und warteten darauf, daß alle Männer, Frauen und Kinder hineingingen. Als der Mann den Aufrufer im Innern des großen Hauses, das Ya'qolaseme jetzt sehen konnte, sagen hörte: „Jetzt sind wir alle hier im Haus“, würgte er einen kleinen runden Quarzkristall hervor. Dann forderte er Ya'qolaseme auf, seinen Mund zu öffnen. Der Mann legte ihm den Kristall in den Mund. Er forderte ihn auf: „Jetzt schlucke ihn. Dann wirst du nichts mehr spüren, wenn sie versuchen, dich zu verletzen.“ Da schluckte Ya'qolaseme den Kristall. Nun forderte der Mann ihn auf: „Laß uns jetzt in das Haus gehen. Und das ist die Stelle, wo du dich niedersetzen sollst: In der Mitte der rechten Seite, so daß du alles genau sehen kannst, was von dir gesehen werden soll.“ Als sie im Torbogen standen, ergriff der Mann, der Ya'qolaseme eingeladen hatte, das Wort: „Dieser unser Freund ist gekommen, der eine, den einzuladen ihr mir aufgetragen hattet, Freunde, und so soll er sich an seinen Platz setzen.“ Dann sprach der Sprecher des Hauses: „Jetzt achtet darauf, ihr Übernatürlichen, alles richtig zu machen, was wir wegen des einen vorführen wollen, der von unserem Häuptling eingeladen wurde, hier an unserer Seite zu sitzen, dieser Ya'qolaseme. Nun hab acht, Freund Ya'qolaseme, merke dir alles, was du sehen wirst, was dir gezeigt wird, deine zukünftigen Schätze, und dieses Haus mit Pfosten, die die Balken auf ihren Schultern tragen."

Als erstes fand in dem Haus der große Tanz aus der oberen Welt statt, der eine, der hundert Strophen hat. Einhundert Leute mit Gesichtsmasken tanzten mit Gila'lalit. Das ist sein Name, Gi'lgiyalis. Sobald der Tanz beendet war, ertönten die schnappenden Geräusche einer anderen Art von Kannibalen-Tänzer. Er kam aus dem heiligen Raum auf der rechten Seite des Hauses. Er stieß den Kannibalenschrei nicht aus, solange er auf seinem Kopf die Kannibalenkopfmaske trug, die weiter das schnappende Geräusch ertönen ließ. Viermal tanzte er rund um das Feuer in der Mitte des Hauses, dann kehrte er in den heiligen Raum zurück. Und das war der Name des Kannibalen-Tänzers, No'lagemalis. Nach Beendigung dieses Kannibalen-Tanzes erschien ein doppelgesichtiger Dzo'noqwa, der den Namen Numb-Maker trug. Als er fortging, trat eine Frau aus dem Raum und tanzte den Tanz Awi'lolelal (Getting Everything). Sie sang vier Strophen. Ihr Name war Carrying-Everything-in-her-Hands. Als sie aufhörte, ergriff der Sprecher des Hauses den Stab und sprach: „Oh, Freund Ya'qolaseme, das sollen deine Schätze sein, diese vier Tänze, die du gesehen hast, und ebenso dieses Haus Carrying-on-the-Shoulders und dieser todbringende Stab. Deine Häuptlingsnamen werden Ma'xulagilis und Ma'xmawisa, verändert in Ma'xmawisageme, und Ma'xuya'lidze und Mo'kwitalasogwilak sein. Dies seien deine Schätze, Freund Ya'qolaseme. Jetzt kannst du als Kannibalen-Tänzer nach Hause zurückkehren. Auf dem Kopf wirst du das Haupt aus unserer Welt tragen, das die schnappenden Geräusche verursacht. Du darfst den Kannibalenschrei nicht ausstoßen! Nimm gelben Tannenpollen und pudere deinen Körper damit ein, bis er ganz gelb ist. Dein Haus wird verkünden, daß du lebendig zurückgekehrt bist." Nach diesen Worten verschwand das Haus. Ya'qolaseme saß alleine auf dem Boden und fühlte sich verwirrt. Er sah, wie das Tageslicht zu dämmern begann. Er erhob sich vom Boden und stieg einen

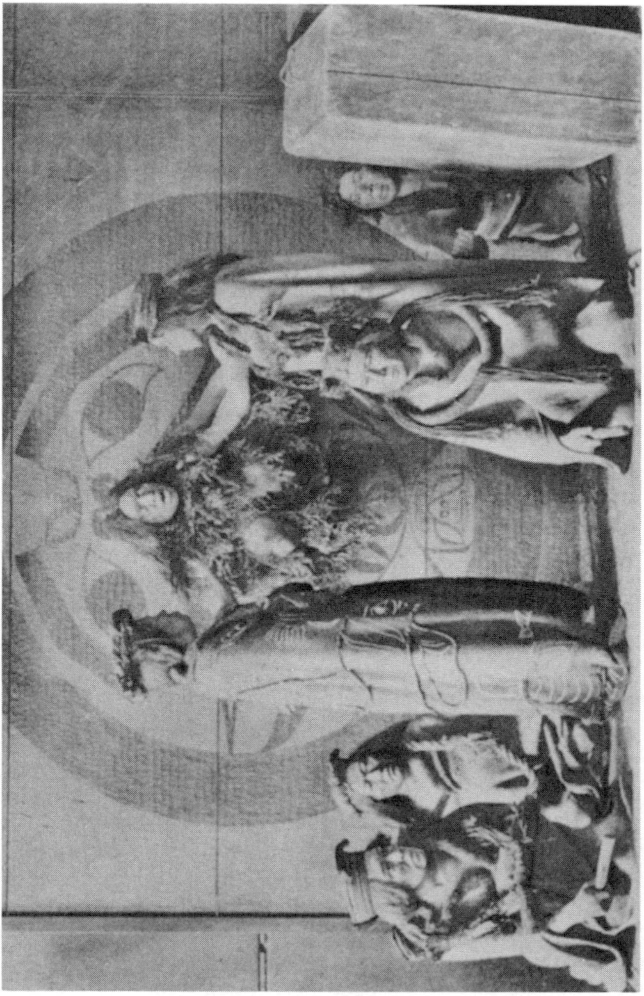

Der Ha´matsa-Kannibalen-Tänzer erscheint beim Verlassen des heiligen Raumes durch den Mund eines Ungeheuers.
Foto der Darstellung im Nationalmuseum Washington.

Hügel hinauf. Als er an die Spitze des Hügels kam, erblickte er nicht weit entfernt das Haus seines Vaters Pa'selal Hä'qulal. Auch bemerkte er, daß viele Kinder am Fuß des Hügels spielten. Er ging hinunter zu der Stelle, wo sie spielten, um heimlich mit einem von ihnen zu sprechen. Ya'qolaseme verbarg sich in ihrer Nähe, als eines der Kinder auf sein Versteck zurannte. Ya'qolaseme sah es kommen und sprach es an. Der Knabe ging sofort zu ihm hin. Ya'qolaseme bat seinen Neffen, (so ein Zufall, er war es wirklich), heimlich zu seinem Vater Pa'selal Hä'qulal zu gehen und ihm auszurichten, er solle schnell kommen. „Niemandem sonst darfst du es sagen", ermahnte Ya'qolaseme ihn. Der Junge rannte aus dem Busch und begab sich in das Haus von Pa'selal Hä'qulal, der darin saß. Der Junge setzte sich an seine Seite und flüsterte ihm zu: „Steh auf und laß uns landeinwärts gehen." Pa'selal Hä'qulal erhob sich und folgte seinem Enkel, diesem Jungen. Er fragte den Knaben nicht, weshalb er ihn gerufen habe, denn er vermutete, daß er etwas Bedeutendes gesehen habe. Sie kamen zu der Stelle, wo Ya'qolaseme auf dem Boden saß. Sofort sprach Pa'selal Hä'qulal ihn an: „Bist du es, Meister? Ich kann es wirklich noch nicht glauben, daß ich dich sehe." Ya'qolaseme antwortete seinem Vater: „Ich bin es, Ya'qolaseme, dein Sohn." Er berichtete seinem Vater von den vier Tänzen, seinen Schätzen, dem Haus und dem todbringenden Stab. Er erzählte ihm, wie über seinen Kopf das Kannibalenhaupt gezogen wurde, daß immer schnappt. „Ich stoße den Kannibalenschrei nicht aus, denn ich unterscheide mich von den Kannibalen-Tänzern, die ihn hervorbringen." Pa'selal Hä'qulal berichtete Ya'qolaseme, daß seine Familie eine Winterzeremonie veranstalten wolle, und sofort verschwand Ya'qolaseme. Pa'selal Hä'qulal kehrte in sein Haus zurück. Heimlich forderte er seine beiden Söhne auf, den Boden des Hauses zu reinigen. Seine Familie wunderte sich, weshalb sie den Boden des Hauses reinigen sollten. Als Pa'selal Hä'qulal merkte, daß seine Hausgenossen sich über die Reinigung des Hausbodens lustig machten, nahm er keine Notiz mehr von ihren Worten.

Die Nacht kam. Es war noch nicht spät in der Nacht, als viele Wölfe heulend hinter dem Dorf erschienen. Sie hatten nicht lange geheult, als die beiden Söhne Pa'selal Hä'qulals und seine Tochter Mele't verschwanden. Pa'selal Hä'qulal vermutete, daß die Wölfe gekommen waren, seine drei Kinder zu holen, denn Ya'qolaseme hatte seinem Vater erzählt, daß die Wölfe auch ihn gerufen hatten. Deshalb war Pa'selal Hä'qulal erfreut. Vier Tage nach dem Treffen von Pa'selal Hä'qulal mit Ya'qolaseme puderte Ya'qolaseme seinen Körper mit gelben Tannenpollen ein, bis der Körper völlig gelb war. Da erschreckte ihn die Kannibalenmaske, die plötzlich schnappende Geräusche über seinem Kopf ertönen ließ. Als die Kannibalenmaske, die er auf dem Kopf trug, die schnappenden Geräusche machte, erschienen seine zwei jüngeren Brüder und seine jüngere Schwester. Der eine Bruder war der doppelgesichtige Dzo'noqwa. Den anderen seiner Brüder kleidete ein großes Wolfsfell. Mele't war Awi'lolelal. Sie trug einen dicken Kopfring und auch einen dicken Halsring aus Thujabast. Ya'qolaseme führte die Spitze an, als sie am oberen Ende des Dorfes Gwa'ye erschienen. Die Kannibalenmaske machte immer das schnappende Geräusch. Als nächster folgte der doppelgesichtige Dzo'noqwa. Zum Schluß kam Mele't, die Awi'lolelal. Sobald Pa'selal Hä'qulal sie erblickte, forderte er die Dorfbewohner auf, sie einzukreisen. Sofort kreisten die ersten Haxma'wis die drei, die kürzlich verschwunden waren, ein. Doch sie erkannten nicht, daß die Kannibalenmaske von Ya'qolaseme getragen wurde, von dem sie glaubten, er sei schon lange gestorben. Die Ya'qolaseme umzingelt hatten, erkannten ihn nicht, denn er war sehr abgezehrt und sein Körper völlig gelb. Ya'qolaseme, sein jüngerer Bruder, der doppelgesichtige Dzo'nogwa, und Mele't, die Awi'lolelal, hatte man gefangen. Sie wurden in das Haus von Pa'selal Hä'qulal gebracht. Ya'qolaseme, seine jüngeren Brüder und seine Schwester begaben sich sofort in den mit Vorhängen abgeteilten Raum rechts an der Rückseite des Hauses. Die Haxwa'mis ließen keinen Gesang für sie erklingen. Sobald die drei, die durch die Umzingelung gefangen wurden, sich in dem heiligen Raum aufhielten, verließen alle ersten Haxwa'mis das Haus. Da forderte Ya'qolaseme seinen Vater Pa'selal Hä'qulal heimlich auf, die Vorsänger aus seinem Volk herbeizurufen. Pa'selal Hä'qulal rief vier Vorsänger herbei. Als sie sich im heiligen Raum niedergesetzt hatten, sang Ya'qolaseme seine vier Gesänge. Danach trug er den Gesang des doppelgesichtigen Dzo'noqwa vor. Dann wurde als erster der Heil-Tanz für die Awi'lolelal vorgetragen. Der nächste war der Speaking-Dance für die Awi'lolelal. Schließlich ertönte der Tanz der Me'la für die Awi'lolelal, und als letzter der Kriegstanz für die Awi'lolelal. Das waren die vier Gesänge der Awi'-lolelal. Bald kannten die Vorsänger die Gesänge und Ya'qolaseme verkündete, daß er heute Nacht, sobald es dunkel werde, besänftigt würde. Danach verließen die vier Vorsänger das Haus und kehrten in ihre Häuser zurück. Nachdem sie gegangen waren, kam Pa'selal Hä'qulal herbei und setzte sich nieder. Er fragte Ya'qolaseme: „Wo ist dein jüngster Bruder?“ Ya'qolaseme antwortete: „Sprich nicht über ihn. Paß gut auf, wenn er kommt.“ Pa'selal Hä'qulal erschreckten diese Worte und er sprach deshalb nicht mehr darüber. Als der Abend kam, bat Ya'qolaseme seinen Vater, in seinem Haus ein Feuer zu entzünden. Dann sollten sofort alle Haxwa'mis herbeikommen und sich im Haus versammeln, um ihn und seinen jüngeren Bruder und seine Schwester zu besänftigen. Sofort schickte Pa'selal Hä'qulal vier alte Männer aus, im Dorf umherzugehen und alle in das Haus einzuladen. Die vier Männer zogen los. Sogleich kamen alle Männer, Frauen und Kinder herbei. Auch Lela'kinis kam, der Ya'qolaseme behext hatte. Sobald alle im Haus versammelt waren, begann die Kannibalenmaske auf Ya'qolasemes Kopf mit den schnappenden Geräuschen. Dann sangen die Vorsänger sein Lied. Ya'qolaseme kam tanzend aus seinem heiligen Raum und tanzte um das Feuer in der Mitte des Hauses. Die Kannibalenmaske trug er über seinem Kopf. Als die vier Gesänge beendet waren, verschwand er wieder im heiligen Raum. Jetzt trug er den Namen No'lagemalis. Aus dem Raum trat der doppelgesichtige Dzo'noqwa. Sofort stimmten die vier Vorsänger seinen Gesang an. Als er den Tanz beendet hatte, erschien aus dem heiligen Raum die Awi'lolelal. Auch sie tanzte um das Feuer in der Mitte des Hauses. Nachdem ihre vier Gesänge verklungen waren, verschwand sie wieder im heiligen Raum. Sie trug jetzt den Namen Carrying-Everything-in-her-Hands. Als alles vorbei war, begannen viele Wölfe hinter dem Dorf zu heulen. Das Geheul kam näher. Jetzt befanden sie sich auf der Seeseite des Hauses. Plötzlich hörten die ersten Haxwa'mis vor dem Haus von Pa'selal Hä'qulal Männer singen. Dann drangen Männer zur Tür herein, die Wolfsmasken mit entblößten Zähnen über ihren Gesichtern trugen. Als fünfzig Männer mit Wolfsmasken das Haus betreten hatten, erschien als letzter einer, der ein großes Wolfsfell trug. Sein Name war Gila'lalit. Er ging geradewegs zur Rückseite des Hauses und legte sich auf seinen Bauch. Fünfzig Männer folgte ihm. Einhundert Wolfsmänner waren jetzt aus den Wäldern gekommen und hatten den jüngsten Bruder Ya'qolasemes, der nun den Namen No'lagemalis trug, gebracht. Als alle Wolfsmänner hereinkamen, erschraken die ersten Haxwa'mis, denn die Pfosten des Hauses von Pa'selal Hä'qulal, die vier Pfosten auf jeder Seite der Tür, verwandelten sich in Männer, die auf den Köpfen von Grizzlybären standen und Ringe aus Thujabast trugen. Jeder Mann trug einen Balken des Hauses auf seinen Schultern. Deshalb erhielt das Haus den Namen House-Carried-on-Shoulders. Nachdem die Wolfsmenschen den Gesang der einhundert Strophen ihres Tanzes Great-one-from-above beendet hatten, verschwanden sie. Da dämmerte auch schon der Morgen. Die Männer und Frauen verließen das Haus, denn jetzt war alles vorbei. No'lagemalis, der frühere Ya'qolaseme, erzählte seinem Vater nichts von dem todbringenden Stab. Vier Tage blieb er in dem heiligen Raum sitzen. Dann erzählte Pa'selal Hä'qulal ihm, daß Lela'kinis mit seinen jüngeren drei Brüdern zum Paddeln aufbrach. Sofort erhob sich No'lagemalis und griff seinen todbringenden Stab. Er bat seinen Vater, mit ihm vor die Tür des Hauses zu treten. Als sie an die Tür des Hauses kamen, erblickten sie den zum Wasser gehenden Lela'kinis. Da zeigte No'lagemalis mit dem Griff des todbringenden Stabes auf das Kanu, in dem Lela'kinis vorbeifuhr. Sofort waren er und seine Mannschaft tot. Das ist das Ende der Geschichte.

Geistergeschichte der Nimkish

Gesammelt von George Hunt

Die fünf Numaym der Nimkish wurden von Smoke-Owner (Kwa'xilanokume), der dem Numaym der La'lelamin angehörte, nach Xulk, dem Dorf der Nimkish eingeladen, in dem sie vor langer Zeit lebten. Als alle Gäste in dem Einladungshaus eingetroffen waren, ergriff ein Mann mit Namen Medze'newiso das Wort, der zum Numaym The-Famous-Ones (Tsetselwalagame) gehörte, ein wirklich geschwätziger Kerl (was auch bedeutet, gute Lügengeschichten erzählen zu können). „Wirklich, ich glaube den Worten unserer verstorbenen Vorfahren nicht, die uns lehren, daß, wenn wir Odza'las verlassen, die Geister ebenfalls aufbrechen und in unsere Häuser ziehen, und daß dieses ihr Winterhaus ist, wo sie eine Winterzeremonie abhalten. Ich glaube ihren Worten wirklich nicht." Alle waren empört über Medze'newisos Ansichten, daß er nicht den Lehren unserer verstorbenen Vorfahren glaubte, denn er war ein einfacher Mann. Me'mxo wurde aufgefordert, ihm zu antworten. Das sind seine Worte: „Mann, der du dafür bekannt bist, ohne Verstand zu sprechen, wir können es nicht billigen, was du über die Angelegenheiten unserer verstorbenen Vorfahren äußerst! Haben sie dich nicht über den Schädel belehrt, der hierher nach Odza'las kam und in einer Ecke von Nemo'xdzaqwalagilis Haus wehklagte? Der folgendes schrie: *Axa, axa, axa, hiye-he, ich gedenke der Zeit, als die Hochzeitsgabe an den gezahlt wurde, der mich als Tochter hatte. Doch jetzt besitze ich nur hohle Augen, ich bestehe nur aus hohlen Augen tief unten. Axa, axa, axa, axa, ho.* Kennst du das nicht? Und auch, daß es die Geister der ersten Bewohner, die das Dorf in Odza'las errichteten, sind. Später bauten unsere verstorbenen Ahnen dann ein Haus für die Lachstrocknung, als schon beinahe Winter herrschte, als der Novembermond aufging. Und wenn sie den Lachsfang im Fluß beenden und der Dezember naht, fahren alle Nimkish den Fluß hinunter zu ihrem Winterlager Xulk. Sobald sie alle den Fluß hinabgefahren sind, kommen die Geister, versammeln sich und bleiben den Winter in Odza'las. Das ist wirklich ihr Dorfplatz." Medze'newiso entgegnete: „Endlich ist deine Ansprache beendet. Doch ich glaube es immer noch nicht. Jetzt werde ich es untersuchen, mich reinigen und mich nach Odza'las begeben, um die Geister zu treffen, von denen ihr behauptet, sie lebten dort, ihr Lügner."

Da sprach Me'mxo noch einmal: „Nenn uns nicht Lügner. Es sind nicht unsere Worte, denen du nicht glaubst, sondern die Worte des Mannes, der den ersten Bewohnern folgte, Kwa'gaxsano. Nur zu, Medze'newiso, reinige dich selbst, doch sei vorsichtig, damit dir kein Unglück zustößt. Daß du doch auf die Geister stoßen mögest, damit du glaubst, was du jetzt nicht glauben willst."

Nach dem Ende der Auseinandersetzung aßen alle Männer. Die Feiernden beobachteten Medze'newiso, weil es schien, als ob er seine voreiligen Worte bedauere. Er aß kaum etwas, denn er war bedrückt. Als die Feiernden ihr Mahl beendet hatten, verließen sie alle das Haus. Als letzter ging Medze'newiso hinaus. Er betrat sein Haus und begab sich zu der Stelle, wo ein alter Mann mit Namen E'kesgame saß, der dem Numaym La'lelamin angehörte. Medze'newiso setzte sich zu ihm und ergriff das Wort: „Oh, mein Lieber, sage mir, was du machen würdest, wenn du dich für ein Treffen mit den Geistern reinigen wolltest?" E'kesgame erwiderte: „Unglaublich. Hast du keinen Verstand? Hast du jemals von einem gehört, der sich mit den Geistern getroffen hat?" Da berichtete Medze'newiso von seinen Worten im Festhaus. Deswegen riet ihm E'kesgame: „Du mußt deinen Körper am Morgen, bevor das Volk erwacht, mit Hemlocktannenzweigen abreiben. Sobald du mit dem Abreiben durch Hemlocktannenzweige fertig bist, nimm die Umhüllungen eines toten Menschen, tauche sie ins Wasser und reibe deinen Körper damit ein. Und kommt dann die Zeit, da alle Menschen schlafen, mußt du wiederholen, was du am Morgen gemacht hast." Nachdem E'kesgame Medze'newiso unterwiesen hatte, legte der sich rückwärts auf sein Lager. Doch er blieb nicht lange, sondern verließ sein Haus wieder und sah sich nach einem Grab um. Als er ein Grab gefunden hatte, nahm er alle Umhüllungen, die alten Scheinzypressenrindendecken, an sich und verbarg sie am unteren Ende des Dorfes in Xulk. Dann brach er Spitzen von Hemlocktannenzweigen ab und verbarg sie ebenfalls, wo er die Umhüllungen, die Scheinzypressenrindendecken, verborgen hatte. Danach kehrte er nach Hause zurück. Als er in sein Haus trat, hörte er seine Frau stöhnen. Sie verspürte plötzlich Schmerzen in ihrer Brust. Noch bevor die Nacht einsetzte war sie bereits gestorben. Sie hieß Pearl-Shell-Woman (Ko'-gwisilaogwa) und war die Tochter von Käso, der dem Numaym Ne'nelkenox der Nimkish angehörte. Sie wurde bald begraben. Sogleich beschloß er, sich zu reinigen. Vier Tage lang unterzog er sich den Reinigungen. Es war schließlich Mittag, als er die Umhüllungen aus Scheinzypressenrinde nahm und ein Bündel aus ihnen schnürte. Er brachte es hinüber auf die andere Seite von Xulk. Als er dort ankam, stieg er den Gwa'nw-Fluß aufwärts. Erst am Abend erreichte er den Anfang des Dorfes Odza'las. Medze'newiso hörte den Lärm vieler sprechender Menschen. Sofort stieg er in den Fluß und rieb sich mit Hemlocktannenzweigen ab. Danach nahm er die Umhüllungen, die Decken aus Scheinzypressenrinde, tauchte sie ins Wasser und rieb seinen Körper damit ab. Als er gerade fertig war, hörte er einen Mann die Leute auffordern, den Takt zu schlagen: „Wir schlagen den Takt, Schamanen, damit dieser Mensch wiedererweckt werde. Jetzt bemühen wir uns, diesen einen wiederzubeleben. Wir werden das nicht vergeblich versuchen, Schamanen, jetzt wollen wir das Gehör dessen öffnen, der uns bekannt ist, Schamanen." Medze'newiso stieg zurück in das Wasser und rieb seinen Körper wieder mit Hemlocktannenzweigen ab. Dann nahm er die alten Scheinzypressenrindendecken und tauchte sie ins Wasser. Zweimal rieb er seinen Körper ab, als er die Reden der Geister in dem Haus vernahm, in dem der Takt geschlagen wurde: „Wir sind alle hereingekommen, Schamanen. Jetzt laßt uns das machen, weswegen wir zusammenkamen in diesem übernatürlichen Haus. Wir wollen versuchen, Ko'gwisilaogwa wieder zum Leben zu erwecken." Daher sputete er sich, durch ein Loch zu blicken, falls er eines in den Brettern der Vorderseite des Hauses fände. Sobald sich aber Medze'newiso dem Haus näherte, begann das Feuer in der Mitte des Hauses zu verlöschen. Da rief der Sprecher des Hauses: „Ein Mensch ist in unserer Nähe. Geh hinaus, Hae'lelas, du bist der schnellste." Umgehend verließ Hae'lelas das Haus und umrundete es. Er kehrte in das finstere Haus zurück. Er habe keine weltliche Person erblickt, meinte er. Medze'newiso rannte los und rieb seinen Körper noch zweimal mit der alten Scheinzypressenrindendecke ab. So hatte er seinen Körper am unteren Ende des Hausplatzes der Geister in Ozda'las viermal abgerieben. Medze'newiso hatte dabei genug Zeit, seinen Körper mit Hemlocktannenzweigen abzureiben, bis er sah, daß das Feuer in der Mitte des taktschlagenden Hauses wieder aufloderte. Der Sprecher des Hauses ergriff das Wort: „Nun gebt acht, Schamanen, und schlagt den Takt, damit die eine, die wir beleben wollen, aus dem Raum kommen kann." Medze'newiso vernahm seine Worte. Deshalb rannte er los und stand außen an der Tür des Hauses. Da fiel das Feuer in der Mitte des Hauses langsam zusammen. Der Sprecher des Hauses rief wiederum: „Wirklich, ein Mensch ist in unserer Nähe. Geh hinaus, Hae'lek, geh hinaus und suche nach ihm, der uns weltlich macht." Hae'lek kam geradewegs zur Tür des Hauses hinaus. Er stand jetzt neben Medze'newiso. Dann sprach Hae'lek ihn an: „Komm, laß uns hineingehen. Stell dich auf den dunklen Platz hinter den Türpfosten. Sobald deine Frau eintritt und mit schnellen Schritten das Feuer in der Mitte des Hauses umrundet, mußt du hervorspringen und versuchen, sie zu umarmen." Medze'newiso verbarg sich hinter Hae'lek, als sie durch die Tür des Hauses traten. Danach versteckte er sich hinter den Türpfosten. Hae'lek stand im Innern des Hauses und verkündete: „Ihr Schamanen, ich konnte nichts finden." Das Feuer in der Mitte des Hauses entflammte wieder, und die Geister begannen, den Takt zu schlagen. Medze'newiso sah, daß seine Frau Ko'gwisilaogwa eintrat und mit schnellen Schritten um das Feuer in der Mitte des Hauses lief. Als sie in die Nähe des Torbogens kam und sich umdrehte, sprang Medze'newiso hervor und versuchte, sie zu umarmen. Es war, als ob seine Hände durch den Leib seiner Frau hindurchschnitten. Da erlosch das Feuer in der Mitte des Hauses abermals. An mehr konnte sich Medze'newiso nicht erinnern. Für eine kurze Zeit war er wie tot. Als Medze'newiso wieder zur Besinnung kam, glaubte er den Worten von Me'mxo, der verkündet hatte, daß im Winter die Geister in Odza'las lebten. Niemand weiß, wo sich die Geister im Sommer aufhalten. Und es gab noch etwas, was Medze'newiso jetzt glaubte: daß die Geister nämlich weder Fleisch noch Knochen haben, denn sie waren wie Rauch und glichen dem Schatten des Besitzers der Seele. Dieses Wissen Medze'newisos kam von dem Versuch, seine Frau zu umarmen. Er konnte sie nicht mit seiner Hand fühlen, denn es war, als ob die Hand unter der Brust seiner Frau durch den Brustkorb hindurchglitt. Das ist das Ende der Geschichte.

Selbst ich, George Hunt, verstehe die Aussagen einiger Indianer über die Geister nicht wirklich. Ich meine, sie verwechseln Geist und Seele. Ich denke, wenn der Kannibalen-Tänzer kommt und einen getrockneten toten Mann trägt, den er verzehren will, nennt der Kannibalen-Tänzer dies „einen Körper verzehren". Der Jäger aber, der von einem Geist träumt, der meint damit einen Mann, der schon lange gestorben und jetzt trocken ist. Dieser Jäger zieht dann nicht hinaus zur Jagd, denn er weiß bereits, daß er keine Beute finden wird. Ich meine, die Seele eines toten Menschen ist nicht dasselbe wie ein Geist, so wie ich das sehe, denn die Seele ist lebendig, sie stirbt niemals. Ich denke, sie ist, was die frühen Indianer Hai'alilagas nannten, denn andere Indianer glauben, die Seele fliege nach oben. Von den alten Männern der Indianer wird das als ein Leichnam bezeichnet, ein Mensch, der schon lange tot und dessen Körper inzwischen ausgetrocknet ist. Das wird ein Leichnam genannt. Wenn nur noch Knochen vorhanden sind, heißt es: „die Knochen eines Menschen". Nur der gesamte Körper eines schon lange verstorbenen Menschen trägt die Bezeichnung Leichnam. Damit bin ich am Ende der von Qe1qexlala, einem Nimkish-Mann, erzählten Geschichte.

Die Hochzeit mit einem Geist

Erzählt von Gi'qalas, einem Gwa'waenox

Zwei Menschen liebten einander. Plötzlich wurde der Mann krank. Die Frau erklärte, es gebe für sie keinen Weg, ihn zu vergessen, falls er stürbe, denn sie liebe ihn zu stark. Zu sehr sehne sie sich nach ihrem Geliebten. Der Mann erwiderte, falls er wirklich sterben müsse, würde es nicht lange dauern, und er käme zurück, nach ihr zu sehen. Da band die Frau etwas an die Hand ihres Geliebten, damit sie ihn erkennen könne. Dann starb er. Nach vier Tagen erschien er, um nach seiner Geliebten zu sehen. Er trat in das Haus seiner Geliebten. Als er im Haus war, spürte die Frau das sofort und erkannte ihn. Sie spürte ihn und versuchte sogleich, ihren Liebhaber zu umarmen. Sie legte sich mit ihrem Liebhaber nieder, der jetzt ein Geist war. „Ich kam nur, nach dir zu sehen", sagte der Geliebte. „Nimm mich mit dir", flehte die Frau. „Das geht nicht!" - „Ich würde so gerne mitkommen." - „Es geht nicht! Der Ort, wo ich jetzt bin, ist nicht gut." - „Trotzdem möchte ich mitkommen" - „Dann mach dich fertig, wir wollen aufbrechen", sagte der Geist, ihr Liebhaber. Sie gingen los. Er unterwies seine Geliebte: „Du darfst auf dem Wege keine dieser Beeren berühren." Dann brachen sie auf. Für die Frau war es Tag, für den Mann Nacht. Der Tag des Mannes lag jetzt anders. Was für uns Tag ist, war für den Geist Nacht. Wenn es für uns Tag wurde, brach für ihn die Nacht an.

Sie erblickten alle möglichen Arten von Beeren, Salalbeeren. Die Frau hatte die Anweisung vergessen. Sie pflückte die Beeren und sammelte sie in ihrem Korb. Sie trug einen kleinen Korb bei sich, in den sie die Beeren legte. Der Mann merkte nicht, wie sie die Beeren sammelte und in ihren Korb tat. Vier Tage wanderten sie landeinwärts. Dann erreichten sie das Land der Geister. Sie stiegen hinunter in die Unterwelt. Schließlich standen sie auf dem Boden am Ufer eines Flusses. Ein Fluß war dort. Der Geist forderte seine Geliebte auf zu schreien. Die Frau schrie. „Gut!" meinte er, „schrei noch einmal!" Da schrie sie wieder. Doch niemand reagierte auf sie. „Wir schreien anders", meinte der Geist. „Dann schrei du doch", rief die Frau ihrem Liebhaber zu. Da schrie der Geist. Es war, als ob er nur seinen Mund öffnete. Zweimal schrie er, ohne einen Ton von sich zu geben. Doch die jungen Männer wurden aufmerksam. Sie kamen, die beiden zu holen. Sie stiegen in ihr Kanu. Plötzlich schnüffelten sie und bemerkten einen üblen Gestank. Sie rochen die Frau. Sie rochen sie nur. „Sehen können sie uns nicht." Sie erreichten das Ufer und stiegen aus dem Kanu. Die Geister rochen die Frau. Sie rochen sie nur, sie konnten sie nicht sehen. Die Frau betrat das Haus ihres Geliebten.

Nach zwei Jahren gebar sie ein Kind. Als die Frau vier Jahre dort gelebt hatte, bekam sie Heimweh. Sie wollte ihre Eltern wiedersehen. Ihr Geliebter begleitete sie. Jetzt hatte sie ein Kind. Sie erreichte das Haus ihrer Mutter und trat ein. Sie legte das Kind in die Arme ihrer Mutter. „Decke sein Gesicht nicht auf. Trage ihn nur im Haus herum." Die alte Frau blieb lange im Haus. Sie war überrascht. Das Kind bewegte sich nicht. Dann paßte sie nicht auf und entblößte sein Gesicht. Was war das? Die kleinen Augenhöhlen waren leer. Da warf sie das Kind auf den Boden. Doch noch bevor es aufprallte, fing es sein Vater, der Geist, auf. „Sie hat doch gesagt, du sollst es nicht entblößen." Da wußte sie, es handelte sich um ein totes Kind. Man hatte die Frau, die das Kind tragen sollte, getäuscht. Dann kehrten der Geist und seine Frau zu ihrem Heim zurück.

Das Land der Geister

Erzählt von Ya'qolas, einem Naqe'mgilisala

Die Geister leben in vier Häusern, eines tiefer als das andere. Einmal weinte eine Koskimo-Frau wegen ihres verstorbenen Vaters. Sie begrub ihn und sie weinte vor dem Grab vier Tage lang. Die Leute wollten sie fortholen, doch sie widersetzte sich, das Grab zu verlassen. Am vierten Tag vernahm sie, daß jemand sie ansprach: „Ich rufe dich in die Unterwelt, weinende Frau (Le'laxaenlol Lewagilaogwe)." Da sprang sie auf. Der Geist forderte sie auf: „Folge mir." Er stieg hinab, und sie folgte ihm. Sie kamen an ein Haus mit Namen Hemlock-Leaves-on-Back (Ke'-mwikilels). Sie betraten das Haus. Eine alte Frau saß nahe beim Feuer. Diese begrüßte sie: „Ah, ah, ah, ah, setze dich ans Feuer." Sie ergriff die Pfosten, um den getrockneten Lachs herunterzuholen und bereitete ihn zum Rösten vor. Den Lachs legte sie auf eine kleine Speisematte und brach Stücke ab, die sie Lewagilaogwe reichte. Als sie gerade etwas nehmen wollte, trat eine Person ein und lud sie in ein anderes Haus mit Namen Maggots-on-Bark-on-Ground (Aa'badikilels) ein. Da meinte die Frau, die im ersten Haus lebte: „Ah, ah, ah, ah, geh ruhig mit ihr. Sie hat eine höhere Stellung als wir."

Sie folgte der Person, die sie eingeladen hatte, und betrat das nächste Haus. Sie fand eine alte Frau am Feuer sitzen, und sie sah genauso aus wie die, die sie zuerst wahrgenommen hatte. Sie bereitete auf dieselbe Art eine Speise vor, die sie ihr geben wollte. Als sie gerade zu essen begann, trat eine andere Frau ein und lud sie in ihr Haus ein, das den Namen Place-of-Mouth-Showing-on-Ground (Ne'nlexe'ldzas) trug. Die Frau im zweiten Haus meinte: „Geh ruhig mit ihr. Sie hat einen höheren Rang als wir." Als sie dort eintrat, saß wieder dieselbe alte Frau am Feuer. Wieder bereitete sie ihr ein Mahl. Und als sie gerade zu speisen beginnen wollte, rief eine andere Person sie in das vierte Haus, das Place-of-Never-Return (Hakwaa's) heißt. Noch einmal sagte die alte Frau: „Sie haben einen höheren Rang als wir." Als sie dort eintrat, sah sie ihren Vater am Ende des Hauses sitzen. Als er sie erblickte, wurde er ärgerlich und schimpfte: „Weshalb kommst du hierher? Das ist der Ort, von dem niemand zurückkehrt. Wenn du hierherkommst, mußt du auch hierbleiben. Iß nicht, was man dir anbietet, und kehr um." Dann forderte er die Geister auf, sie zurückzubringen. Die Geister eilten herbei und sangen den folgenden Gesang:

Hama yaxaxaxa.

Sie war wie tot, als sie wieder zu sich kam. Als ihr Vater zu ihr sprach, hatte er verkündet: „Wenn wir dich zurückbringen, werden wir singen, so daß die Koskimo unseren Gesang hören." Sie brachten sie lebendig auf einem Brett zurück. Die Leute hörten den Gesang, doch sie konnten niemanden sehen. Dann brachten sie das Brett in das Wintertanzhaus.

Dieser Gesang gehörte ursprünglich den Koskimo. Von dort wurde er an die Newettee und die Na'kwaxdax weitergegeben.

Das Geschenk der Raben

Erzählt von Ya'qolas, einem Naqe'mgilisala

In Sea Otter Cove (Se'max) lebten ein Mann, seine Frau und ihr kleiner Sohn. Sie gehörten zu den Naqe'mgilisala. Sie schliefen in ihrem Haus. Einst ging bei Tagesanbruch das Kind zum Spielen hinaus. Die Mutter bereitete getrocknete Muscheln als Mahl, und als das Kind nach Hause zurückkehrte, gab sie ihm zu essen. Doch der Junge meinte: „Ich bin nicht hungrig." Am folgenden Tag lief das Kind wieder früh am Morgen hinaus und blieb den ganzen Tag fort. Erst am Abend kam es nach Hause. Wieder bot ihm die Mutter getrocknete Muscheln an, doch der Junge wies sie zurück und meinte, er sei nicht hungrig. Die Eltern drängten ihn nicht, obwohl sie beobachteten, daß er überhaupt nichts mehr aß. Jeden Morgen ging das Kind zum Spielen hinaus und kehrte erst in der Nacht zurück. Immer wies es die Muscheln zurück, welche die Mutter ihm anbot. Eines Abends meinte der Junge: „Fett kommt herauf." Dann erbrach er, und seine Mutter erkannte, daß er Fett zu sich genommen hatte. Da riet der Junge seinem Vater: „Steh vor Tagesanbruch auf!" und erklärte ihm, was er machen müsse. Die Eltern fragten ihn nicht, weshalb er den Vater aufforderte, sich zu erheben. Als sich der Vater am folgenden Morgen erhob, erblickte er Wale, die am Ufer gestrandet waren. Der junge Mann hatte einen magischen Schatz gefunden. Der Vater rief die Gwa'tsenox zu einem Fest zusammen. Jetzt erfuhren die Eltern, daß der Junge mit Raben gespielt hatte und wunderten sich, daß seine Decke zerrissen war, als ob jemand in sie gebissen hätte. Die Raben hatten ein

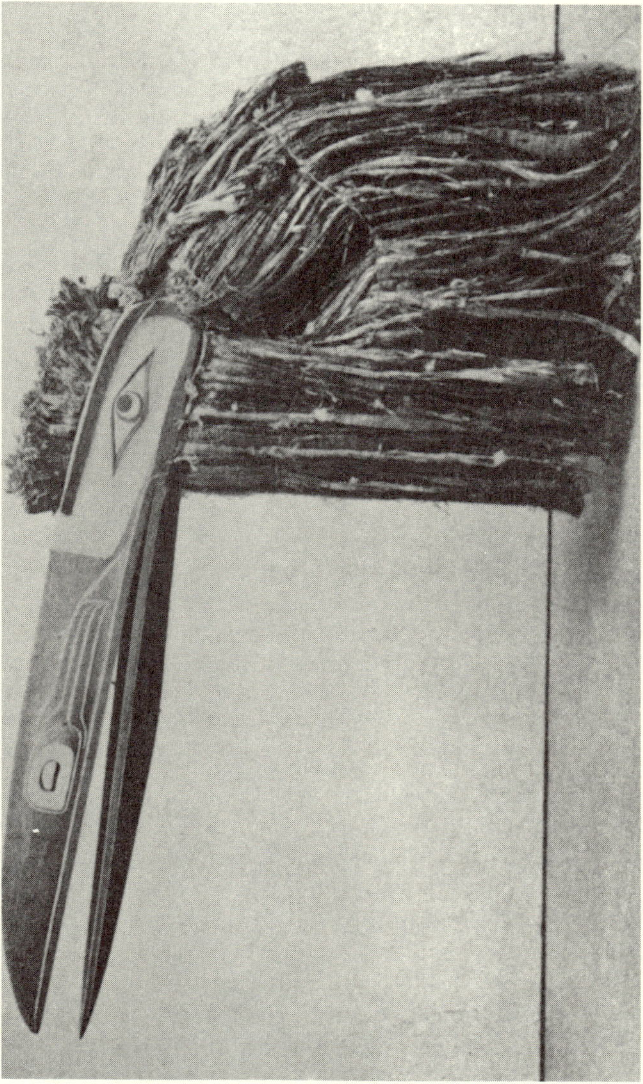

Rabenmaske und Gewand aus Thujarinde, das von einem Ha`matsa der Naq`oaqtoq getragen wurde.

Loch in den Schädel des Jungen gebohrt, das Hirn herausgenommen und statt dessen Walspeck hineingefüllt. Deswegen erbrach er immer Walspeck. Sie nannten daraufhin den Ort Place-of-Grease-Coming-up (La'laqayo'dzas, westlich von Cape Scott). Die Stelle, wo die Wale strandeten, heißt Axaxla. Als die Gwa't-senox merkten, daß der Knabe übernatürliche Fähigkeiten erworben hatte, riefen sie alle Leute zusammen und besprachen sich: „Wir wollen sehen, ob das wahr ist." Sie machten sich nach Se'max auf und betraten das Haus seiner Eltern. Der Junge empfahl: „Schlagt für mich einen schnellen Takt." Als sie damit begannen, schlug der Junge sich auf die Brust und erbrach Walspeck. Er forderte sie auf: „Geht auf beiden Seiten an der Küste entlang und seht euch nach Jagdtieren um." Der Junge stieg in sein Kanu und erklärte: „Wenn ihr keinen Wal auf eurer Suche findet, könnt ihr mich töten." Die Leute verließen das Haus und fanden sehr schnell einen gestrandeten Wal. Sie schnitten ihn auf und trugen den Speck nach Se'max.

Initiationsgeschichte, Triangle Island

Erzählt von Ya'qolas, einem Naqe'mgilisala

Kukwas gehörte zu den Yu'lenox. Er lebte auf Triangle Island (He'las). Jemand forderte Kukwas auf: „Mach dich auf zu dem übernatürlichen Felsen (Nau'alakwa, einer kleinen Insel bei Triangle Island). Ein anderer Mann nahm Kukwas, der lahm war, auf seine Schultern und brachte ihn dorthin. Er trug ihn durch ein Loch im Felsen. Als sie es durchquert hatten, setzte er ihn ab und meinte: „Nun schwimm hinüber zu der kleinen Insel Nau'alakwa." Als er die Hälfte der Strecke schwimmend zurückgelegt hatte, zog ihn etwas an den Füßen und streckte seine Beine, so daß sie gerade wurden. Er schwamm weiter und wieder zog etwas an seinen Beinen. Das war die übernatürliche Kraft. Das Wasser hatte eine dunkle Färbung, und so vermochte er unmöglich zu erkennen, was es war. Es gibt einen Zugang mit einem Felsen in der Mitte. Er sprang an das Ufer, und seine Beine waren geheilt. Er sah sich auf dem Felsen um und glaubte, oben ein Haus zu sehen. Dort sollte er den Ga'yaxalak erhalten, einen No'lem-Tanz. Er blickte auf die andere Seite des Felsens und sah viele Leute mit Thujabast. Er sah viele Kannibalen, die Kopfringe trugen. Da wies er es zurück, den No'lem anzunehmen, und begab sich zu den Kannibalen. Vier Tage blieb er dort, und seine Leute warteten vergebens auf ihn. Sie glaubten schon, daß er gestorben sei. Er wurde ein Kannibale und erhielt übernatürliche Kraft. Dann erschien er auf der inneren Seite der Insel, wo er zuerst ins Wasser gegangen war. Er hatte den folgenden Gesang erhalten:

> Ich trage, Freund, mama hamai, den Namen Hamaxsa'lagilis, Freund,
>
> Ich stieß den Kannibalenschrei aus, Freund, ich bin Freund und heiße Xamxagulaq, Freund

Sie schickten einen Sklaven zu der Stelle, wo er sich befand. Er tötete diesen und aß den Schädel und die Knochen. Als er wieder erschien, verzehrte er zwei Sklaven. Sie versuchten, ihn zu fangen. Da biß er in seinen eigenen Nacken und Rücken. Deshalb rannten die Leute vor ihm weg. Er hatte jetzt den Namen Hamaxsa'lagilis erhalten. Die Leute sprangen in ihre Kanus, denn sie fürchteten ihn. Er war der Kannibale der ersten Winterzeremonie. Sie schickten einen Mann aus, Hemlocktannenzweige zu sammeln, um Ringe für den Kannibalen herzustellen. Er fand einige auf der Seeseite der Insel. Das ist ihr einziger Kannibalen-Tanz. Sie besitzen keine Pfeifen. Sie schreien kein „Happ!" heraus. Der Großvater des Erzählers war noch nicht geboren, als sich das ereignete.

Die Schwestern

Erzählt von Gi'qalas, einem Gwa'waenox

Schwestern gruben an einem Ort namens Bes nach Muscheln. Schließlich legten sie ihre Grabstöcke auf einen Felsen und gingen ein wenig umher. Als sie zurückkamen, wollten sie ihre Grabstöcke wieder nehmen. Was war denn das? Nichts lag mehr dort. Ihre Grabstöcke waren verschwunden. Sie versuchten nun herauszufinden, was geschehen war. Eine fragte ihren Freund, wo ihr Grabstock wäre. Sie zerstritten sich wegen ihrer Grabstöcke. Sie begannen, sich innerhalb eines Dorfes, der Gwa'waenox, zu bekämpfen und schlugen aufeinander ein. Sie schlugen sich auf die Köpfe. Dann fanden sie ihre Grabstöcke. Jetzt sitzen sie immer noch auf dem Fels und heißen „Little Girls".

Der Stahlkopflachs und der Hering

Erzählt von Gi'qalas, einem Gwa'waenox

Der Häuptling der Stahlkopflachse und der Häuptling der Heringe unterhielten sich an der Stelle miteinander, wo die Holzkohle auf dem Meer treibt (Tso'lnaxsiwalis). „Wem von uns steht wohl der erste Rang zu? Bin ich das nicht? Ich bin imstande, Fleisch für die zu erzeugen, die landwärts von uns wohnen." - „Nur zu, nur zu", meinte der Stahlkopflachs. „Ich will mich aufmachen und die sehen, für die Fleisch von uns erzeugt wird." Der Hering brach auf. Sie kamen an die Stelle, wo das Fleisch hergestellt wird. Die Heringe laichten ab. Die Dorfleute legten Hemlocktannenzweige in das Wasser. Damit gewannen sie den Heringslaich, den die Heringe gerade geboren hatten. Sie trockneten den Heringslaich. Das hatten die Heringe mit Herstellung von Fleisch gemeint. Schließlich hatten sie abgelaicht. Die Heringe schwammen zurück und begegneten wieder dem Stahlkopflachs. Die Heringe ergriffen das Wort: „Du kannst dich ruhig früh auf den Weg machen, doch das Fleisch haben wir schon für die Rundgesichter erzeugt." - „Vielleicht macht ihr die wirklich fett, für die das Fleisch aus dem, was ihr ausspritztet, entstand. Ich will jetzt hinschwimmen und die Gestalt derer wieder herstellen, für die ihr Fleisch aus eurem Ausgeschiedenen herstelltet.“ - „Hau ab, Rundgesicht“, rief der Hering. So neckten sie einander. Dann trennten sie sich. Das ist das Ende der Geschichte.

Muschel und Eulachon
Erzählt von Awaxelagilis

„Bin ich nur dazu tauglich, geröstet zu werden?“ fragte die Muschel, „es gibt doch so viele Möglichkeiten, nützlich zu sein.“ - „Was sind denn deine guten Eigenschaften?“ fragte der Eulachon. „Habe ich nur so wenig Nutzen?“ - „Was besitzt du denn noch für Eigenschaften?“ fragte der Eulachon die Muschel. „Ist es denn keine Nützlichkeit, wenn ich Seite an Seite neben das Feuer gelegt werde?“ fragte die Muschel den Eulachon. „Soll das die ganze Palette deiner Verwendungsmöglichkeiten sein, weil du eine Muschel bist?“ fragte jetzt wieder der Eulachon die Muschel. „Ist es denn keine gute Verwendung, wenn ich in eine Reihe gelegt werde, wenn ich von Zangen gehalten werde, wenn es ist, als ob ich nett meinen Mund im Haus öffne?“ fragte die Muschel den Eulachon. „Besitzt du auch so viele gute Eigenschaften?“ fragte die Muschel jetzt den Eulachon. „Was ist das schon, wenn dies das einzige Richtige ist, wenn damit deine guten Eigenschaften erschöpft sind. Das ist deine Brauchbarkeit. Auf vier Arten kann das Fleisch aus deinen Schalen kommen.“ - „Das sind meine Verwendungsmöglichkeiten, da ich eine Muschel bin. Doch nun, Eulachon, zähle deinen Nutzen auf.“ - „Ist es keine Eigenschaft von mir, daß ich herausgezogen werde? Ich werde auf dem Boden getrocknet, so daß mein Körper trocken wird. Ich werde ergriffen und in Zangen geröstet. Ich stehe dicht beim Feuer, dann wird einer genommen und das Feuer an der Spitze entzündet (wie bei einer Fackel). Das ist mein Nutzen. Ich werde immer wieder gedreht, dann werde ich genommen und auf eine alte Matte gelegt und liege hübsch auf dem Boden. Das ist mein Nutzen, du Muschel, denn ich bin ein Eulachon.“

Maggots-on-Water

Erzählt von Negä'dze (Charlie Wilson, einem Gi'gilgam)

Ein Mann trug den Namen Maggots-on-Water (Aapalagile). Er hatte schon viele Frauen gehabt. Jedesmal, wenn er heiratete, brachte er die, die seine Frau geworden war, auf eine Insel draußen im Meer, so daß es für die, die seine Frau geworden war, keine Möglichkeit gab fortzuschwimmen. Wenn seine Frau vier Tage auf der Insel zugebracht hatte, sah er wieder nach ihr. Jedesmal saßen Maden an seiner Frau. Jedesmal verzehrte er diese Maden. Sein Mund war klein und rund. Nur Maden paßten da durch. Viele Frauen hatte er schon zur Insel gebracht. Wenn er seine Frau zur Insel führte, sah er vier Tage nicht nach ihr. Dann kehrte er zurück und schaute, ob jetzt Maden auf seiner Frau waren. Dann aß er diese Maden.

Wieder einmal verkündete Maggots-on-Water, daß er erneut heiraten wolle. Er wünschte sich ein hübsches Mädchen zur Frau und warb um sie. Seine Hausmitbewohner kamen dahinter. So erlaubten sie der Frau nicht, in die Ehe einzuwilligen, denn Maggots-on-Water hatte bereits alle seine Frauen umgebracht. Doch die Frau wollte davon nichts hören. Sie wollte diesen Mann als Ehegatten, und so heiratete sie Maggots-on-Water. So brach er mit seiner Frau zu dieser Insel auf. „Los, steige aus dem Kanu", befahl er seiner Frau. Da stieg die Frau aus dem Kanu. Maggots fuhr alleine hinaus auf die See. Die Frau rief, sie wolle zusammen mit ihrem Mann hinausfahren. Doch der Gatte wollte nicht, daß sie an Bord stiege. „Komm her, damit ich an Bord kann", bat die Frau. „Jetzt nicht", schrie ihr Mann, „du kannst an Bord kommen, wenn du all dein Haar abgerissen hast." Da zog sich die Frau ihr Haar aus. „Jetzt ist mein ganzes Haar herausgezogen, komm her, damit ich an Bord kann." - „Jetzt noch nicht", schrie ihr Mann, „später kannst du an Bord kommen, wenn du deine Wimpern herausgezogen hast." Da riß sie sich die Wimpern aus. „Komm, wende dich landwärts", rief sie ihrem Mann zu, jetzt sind alle meine Wimpern weg." - „Jetzt noch nicht", schrie erneut der Mann zu seiner Frau hinüber. „Später kannst du an Bord kommen, wenn du deine Schamhaare beseitigt hast."

Da entfernte die Frau, was sie an Schamhaaren hatte. „Komm, es ist alles fort.“ - „Jetzt noch nicht“, rief Maggots-on-Water. „Später kannst du an Bord kommen, wenn du mit gespreizten Beinen einmal um die Insel gegangen bist.“ Da ging die Frau einmal um die Insel. Noch einmal rief sie ihrem Mann zu, daß sie an Bord kommen wolle. Doch der Mann paddelte einfach fort. Er verließ seine Frau. Er fuhr nach Hause.

Jetzt war die Frau ganz alleine. Sie war nackt. Die Frau weinte. Sie lag auf dem Felsen und weinte. Sie weinte drei Tage. Sie hatte bereits vier Tage auf der Insel verbracht, als sie vom Weinen müde wurde. Sie legte sich an der Mündung eines Flusses schlafen. Sie hatte noch nicht lange geschlafen, als etwas kam, was sie weckte. „Schlafe nicht“, wurde sie belehrt. „Wir laden dich in unser Haus ein.“ Noch einmal kam es, und jetzt wachte sie aus dem Schlaf auf. Die Frau erhob sich vom Felsen und trat ein. Der Felsen stand offen. An dieser Stelle trat die Frau ein. Was war denn das, wenn nicht ein großes Haus. „Komm“, hörte die Frau, „ich weiß, daß du verlassen bist. Ich will sehen, was ich für dich tun kann, damit du zu dem Ort zurückkehren kannst, von dem du gekommen bist. Du sollst der Eigentümer dieses meines Seitenpaddelkanus sein, damit kannst du nach Hause zurückkehren.“ Es wurde ihr an der Stelle, wo sie stand, übergeben. Die Frau kam wieder heraus.

Vier Tage hatte sie jetzt auf der Insel zugebracht. Es dauerte nicht lange, und ihr Mann kam, um zu sehen, was mit seiner Frau geschehen war. Maggots-on-Water wendete sich landwärts. Er konnte seine Frau nicht erblicken und dachte, sie sei tot. Wirklich, er kannte keine Angst vor dem, was er trieb. Seine Frau ging in die andere Richtung, nahe der Küste auf dem Felsen. Vergebens sah sich Maggots-on-Water nach seiner Frau um. Die Frau stieg in das Kanu ihres Mannes. Da entdeckte Maggots-on-Water seine Frau. „He, Frau, bist du es? Du bist es, die ich abholen will. Komm her, damit ich zu dir an Bord steigen kann.“ - „Ich möchte nicht, daß du an Bord kommst. Später kannst du an Bord kommen, wenn du dir vorher dein Haar ausreißt.“ Da riß sich Maggots-on-Water die Haare aus. „Komm doch her, Herrin, damit ich an Bord gelangen kann. Alle meine

Haare sind fort." - „Ich möchte nicht, daß du an Bord kommst. Später kannst du an Bord kommen, wenn du vorher alle deine Wimpern und deinen Bart entfernt hast." Da zog sich der Mann alle Wimpern und Barthaare aus. „Komm her, Frau, damit ich an Bord gelangen kann. Alle meine Wimpern und Barthaare sind fort." - „Ich möchte nicht, daß du an Bord kommst. Später kannst du an Bord kommen, wenn du vorher deine Schamhaare ausgezogen hast." Da zog sich der Mann die Schamhaare heraus. „Komm her, Herrin, jetzt sind auch alle meine Schamhaare weg." - „Ich wünsche nicht, daß du an Bord kommst", rief seine Frau, „später kannst du an Bord kommen. Marschiere los und umrunde einmal die Insel mit nach außen gedrehten Beinen." Da lief Maggots-on-Water los. Er lief mit nach außen gewendeten Beinen einmal um die Insel. So zahlte die Frau ihm die bösen Taten heim, die er ihr zugefügt hatte. „Du wirst nicht an Bord kommen", rief die Frau ihrem Mann zu, „du wirst sterben für das, was du mir angetan hast." - „Sage doch so etwas nicht, Frau", rief Maggots-on-Water und flehte sie an, ihn an Bord ihres Reisekanus zu nehmen. Da erhob die Frau ihre Stimme. Sie war draußen auf dem Wasser, auf See, und rief: „Adler, komm, ergreife diesen Maggots-on-Water." Noch einmal: „Adler, komm, ergreife diesen Maggots-on-Water." Der Adler kam. Er flog herbei, stieg auf und stürzte sich dann auf Maggots-on-Water. Der Mann wurde vom Adler gepackt. Dann kam ein zweiter Adler und griff ihn. Seine Frau verharrte auf dem Wasser. Sie sah viele Adler kommen und ihren Mann angreifen. Es dauerte nicht lange, bis alles Fleisch verschwunden war. Nur die blanken Knochen blieben auf dem Felsen zurück, als die Adler sein ganzes Fleisch verzehrt hatten. Dann fuhr die Frau zurück nach Hause. Sie hatte jetzt ihren Gatten besiegt. Die Frau rief Erstaunen hervor, denn sie war nicht von Maggots-on-Water in seinem Haus umgebracht worden. Sie wurde danach befragt. Die Frau löste das Erstaunen ihrer Dorfbewohner aus, denn sie hatte ungeachtet der Bosheit ihres Gatten überlebt und besaß als Frau ein Seitenpaddelkanu. Sie erzählte den Dorfbewohnern alles.

Der Hund

Erzählt von La'bid, berichtet von George Hunt

Die A'wa ilela lebten in Ha'nwade. Hä'xomalagilak besaß einen großen Hund. Hä'xomalagilak behandelte seinen Hund wirklich gut. Immer ermahnte er seine Frau, den Hund in seiner Abwesenheit zu füttern, denn er wußte, wie sie mit dem Hund umging, wenn er fort war. Seine Frau gab dem Hund dann kein Futter. Sie schlug ihn immer nur während der ganzen Zeit mit Feuerzangen, wenn der Hund versuchte, in das Haus zu gelangen. Denn die Frau haßte den Hund wirklich. Sie fütterte ihn nicht.

Der Hund haßte die Frau ebenso. Immer hatte der Mann mit seiner Frau Streit, wenn er sie aufforderte, den Hund zu füttern. Die Frau keifte ihren Mann an: „Oh, mach es doch selbst und füttere deinen alten Köter.“ So fütterte der Mann seinen Hund alleine. Doch der Hund verzehrte kaum, was der Mann ihm gab. Da erkannte der Mann, daß der Hund sich unwohl fühlte, denn der blieb auf dem Platz liegen, wo er sonst schlief. Als die Nacht anbrach, meinte die Frau zu ihrem Mann, sie sollten früh zu Bett gehen. Sobald sie sich hinlegten, fielen sie auch schon in Schlaf. Als der Hund hörte, wie sein Herr und seine Frau schnarchten, setzte er sich auf und richtete sein kleines Bett. Als er sein Bett bereitet hatte, schlich er zu der Stelle, wo sein Herr und seine Frau schliefen. Der Hund zog seine Hundehaut aus und legte sie auf den Boden. Er zog die Menschenhaut seines Herren ab und bekleidete sich damit. Dann nahm er die Hundehaut und zog sie seinem Herren über. Als er, jetzt ein Mann, diese Arbeit beendet hatte, erwachte die Frau. Die Frau sah, daß der, der jetzt ein Hund war, neben ihr lag, und stieß ihn als ihren Hund sofort aus dem Raum. Doch er war es immer noch, ihr Ehemann. Da ging der Mann, der jetzt ein Hund war, dorthin, wo der Hund zu schlafen pflegte, und legte sich nieder. Und der Hund, der jetzt die Menschenhaut seines Herren trug, legte sich an die Seite der Frau und kehrte ihr den Rücken zu. Die Frau versuchte, den zu umarmen, ihren vermeintlichen Mann, den Hund. Der Mann sprach ärgerlich zu ihr: „Schlaf doch endlich, ich bin sehr müde." Da fragte sie: „Was ist los? Wende mir doch wenigstens dein Gesicht zu." Der Mann erwiderte: „Was hätte ich denn davon, dir mein Gesicht zuzuwenden? Ich fühle mich wohl, so wie ich liege. Schlaf endlich." Schon begann der Hunde-Mann zu schnarchen und schlief ein. Die Frau aber konnte nicht schlafen, so verblüfft war sie über die Art, wie ihr Mann mit ihr umging.

Als der Morgen graute, ergriff der Hunde-Mann das Wort: „Steh auf, Frau, erhebe dich und gib dem armen Hund zu essen!" Immer noch lag er mit dem Rücken zu seiner Frau. Die Frau ängstigte sich über die Art, wie er sprach. Deshalb erhob sie sich und fütterte den Hund. Als sie sich der Stelle näherte, wo der Hund lag, setzte sich dieser auf und starrte die Frau an, als ob er sprechen wolle, doch er winselte nur. Die Frau war auch über das Verhalten des Hundes erstaunt, denn so etwas hatte der Hund noch nie gemacht. Es schien, als ob er auf die Frau wartete, obgleich sie doch einander haßten. Die Frau blieb beobachtend stehen, als der Hund zu ihr kam, sich aufstellte und seine Vorderpfoten auf ihre Brust drückte. Da fragte die Frau ihn: „Was ist los mit dir? Es ist, als ob du mit mir sprechen möchtest. Bitte sprich doch." Jetzt bemitleidete sie den Hund. Sie vergaß ganz, daß sie eigentlich das Essen zubereiten mußte. Der Hunde-Mann sprach ärgerlich: „Was ist los mit dir, daß du so lange fortbleibst?" Da antwortete die Frau: „Ich bin so über das Verhalten des Hundes in unserem Hause mir gegenüber überrascht, denn niemals hat er sonst etwas gegessen, das ich ihm gab." Der Hunde-Mann erklärte: „Er empfindet Dankbarkeit für das, was du tust, wenn du ihn fütterst. Nun sieh zu, daß du so weitermachst, und gib ihm zu essen, bevor wir gegessen haben." Die Frau versprach: „So will ich es ab jetzt machen, denn er tut mir so leid." Der Hunde-Mann sprach: „Das ist es, was ich dir verständlich machen will, daß du immer mit ihm Mitleid haben sollst. Dann wird er die Wohltaten, die du ihm antust, mit Wohltaten vergelten. Ich meine, du solltest ihn immer füttern, bevor wir gegessen haben." Die Frau bestätigte ihm: „Das ist es, was ich machen werde, solange ich eine Frau bin." Und so handhabte sie es für lange Zeit. Sie behandelte den Hund wirklich gut. Und der Hund verhielt sich immer, als ob er ein Wort mit der Frau wechseln wolle. Die Frau setzte sich immer dorthin, wo der Hund lag. Die Frau bat den Hund, zu sprechen und zu erklären, weshalb er so vernarrt in sie sei. Der Hund winselte nur, als ob er sprechen wolle, und so tat er der Frau furchtbar leid. Den Hunde-Mann verstand die Frau nicht mehr. Immer sprach er verärgert mit ihr und kannte kein Lachen, wie ihr wirklicher Mann es kannte, der immerzu lachte, denn er war ein sehr freundlicher Mann, der, der jetzt ein Hund sein mußte. Auch verwunderte die Frau, daß der Hunde-Mann ihr immer befahl, zuerst zu Bett zu gehen, und sobald sie im Bett lag, legte sich der Hunde-Mann mit dem Rücken zu ihr neben sie. Sobald sie dann versuchte, ihn zu umarmen, schimpfte er mit ihr: „Berühre mich nicht!“ Langsam gewöhnte sich die Frau daran. Lange Zeit verhielt sich der Hunde-Mann so, bis er glaubte, daß die Frau den Hund jetzt wirklich bemitleide und ihn immer füttere, wenn sie am Morgen aufstehe. Deshalb beschloß er, seinen Herren wieder in seine Rechte einzusetzen, daß er wieder ein Mann werden solle und er wieder ein Hund würde. Sobald die Nacht anbrach, forderte der Mann seine Frau auf, sich in das Bett zu legen. Als sie im Bett lag, schlief sie ein. Er zog die Menschenhaut aus, in die er gekleidet war und legte sie nieder. Dann zog er seinem Herrn die Hundehaut aus und stieg wieder hinein. Seinem Herrn kleidete er wieder in die Menschenhaut. Der Herr wurde wieder ein Mensch, und er wurde wieder ein Hund. Als er das vollbracht hatte, ging der Mann zu der Stelle, wo seine Frau in tiefem Schlaf lag. Sogleich weckte er seine Frau und erzählte ihr, wie er versucht hatte, mit ihr zu sprechen. „Wenn du mich füttern kamst, konnte ich meine Worte nicht hervorbringen, doch ich verstand alle deine Worte, als mein Hund seine Hundehaut über mich gestülpt und meine Menschenhaut sich selbst angezogen hatte. Ich meine, du solltest den Hund nun gut behandeln und ihn essen lassen, bevor wir essen. Sei nicht ärgerlich über ihn, wir sollten fürchten, was er uns angetan hat.“ Da sprach die Frau zu ihrem Mann: „Danke, du bist zu mir zurückgekommen, ich litt wirklich, denn ich wurde immer von ihm getadelt, der doch nur ein Hunde-Mann war. Wenn ich nachts im Bett lag, drehte er mir immer den Rücken zu, und wenn ich versuchte, ihn zu umarmen, beschimpfte er mich und meinte: *schlafe*! Am Morgen weckte er mich, damit ich den Hund füttere, und in Wirklichkeit warst du es. Ich denke, ab jetzt werde ich den Hund gut behandeln, und er soll als erster zu essen erhalten, noch bevor wir essen. Ich meine, ich bin so glücklich, mein Mann, daß du zurückgekommen bist." Da stimmte der Mann zu: „Ich habe es deshalb gesagt, meine liebe Frau, weil ich den Grund erkenne, weshalb der Hund uns das angetan hat. Er wußte, wie sehr ich ihn liebe, aber ihr haßtet euch. Jetzt hat er dich unterwiesen, daß du aufhören sollst, ihn zu mißhandeln, und daß du ihn nur noch gut behandeln sollst. Darum sind deine Worte gut, weil du sagtest, du wollest ihn füttern, bevor wir gegessen haben. Ich gebe zu, ich bin wirklich erschreckt über das, was er mir angetan hat. Doch ich rechne nicht damit, daß der Hund mir das noch einmal antun wird. Das ist meine Überzeugung, Frau. Laß uns gemeinsam für unseren übernatürlichen Hund sorgen, damit er uns beschützt, solange wir leben, denn er besitzt eine große übernatürliche Macht. Du weißt, was er mit mir gemacht hat." Von jetzt an spielte der Hund immer mit der Frau. Das ist das Ende der Geschichte.

Das ist der Grund, warum die Indianer es nicht wagen, ihre Hunde zu mißhandeln, und weshalb die Hunde nur an Altersschwäche sterben.

Die Geschichte der Hunde
Aufgezeichnet von George Hunt

„Das ist keine Mythe. Was ich berichte, ist eine Geschichte. Meine Geschichte ist sieben Generationen alt", erklärte mir La'bid.

Alle Gwe'tela lebten in Yile's und alle Leute besaßen viele Hunde. Jedes Mal, wenn die Hunde in das Haus ihres Besitzers kamen, nahmen die Leute die Feuerzangen und schlugen sie. Die Hunde blieben immer hungrig. Ihre Besitzer fütterten sie nicht, und so waren die Hunde sehr ausgezehrt. Immer mußten die Hunde außerhalb der Häuser ihrer Besitzer schlafen, ob die Sonne schien oder ob es nun schneite, regnete oder der Wind blies. Nur ein Hundebesitzer, Te´qwap, Häuptling des Numaym Kkwa´kum der Gwe´tela, behandelte seinen Hund gut. Der Name dieses Hundes war Gi´gexsta. Gi´gexsta diente als Bett eine niedrige Kiste, deren Boden gut mit zerkleinerter Thujarinde bedeckt war. Dort verbrachte Gi´gexsta seine Nächte. Wenn Te´qwap am Morgen aufstand, rief er sofort seinen Hund herbei und fütterte ihn. Erst wenn Gi´gexsta gegessen hatte, setzten sich Te´qwap und seine Frau Sebe´lxel hin und nahmen ihr Frühstück ein. Nicht ein einziges Mal vergaß Te´qwap, seinen Hund zu füttern, bevor seine Frau und er zu frühstücken begannen.

Eines Tages herrschte herrliches Wetter. Deshalb verließ Ya´yaqolalas sein Haus und setzte sich auf die Sommerplattform. Er saß noch nicht lange dort, als er zwei Hunde beobachtete, die umherliefen und alle schlafenden Hunde anstießen. Sofort wachten die eben noch schlafenden Hunde auf und zogen augenblicklich in die Wälder der Alert-Bay. Ya´yaqolalas beobachtete, wie all die vielen Hunde in die Wälder liefen. Da kam ihm die Idee, heimlich den vielen Hunden zu folgen. Ya´yaqolalas war nicht lange im verborgenen unterwegs, als er einen Mann sprechen hörte: „Ihr seid zusammengekommen, all ihr Leute, damit wir miteinander darüber sprechen können, weshalb wir zusammengekommen sind und hier auf dem Boden sitzen. Jetzt holt unseren Häuptling Malid herbei“ - der Sprecher der Hunde meinte Gi´gexsta -, „er soll sich anhören, weshalb wir uns hier versammelt haben, wo wir sitzen. Zwei sollen sich aufmachen, ihn zu holen. Kommt nicht ohne ihn zurück!“ Zwei kleine Hunde erhoben sich, und der eine meinte: „Wir wollen uns aufmachen und unseren Häuptling holen.“ Sie brachen auf, aber es dauerte nicht lange, bis sie zurückkehrten und sich hinsetzten. Da fragte sie der Sprecher der Hunde: „Habt ihr unseren Häuptling Malid nicht geholt?“ Die kleinen Hunde antworteten: „Te´qwap und seine Frau erlaubten uns nicht, uns der Stelle zu nähern, wo Malid schläft. Te´qwap und seine Frau ergriffen ihre Feuerzangen und schlugen uns, so daß wir wegrennen mußten." Da wiederholte der Sprecher der Hunde: „Unser Häuptling muß herkommen. Geht noch einmal, und auch wenn ihr von Te´qwap und seiner Frau geschlagen werdet, müßt ihr den Korb unseres Häuptlings erreichen und ihm schnell mitteilen: 'Wir sind gekommen, dich zu holen, Häuptling Malid, damit du mitkommst und erfährst, was sie dir sagen wollen. Folge uns.'" Da brachen die beiden kleinen Hunde wieder auf und rannten in Te´qwaps Haus. Sie gingen geradewegs zu Malids, das heißt, Gi´gexstas Lager. Einer der Hunde konnte Malid gerade noch anstoßen, bevor Te´qwap die Feuerzange ergriff und versuchte, die kleinen Hunde zu prügeln. Doch er schaffte es nicht, sie zu erwischen, so schnell rannten die beiden kleinen Hunde mit Malid hinaus. Als sie den Ort erreichten, wo die vielen Hunde warteten, forderte der Sprecher Malid auf, sich neben ihn zu setzen. Als Malid an seinem Platz saß, stand ein anderer großer Hund auf und erklärte: „Es wäre gut, mein Volk, wenn wir nicht die Zustimmung unseres Häuptlings einholen müßten wegen der Haltung, die er dazu hat. Jetzt höre zu, Häuptling, ich möchte dir berichten, wie ich von meinem Herren mißhandelt werde. Wenn ich am Morgen versuche, das Haus zu betreten und gefüttert werden möchte, schnappt er sich nur die Feuerzange, schlägt mich und vertreibt mich aus dem Haus. Dort lege ich mich dann nieder, wie ich immer dort liege, ob es nun regnet oder schneit, und bin sehr hungrig."

Ein anderer Hund stand auf und bestätigte für sich, was der erste Hund berichtet hatte, als er sprach. Als er fertig war und sich setzte, erhob sich der nächste Hund und folgte den Aussagen, die der erste Hund gemacht hatte. Nur ein Hund hatte zum Schluß noch nicht gesprochen. Der erhob sich nun und erklärte: „Häuptling Malid, du hast vernommen, was unsere Leute zu berichten haben. Wir alle werden von unseren Herren mißhandelt, sie schlagen uns mit ihren Feuerzangen. Der Grund dafür ist nicht, daß sie uns töten wollen, sie haben einfach ihre Freude daran, uns vor Schmerzen schreien zu hören, und lachen, wenn sie uns davonrennen sehen. Das muß ja unsere Herzen krank machen, meine Mitbewohner. Doch jetzt wollen wir Rache nehmen und alle zusammen unsere Herren umbringen, meine

Mitbewohner.“ Als er mit seiner Rede fertig war, setzte sich der Mann wieder. Da stand Malid auf und ergriff das Wort: „Ich habe gehört, wie ihr von euren Herren mißhandelt werdet. Ich werde dagegen von meinem Herrn sehr gut behandelt. Mein Lager ist wohl gerichtet, und am Morgen erhalte ich Essen, bevor meine Herren frühstücken. Erst wenn ich gespeist habe, beginnen meine Herren ihr Mahl. Ich wünsche mir nur, daß ihr meinen Herrn nicht tötet.“ Dann rannte er zurück zu seinem Haus. Sobald er in Te'qwaps Haus ankam, kletterte er hinauf auf das Dach des Hauses und rannte bellend auf dem Dach umher, bis es beinahe Mitternacht war. Da erschütterte ein gewaltiges Beben die Erde. Alle Häuser der Kwakiutl stürzten zusammen. Nur das Haus von Gi'gexstas Besitzer stürzte nicht ein, und Te'qwap, der Besitzer dieses Hauses, und die, die in seinem Haus lebten, blieben die einzigen Überlebenden auch Ya'yaqolalas, der in seinem Versteck gehört hatte, was die Hunde besprochen hatten. Daher wissen die Indianer, daß die Hunde Macht über die Erdbeben besitzen, denn Ya'yaqolalas berichtete alles, was er die Hunde sprechen gehört hatte. Deshalb behandeln die Indianer heutzutage ihre Hunde gut.

Hörnchen und Donnervogel

Erzählt von Wa'kas, 1899. Aufgezeichnet von George Hunt

Die ersten aus dem Numaym Gapenox lebten am Sandstone Place (Dena'sex). Ya'yagextsa war ein Seejäger, er, der kein Häuptling war, sondern nur der Harpunierer des Hauses von Häuptling Place-of-Getting-Rich (Qo'menakulas). Ya'yagextsa reinigte sich immer in einem Teich weit im Innern des Landes. Es gab dort einen unbewachsenen Platz nicht weit vom Ufer des Sees. Ya'yagextsa wunderte sich, was wohl die Ursache dafür sein könne. Da kam ihm die Idee, er müsse sich wirklich noch gründlicher reinigen, um das zu erfahren. So beschloß er, sich zweimal täglich im See zu waschen, am Morgen und am Abend. Außerdem entschloß er sich, vier Tage im Landesinneren zu bleiben. Er säuberte sich sofort und rieb seinen Körper mit Hemlocktannenzweigen ab. Als er damit fertig war, brach er die mit übernatürlichen Kräften versehenen Spitzen der Hemlocktannenzweige ab und bereitete sich im Schutze einer Hemlocktanne ein Lager. Nach Beendigung dieser Tätigkeiten brach schon beinahe der Abend herein. Da stieg er erneut in den Teich, um sich zu reinigen, und rieb seinen Körper wieder mit Hemlocktannenzweigen ab. Dann ging er zu seinem geschützten Lager und legte sich nieder. Bei Tagesanbruch erhob er sich, wusch sich im Teich und rieb sich mit Hemlocktannenzweigen ab. Danach betete er zu allen Arten von Bäumen und Büschen, und so betete er: „Ich bin gekommen, dich zu bitten, Mitleid mit mir zu haben, Übernatürlicher. Bitte unterweise mich, was ich am besten machen kann, damit ich an diesem Ort, der übernatürlich wirkt, einen übernatürlichen Schatz erhalten kann. Bitte komm heute Nacht zu mir und beschere mir einen guten Traum, der mich zu dem führt, was ich als meinen Schatz erwähnte, damit ich Erfolg habe in dem, weshalb ich hierher gekommen bin. Laß mich keinen Mißerfolg ernten.“ Am Abend kehrte er zurück an die Stelle, wo er die Nacht verbrachte, um kurz zu rasten. Als es dunkel wurde, ging er, sich im Teich zu reinigen und seinen Körper wieder mit Hemlocktannenzweigen abzureiben. Dann begab er sich zu seinem Lager und legte sich nieder.

Er schlief sofort ein. Und er träumte, ein Mann käme und setze sich dort nieder, wo er lag. Dann sprach der Mann zu Ya'yagextsa: „Oh Freund Ya'yagextsa, ich bin von unseren Freunden ausgeschickt, dir das Ergebnis ihrer Beratungen vom letzten Abend mitzuteilen, als Häuptling Eibe alle, die ihn zum Häuptling haben, zusammenrief, alle Bäume und alle Büsche. Das war seine Ansprache: 'Du hast gut daran getan, alle Bäume und alle Büsche um Mitleid anzuflehen. Auch hast du gut daran getan, deinen Körper im Teich zweimal zu reinigen und zweimal mit Hemlocktannenzweigen abzureiben'. Dann empfahl Christwurz, du solltest ihre Blätter sammeln und auf deinem Körper zerreiben, nachdem du ihn mit Hemlocktannenzweigen abgerieben hast, so daß wirklich jeder menschliche Geruch von dir vertrieben wird. Denn du wirst etwas Großartiges sehen, eine doppelköpfige Schlange und einen Donnervogel. Die von Bewuchs freie Stelle, die du erblickt hast, ist nämlich der Platz, wo die doppelköpfige Schlange versucht, etwas Sonnenschein abzubekommen. Du mußt nur aufpassen, wenn du die doppelköpfige Schlange siehst. Es ist so: wenn sie sich früh auf dem Boden verändert, wirst du etwas erblicken, was von ihren Schuppen kommt, das so beschaffen ist, daß es nichts gibt, was nicht getötet wird, wenn man es am Ende der Pfeile befestigt.“ Dann verschwand der Mann in seinem Traum.

Als Ya'yagextsa erwachte, brach der Tag an. Er stand auf und wollte in den Teich steigen. Er war noch nicht dort angekommen, da erblickte er eine Christrose, die dort wuchs. Er pflückte vier ihrer Blätter ab. Am Teich angekommen, legte er die vier Christrosenblätter am Ufer ab. Dann wusch er sich und rieb seinen Körper mit Hemlocktannenzweigen ab. Er nahm die Blätter der Christrose und zerrieb sie auf seinem Körper. Als er damit fertig war, brach er landeinwärts auf und bat wieder alle Bäume und Büsche um Mitleid. Er wiederholte genau, was er schon einen Tag zuvor gesagt hatte. Erst am Abend kehrte er wieder zu der Stelle zurück, wo er sich des Nachts hinzulegen pflegte. Er pflückte noch einmal vier Blätter der Christrose ab und brachte sie zum Teich. Die Blätter legte er dicht beim Wasser ans Ufer, reinigte sich und rieb seinen Körper mit Hemlocktannenzweigen ab. Danach nahm er die vier Christrosenblätter und zerrieb sie auf seinem Körper. Als er damit fertig war, legte er sich an seinem üblichen Platz nieder. Diese Nacht schlief er sehr gut. Bei Anbruch des Morgens erhob er sich, pflückte weitere vier Blätter der Christrose und brachte sie zum Teich. Erneut legte er die vier Blätter dicht am Wasser ab. Er reinigte sich und rieb sich mit Hemlocktannenzweigen ab. Danach nahm er die vier Christrosenblätter und zerrieb sie auf seinem Körper. Diesmal rieb er die Blätter sehr intensiv auf seinem Körper und hörte erst auf, als sie völlig auf seinem Körper zerrieben waren. So verließ er das Wasser und setzte sich zum Trocknen auf den Boden. Plötzlich hörte Ya'yagextsa ein quiekendes Geräusch, das auf die

Stelle zukam, wo er saß. Er sprang auf und ging hinter einem Baum in Deckung. Das Quieken wurde lauter und kam immer näher. Plötzlich sah er die doppelköpfige Schlange. Ein Männergesicht befand sich in der Mitte ihres Körpers. Die doppelköpfige Schlange begab sich geradewegs zu der freien Stelle und lag dann still, denn die Sonne schien dorthin. Ya'yagextsa wurde schwach. Er konnte keinen Plan entwickeln, was er machen sollte. Der ganze Körper der doppelköpfigen Schlange glänzte, wie sie so ruhig auf dem Boden lag.

Plötzlich hörte Ya'yagextsa ein zischendes Geräusch über sich, das sich abwärts bewegte und von der oberen Seite unserer Welt kam. Wahrscheinlich hörte die doppelköpfige Schlange es auch. Sie versuchte zu entkommen. Da sah Ya'yagextsa den Donnervogel im Sturzflug herunterschießen. Er schleuderte Blitze vor sich her. Doch sobald er versuchte, die doppelköpfige Schlange mit seinen Fängen zu greifen, verwandelte sie sich in ein Hörnchen. Das Hörnchen schlüpfte sofort in ein Loch im Boden.

Der Donnervogel flog wieder nach oben. Ya'yagextsa stand auf und lief zu der Stelle, wo die doppelköpfige Schlange am Boden gelegen hatte, um eine Schuppe von ihr zu suchen. Er erblickte etwas Leuchtendes, das auf dem Boden lag, wo sich vorher die doppelköpfige Schlange aufgehalten hatte. Er riß ein Blatt des Salalbusches ab und wickelte es um die Schuppe. Dann begab er sich nach Hause. Es wurde schon dunkel, als er hinter seinem Haus ankam. Die verhüllte Schuppe versteckte er unter der Wurzel einer Riesenthuja. Nachdem Ya'yagextsa die Schuppe verborgen hatte, betrat er sein Haus und legte sich auf sein Bett. Während er dort lag, träumte er von einem alten Mann, der an sein Bett trat und sich zur rechten Seite von Ya'yagextsa niedersetzte. Der Mann begann zu sprechen: „Du warst erfolgreich, Freund Ya'yagextsa, in dem, was du gemacht hast, denn du hast mich nicht verletzt. Ich bin die doppelköpfige Schlange, und es war der Donnervogel, der mir Schaden zufügen wollte. Er merkte nicht, wohin ich verschwand, nachdem ich ein Hörnchen geworden war. Ich denke, du wirst einen großen Schatz von mir erhalten haben, denn ich bemerkte, daß du dich hinter einem Baum verborgen hattest. Ich denke, du warst erfolgreich, als du meine Schuppe genommen hast. Jetzt besitzt du einen großartigen Schatz. Nur zu! Stelle einen Pfeil her und befestige die Schuppe am Ende des Pfeils. Nichts wird überleben, was von dir geschossen wird, nicht einmal ein Wal oder ein anderes Säugetier. Wenn du wünschst, daß das, was du schießt, zu Stein wird, befiehl dem Pfeil, daß er versteinere, oder befiehl dem Pfeil, das, was du schießt, solle verbrennen. Der Pfeil wird dir in allem gehorchen, was du befiehlst." Dann verschwand der Mann.

Als der Tag anbrach, erhob sich Ya'yagextsa, nahm sein Messer und gut zu spaltendes Thujaholz und machte sich landeinwärts durch die rückseitige Tür seines Hauses auf den Weg. In der Nähe der Stelle setzte er sich nieder, wo er die Schuppe der doppelköpfigen Schlange verborgen hatte. Er maß zwei Spannen und eine kurze Spanne als Länge für seinen Pfeil aus. Auf diese Länge schnitt er das Holz zu. Dann teilte er es längs und schnitzte einen quadratischen Stab. Diesen beschnitt er so, daß er rund wurde. Sobald er die richtige Dicke hatte, las er die Splitter auf und rieb sie an dem, was ein Pfeil werden sollte. Als er dies beendet hatte, war der Schaft ganz glatt. Als er damit fertig war, holte er die Schuppe der doppelköpfigen Schlange hervor und zerlegte das Ende dessen, was ein Pfeil werden sollte. Er steckte die Schuppe in das gespaltene Ende. Dann nahm er eine gut gespaltene Fichtenwurzel und band sie fest um das Ende des Pfeilschaftes. Vier Finger breit umwickelte er das Ende des Pfeilschaftes mit der Wurzel. Er wickelte die Wurzel so fest um das Ende des Pfeilschaftes, weil er nicht wollte, daß die Schuppe der doppelköpfigen Schlange herausfiele, wenn er auf etwas schießen würde. Als Ya'yagextsa dann mit der Herstellung des Pfeiles fertig war, sprach er ein Gebet zu ihm: „Mein Freund, du bist gekommen, du wirklich übernatürliches Wesen. Immer wollen wir zusammenbleiben, Freund." So sprach Ya'yagextsa zu seinem übernatürlichen Schatz.

Dann versteckte er ihn wieder unter der Riesenthuja. Er brachte sein Messer in das Haus zurück und holte seinen Bogen. Durch die rückwärtige Tür seines Hauses zog er landeinwärts fort. Er holte seinen todbringenden Pfeil und ging auf Jagd. Er erblickte einen Schwarzbären und schoß seinen Pfeil ab. Sofort stürzte der Bär zu Boden und war tot. Ya'yagextsa enthäutete ihn. Dann hängte er das Fell über die Wurzel eines Fichtenbaumes. Danach zog er weiter. Er erblickte einen Wapiti. Da sprach Ya'yagextsa zu seinem Pfeil: „Jetzt will ich mit dir auf diesen Wapiti schießen, und du sollst ihn in einen Stein verwandeln." Er schoß ihn ab. Sofort stürzte der Wapiti zu Boden und verwandelte sich in einen Fels. Ya'yagextsa war nach diesem Erlebnis wirklich glücklich; als ob er nicht geglaubt hätte, daß sein Pfeil das ausrichten würde. Er zog weiter und erblickte einen Hügel. Da sprach er zu seinem Pfeil: „Ich will dich auf diesen Hügel abschießen. Du sollst ihn in Flammen setzen." Er schoß den Pfeil ab. Sofort fingen die Bäume auf dem Hügel Feuer. Ya'yagextsa kehrte nun zurück, nahm das Bärenfell und brachte es auf seinem Rücken nach Hause. Er war noch fern von seinem Haus, als er ein Hörnchen erblickte, das am Fuß eines Thujabaumes kreischte. Da kam Ya'yagextsa der Gedanke, Bogen und Pfeil unter dem Thujabaum zu verstecken. So machte er es. Danach sah er, daß das Hörnchen auf einem Stumpf saß, und er erinnerte sich, daß die doppelköpfige Schlange sich in ein Hörnchen verwandelt hatte. Aus diesem Grund sprach er ein Gebet zu dem Hörnchen: „Ich danke dir, übernatürliches Wesen, daß wir einander noch einmal begegnen. Ich danke dafür, daß du mir mit diesem meinem übernatürlichen Schatz, dem todbringenden Pfeil, eine Gnade erwiesen hast. Laß mich nur weiter so leicht alles erlangen, was ich jage, und laß mich kein Unglück haben, solange ich mit dir zusammen bin. Habe Mitleid mit mir." Das Hörnchen saß nur still auf seinem Stumpf. Sobald Ya'yagextsas Gebet endete, quiekte das Hörnchen auf, sprang fort und verschwand in einem Loch im Boden. Ya'yagextsa lief nun weiter. Er wußte jetzt, daß dieses Hörnchen die doppelköpfige Schlange war, denn das entsprach genau der Art, wie sie es machte, als die doppelköpfige Schlange zu einem Hörnchen wurde, weil sie der Donnervogel greifen wollte.

Als Ya'yagextsa sein Haus betrat, hängte er das Bärenfell in eine Ecke, aß ein wenig und legte sich ins Bett, denn es war schon dunkel. Er schlief sofort ein, denn er war recht weit gelaufen und fühlte sich sehr müde. Auch in dieser Nacht träumte er von der doppelköpfigen Schlange. In seinem Traum sah Ya'yagextsa den ältlichen Mann in sein Haus kommen, wo er auf dem Rücken lag und im Traum an seinen Pfeil dachte, seinen übernatürlichen Schatz, den er von der doppelköpfigen Schlange erhalten hatte. Der alte Mann ergriff das Wort: „Ich bin gekommen, um dich zu sehen, Freund Ya'yagextsa. Du kennst mich, ich bin die doppelköpfige Schlange, die zu einem Hörnchen wurde, und ich werde ein Hörnchen sein, wenn wir uns von Zeit zu Zeit begegnen. Ich bin auch das Hörnchen, das du an der Stelle, wo du deinen Bogen und Pfeil unter dem Thujabaum versplecktest, gesehen hast. Aus diesem Grunde, weil du Pfeil und Bogen unter dem Thujabaum verborgen hast, kam ich zu dir, um dir in deinem Traum eine Einsicht zu gewähren. Ich will sie dort bewachen, denn es brächte dir schweres Unglück, wenn du sie in dein Haus bringen würdest. Ich will sagen, Freund, sei vorsichtig mit allem, was du machst und vergiß nicht, dich zu reinigen, bevor du dich in der Nacht zur Ruhe legst. Und weiter: Vergiß nicht deinen Häuptling, Place-of-Getting-Rich, und gib ihm immer den größeren Anteil von allem, was du erlegst. Wenn du dich so zu deinem Häuptling verhältst, wird dir kein Unglück widerfahren." Nach diesen Worten verschwand der Mann. Ya'yagextsa erwachte und dachte über die Worte seines Traum-Mannes nach, der ihm mitgeteilt hatte, er müsse immer dem Häuptling Place-of-Getting-Rich den größeren Anteil aller getöteten Tiere und Fische überlassen. Es heißt, Ya'yagextsa handelte wahrhaft nach den Worten des Traum-Mannes.

Ya'yagextsa gedachte nun auf Seeotterjagd zu gehen, noch bevor das Tageslicht am Morgen erschien, denn er wollte nicht, daß das Dorf von seinem übernatürlichen Schatz, dem Bogen, erführe. Deshalb erhob er sich vor Tagesanbruch und schlich landeinwärts zu seinem Pfeil und Bogen. Er nahm sie an sich und versteckte sie zwischen den Felsen an einer Stelle, wo er vorbeikommen mußte, wenn er zum Paddeln ging. Nachdem er sie versteckt hatte, kehrte er in sein Haus zurück, nahm seine Sitzmatte, seine Kniedecke und sein Paddel, denn natürlich lag sein Harpunenschaft immer in seinem kleinen Jagdkanu. Er brach zum Paddeln auf und nahm Pfeil und Bogen mit an Bord. Er paddelte nahe an die Felsen von O'yagemla, wo er viele Seeotter nach Muscheln tauchen sah. Wenn sie wieder auftauchten, nahm Ya'yagextsa seinen Bogen und Pfeil und schoß auf die zahlreichen Seeotter. Viele Seeotter wurden so direkt auf dem Wasser getötet. Danach legte Ya'yagextsa seinen todbringenden Pfeil wieder in das Kanu zurück und zog mehr als zwanzig Seeotter an Bord. Sein kleines Kanu ragte kaum noch aus dem Wasser. Sobald er die Spitze von Sandstone (Dena'sex) erreichte, lenkte er sein Kanu in die Felsbucht und stieg aus. Er nahm Pfeil und Bogen und rannte so, daß er nicht gesehen werden konnte, um diese unter dem Thujabaum zu verstecken, dem Ort, von dem der Doppelköpfige-Schlangen-Mann gesagt hatte, er solle immer Pfeil und Bogen verstecken. Es dauerte nicht lange, und er war wieder bei seinem Kanu, das er bestieg. Dann paddelte er zum Ufer des Hauses von Place-of-Getting-Rich. Das Dorf schlief noch, als er dort ankam. Ya'yagextsa stieg aus seinem kleinen Kanu und bat Place-of-Getting-Rich, seine Sklaven hinunterzuschicken, die Seeotter aus dem kleinen Kanu zu laden. Umgehend holten die Sklaven die Seeotter aus dem kleinen Kanu. Ya'yagextsa ehrte seinen Häuptling durch die mehr als zwanzig Seeotter. Das war das erste Mal, daß Ya'yagextsa so etwas machte, als er Place-of-Getting-Rich mit vielen Seeottern als Häuptling ehrte, wie es der Doppelköpfige-Schlangen-Mann von ihm gefordert hatte. (Und es war das erste Mal, daß ein Gapenox den Oberhäuptling als solchen ansah.)

Die Sklaven häuteten die Seeotter an der Küste. Schließlich waren alle enthäutet. Die Sklaven nahmen die Seeotterpelze und hängten sie in einer Ecke des Hauses auf. Jetzt glaubte Place-of-Getting-Rich, daß Ya'yagextsa, der in einem anderen Haus als Place-of-Getting-Rich lebte, die Wahrheit gesprochen hatte. Da sandte Place-of-Getting-Rich einen Sklaven aus, Ya'yagextsa zum Essen in das Haus einzuladen. Ya'yagextsa erhob sich und folgte dem Sklaven, der ausgeschickt worden war, ihn einzuladen, und betrat das Haus von Place-of-Getting-Rich. Ya'yagextsa wurde nun aufgefordert, sich auf eine neue Matte zu setzen, die an der Rückseite des Hauses ausgebreitet lag. Getrockneter Lachs wurde ihm als Speise angeboten. Als er den getrockneten Lachs verzehrt hatte, erhielt er gekochten Dorsch. Nachdem er den Dorsch mit Löffeln verzehrt hatte, ergriff Place-of-Getting-Rich das Wort: „Was du für mich mit diesen vielen Seeottern getan hast, ist großartig, mein Kind. Es ist unglaublich, was du gemacht hast. Ich danke dir für deine große Freundlichkeit, mein Kind. Jetzt komm und zieh in mein Haus, so daß wir hier zusammen in diesem Haus wohnen." Ya'yagextsa antwortete ihm: „Ich habe deine Worte gehört, Häuptling. Sie waren großartig. Weshalb sollte ich dich nicht als meinen Häuptling behandeln, denn du bist mein Häuptling, Häuptling Place-of-Getting-Rich. Dies sind nur die ersten, diese Seeotter, denn ich werde fortfahren, dich als Häuptling zu behandeln. Sei nur vorsichtig, sonst bist du es, der überwältigt wird von all dem, was ich mache, indem ich dich als Häuptling behandle. Du hast auch gesagt, ich solle in dein Haus ziehen, Häuptling. Sage das nicht jetzt, ich will noch in meinem Haus bleiben. Später, Häuptling, werde ich in dein Haus ziehen, wenn ich damit fertig bin, dich als Häuptling zu behandeln." Damit erhob sich Ya'yagextsa und kehrte zu seinem Haus zurück. Häuptling Place-of-Getting-Rich vermutete nun, daß Ya'yagextsa einen übernatürlichen Schatz erhalten habe und er deshalb nicht in sein Haus ziehen wollte.

Ya'yagextsa vergaß nicht, sich jeden Abend im Teich zu reinigen. Von dem Zeitpunkt, an dem er die vielen Seeotter gejagt hatte, hielt er eine Pause von vier Tagen ein. Dann, es war noch nicht Morgen, als er sich erhob, seine Kniedecke, seine Sitzmatte und sein Paddel nahm, hinunterging und sie in sein kleines Kanu legte. Schnell lief er landeinwärts und holte Pfeil und Bogen. Er brachte sie an Bord seines kleinen Kanus. Jetzt stieg er selbst ein und paddelte los. Er war noch nicht weit gefahren, als er viele Seehunde auf einem Felsen nahe dem Open-Mouth-Rock (Aqala'laa) erblickte. Er ergriff Pfeil und Bogen und schoß sie. Viele Seehunde lagen jetzt tot auf dem Felsen. Ya'yagextsa belud sein Kanu mit den vielen Seehunden. Als er alle eingeladen hatte, fuhr er wieder heim. Er nahm Pfeil und Bogen und rannte, sie am Fuß des Thujabaumes zu verbergen. Anschließend kehrte er zu seinem kleinen Kanu zurück und paddelte weiter. Er erreichte das Ufer von Place-of-Getting-Richs Haus.

Ya'yagextsa stieg aus dem Kanu und ging in das Haus von Place-of-Getting-Rich. Er bat den Häuptling, die Sklaven hinunterzuschicken, damit sie die Seehunde aus seinem kleinen Kanu nähmen. Place-of-Getting-Rich schickte vier Sklaven. Die Sklaven eilten und luden die Seehunde aus dem kleinen Kanu. Als alle ausgeladen waren, forderte Place-of-Getting-Rich die Sklaven auf, die Seehunde abzusengen. Sobald alle Seehunde abgesengt waren, schnitten die Sklaven sie auf. Als alle aufgeschnitten waren, lud Place-of-Getting-Rich das ganze Dorf in sein Haus ein. Nachdem alle versammelt waren, gab er ein Fest für sie mit den Seehunden als Mahl. Ya'yagextsa fuhr jeden vierten Tag hinaus und belud sein Kanu mit Tümmlern, mit Seelöwen, und schließlich mit vier Walen. Alles wurde bei einem Fest von Place-of-Getting-Rich an seine Dorfleute verteilt. Die Dorfleute trockneten das Fleisch der Wale und Seelöwen, der Tümmler und Seehunde und auch das Fleisch der Seeotter.

Als Ya'yagextsa alles, was ich aufgeführt habe, gejagt hatte, zog er in das Haus von Place-of-Getting-Rich. Ya'yagextsa wurde eingebildet, da er alles so leicht erjagte, und vergaß die Anweisungen des Doppelköpfige-Schlangen-Mannes. Er richtete seinen Schlafraum an der Rückseite des Hauses von Place-of-Getting-Rich ein. Sobald er damit fertig war, ging er landeinwärts zu dem Versteck von seinem Bogen und seinem todbringenden Pfeil. Er nahm den Bogen und den Pfeil und kehrte mit ihnen zurück. Einen kurzen Augenblick sah er das Hörnchen, wie es in seiner Bodenhöhle verschwand. Doch Ya'yagextsa achtete nicht darauf. Ya'yagextsa lief geradewegs in sein Haus, das Haus von Place-of-Getting-Rich, und hängte seinen Pfeil und seinen Bogen über der Kopfseite seines Bettes auf. Als er mit allem fertig war, hatte er das Gefühl, als ob er schläfrig würde. Er legte sich hin und fiel gleich in Schlaf. Sofort träumte er von dem Doppelköpfige-Schlangen-Mann, der nahte und sich an seine Seite setzte. Er sagte zu Ya'yagextsa: „Was ist mit dir geschehen? Ich versuchte, dir klarzumachen, daß du den todbringenden Pfeil niemals in das Haus bringen dürftest. Du warst mir ungehorsam und hast ihn in dieses Haus gebracht. Jetzt hast du es verdorben. Von heute an wirst du arm sein, weil du hochmütig geworden bist." Mit diesen Worten verschwand er. Ya'yagextsa erwachte. Er erhob sich, nahm seinen Pfeil und löste die Wurzel von seinem Ende. Er betrachtete die Stelle, wo die Schuppe der doppelköpfigen Schlange gewesen war, und erkannte, daß sich nichts mehr dort befand. So nahm er seinen Bogen und den todbringenden Pfeil und warf sie in das Feuer des Hauses. Dann kehrte er in seinen Schlafraum zurück und weinte, denn nun würde er immer arm sein. Das ist das Ende der Geschichte.

Lo'ya

Erzählt von O'mxid

Lo'ya fischte Heilbutt. Er erreichte seinen Heilbuttfischgrund und senkte seinen Anker ins Wasser. Danach warf er seinen Heilbuttangelhaken ins Wasser. Damit wollte er Heilbutt angeln. Er warf ihn also ins Wasser. Er meinte, nur den Häuptling der Heilbutte fangen zu wollen. Und er erwischte den Häuptling der Heilbutte. Sobald Ha'nwäla, der Häuptling der Heilbutte, im Kanu lag, fuhr er nach Hause. Er kam bei seinem Haus bei Tsa'xwaeselak an Land. Dort schnitt er auf und trocknete, was er gefangen hatte. Was er gefangen hatte, Ha'nwäla, der Häuptling der Heilbutte, war außerordentlich fett. Anschließend brach er erneut zum Fischen mit einer Fischreuse auf. In der Reuse fing er den Häuptling der Schleimfische. Der war wirklich fett. Sofort paddelte er nach Hause, um den Schleimfisch, den er gefangen hatte, aufzuschneiden und zu trocknen. Er war wirklich fett.

Sein Kind benannte er Ya'yaqelgis. Lo'ya sprach zu seinem Kind: „Ich werde eine Winterzeremonie abhalten, und du sollst ein Kannibalen-Tänzer sein." „Einverstanden", erwiderte Ya'yaqelgis, „mach dich auf und lade die Dorfleute ein, damit sie zusammenkommen und wir darüber sprechen, was wir machen werden, wenn wir den Wintertanz durchführen." - „Ich werde mich aufmachen und das Dorf einladen", stimmte Lo'ya zu. „Einladung!" rief Lo'ya. Er schritt in alle Ecken seines Hauses. Es gab dort nur ein Haus. Sie waren nur zwei, er und sein Kind. Lo'ya erhob sich und ergriff das Wort: „Ihr habt euch versammelt, Dorfleute. Wir wollen eine Winterzeremonie veranstalten. Jetzt wird dieser Ya'yaqelgis verschwinden." Da verschwand Ya'yaqelgis. So wurde das Haus von Lo'ya zum Winterzeremonienhaus. Als Speisen lagerte er die fette Haut des Heilbutts und den fetten Schleimfisch, die er gefischt hatte, in seinem Haus. Dann fingen sie sein Kind ein, Ya'yaqelgis, der ein Kannibalen-Tänzer war. Sie betraten das Haus, die beiden zusammen, er und sein Kind, als sie ihn gefangen hatten. Lo'ya betrat das Haus und stand in der Tür des Hauses. „Paßt auf, Freunde, schlagt den Takt", rief Lo'ya. Darauf hatten sie sich vorbereitet, und er war es, der den Takt schlug. Sein Sohn, der Kannibalen-Tänzer, erschien. Nur die beiden, Lo'ya und sein Sohn, waren im Haus.

Lo'yas Neffen kamen zu Besuch, sie kamen von Newe'de. Lo'ya lud sie ein. „Ich lade euch ein, ihr Krieger." Die Neffen setzten sich im Haus nieder. Lo'ya ergriff das Wort: „Was mögen diese Krieger essen? Kommt und verzehrt diese fette Haut." Er hatte sich selbst geantwortet. Damit übergab er die Haut den Neffen. Es waren drei seiner Neffen gekommen. Die Neffen aßen. Dann berichtete Lo'ya: „Wir halten eine große Winterzeremonie ab. Der Kannibalen-Tänzer Ya'yaqelgis kommt auf dem Dach des Hauses an." Doch er und sein Sohn waren die beiden einzigen Bewohner des Hauses. Da besprachen sich Lo'yas Neffen untereinander: „Lo'ya muß ein Narr sein. Weshalb sollten sie eine Winterzeremonie abhalten, wenn sie nur zwei Leute in dem Haus sind, er und sein Sohn? Nur volkreiche Dörfer veranstalten eine Winterzeremonie. Laßt uns nach Hause ziehen und es unserem Vater in Newe'de berichten." Da kehrten die Kinder nach Hause nach Newe'de zurück.

Eines Tages kamen die Bella Bella-Krieger. Lo'ya blieb keine Zeit, seinen Anker hochzuziehen. Es heißt, er sprang geradewegs aus seinem Kanu. „Auf diese Art mußt du tauchen, wie nach Art der Kormorane", sprach Lo'ya zu sich, als er tauchte. So konnte er sich nur zum Haus der Fische unten im Wasser retten. Dort sah Lo'ya die Fische. Es waren Männer, die im Haus saßen. „Paß auf, Lo'ya", meinten die Männer, „du mußt zum Ende des Hauses gehen und dann durch das offen stehende Maul des Seeungeheuers (Tse'gis) zu deinem Ufer." - „So werde ich es machen", antwortete Lo'ya. Er verließ ihren Kreis und bewegte sich seewärts von den ums Feuer versammelten Fischen fort. Lo'ya erreichte das Maul des Seeungeheuers. Das Maul stand offen. So konnte er das Ufer nahe seines Hauses emporsteigen. Und die feindlichen Krieger warteten vergeblich in der Nähe seines zurückgelassenen Reisekanus, daß Lo'ya wieder an die Oberfläche käme. Der ging indessen zu seinem Haus.

Hä'qulal

Erzählt von O'mxid

Es heißt, Hä'qulal war der Grund dafür, daß ein Haus bei Dzo'dzade errichtet wurde. Sie lebten am Sea-Otter-Slide-Point (Xu'mdasbe). Er saß in seinem Haus. Da kam sein Schwager La'kwatsot und trat ein. Er flüsterte Hä'qulal etwas zu: „Töte diesen Mann, der kam, um sich an deinem Feuer zu wärmen, der ausgeschickt wurde, nach dir zu sehen. Sonst wirst du, Hä'qulal, von Gilgamestala umgebracht." Doch E'kila hatte sich nur eingefunden, um sein Haar zu trocknen, denn er war gerade im Wasser gewesen. „Du bist schlecht, La'kwatsot", meinte Hä'qulal. „Wie soll ich denn die Bewirtung des Gastes zu Ende bringen, wenn ich diesen Mann ermorde? Ich werde ihn töten." Hä'qulal erhob sich, ergriff seine Steinaxt und warf sie auf E'kila. E'kila starb sofort, und sie zogen ihn in das Feuer und verriegelten die Tür. Die Verwandten von E'kila versuchten einzudringen, als sie erfuhren, daß E'kila tot war.

Da zog Hä'qulal fort. Er verließ Xu'mdasbe und zog nach Deer-Place (Ge'waseme). Sein ganzes Haus zog mit ihm, dieser

Numaym, der Numaym des Hauses von Hä'qulal. Xu'mdasbe war der Ort, wo auch Gilgamestala und sein Numaym lebten. Gilgamestala sprach: „Laßt uns Hä'qulal einladen und Rache nehmen an dem, der E'kila ermordet hat. Macht euch auf und fangt Seehunde, damit wir sie Hä'qulal als Speise vorsetzen können." Sie erbeuteten genügend Seehunde, und so konnte er Hä'qulal einladen. Hä'qulal und sein Numaym kamen und betraten das Haus. Gilgamestala schoß mit einem Pfeil nach Hä'qulal. Doch er verfehlte ihn. Ein anderer, ein Sklave, wurde getötet. Es heißt, der Pfeil durchbohrte den Bauch des Sklaven. Da wurde Hä'qulal wütend. Er zog sein Messer und schlug damit auf die Gastgeber ein. Ein Walknochen diente ihm als Messer. Dann zog Hä'qulal nach Hause zum Xu'mdasbe. Er aß nicht, was sie ihm zu speisen zu geben versuchten, als er erkannte, daß er sich gerade von Gilgamestala hatte täuschen lassen und von seinen Schwager ermordet werden sollte.

Die Kinder von E'kila sprachen zu ihrer Mutter: „Gestatte uns aufzubrechen, um die eine bei Ge'waseme zu sehen, die La'nuxsexlä heißt." - „Geht nur", erwiderte die Mutter. Es waren die Kinder von E'kila, die zu La'nuxsexlä ziehen wollten. Die Kinder liefen auf ihrem Weg zum Ge'waseme am Ufer entlang. Schließlich kamen sie bei ihrer Tante La'nuxsexlä an. Sie wurden von Hä'qulal zu einem Gastmahl eingeladen. Man dämpfte Seehunde und nahm sie dann mit Zangen heraus. Hä'qulal griff nach den Flossen und biß einmal hinein. Dann warf er sie durch das Haus zu den Kindern. „Nehmt das, eßt das, Kinder", rief Hä'qulal, „dann werdet ihr schnell heranwachsen, falls ihr gegen mich kämpfen wollt." Da liefen die Kinder hinaus und kehrten nach Hause nach Xu'mdasbe zurück. Sie erzählten alles ihrer Mutter. „Was bedeuteten die Worte Hä'qulals an uns?" fragten die Kinder. „Was sagte er genau?" wollte die Mutter wissen. „Er biß in die Flossen und warf die Flossen nach uns. 'Eßt das, Kinder, damit ihr schnell heranwachst, falls ihr gegen mich kämpfen wollt, rief Hä'qulal uns zu'." Da weinte die Mutter wegen der Worte ihrer Kinder. Gilgamestala kam herbei und fragte seine Schwester: „Weshalb weinst du?" Die Frau berichtete ihrem Bruder von den Worten Hä'qulals, wie er in die Flossen gebissen und sie auf die Kinder geworfen hatte. „Wir wollen nach Newe'de ziehen und diesen bösartigen Mann verlassen", meinte Gilgamestala. Da zogen sie alle fort, er und sein Numaym. Sie errichteten ein Haus in Newe'de. Gleichzeitig zog auch Hä'qulal fort. Er und sein Numaym ließen sich in Megwi'ge nieder. Danach begab sich Hä'qulal zum Rivers Inlet (Awi'knenox), um zu versuchen, eine Frau der Ya'yawinagilak zu bekommen. So hatte er außer La'nuxsexlä noch eine zweite Frau. Schließlich zog er nach Melo'bax, um Blaurückenlachse zu fangen. Auch das beendete er.

Einmal wanderte sein Schwager Gilgamestala am Ufer entlang, um Hä'qulal zu besuchen. La'nuxsexlä gab ihrem Bruder etwas zu essen. Gilgamestala war wirklich betrübt, als er merkte, daß Hä'qulal zwei Frauen hatte und seine Schwester nicht wirklich liebte. Sie war es, die Rivers Inlet-Frau, die Hä'qulal wirklich liebte. „Laß uns auf die Jagd gehen", meinte Hä'qulal zu Gilgamestala. Sie liefen an der Küste entlang. Plötzlich erblickte Gilgamestala einen Seehund. Er schoß ihn mit seinem Pfeil. Er traf den Seehund. Doch der entfloh in das Wasser. „Schwimm hinterher", riet Hä'qulal Gilgamestala. Da schwamm Gilgamestala dem Seehund nach. Doch sieh an, Hä'qulal hatte ihn getäuscht, als er ihm riet zu schwimmen. Er bewarf ihn jetzt mit Steinen, und jedesmal mußte Gilgamestala tauchen. Gilgamestala kam wieder zurück. Sie paßten aufeinander auf. „So, du hast mich nur getäuscht", meinte Gilgamestala. „Wir werden miteinander kämpfen." Gilgamestala begab sich nach Hause nach Newe'de. Hä'qulal kehrte ebenfalls nach Hause zurück , nach Magwi'ge. Gilgamestala rief seinen Numaym zusammen und verkündete, daß er aufbrechen und mit den Kindern, den Kindern des E'kila zum Melo'bax hinaufstaken wolle. Am See des Flusses Melo'bax sollten sie aufwachsen. Er wolle sie auch immer in das Wasser bringen. Das war es, was der Numaym erfuhr. „Das ist in Ordnung", hörte Gilgamestala von seinem Numaym. So stakten sie hinauf, die drei, Gilgamestala und die beiden Kinder, bis sie an den See kamen. Eine Insel befand sich im See. Das wurde der Platz, an dem sie ihr Haus errichteten. Jeden Tag gingen die Kinder viermal baden. Als ein Jahr vergangen war, da maßen sie die Größe der Kinder an einem flachen Felsen. Gilgamestala legte die Kinder dazu flach auf den Rücken, ergriff einen Stein und meißelte die Größe der Köpfe ein. Jedes Jahr maß er so ihr Wachstum. Die Kinder wuchsen schnell heran. Es heißt, die Kinder kämpften immer, wenn sie spielten. Aus diesem Grunde wurden sie sehr stark.

Hä'qulal zog eines Tages zum Rivers Inlet, um zu seinen Zeremonien auch den Kannibalen-Tanz hinzuzufügen. Am Rivers Inlet war Hä'qulal ein Novize. Hä'qulal paddelte im verborgenen nach Melo'bax, dem Ort, wo die Kinder an der Mündung des Flusses lebten. Hä'qulal suchte nach etwas, das er töten könne. „Laßt uns mit Fackeln auf die Jagd nach Eistauchern gehen", meinte Gilgamestala zu den Kindern. Sie trieben nachts den Fluß hinab. Dann entzündeten sie das Feuer im Kanu. Sie schossen Eistaucher. Da schrie ein Eistaucher. „Macht, löscht das Feuer in unserem Kanu", forderte Gilgamestala die Kinder auf, die mit ihm zusammen im Kanu saßen. Sieh da! Hä'qulal nahte und hielt schließlich den Bug des Kanus von Gilgamestalas Kanu fest, den er ermorden wollte. Gilgamestala versteckte sich rechtzeitig und lief den Fluß hinauf. In der nächtlichen Dunkelheit konnte Hä'qulal ihn nicht finden. Gilgamestala blieb am Leben, da er entkommen war. Er lief nun geradewegs zu seinem Haus auf der Insel. Hä'qulal fuhr wieder zurück nach Rivers Inlet, um sich in seine Rolle als Kannibalen-Tänzer einzufügen. Hä'qulal beendete den Tanz. Es heißt, daß er daraufhin zu seinem Heim in Megwi'ge zurückkehrte. Er war jetzt ein Novize und trug seine Decke. Ein Bärenfell war seine Decke. Ein künstlicher Mann wurde aus roter Thujarinde auf der Rückseite der Decke angebracht. Auch Nachbildungen von Knochen befanden sich auf der Rückseite der Decke. Wegen dieser Thujarinde wurde Hä'qulal sehr gefürchtet. Es heißt, als Kannibalen-Tänzer lautete sein Name La'mane.

Er saß immer auf dem Dach seines Hauses. „Ich will La'mane besuchen gehen", meinte Ama'xagila. Er kehrte von Newe'de nach Hause zurück. „Hüte dich vor diesem schlechten Mann", riet man Ama'xagila. „Ihr werdet mich sehen, ich will geradewegs herkommen und ein Feuer am Ufer von Le'mwas entfachen, wenn ich von dem schlechten Mann getötet werden sollte."

Inzwischen trieb Gilgamestala mit den Kindern hinab. Die Kinder waren wirklich stark. Gleichzeitig erreichte Ama'xagila die Küste des Gebietes von Hä'qulal. Die Leute begegneten ihm und fragten ihn nach Neuigkeiten. Ama'xagila antwortete: „Das sind meine Neuigkeiten, sie sind herangewachsen, und Gilgamestala treibt den Fluß herunter. Die Kinder sind wirklich stark." - „Was sind deine Neuigkeiten", fragte nun auch Hä'qulal, der auf dem Dach seines Hauses saß. „Das sind meine Neuigkeiten, sie kommen von daher, wo sie aufgewachsen sind, heruntergetrieben. Man sagt, sie seien wirklich stark." Da wurde Hä'qulal wütend. „Warum machst du daraus eine große Neuigkeit?" fragte er. Hä'qulal erhob sich, griff seine Kriegsaxt und tötete Ama'xagila. Er schnitt seinen Bauch auf und warf ihn an der Küste in das Wasser. Dann kehrte er zurück und setzte sich wieder auf das Dach seines Hauses.

Die Kinder meinten: „Laßt uns unseren früheren Freund auf der anderen Seite das Ufer hinaufziehen. Sie banden ein Seil um seinen Nacken, schleppten ihn auf die andere Seite und zogen ihn am Ufer hinauf bis über die Hochwassergrenze. Es war schon beinahe Abend. Sie hörten dort viele Wölfe heulen. Da meinten die Kinder: „Kommt, laßt uns zusehen, wie die Wölfe unseren Freund Ama'xagila auffressen." Sehr viele Wölfe kamen dorthin, ihn zu fressen. Sieh da! Sie fraßen ihn nicht. Sieh da! Sie leckten nur an dem Schnitt an seinem Bauch und erweckten ihn wieder zum Leben. Dann verschwanden die Wölfe. Sieh an! Ama'xagila lebte wieder. Es wurde dunkel, als sich Ama'xagila am Ufer erhob, um nach Le'mwas zu gehen und dort ein Feuer an der Küste anzuzünden. Das Feuer am Ufer wurde von denen, die in Newe'de lebten, erblickt. „Seht einmal! Jetzt wurde unser Freund ermordet", sagten die Leute von Ama'xagilas, „laßt uns ihn holen." Sie zogen los und holten ihn. Er berichtete seinen Leuten, wie Hä'qulal ihn ermordet hatte. Und wie die Wölfe sich seiner erbarmten.

Das Dorf von Hä'qulal bereitete sich darauf vor, Gilgamestala zu besuchen. Hä'qulals gesamtes Dorf zog zu den La'witses in Gakexsedels. La'nuxsexlä nahm ihre Tochter mit und schickte sie, Gilgamestala zu besuchen. La'nuxsexlä flüsterte ihrem Kind zu: „Komm und kämpfe gegen meinen Vater. Sein ganzes Dorf zog zu den La'witses, sollst du deinem Onkel sagen." Ihr Kind stieg an Bord. Sie erreichte das Gebiet von Gilgamestala. Gilgamestala wurde herbeigerufen, seine Nichte aus dem Kanu zu holen. Die Nichte teilte ihm mit: „Brich auf und führe Krieg gegen meinen Vater. Das gesamte Dorf ist zu den La'witses gezogen." Sofort machten sich Gilgamestala und sein Numaym bereit, zu den La'witses zu ziehen. Er schenkte den Worten des Mädchens Glauben. Da nahm Gilgamestalas Frau Blut und schmierte es sich ins Gesicht und tat so, als ob Gilgamestala stürbe. Schnell kaufte sie Gewänder für Gilgamestala. Doch er hatte nur gesagt, er glaube den Worten des Mädchens. Und er glaubte ihr, als er sah, daß der Numaym Hä'qulals wirklich zu den La'witses zog. Schnell machte er sich auf nach Bull Harbor (Ge'ya). Dort in Ge'ya gab es nur einen Kanubauer, einen alten Mann. Gilgamestala sprach zu ihm: „Ich kam, um mein Messer zu schärfen, daß du es schärfst, alter Mann. Dieses Messer will ich benutzen, um Hä'qulal aufzuschlitzen, wenn ich ihn töten werde." - „Gib es mir, damit ich es schärfe." Der alte Mann schliff es. „Jetzt ist dein Messer wirklich scharf", meinte der alte Mann. Dann schnitt er in seine Hüfte. „Sieh an! Scharf ist das Messer von euch Kindern. Geh und töte diesen schlechten Mann. Jedesmal, wenn ich ein Kanu fertiggebaut habe, kommt Hä'qulal und nimmt es weg."

Gilgamestala ging zum Ufer und versteckte sich an der Seite von Hä'qulals Haus. Er wußte, daß er immer zum Baden dort vorbeiging. Hä'qulal kam mit seinen Sklaven herbei. Er zog sein Gewand aus Wapitileder aus. Dann wusch er sich im Zuber. Gilgamestala war besorgt, daß er nicht genügend Zeit hätte, ihn zu töten, wenn er in seinen Waschzuber stieg. Hä'qulal kehrte in sein Haus zurück, und Gilgamestala ängstigte sich. „Laß uns zuerst seine Leute töten", meinte er, „wir wollen zum Deer-Place ziehen und auf seine Leute warten, wenn sie kommen und am Deer-Place rufen, denn das ist ihr anderer Dorfplatz." Dann stieg er in sein Reisekanu, um zum Deer-Place zu fahren. Dort verbarg er sich an der Seite eines flachen Felsens am Wasser. Ein großes Kanu nahte. Es kam an seinem Standpunkt in Sicht. „Das sind die, auf die ich warte“, sprach Gilgamestala. „Seid bereit, wenn sie ankommen.“ Sie trafen ein. Gilgamestala und die Kinder paddelten los und stürzten sich auf sie. Das war der Untergang von Hä'qulals Leuten. Sie wurden von den Kindern getötet. „Ergreift diesen La'kwatsot“, rief Gilgamestala. La'kwatsots Füße wurden an einen Stein gebunden und er aufrecht ins Wasser gestellt. Alle Leute von Hä'qulal waren jetzt tot. „Jetzt laßt uns zu Hä'qulal ziehen und ihn noch diese Nacht töten“, riet Gilgamestala seinen Leuten. Sie legten hinter Megwi'ge an. Über den Felsen schlichen sie geradewegs zu Hä'qulals Haus. Plötzlich hörten sie ein Geräusch wie Schreie. Auch Hä'qulal hörte das Geräusch. „Aha“, meinte Hä'qulal, „unser ausgeschicktes Kanu ist nicht mehr weit entfernt.“ Er erwartete seine Leute. Aber die waren ja alle getötet worden.

„Befragt die, die dort weint“, ordnete Gilgamestala an. Ein Mann ging fort, die Frau zu befragen. „Weshalb weinst du?“ - „Hä'qulal hat meinen Mann ermordet. Wir sind La'witses“, meinte die Frau, „deshalb weine ich.“ Da rief Hä'qulal: „Warum hörst du, unbedeutende Person, nicht auf mit deinem plärrenden Lärm? Bin ich denn nicht dieses Geheul überdrüssig?“ Offensichtlich ging Hä'qulal schlafen. Gilgamestala sagte: „Laßt uns in sein Haus eindringen.“ Das linkshändige starke Kind öffnete die Tür. Die Tür bestand auf einer Seite aus Thujaholz. Die Krieger traten ins Haus. Sie nahmen Hä'qulal fest. Hä'qulal fing an zu schimpfen. „Ihr behandelt mich aus gutem Grund so grob. Jetzt werdet ihr euch an mir rächen. Laßt den Schnitt in meinem Bauch schräg verlaufen, damit es auch in späteren Generationen so ist.“ - „So soll es sein“, stimmte Gilgamestala zu. Dann zerschnitten sie Hä'qulal. Der jüngere Bruder von Hä'qulal im nächsten Haus ergriff das Wort: „Jetzt habt ihr es eurem früheren Onkel gezeigt.“ Gilgamestala bestätigte: „Jetzt liegt er in zwei Teile zerschnitten im Haus.“ - „Ja“, meinte der jüngere Bruder Hä'qulals, „jetzt wird unser Leben ruhig werden. Kommt, ladet meinen Besitz auf, daß wir fortziehen und wieder ein Dorf werden.“ Das ist das Ende der Geschichte.

Xa'nelk
Erzählt von Ya'qolas, einem Naqe'mgilisala

Am Anfang lebten die Naqe'mgilisala und die Koskimo in Go'se. Beide feierten dieselbe Winterzeremonie, die ihnen gemeinsam gehörte. Beide Gruppen hungerten in Go'se. Deshalb verließen sie den Ort. Ihr Häuptling trug die Namen Xa'nelk und Na'-nemogwidzalas. Sein Sohn war Nun. Sie ließen sich irgendwo nieder, wo es Muscheln gab. Nuns Vater siedelte in A'sdelem. Nur zwei alte Leute lebten dort.

Die Frau Na'nemogwidzalas' versuchte, Muscheln zu finden. Nachdem sie ein Stück gegangen war, fand sie einen toten Wal. Jetzt hatten sie viel zu essen. Sie warf ihren Muschelkorb weg und lief nach Hause. Ihr Gatte wärmte gerade seinen Rücken. Sie trat ein und trat ihren Mann. „Sitz nicht mit dem Rücken zum Feuer", rief sie. Da drehte der Mann sich um. Die Frau setzte sich auf die andere Seite des Feuers. Ihre Genitalien waren unbedeckt. Da rief er: „Ah, ah, ah, so bist du wirklich." Danach brachen sie auf und riefen alle Leute zusammen, die zerstreut lebten. Mit dem Wal veranstalteten sie ein Fest.

Dann zogen sie nach Winter Place (Tsewu'nxas), wo ihr Sohn lebte. Xa'nelk und seine Frau schliefen im Haus und plötzlich entdeckten sie in der Nacht, daß ihr Sohn verschwunden war. Sie wußten nicht, was mit ihm geschehen sein konnte. Vier Jahre warteten sie auf ihn. Sie wußten nicht, wo er sich aufhielt. Nach vier Jahren hörten sie Lärm in den Wäldern und sprachen zueinander: „Vielleicht kommt er zurück." Da erblickten sie viele Wölfe. Ihr Sohn stand auf dem Rücken eines Wolfes. Er trug eine Kopfmaske. Hemlocktannenzweige bedeckten seine Stirn und sein Haupt. Viermal kam er und zeigte sich so. Beim ersten Mal trug er eine Wolfsmaske, beim zweiten Mal einen Hemlocktannenring. Jedesmal erschien er unterschiedlich geschmückt. Der Wolf, der den Kopfschmuck des jungen Mannes hergestellt hatte, besaß keine Hände. Sie waren abgeschnitten.

Am vierten Tag machte sich der Vater auf, seinen Sohn einzufangen, und der Sohn kam. Der Sohn erhielt einen Schatz von den Wölfen. Er hatte die No'nlem-Zeremonie bekommen.

Er brachte die Kopfmaske und den Hemlocktannenschmuck für das No'nlem mit. Ab jetzt war sein Name Nun.

Ya'xstal
Erzählt von Ya'qolas, einem Naqe'mgilisala

Lao'laxmut, der Vater von Ya'xstal, lebte an der Westküste hinter Keyail. Er hatte drei Söhne. Ya'xstals Leib war voller Entzündungen. Die Xoya'las führten Krieg gegen sein Dorf, und nur er und seine drei Söhne blieben am Leben. Die Leichen der Dorfbewohner lagen an der Küste von Gildedzo'lis. Sie wurden nicht begraben. Deshalb wurde der Ort Da'ldzolis genannt (Stretched-out-on-the-Beach). Ihre Köpfe hatte man abgeschnitten. Jeden Tag kamen die Wölfe aus den Wäldern und nährten sich von den Leichen. Lao'laxmut sprach zu seinen Kindern: „Wie fühlt ihr euch? Ich verspüre Kummer wegen unserer Lebensumstände. Laßt uns zu dem kleinen Hügel in der Nähe ziehen." Er dachte bei sich: „Meine Söhne sollen von den Wölfen übernatürliche Kräfte erhalten. Ich will die Kinder früh am Morgen prüfen, um zu sehen, ob ihr Geist stark genug ist." Dort gab es einen Felsen, der völlig mit Entenmuscheln bedeckt war. Dorthin rief er seine Söhne und ließ sie sich auf den Rücken legen. Er ergriff ihre Füße und zerrte sie auf dem Felsen umher, so daß ihre Rücken von den Muscheln zerkratzt wurden. Als er den ältesten Sohn über den Felsen zerrte, stöhnte der vor Schmerzen, denn sein Rücken wurde bis auf die Knochen aufgerissen. Dann rief er seinen zweiten Jungen und zerrte ihn genauso über den Felsen. Er schleifte ihn etwas weiter, und dann begann der Junge aufzuschreien, so daß er aufhören mußte. Jetzt rief er den nächsten herbei, Ya'xstal, dessen Körper voller Entzündungen war. Er griff ihn bei den Füßen und schleifte ihn über den Felsen. Obwohl die scharfen Muschelschalen den Rücken des Jungen bis auf die Knochen zerschnitten, meinte er: „Jetzt will ich

Die Walas´aka oder Wolfstänzer

mich auf meinen Bauch legen, dann kannst du mich weiter herumschleifen." Lao'laxmut tat das auch. Er fühlte sich zufrieden, weil sich sein Junge als stark erwies und er sicher sein konnte, daß er sich vor nichts ängstigen würde. Der Vater sang seinen heiligen Gesang, weil er erfolgreich gewesen war. Er unterwies Ya'xstal: „Lege dich zwischen die Leiber unserer erschlagenen Dorfbewohner und warte, bis die Wölfe kommen. Paß auf! Lege dich auf deinen Bauch, so daß du atmen kannst, ohne daß sie es merken. Die Wölfe werden dich fortschleppen. Wenn einer von ihnen dich über seinen Rücken wirft, atme vorsichtig, denn wenn der Wolf merken sollte, daß du atmest, wird er dich abwerfen. Dann versuche, auf deinen Bauch zu fallen, so daß du atmen kannst, ohne daß es jemand merkt. Er ließ seinen Sohn zurück und kehrte mit seinen beiden älteren Söhnen, die das Umherschleifen auf dem Felsen fast nicht überstanden hatten, nach Hause zurück.

Lao'laxmut saß jeden Abend auf dem Dach seines Hauses. Es dauerte nicht lange, bis er die Wölfe aus den Wäldern zur Spitze der Bucht kommen sah. Sie stürmten hinunter zu den toten Körpern. Einer der Wölfe rannte zwischen ihnen umher und beroch alle Körper, bis er zu Ya'xstal kam. Der Wolf warf ihn auf seinen Rücken und rannte mit ihm zurück. Auf einmal hatte er das Gefühl, Ya'xstal atme, und er warf ihn nieder. Ya'xstal fiel auf seinen Bauch. Die Wölfe untersuchten ihn, und als sie fanden, er atme nicht, nahmen sie ihn wieder auf und eilten weiter. Schließlich erreichten sie ihr Dorf und warfen ihn davor nieder. Ya'xstal hörte sie in einem Haus sprechen. Der Mann, der ihn getragen hatte, behauptete, er sei ein Seeotter. Die Leute forderten, ihn hereinzubringen. Der Wolfs-Mann, der ihn herbeigebracht hatte, ergriff ihn und trug ihn in das Haus. Sie legten ihn auf ein Brett, und der Mann, dessen Aufgabe es ist, das Wild zu zerlegen, wurde herbeigerufen, ihn aufzuschneiden. Er blies in seinen Nacken, als ob er das Haar teilen wolle. Als er das tat, sprang Ya'xstal auf und sagte: „Nicht so schnell". Eilig versuchten die Wölfe, ihre Felle überzuziehen, doch hatten sie nicht genug Zeit. So konnte er sie alle in ihrer menschlichen Gestalt erblicken. Da berieten sie miteinander. Einer meinte: „Laßt ihn vier Jahre hierbleiben." Doch der Sprecher des Hauses erwiderte: „Laßt ihn nicht zu lange hier verweilen. Wir wollen ihn fragen, weshalb er hierher gekommen ist. Er soll sprechen und uns erzählen, was er wünscht. Sicher ist er nur gekommen, etwas von uns zu erwerben." Ya'xstal antwortete: „Ich kam, um eine übernatürliche Kraft zu erhalten." Die Wölfe riefen: „Wir wollen ihm die Fertigkeit verleihen, Kanus herzustellen, so daß er an einem Tag vier Kanus anfertigen kann." Ya'xstal dachte bei sich: „Das ist es nicht, was ich wollte." Die Horcher des Hauses vernahmen seine Gedanken. Sie fragten: „Möchtest du einen Speer haben?" Und er dachte: „Das ist nicht das, was ich will." Wieder vernahmen die Horcher des Hauses seine Gedanken. Da sah er im Haus den Gegenstand hängen, den er wollte. Die Leute riefen: „Er soll vorsichtig mit dem sein, was er wünscht." Sie fragten ihn: „Möchtest du den Todbringer?" Er antwortete: „Das ist es, was ich wünsche." Sie nahmen den Todesbringer herunter und ermahnten ihn, vorsichtig damit zu sein. Er heißt auch Feuerbringer (Ki'lkilxalagila). Sie übergaben ihn Ya'xstal. Dann meinte der Sprecher: „Jetzt sollen die Leute kommen, ihn nach Hause zu bringen." Sie saßen alle im Haus und forderten ihren schnellsten Läufer auf, die Wölfe aus den anderen Dörfern einzuladen. Der Läufer bat um einen Steinhammer. Der Sprecher stand auf und gab ihm den Steinhammer. Jetzt war er bereit, die Einladung zu überbringen. Er warf den Hammer in die Luft, sprang aus dem Haus, und bevor der Hammer wieder auf die Erde fiel, war er zurück. Er verkündete: „Ich bin um die ganze Erde gerannt." Dann warf er den Hammer noch einmal in die Luft und rannte zum Einladen hinaus. Bevor der Hammer wieder aufschlug, war er um die ganze Erde gerannt. Er verkündete: „Ich bin überall gewesen." Sie glaubten ihm nicht. Da meinte der Läufer: „Seht auf diese vier Steine, die ich hier trage. Ich nahm sie in Xu'mdasbe auf." Sie erkannten die Steine und glaubten ihm jetzt. Danach brachten die Wölfe Ya'xstal zurück zur Hope Island. Sie kamen hinunter zur See. Er lief zwischen den Wölfen. Er trug seine übernatürliche Gabe. Es klang, als ob die Erde in Stücke bräche, als die Wölfe herunterkamen. Sie brachten ihn hinunter zur Küste und kehrten dann um. Sein Vater, seine Mutter und seine Brüder waren bereit, ihn zu holen. Als er seinen Vater kommen sah, begann der Todbringer, sich in seiner Hand zu bewegen. Er befahl: „Bewege dich nicht. Das ist mein Vater." Er bewegte ihn in Richtung auf die Berge auf der anderen Seite, und alle Bäume fingen Feuer. Dann kehrte er nach Hause zurück. Er setzte sich neben seinem Vater nieder.

Zwei Tage hatte er dort zugebracht, als die Xoya'las kamen und sie angriffen. Sein Vater setzte sich auf das Dach des Hauses und sang seinen heiligen Gesang. Die Krieger der Xoya'las meinten: „Jetzt geht es ihm zum letzten Mal gut, bevor wir ihn töten." Die Krieger sprangen aus ihren Kanus, um ihn anzugreifen. Als sie an das Ufer kamen, trat Ya'xstal mit seinem Todbringer aus dem Haus. Er schwang ihn in ihre Richtung, und alle verbrannten. Dann lief Ya'xstal zu den ermordeten Leuten seines Dorfes, die noch an der Küste lagen, und sprengte sein Lebenswasser über sie. Sie erwachten wieder zum Leben. Da sprach der Todbringer zu ihm: „Führe Krieg gegen die Na'kwaxdax." Er brach auf, und als er nach Newettee (Newe'de) kam, sah er Rauch. Der Todbringer meinte: „Greif sie an." Ya'xstal rief ihm zu: „Bewege dich nicht. Das sind meine Leute." Doch er konnte ihn nicht festhalten. Der Todbringer begann, sich zu bewegen und verbrannte Bull Harbor (Le'mwas). Dann entfloh er seiner Hand, und Ya'xstal verlor ihn.

Ya'xstal hat von den Wölfen in Keyail die No'nlem-Zeremonie erhalten. Während der vier Tage dieser Zeremonie sprechen die Leute wirr.

Hama'lakawe

Erzählt von Kwa'xsestala

Sie wollten bei O'qwiyowas in Ha'nwade eine Winterzeremonie durchführen. Seine Kinder reinigten sich. Sie beachteten die Tabus. Sie aßen nicht. Vier Tage lang aßen die Kinder nichts. Es waren vier Brüder, die Kinder von Hama'lakawe. Hama'lakawe lautete der Name des Vaters der Kinder. Er meinte zu seinen Kindern: „Hört nicht auf, meine Lieben, ich mache mich auf, unseren Lachs zu sehen. Paßt auf, Kinder, bereitet euren Geist vor!“ Als die Brüder bereit waren, brachen sie auf. Sobald sie in Ka'tale ankamen, meinte er: „Wenn ihr aufblickt, seht ihr, was über unseren Lachs erzählt wird. Es gibt eine Geschichte, die man erzählt.“ Da erblickten sie, wovon ihr Vater berichtet hatte. Sie sahen etwas Weißes, das am Ende eines Berggrates ausgestreckt lag. „Ich sehe etwas“, rief der mittlere der Brüder, „was offensichtlich das ist, wovon der Vater berichtet hat.“ Er machte sich auf den Weg und stieg aufwärts zu dem, was er erblickt hatte, um es zu erforschen. Er erreichte es. Und wirklich, es lag in seiner gewaltigen Länge auf dem Bauch. Sehr groß war es, wie es sich in der Sonne zeigte. „Kommt, ihr Lieben“, rief der jüngste Bruder, „seht doch, das ist es, wovon der Vater erzählte.“ Dann unterwies der jüngste Bruder seine älteren Geschwister: „Paßt auf, meine Lieben, erinnert euch an die Worte unseres Vaters. Seid nicht zu unbeherrscht. Die einzige Stelle, von wo wir es aufschneiden dürfen, ist die rechte Seite seines Leibes.“ Dann schnitt er. Viermal versuchte er es mit seinem Messer, dann schnitt er ihn auf. Die Brüder gehorchten den Anordnungen ihres jüngsten Bruders, und er folgte den Worten, die der Vater zu ihm, dem Jüngsten, gesprochen hatte. Nur er erinnerte sich an die Anweisungen des Vaters an sie. „Viermal mußt du das Messer mitten in seine rechte Seite stechen.“ Die älteren Brüder erinnerten sich nicht mehr an die Worte des Vaters. Die älteren Brüder begannen zu schneiden, voller Gier nach dem, was sie sahen, und sie vergaßen die Worte des jüngsten Bruders. Nur der Jüngste folgte den Anweisungen des Vaters. „Beeil dich. Du machst einen Fehler!“ Da erblickte der Jüngste einen Nebel, der den Berg hinunterzog. „Schnell, ihr seid es, die es falsch machtet. Jetzt wird Unglück über uns kommen.“ Schnell banden sie das Fleisch der Schneeziege auf ihre Rücken. Das war One-Horn-on-Forehead, die große Schneeziege One-Horn-on-Forehead. „Es ist euch alles gesagt worden, euch, die ihr es falsch gemacht habt.“ Ein großes Schneetreiben begann. Es schneite immerzu. Es dauerte nicht einmal einen Tag, dann war die

Schlucht zugeschneit. Da machten sie sich an den Abstieg. Die Hundebesitzer hielten sich dicht bei ihren Hunden, von denen es vier gab. Sie machten sich an den Abstieg. Der älteste Bruder hatte Pech. Er wußte nicht, wohin er treten sollte, da es so stark schneite. Er konnte unsere Welt wegen des dichten Schnees auf den Felsen nicht erkennen. Er watete durch den Schnee, der schon die Spitzen der Büsche zugedeckt hatte. Der älteste Bruder stürzte zusammen mit seinem Hund ab. Dann brach der nächste auf. Auch der zweitälteste Bruder hatte Pech. Auch ihn trieb sein Hund ins Unglück. „Davor seid ihr gewarnt worden, ihr, die ihr trotzdem falsch gehandelt habt." Nur zwei lebten noch. Der nächste brach auf. Auch er hatte Pech und stürzte in die Schlucht hinunter. Er war seinem Hund gefolgt, und der Hund führte ihn in die Irre. Jetzt folgte ihnen der letzte. Der eine, der noch am Leben war, der Jüngste, brach auf. Sein Hund trat einen Pfad. Sein Hund watete durch den Schnee. Der Besitzer des Hundes folgte ihm auf dem Pfad, den der Hund getreten hatte. Der Hund wollte losrennen. Doch der eine, der noch am Leben war, handelte nicht leichtsinnig. Er folgte dem Hund nur, wenn der Hund für seinen Herrn einen Pfad getreten hatte. Es schien fast so, als ob der Hund spräche. Der Hund machte sich wieder auf. Diesmal dauerte es lange, bis er wieder zu seinem Herrn zurückkehrte, und es war wirklich so, als ob er spräche. Er umarmte den Hals seines Herren und wendete sein Gesicht seinem Herrn zu. Er winselte und leckte das Gesicht seines Herrn. Sieh an! Schließlich erreichte er die Stelle, die der Hund als Ruheplatz für seinen Herrn entdeckt hatte. Nachdem er wieder aufgebrochen war, gelangte er an seinen nächsten Ruheplatz, ein großes Haus. Es heißt, es sei in Wirklichkeit ein großer überhängender Felsen gewesen, der einem großen Haus glich, ein großer überhängender Felsen. Der Hund schaufelte den Boden frei und setzte sich neben seinen Herrn an die Stelle, wo er gegraben hatte. Er bedeckte die Ränder des Platzes mit Erde, so daß er in einer Höhle saß. Nur sein Mund ragte aus dem Boden. Der Grund, warum er noch lebte, hing mit dem zusammen, was er von der Schneeziege abgeschnitten hatte. So verharrte er den gesamten Winter. Er blieb in dem, was sein Hund ihm gegraben hatte.

Schließlich brach der Hund auf und ließ seinen Herrn im Boden allein. Dann kehrte der Hund zurück und leckte das Gesicht seines Herrn. Doch er blieb nicht lange im Haus, sondern machte sich wieder auf. Der Hund war aufs neue aufgebrochen. Sieh an! Immer wieder lief er hinunter und, sieh an, trat einen Pfad für seinen Herrn. Sieh an! Dieser führte bis zum Fluß. Dann kehrte der Hund wieder zurück. Er kehrte zu seinem Herrn zurück, umarmte seinen Nacken und leckte sein Gesicht. Jetzt versuchte er wirklich, seinen Herrn wiederzubeleben. Er legte seinen Leib um den Kopf seines Herrn, denn der war kalt geworden, während des tiefen Winters. Der Hund brach auf und kehrte zurück. Er lief außer Sicht und kehrte zurück. Immer wieder machte er das. Vergebens umarmte er seinen Herrn, immer wieder versuchte er es. Vergebens leckte er das Gesicht seines Herrn.

Der Vater erkannte an den Büschen am Ha'nwade, daß seine Kinder ein Unglück getroffen hatte, denn kein einziger Baum ragte mehr aus dem Schnee. Keinen Berg konnte man noch erkennen. Das war der Grund, weshalb der Vater annahm, daß ihnen ein Unglück zugestoßen sei. Deshalb ragte sein Haus aus dem Boden, das Wintertanzhaus ihres Vaters (das er errichtet hatte) für die Kinder. Deshalb gaben sie denen Speise, die einen Wintertanz vorbereiteten.

Jetzt wollen wir uns wieder dem zuwenden, der von den Brüdern noch am Leben war. Er erblickte etwas Kleines (Se'nxa) auf der Spitze seines Verstecks. Da fühlte er sich etwas besser und dachte, der Sommer nahe. Der Hund machte sich noch einmal auf. Immer wieder ging er hinunter zum Fluß. Sieh an! Der Hund fand ein Haus. Es befand sich an einem Ort mit Namen Qawa'kas. Dann kehrte der Hund zu dem Versteck seines Herrn zurück. Er umarmte ihn, um ihn zu wärmen. Es war, als ob er zu sprechen versuche. Da wurde der Wille seines Herrn wieder stark. Er führte seinen Herrn hinunter, geradewegs hinunter zum Fluß; und zwar auf dem Pfad, den der Hund angelegt hatte, als er immer hinunter zum Fluß gelaufen war, zum Fluß Ka'tale. Endlich erreichten sie das Haus. Der Hund bellte auf dem Dach. Sieh da! Er verschwand aus der Sicht. Sieh da! Er grub sich durch den Schnee auf dem Dach des Hauses und versuchte auf den Boden des

Hauses zu gelangen. Dann grub er auf der rechten Seite der Tür am früheren Feuerplatz des Hauses. Wieder steckte er seinen Herrn in eine Höhle, die er gegraben hatte. Wieder bedeckte er ihn mit Sand, um ihn in der kleinen Höhle zu wärmen, die dadurch genau die Größe seines Körpers besaß. Sein Herr hatte keine Kraft mehr. Er hatte kein Fleisch mehr, bestand wegen der langen Zeit, die er nichts mehr gegessen hatte, nur noch aus Knochen. Er hatte schon ein Jahr nichts mehr gegessen. Der Hund machte sich noch einmal auf. Er verließ seinen Herrn. Er verließ das Gesichtsfeld seines Herrn. Sieh an! Er lief bis zum Flußufer hinunter, zum Fluß Ha'nwade, und kehrte dann zu seinem Herrn zurück. Er leckte seinen Herrn wieder und rollte sich um seinen Kopf, um zu versuchen, ihn zu wärmen. Dann brach der Hund erneut auf. Er machte sich auf den Weg. Er ging den Fluß hinunter und weit hinter die bisher erreichten Stellen. Dann kehrte er zu seinem Herrn zurück, denn er wußte, daß dieser inzwischen sehr schwach war. Er atmete kaum noch. Der Hund lief abermals den Fluß hinunter. Er lief weiter als beim vorigen Mal, und er kehrte zu seinem Herrn zurück, der immer schwächer wurde.

Inzwischen wurden die Spuren des Hundes gesehen. „Es ist bedeutsam, was ich gesehen habe. Wirklich, es ist ein Hund. Seine Spuren sind im Sand des Flußufers." Die Spuren des Hundes führten zu einem Platz, der Ma'tses hieß. Es war ein Dorf einer frühen Gemeinschaft. Die ersten A'wa ilela besprachen das Ereignis: „Was wäre, Sklaven, wenn diese Spuren von denen sind, die in die Berge zogen, Schneeziegen zu jagen?" Sie schickten fünf Leute aus, und die fünf Leute machten sich auf die Suche. Sie versuchten, die Spuren zu untersuchen, die Hundespuren, und sie beobachteten, daß es die Spuren eines Hundes waren. „Sieh an! Wir haben unsere Schneeziegenjäger gefunden." Hama'lakawe rief sein Dorf zusammen. Sie besprachen das Ereignis. Dann holten sie La'xunala. La'xunala mußte sich vor alle setzen, und dann wurde er aufgefordert, wurde gebeten, zu versuchen, die Handlungen des Hundes zu beobachten. Da ergriff La'xunala das Wort. Er forderte, daß Bretter an den Enden mit Thujagerten zusammengebunden werden sollten. Zwei flache Bretter wurden genommen. Sie waren für den einen, der versuchen wollte, den Hund zu beobachten, wie Schuhe. Dann forderte dieser, er müsse einen Korb bekommen. Es war ein großer Korb. Danach brach er auf. Er hatte seine Bretter angeschnallt. Er sank nicht in den Schnee ein, da er auf den Brettern lief. Er eilte vorwärts und folgte den Spuren des Hundes. Er erreichte beinahe den Ort mit Namen Qawakas, wo sich das Kind aufhielt. Er lief weiter. Er traf auf den Hund, der wieder den Fluß hinunter gelaufen kam. Sofort kehrte der Hund zu der Stelle um, von wo er gekommen war. Jetzt folgte der, der nach ihrem Versteck suchte, dem Hund. Er kam an das Versteck, und der Hund blieb auf seinem Pfad und lief zu seinem Herren. La'xunala folgte dem Hund und erblickte das Kind. Es bestand nur noch aus Knochen. Kein Fleisch war mehr in seinem Gesicht. Wegen seiner Schwäche atmete es kaum noch. „Oh, mein Liebling", rief La'xunala. Das Kind stieß nur noch die Luft aus, als es von La'xunala angesprochen wurde. Wegen seiner Schwäche konnte es nicht sprechen. Es wurde in den Korb gelegt. Jetzt eilte La'xunala den Pfad flußabwärts und trug das Kind im Korb auf dem Rücken. Er erreichte den Ort mit Namen O'qwiyowas. Der Vater war schon bereit. Er rief die frühen A'wa ilela zusammen. Sie errichteten ein Haus. Ein Haus wurde auf dem Boden errichtet, und die frühen A'wa ilela versammelten sich. Dann wurde der Takt für den einen geschlagen, der von den Brüdern überlebt hatte. Der große Tanz aus der oberen Welt war der übernatürliche Schatz seines Vaters Hama'lakawe. Der Gesang wurde für ihn abgehalten. Das ist noch immer der Gesang der Großväter der A'wa ilela.

Ye heyata ye heyata
„Komm, gehe nicht auf vier Füßen", heißt es.
„Lauf im Kreis herum", heißt es.
Komm hervor und laufe sicher auf deinen Füßen,
Übernatürlicher.
Yeheeya.

Als sie den Takt geschlagen hatten, trat wieder Leben in seinen Körper. Sein Körper war stark geworden.

Das Zwergenvolk

Erzählt von Gi'qalas, einem Gwa'waenox

Qe'qexlala, der Häuptling des Numaym Qo'mkutes der Gwasela, lebte in Gwe'kelis. Qe'qexlala war niemals froh, denn er wußte, daß seine Frau als Liebhaber den ältesten Sohn von Se'saxalas hatte, den Häuptling des Numaym Gi'gilgam der Gwasela. Eines Tages forderte Qe'qexlala seine Frau auf, spät in der Nacht mit ihm irgendwohin zu gehen. Sobald das ganze Dorf schlief, setzten sie ihr kleines Kanu ins Wasser und beluden es mit ihrem Eigentum und ihrem Reisevorrat. Dann paddelten sie los und fuhren nach Gwalgwalalalis. Das Tageslicht dämmerte schon fast, als sie dort landeten. Als sie dort angekommen waren, trug Qe'qexlala seine Ladung in eine kleine Hütte, die schon in Gwalgwalalalis stand, und meinte zu seiner Frau: „Wir werden nie wieder heimkehren, denn ich bin wegen des Sohnes von Se'saxalas, der dein Liebhaber ist, eifersüchtig auf dich. Wegen deiner Narretei werde ich ab jetzt den Namen Always-Jealous tragen. Seine Frau antwortete nicht, und so trug Qe'qexlala den Namen Wi'wunako, wie es der berichtete, der mir die Geschichte erzählt hat. Das ist keine Mythe, denn Wi'wunako besaß ein Gewehr. So blieb der eifersüchtige Wi'wunako lange Zeit in Gwalgwalalalis. Einmal, an einem herrlichen Tag ohne Dünung, forderte Wi'wunako seine Frau auf, sich zu ihm auf die Sommerplattform vor ihrer kleinen Hütte zu setzen. So setzten sie sich auf ihre Sommerplattform. Sie hatten sich noch nicht lange auf der Sommerplattform niedergelassen, als Wi'wunako zwei Männer aus den Wäldern südlich der kleinen Hütte herankommen sah. Einer von ihnen trug auf dem Rücken so etwas wie eine Schachtel. Sie gingen geradewegs hinunter zum Ufer. Sobald sie das Meer erreichten, lud der, der so etwas wie eine Schachtel trug, diese von seinem Rücken und setzte ein kleines Kanu aus Balsamtannenrinde aufs Wasser. Die beiden Männer gingen an Bord. Der eine stand am Bug. Der andere befand sich am Heck, als sie mit ihren Paddeln seewärts fuhren. Sie waren nicht weit auf die See hinausgepaddelt, als sie ihre Paddel in ihr kleines Kanu legten und gleichzeitig ins Wasser sprangen. Sie blieben lange unter Wasser und tauchten dann wieder auf. Wi'wunako und seine Frau beobachteten, daß die beiden Männer in jeder Hand vier Heilbutte hielten. Sie warfen die sechzehn Heilbutte in ihr Kanu, das damit größer wurde. Da schlug Wi'wunako seiner Frau vor: „Laß uns bereit sein, ihre Heilbutte zu stehlen, wenn sie wieder untertauchen." Sobald die beiden Männer tauchten, ließen Wi'wunako und seine Frau ihr kleines Kanu ins Wasser und holten die sechzehn Heilbutte in ihr kleines Kanu. Es heißt, sie kamen ans Ufer, warfen den Heilbutt aus ihrem Kanu und zogen das kleine Kanu das Ufer hinauf. Dann hatten sie noch Zeit, die sechzehn Heilbutte wegzutragen. Nachdem sie alle versteckt hatten, verbargen sich Wi'wunako und seine Frau ebenfalls am Boden. Die beiden Männer tauchten wieder auf. Es war genau dieselbe Anzahl Heilbutte, noch einmal sechzehn, die sie hochbrachten und in ihr kleines Kanu warfen. Dann stiegen sie in ihr kleines Kanu und richteten sich darin auf. Sie starrten auf ihre Heilbutte. Es schien, als ob sie die vermißten, die Wi'wunako und seine Frau gestohlen hatten. Die beiden Männer standen lange Zeit in ihrem Kanu, bis der eine, der im Bug stand, seine rechte Hand ausstreckte und sie in Richtung auf das Ufer hielt, als ob er das Land abtaste. Dann hielt er die Hand an die Nase und beroch sie. Sobald er sie beschnüffelt hatte, streckte er seine rechte Hand erneut aus, wieder als ob er das Land befühle. Als seine Hand das Versteck von Wi'wunako und seiner Frau erreichte, beroch der Mann seine Hand. Gleich darauf fuhr das kleine Kanu los und traf südlich von Wi'wunakos Haus auf das Land. Die beiden Männer stiegen sofort aus ihrem kleinen Kanu. Der eine faltete das kleine Kanu zusammen und trug es auf dem Rücken, als sie das Ufer hinaufstiegen und in die Wälder gingen. Wi'wunako forderte seine Frau auf, vorsichtig zu sein und sich nicht zu ängstigen, „denn ich will den Männern folgen". Er nahm seinen Munitionsbeutel und sein Gewehr, verließ das kleine Haus und folgte den Spuren der Männer. Er war noch nicht weit landeinwärts gegangen, als er sie einholte. So blieb Wi'wunako dicht hinter ihnen. Es schien, als ob die beiden Männer ihn nicht bemerkten. Sie kamen an das Ufer eines langgestreckten Sees.

Wi'wunako sah viele Häuser gegenüber der Stelle, wo die Spur, der er folgte, das Ufer erreichte. Einer der beiden Männer rief: „Komm und hole uns rüber, etwas ist schief gegangen bei uns." Ein alter Mann antwortete ihm: „Schon oft habe ich versucht, euch beide davon zu überzeugen, es nicht zu übertreiben." Das war es, was er sagte. Die beiden Männer wurden von einem kleinen Kanu abgeholt. Wi'wunako bemerkte, daß es unter einem Thujastamm durchfuhr, der am Ufer über einer engen Furt lag. Wi'wunako rannte los und setzte sich an die Stelle, von der er vermutete, daß Kanu würde darunter hindurchpaddeln. Das kleine Kanu näherte sich, und in seinem Heck saß ein Mann. Er lenkte es genau unter der Stelle durch, wo Wi'wunako saß. Dann steuerte es genau dorthin, wo die beiden Männer standen, und nahm sie an Bord. Es fuhr wieder zurück. Als sie unter der Stelle anlangten, wo Wi'wunako saß, erhob er sich von dem, worauf er saß, und sprang in die Mitte des kleinen Kanus hinunter. Sie waren vier, als sie das Ufer des Dorfes erreichten. Die drei Männer hatten keine Notiz von Wi'wunako genommen, als er in ihr kleines Kanu gesprungen war. Sie nahmen ebenfalls keine Notiz von ihm, als er am Ufer des Dorfes aus dem Kanu stieg. Da kam Wi'wunako der Einfall, den drei Männern zu folgen, als sie das Ufer hinaufstiegen. Einer der drei Männer trug auf seinem Rükken das zusammengefaltete Kanu, auf dem die sechzehn Heilbutte lagen. Wi'wunako befand sich genau hinter den drei Männern, als sie das Haus betraten.

Als Wi'wunako durch die Tür in das Haus trat, hörte er jemanden sagen: „Komm einen Moment her, mein Lieber, damit wir uns unterhalten können." Das sagte jemand, den er hörte. Wi'wunako ging zu dem Sprecher und erblickte einen hübschen jungen Mann, der auf dem Boden saß. Sobald Wi'wunako die Stelle erreichte, wo der junge Mann auf dem Boden saß, sprach der Wi'wunako an: „Warum bist du zu diesem bösen Dorf gekommen? Nun paß bloß auf, sonst wird es dir so ergehen wie mir. Ich bin im Boden festgewachsen. Iß nicht, was sie dir zu essen anbieten, sonst mußt du für immer hierbleiben." Mit diesen Worten gab der im Boden Verwurzelte ihm einen langen

Korb. „Verbirg ihn jetzt unter deinem Umhang, und wenn sie dir zu essen geben, tu so, als ob du ißt, und wirf in diesen Korb, was du zu verspeisen vorgibst. Wenn sie dich fragen und zu dir sagen 'Von welchen Dorf kommst du?', mußt du sagen, du seist ein Le'gwildax. Sage auf keinen Fall, du seist ein Kwakiutl, sonst werden sie dich behandeln, wie sie mich behandelten. Ich wurde überall geschlagen. Sieh meinen Körper an." Er zeigte ihm viele Narben. Nachdem der im Boden Verwurzelte mit seinen Unterweisungen geendet hatte, schickte er Wi'wunako zur Hinterseite des Hauses, wo er sich hinsetzen sollte. Wi'wunako begab sich dorthin und setzte sich an der Rückwand des Hauses nieder. Sein Gewehr trug er noch bei sich. Ein anderer Mann betrat das Haus. Er setzte sich in der Nähe Wi'wunakos auf den Boden. Der gerade angekommene Mann fragte Wi'wunako: „Zu welchem Dorf gehörst du?" Wi'wunako antwortete: „Ich bin ein Le'gwildax." Augenblicklich verließ der Mann das Haus und berichtete, daß jener geantwortet hätte, er sei ein Le'gwildax. Die Dorfleute kamen jetzt herein und sprachen freundlich mit Wi'wunako. Nachdem sie sich so angenehm unterhalten hatten, gingen die anderen Leute wieder aus dem Haus. Eine Frau, die auf dem Boden gesessen hatte, erhob sich und holte einen kleinen offenen Korb herunter, der Muschel-Knopf-Behälter genannt wird. Dann nahm sie eine kleine Schale und stellte sie dorthin, wo sie saß. Sie griff den kleinen Korb und schüttete die Muscheln in die kleine Schale und stellte sie vor Wi'wunako. Wi'wunako erkannte, daß es kleine Kröten waren, die lebendig umherhüpften. Als die kleine Schale mit den Kröten vor ihm stand, nahm Wi'wunako sie sofort und gab vor, sie in seinen Mund zu führen, während er sie in den Korb warf, der sich vor seiner Brust öffnete. Nachdem er die Schale geleert hatte, ergriff die Frau sie und trug sie fort. Er erhielt nur ein Gericht.

Wi'wunako hatte noch nicht lange dort gesessen, als ein Schrei außerhalb des Hauses ertönte, in dem Wi'wunako saß. „Seht! Ein großer Wapiti läuft am anderen Ufer." Sofort ergriffen die Jäger ihre Pfeile und Bogen und ließen die Kanus ins Wasser. Sie wollten den Hirsch schießen. Sie hatten noch nicht mit dem Paddeln angefangen, als sich Wi'wunako erhob, sein Gewehr ergriff und aus dem Haus kam. Er wollte wissen, was die Ursache der Aufregung im Dorf sei. Er erblickte den Wapiti. Wi'-wunako dachte, er wolle ihn schießen, denn er glaubte, ihn treffen zu können. Er setzte sich und zielte mit seinem Gewehr. Viele Männer standen hinter ihm. Er schoß. Alle Männer fielen tot um. Sie waren von dem Knall gestorben. Auch den Hirsch traf er, und auch der war tot. Da fürchteten sich die Dorfbewohner vor Wi'wunako und sie schickten ihn nach Hause. Wi'wunako wurde von zwei jungen Männern in einem kleinen Kanu aus der Rinde der Balsamtanne übergesetzt. Als er den Beginn des Pfades erreichte, stieg er aus dem kleinen Kanu. Er machte sich auf den Weg. Als es Abend wurde, erreichte er sein Haus in Gwalgwalalalis. Die Heilbutte waren aufgeschnitten, denn seine Frau hatte mit der Arbeit begonnen, als er wegging. Wi'wunako fand heraus, daß er jetzt den Namen Qe'qexlala trug, wegen des Dorfes, aus dem die beiden Männer kamen, die sie von ihrem Haus in Gwalgwalalalis im Meer hatten tauchen sehen. Das ist das Ende der Geschichte.

Die Zwerge

Erzählt von Negä'dze, einem Koskimo

Ya'qayaleseme lebte mit seinen Leuten, den ersten Yu'lenox, in Yu'le. Sein Rivale war Ya'qalenlis, der Häuptling des Numaym Dirty-Teeth. Ya'qayaleseme hatte drei jüngere Brüder (alles Männer). Sie waren beide Seejäger, Ya'qayaleseme und sein Rivale Ya'qalenlis. Jede Nacht zogen Ya'qayaleseme und seine drei jüngeren Brüder zur Nachtjagd. Sie speerten Seeotter und Seehunde. Immer füllten sie ihr Jagdkanu mit Seeottern und Seehunden. Ya'qalenlis machte niemals Beute, und so übertraf ihn Ya'qayaleseme. Ya'qalenlis wurde von seinem Rivalen verspottet, und darum haßte Ya'qalenlis Ya'qayaleseme. Heimlich machte sich Ya'qalenlis auf, die Stelle zu finden, wo Ya'qayaleseme Seeotter und Seehunde jagte. Als er den Ort gefunden hatte, nahm er verrottetes Erlenholz und schnitzte es. Seine Schnitzerei ahmte die Gestalt eines Seeotters nach. Gegen Abend hatte Ya'qalenlis sein Werk beendet. Er paddelte los und brachte das geschnitzte Erlenholz, das wie ein Seeotter aussah, auf einen Felsen an der Seite der Insel zwischen Landward Yu'le und Seaward Yu'le. Sobald er das getan hatte, kehrte er nach Hause zurück. In der Dunkelheit der Nacht brach Ya'qayaleseme mit seinen drei Brüdern zur Seejagd auf. Sie fuhren zur Nachtjagd auf Seeotter und Seehunde. Sie erreichten die Insel und Ya'qayaleseme erblickte den geschnitzten Seeotter auf der Spitze des Felsens. Sofort speerte er ihn. Da sprang der nachgemachte Seeotter ins Wasser und schwamm seewärts. Er tauchte nicht mehr auf. Bei Anbruch des Tages ergriff der jüngste Bruder, der Steuermann, das Wort und forderte seinen ältesten Bruder Ya'qayaleseme auf, die Harpunenleine loszulassen. Darauf versuchte Ya'qayaleseme, sie loszulassen. Doch die Harpunenleine klebte an seinen Handflächen. Da schrie Ya'qayaleseme auf, denn er vermutete, daß Ya'qalenlis geplant hatte, was der Seeotter aufführte. Er berichtete seinen jüngeren Brüdern von der Harpunenleine, die an seiner Hand klebte. Die vier Brüder weinten, denn sie konnten nicht einmal mehr die Spitzen der Berge sehen. Mehr als zehn Tage wurden sie so von dem seewärts gezogen, was sie gespeert hatten. Schließlich schliefen sie ein. Dann hörte der jüngste Bruder im Halbschlaf, wie das Kanu auf ein sandiges Ufer glitt. Er blickte auf und sah eine ebene Küste. Er weckte seine älteren Brüder. Sofort richteten sie sich in ihrem Reisekanu auf, stiegen aus, zogen ihr kleines Kanu an Land und brachten es zwischen die Büsche. Nachdem sie ihren kleinen Einbaum versteckt hatten, setzten sie sich unter die Bäume. Sie hatten noch nicht lange auf dem Boden gesessen, als ein Kanu an der Landspitze in Sicht kam. Im Heck saß ein kleiner Mann. Es heißt, er kam genau auf sie zu und ankerte nahe dem Ufer, wo die vier Brüder unter den Büschen saßen. Der kleine Mann nahm seinen Heilbuttschläger und ein Seil und sprang an der Seite seines Kanus ins Wasser. Er blieb lange unter Wasser, bevor er wieder auftauchte. Dann stieg er in sein Kanu und zog einen festgebundenen Heilbutt an Bord. Er löste sein Halteseil, sprang wieder ins Wasser und tauchte. Da ergriff der zweitjüngste Bruder Ya'qayalesemes das Wort. Er meinte zu seinen älteren Brüdern: „Laßt uns unser Reisekanu auf das Wasser setzten und den Heilbutt des Knaben stehlen.“ Die vier Brüder ergriffen ihr Kanu an den Enden und brachten es ins Wasser des Meeres. Der zweitjüngste Bruder stieg an Bord des Kanus. Er alleine fuhr darin seewärts zu der Stelle, wo das Kanu des kleinen Mannes schwamm. Er nahm den Heilbutt heraus und kehrte zurück. Sofort brachten die vier Brüder das Kanu das Ufer hinauf und setzten es zwischen den Büschen auf den Boden, so daß die Stelle, wo es auf dem Boden lag, wirklich verborgen war. Sobald sie das beendet hatten, setzten sich die vier Brüder nieder. Der kleine Mann tauchte auf. Er stieg an Bord seines Kanus und zog den festgebundenen Heilbutt an Bord. Viermal tauchte er, bis er seine Arbeit beendete. Dann zog der kleine Mann seinen Anker hoch. Sobald er den Anker im Kanu befestigt hatte, paddelte er an Land und kam zum Ufer der Stelle, wo die vier Brüder saßen. Der kleine Mann stieg das Ufer hinauf und erreichte den Platz, wo die vier Brüder saßen. Als der kleine Mann die vier Brüder erblickte, ergriff er das Wort: „Wer von euch hat meinen Heilbutt gestohlen?“ Sogleich antwortete Ya'qayaleseme ihm. Er deutete auf den zweitjüngsten Bruder und erklärte: „Er, mein jüngerer Bruder, nahm den Heilbutt.“ Der kleine Mann ging zu dem, der ihm als derjenige bezeichnet worden war, der den Heilbutt gestohlen hatte, und schlug ihm mit seinem Heilbuttschläger auf den Kopf. Der Zweitjüngste war tot. Dann drehte sich der kleine Mann um, stieg in sein kleines Kanu und fuhr zu seinem Haus, das Ya'qayaleseme sehen konnte. Als der kleine Mann ankam, ging er hinein und erzählte sofort von den vier Männern, die er gesehen und von denen er einen auf den Kopf geschlagen hatte. Da sandte der Häuptling des Dorfes vier kleine Männer aus, die drei Brüder einzuladen. Sofort brachen die, die losgeschickt waren, auf. Sie kamen zu der Stelle, wo Ya'qayaleseme und seine jüngeren Brüder auf dem Boden saßen. Die vier kleinen Männer stiegen aus ihrem Kanu, um Ya'qayaleseme und seine beiden jüngeren Brüder einzuladen. Sogleich forderte Ya'qayaleseme seine jüngeren Brüder auf, ihr Kanu aufs Wasser zu setzen. Als es im Wasser lag, sprangen sie rein. Sie paddelten denen nach, die ausgeschickt waren, sie einzuladen. Als sie am Ufer des Hauses des Häuptlings ankamen, stiegen Ya'qayaseleme und seine jüngeren Brüder aus dem Kanu, folgten den vier Männern, die sie eingeladen hatten, und betraten das Haus. Es war so groß wie ein Tabuhaus der ersten Menschen. Als sich die drei Brüder auf den Boden des Hauses gesetzt hatten, machte sich die Frau des Häuptlings daran, Speisen zu kochen, die die drei Brüder nach ihrer Ankunft verzehren sollten. Drei Gänge wurden ihnen angeboten. Sobald sie das Begrüßungsmahl beendet hatten, forderte der Häuptling seine Dorfleute auf, die Waffen vorzubereiten, denn sie erwarteten, daß die Vögel Krieg gegen sie führen würden, die Schwäne, Kraniche, Gänse und alle anderen Arten. Ya'qayaleseme fand heraus, daß die Zwerge von all den Vögeln angegriffen wurden, und Ya'qayaleseme fand auch heraus, daß sie sich am Nordende unserer Welt befanden. Die Zwerge schärften die Spitzen ihrer Speere, Keulen und Spieße. Als sie gerade die Vorbereitung ihrer Waffen beendet hatten, brach die Schlafenszeit an. Alle die Kleinen gingen schlafen, denn sie erwarteten den Krieg, der gegen sie geführt werden sollte. Mit dem Dämmern des Tageslichtes kam die Vorhut der Schwäne in Sicht. Alle Vögel ließen sich auf einem weiten, ebenen Feld nieder, wo die Zwerge immer gegen die Vögel kämpften. Als alle Vögel auf der Wiese versammelt waren, blieben die Schwäne beieinander, die echten Gänse hielten zusammen, ebenso die Halbgänse, die Kraniche, die kleinen Gänse und alle die verschiedenen Arten der großen Vögel. Nachdem sie sich so aufgestellt hatten, stießen die Vögel ihren Kriegsschrei aus. Nun rannten alle Zwerge mit ihren Waffen hinaus. Auch sie stießen ihren Kriegsschrei aus. Dann griffen die Zwerge an. Als sie die Stellungen der Vögel erreichten, wurde der Platz der Vögel neblig. Sie warfen Daunen in die Luft, und dann speerten sie die Zwerge mit den Kielen ihrer Flügelfedern. Aber der eigentliche Grund, warum viele Zwerge starben, lag darin, daß sie die Daunen einatmeten. Sie erstickten. Auf beiden Seiten waren schon viele gestorben. Als es Abend wurde, flogen die Vögel nach Norden, von wo sie herkamen. Auch die überlebenden Zwerge kehrten nach Hause zurück. Ya'qayaleseme und seine zwei jüngeren Brüder saßen auf dem Boden vor dem Haus des Häuptlings und beobachteten, was auf der Wiese geschah. Ya'qayaleseme hörte, wie der Häuptling seinen Leuten die Anweisung gab, bereit zu sein und ihren Feinden, den Vögeln, nicht nachzugeben, wenn sie am nächsten Tag wiederkommen sollten. Da ergriff Ya'qayaleseme das Wort: „Häuptling, werden die Vögel wiederkommen und Krieg gegen dein Dorf führen?" Der Häuptling, der auf den Namen Only-One (Nemo'gwis) hörte, antwortete: „Richtig, sie werden morgen anfliegen, einen Monat lang kommen sie jeden Tag, Krieg gegen uns zu führen, bis die Zeit naht, und die Vögel heimkehren zum Oberen Ende unserer Welt." Ya'qayaleseme meinte: „Jetzt laß deine Leute für eine Weile ausruhen, Häuptling. Es wäre gut, wenn sie sich bereithalten, falls wir geschlagen werden, denn wir wollen uns aufmachen und gegen die Krieger kämpfen, wenn sie morgen kommen." Der Häuptling war wirklich dankbar für diese Ansprache. Ya'qayaleseme und seine zwei jüngeren Brüder gingen früh schlafen. Sobald am Morgen das Tageslicht erschien, erhoben sie sich und stiegen in den Fluß ins Wasser. Nachdem sie fertig waren, hörten sie die Vögel nahen und sich auf die Wiese, auf das eigentliche Schlachtfeld, niederlassen. Als sie sich alle auf dem Feld gesammelt hatten, stießen sie ihren Kriegsruf aus. Auch die Zwerge stießen ihren Kriegsschrei aus. Dann griffen die drei Brüder die Vögel an. Sie rannten zwischen die Schwäne und drehten ihnen die Hälse um. Sie hörten erst auf, als alle Vögel aufflogen. Dann kehrten die drei Brüder zurück. Only-One, der Häuptling der Zwerge, lud das Dorf ein. Alle sollten in sein Haus kommen. Als alle im Innern versammelt waren, wurden auch Ya'qayaleseme und seine beiden jüngeren Brüder gebeten, hereinzukommen. Sobald sie sich gesetzt hatten, ergriff der Häuptling der Zwerge das Wort: „Seht diese Leute hier, Dorfbewohner, und laßt uns die Freundlichkeit unserer Besucher belohnen. Sie haben die zum Wegfliegen gebracht, die immer gegen uns Krieg führten. Ich denke, laßt den Schamanen dorthin gehen, wo der eine, den sie zurückgelassen haben, tot liegt, damit er hierher kommt." Augenblicklich trat der Schamane aus der Tür des Hauses und lief zu der Stelle, wo der zweitjüngste Bruder von Ya'qayaleseme von dem kleinen Mann erschlagen worden war. Es dauerte nicht lange, und der Schamane kehrte zurück, gefolgt von dem Mann, der tot gewesen war. Er setzte sich zwischen seine Brüder. Der Häuptling ergriff wieder das Wort: „Jetzt will ich euch für eure Freundlichkeit danken, dir, Ya'qayaleseme und deiner Mannschaft. Daher gehört dieses mein früheres Haus euch, diese Seelöwenpfosten und die Gi'ges neben der Tür. Vier Seelöwen bilden die Pfosten des Hauses. Jetzt kehrt nach Hause zurück! Ihr müßt nur morgens die Sonne auf der linken Seite eures Gesichtes spüren." Als die Ansprache beendet war, verließen sie das Haus. Mit der Morgendämmerung ließ Ya'qayaleseme sein Kanu ins Wasser. Dann stiegen sie an Bord. Sie fuhren los. Die Stelle, wo sie paddelten, hatte eine starke Strömung. Daher kamen sie sehr schnell nach Hause. Vier Tage fuhren sie landwärts, bevor sie Yu'le nachts erreichten. Sie fuhren geradewegs nach Hause. Dort hörten sie, daß Ya'qalenlis tot sei. Es heißt, er sei von einem Onkel Ya'qayalesemes umgebracht worden, denn die ersten Yu'lenox vermuteten, daß er geplant hatte, wie Ya'qayaleseme und seine drei jüngeren Brüder verschwanden. Seitdem war Ya'qayaleseme der einzige Oberhäuptling der Yu'lenox.

Da sind wir am Ende der Geschichte, die keine Mythe ist, sondern nur eine alte Geschichte einer noch nicht so lange vergangenen Zeit.

Scab

Erzählt von Negä'dze (Charlie Wilson),
einem Gi'gilgam

Es gab viele Häuser, die als Häuptling einen Mann hatten, den sie achteten. Einer hatte sieben Söhne. Einmal wurde eines seiner Kinder krank. Das Kind zerkratzte sich selbst, das jüngste Kind. Es war das letzte seiner Kinder. Die Frau des Häuptlings wurde traurig aus Sorge um ihr Kind. Oh, sein Leib war wirklich voller Furunkel. Das Kind wurde von seiner Mutter mit Zangen geschlagen, damit es seinen Leib nicht zu sehr zerkratze. Doch das Kind ließ sich das nicht verbieten, denn das Kratzen an seinem Körper fühlte sich sehr angenehm an. Eines Tages, als das Ehepaar sich niedergelegt hatte, begann die Frau des Häuptlings zu sprechen: „Was denkst du, ich fühle mich wegen unseres Kindes zu schlecht, wegen dieser schlimmen Krankheit, die über ihn, den Jungen, gekommen ist. Ich meine, wir sollten uns nicht darum kümmern, ob unser Verhalten grausam gegenüber unserem Kind ist. Dein Name dürfte in unserem Dorf nach der Art, wie unsere Dorfbewohner dich behandeln, nicht geschätzt sein, wenn wir uns aufmachen und unser jüngstes Kind aussetzen." Ihr Mann antwortete ihr: „Ja, meine Liebe, du hast vollkommen recht. Selbst wenn wir unser Kind damit grausam behandeln, wollen wir doch die Dorfbewohner einladen, damit wir über die schlimme Krankheit unseres Kindes sprechen können." Am nächsten Tag schickte er seine Hausleute los. Die Hausleute luden die Dorfbewohner für den Morgen ein, alle, mit ihren Frauen und ihren Kindern. In großer Zahl kamen sie in das Haus, Bewohner vieler Häuser. Der Häuptling stand auf und sprach: „Seid willkommen, ihr Dorfbewohner. Es ist nicht dasselbe, weshalb ich euch zusammenrief, weswegen ich euch gewöhnlich zusammenrufe. Aus folgendem Grund rief ich euch zusammen. Mein Name würde bei euch nicht gut klingen, wenn er nach der schlimmen Krankheit vergeben würde, die mein jüngstes Kind befallen hat. Das ist es, weshalb ich euch eingeladen habe." Da erhob sich ein Häuptling und erwiderte: „Danke für deine Worte, Häuptling." - „Es macht nichts, daß wir unser jüngstes Kind jetzt wirklich grausam behandeln. Laßt uns noch heute alle eure Kanus beladen und allen euren Besitz mitnehmen." Alle machten sich bereit, ihre Kanus zu beladen. Das ganze Dorf belud die Kanus.

Das Kind hatte eine Großmutter, eine alte Frau. Alle waren schon an Bord. Nur die alte Frau mochte nicht zu ihren Hausgefährten ins Boot steigen, denn sie wollte bei ihrem Enkel bleiben. Man gestattete ihr nicht, am Ufer sitzen zu bleiben. So nahm die alte Frau etwas Glut und legte sie in eine Muschelschale. Dann ergriff sie einen kleinen getrockneten Lachs und versteckte alles unter einem Baumstumpf. Sie ermahnte ihren Enkel: „Denke an das Feuer unter dem Stumpf und nimm es an dich, Meister." Die alte Frau weinte wegen ihres Enkels. Da kam ein Mann, packte die alte Frau an den Seiten und warf sie ins Boot. Sie fuhren fort.

Das Kind saß nun verlassen am Ufer. Er war ein kleiner Junge, sein Dorf verschwand und er saß ganz alleine am Ufer. Doch er war guten Muts. Er kümmerte sich kaum um das Treiben der Dorfleute. Genauso wenig kümmerte ihn, was seine Eltern trieben. Das Kind wollte, daß es seinen eigenen Weg gehen und seinen Leib kratzen könne. Nachdem es so eine Zeitlang am Ufer gesessen hatte, holte es schließlich die Glut und entfachte ein Feuer am Ufer, wo es saß. Es besaß kein Haus. Nichts gab es mehr auf dem Dorfplatz. Das Kind zerkratzte seinen Körper. Das Blut floß aus seinem Leib, als es sich kratzte, weil es sich so angenehm anfühlte. Das Kind zerkratzte wirklich seinen Körper. Es fühlte sich gut so. Dann ließ das Kind mit dem Kratzen nach, und sein Bauch bewegte sich. Der Bauch des Kindes bewegte sich. Das Kind versuchte zu widerstehen. Doch dann kratzte es wieder seinen Leib. Da hörte der Bauch auf, sich zu bewegen. Er versuchte nun, mit dem Kratzen aufzuhören und der Sucht nach dem Kratzen zu widerstehen. Es hörte mit dem Kratzen auf und war ruhig. Wieder bewegte sich sein Bauch. Es widerstand dem Kratzen. Wieder bewegte sich der Leib des Kindes. Wirklich, es widerstand der Versuchung, sich zu kratzen. Da erschien eine Hand, die sich auf seinem Bauch zeigte. Das Kind verspürte ein dringendes Verlangen, sich zu kratzen. Es gab auf und kratzte sich wieder. Da zog sich die Hand zurück. Das Kind kratzte sich. Es fühlte sich gut. Zugleich grunzte es. Dann hörte es mit dem Kratzen auf. Die Hand erschien wieder auf dem Bauch des Kindes. Hände kamen hervor und bewegten sich auf dem Bauch des Kindes. Jetzt verstand das Kind, daß es sich nicht kratzen dürfe, doch es gab nach und kratzte sich erneut. Da zogen die Hände sich wieder zurück. Es hörte mit dem Kratzen auf. Es versuchte, sich so stark zu machen, daß er sich für lange Zeit nicht kratzen brauchte.

Jetzt kratzte es sich nicht mehr. Da kam die Hand wieder hervor. Ein kleiner Junge sprang heraus. Sieh da! Er war die Ursache dafür, daß das Kind sich immer kratzte. Das Kind, das aus seinem Bauch kam, sprach: „He, ich war der Grund, weshalb du so viele Schrunden auf deinem Körper hattest. Sieh deinen Leib an. Es sind keine Kratzer mehr an deinem Körper." Das sagte der Junge, der gerade aus dem Bauch des anderen entsprungen war. Da antwortete der, dessen Körper überall Schorf getragen hatte: „Sei willkommen, du Kind. Habe ich dich nicht durch einen großen Glücksfall erhalten? Du sollst ab jetzt den Namen Scab tragen."

Lange Zeit saßen sie dann am Ufer, er und derjenige, der nun sein Kind war. Schließlich meinte Scab, sein Kind: „Ich will weit weg am Ufer entlang gehen, warte nicht auf mich." - „Geh nur, Meister", erwiderte der Vater. Scab brach auf und wanderte seinem Ziel jenseits dem Dorfhügel zu. Er zog den Fluß entlang und hielt sich dann rechts in Richtung auf die landeinwärts liegenden Gräber. Er pflückte Hemlocktannennadeln ab und wandte sich dann wieder hinunter zum Ufer. Dort drehte er sich im Kreis. Viermal drehte er sich im Kreis und schüttete dann die Hemlocktannennadeln aus. „Ihr sollt Stahlkopflachse sein", rief er. Dann begab er sich noch einmal dorthin, wo er vorher hingegangen war, pflückte wieder Hemlocktannennadeln und kehrte wieder an dieselbe Stelle zum Ufer zurück. Er machte alles genauso wie zuvor. Viermal drehte er sich herum und sprach: „Ihr sollt die Kisutchslachse sein." Dann lief er wieder zurück und holte einige Hemlocktannennadeln. Er lief abermals an die bisherige Stelle des Ufers. Er drehte sich viermal im Kreis und warf die Tannennadeln ins Wasser. „Ihr sollt die Frühjahrslachse sein." Nochmals ging er in die Wälder, holte Tannennadeln und kehrte wieder zur Küste zurück. Wieder drehte er sich viermal, bevor er die Hemlocktannennadeln ins Wasser warf. „Ihr sollt die Ketalachse sein." Und erneut lief er dorthin zu der Stelle bei den Gräbern, sammelte Tannennadeln, drehte sich am Ufer im Kreis und verschüttete dann die Hemlocktannennadeln. „Ihr sollt die Rotdorsche sein, die auf beiden Seiten der Mündung beim Ufer meines Flusses schwimmen." Plötzlich hörte er ein donnerndes

Geräusch. Sieh an! Es waren die Lachse. Es waren die Lachse, die sich zur Mündung des Flusses aufmachten. Scab lief zu seinem Vater und bat ihn: „Komm, laß uns aufbrechen, mit dem Kanu hinüberfahren und auf der anderen Seite des Flusses ein Haus bauen. Meine Arbeit ist herbeigekommen, du kannst sie sehen, die vielen Lachse.“ Was war schon von Vater und Sohn hinüberzubringen, sie hatten ja kein Eigentum an ihrem Platz. So nahmen sie nur das Feuer an sich; das war es, was sie mitnahmen. Sie brachten es zu der Stelle, wo das Haus am Ufer errichtet werden sollte. Dann zog Scab mit seinem Vater landeinwärts, um Thujarinde für den Hausbau zu holen. Sie zogen die Rinde ab und begannen mit dem Hausbau. Es war ein wirklich großes Haus. Als sie es fertiggestellt hatten, meinte Scab zu seinem Vater: „Du sollst jetzt das Röstfleisch zuschneiden und bewachen, und ich will mit dem Haken für dich fischen gehen. Die Lachse kommen den Fluß herauf. Scab angelte mit dem Haken Lachse. Sein Vater röstete sie und achtete auf das Zurechtgeschnittene. Es dauerte auf diese Art nicht lange, und sie hatten ihr Haus gefüllt. Als es dämmerte, waren sie von ihrer Arbeit erschöpft. Sie legten sich schlafen. Sie schliefen sehr lange, so erschöpft waren sie. Vater und Sohn schliefen. Sie waren zufrieden, denn sie hatten viele Fische erbeutet.

Am Morgen erhob sich Scab. Er sah nach den Fischen, die er gefangen hatte. Was war das? Keiner der Fische, die er gefangen hatte, war noch da. Er weckte seinen Vater. „Steh auf! Etwas Ungeheuerliches ist mit unserem Fisch geschehen. Nicht einer der Fische, die wir gefangen haben, ist noch da.“ - „Das ist wirklich eine wichtige Nachricht“, meinte der Vater. Er erhob sich. Sie hatten kein Frühstück, denn nichts von dem, was sie gefangen hatten, war noch vorhanden. Es bedrückte Vater und Sohn, daß sie kein Frühstück hatten. „Sei nicht länger traurig, Vater, heute sollst du angeln gehen und ich werde rösten und schneiden, so daß wir unser Haus wieder füllen.“ Der Vater zog hinunter zum Ufer, um Lachse zu fangen. Es gab noch sehr viele Lachse dort. Der Fluß war voll von ihnen. Scab schnitt sie zu und überwachte das Rösten. Es dauerte nicht lange, und sie hatten das Haus wieder gefüllt. So hörten sie mit der Arbeit auf. Es war inzwischen Nachmittag. „Mach mir einen Bogen, Vater“, bat Scab, „und vier Pfeile.“ Da fertigte der Vater ihm einen Bogen. Er beendete sein Werk. Die Pfeilspitzen bestanden aus feinen Knochen. Die Nacht brach an. Da sagte Scab zu seinem Vater: „Ich werde diese Nacht nicht schlafen gehen, vielleicht beobachte ich bald etwas. Du kannst ruhig schlafen.“ Die Nacht brach an. Es war Vollmond, doch so früh in der Nacht blieb es noch dunkel. Scab saß auf dem Boden hinter dem Haus, während der Vater schlief. Der Mond ging auf und erstrahlte. Da wurde es hell am Ufer. Der Rauch zog zum Meer, der Rauch des Hauses. Scab saß am Ufer. Vergebens wartete er auf das, wonach er Ausschau hielt. Es war schon lange Nacht, als ein schwarzer Schatten landwärts aus den Wäldern an der Küste kam. Er bewegte sich vorwärts und erreichte Scabs Haus. Er näherte sich der Stelle, wo Scab saß. Da erkannte er, was für eine Art Wesen es war. Sieh da! Es war eine Dzo'noqwa, die einen Korb auf ihrem Rücken trug. Sie trat ein, und er kratzte an den Füßen seines Vaters. Der Vater bewegte sich nicht. Sie trat heran und streckte ihre Hand durch die Seite des Hauses. Sie nahm den gerösteten Lachs. Sie fuhr fort, den gerösteten Lachs in ihren Korb zu legen. Mit einer Hand nahm sie noch den gerösteten Lachs. Die Brüste der Dzo'noqwa hingen ins Haus. Scab wünschte sich, daß die ganze Brust der Dzo'noqwa ins Haus ragen sollte. Da hingen sie ganz im Haus. Scab spannte seinen Bogen und schoß auf sie. Inzwischen waren alle seine Fische verschwunden. Die Dzo'noqwa benutzte beide Hände, die Fische in ihren Korb zu laden. Scab richtete sich auf und schoß auf die Brust der Dzo'noqwa. Dann schoß er noch einmal auf ihre andere Brust. Wieder ergriff er einen Pfeil. Noch einmal verschoß er einen, und alle vier Pfeile waren jetzt abgeschossen. Sie alle trafen die Dzo'noqwa. Die Dzo'noqwa hatte noch die Zeit, ihre Hände hinauszuziehen, ihr Antlitz landwärts zu richten und zu schreien „Oh!“, als sie die Pfeile spürte. „Ah!“ schrie die Dzo'noqwa vor Schmerz. Sie erreichte einen Baum. „Ah!“ Die Dzo'noqwa bahnte sich ihren Weg durch die Bäume, als sie landeinwärts stürmte. Sie raste nach Hause, von wo sie gekommen war. Da rief Scab: „Das muß es gewesen sein, was unseren ersten Fang wegnahm." Sein Vater bestätigte: „So wird es sein, Meister."

Inzwischen hatte der Nachmittag begonnen. „Bereite für mich rote Thujarinde vor", bat Scab, „und einen Nackenring." Da stellte der Vater rote Thujarinde her und fertigte nach den Worten seines Kindes einen Nackenring. Die rote Thujarinde, der Kopfring, den sein Vater gemacht hatte, war wirklich gut. Und wirklich hervorragend war auch sein Nackenring. Scab nahm die Thujarinde und band sie um seinen Kopf. Er griff nach seiner Decke und hängte sie sich über. Dann zog er seinen Nackenring aus Thujarinde über. Danach schwärzte Scab sein Gesicht mit Holzkohle. Er holte Daunen und streute sie auf seinen Kopf, alles mit der roten Thujarinde, dann war er fertig. Er sprach zu seinem Vater: „Ich werde das Ufer auf der Landseite entlangziehen. Mach dir um mich keine unnötigen Sorgen." - „Dann geh, Meister", erwiderte der Vater, „soll ich nicht auf dich aufpassen?" Scab machte sich landeinwärts auf den Weg. Oh! Scab verstreute die Daunen, als er landeinwärts zog, und er erreichte einen Baum. Er erblickte den Baum. Ein großer Baum war umgestürzt, wo die Dzo'noqwa sich ihren Weg gebahnt hatte. Lange Zeit lief er nun landeinwärts. Schließlich fand er ein rundes Wasserloch. Dort erkannte er auch einen Pfad, einen wirklich geraden Pfad. „Was mag das sein?" fragte Scab sich. „Vielleicht ist das die Ursache, weshalb ich unterwegs bin, die Spur der Kranken, die wegen des Wassers hierher kam." Es schien, als ob das Wasser unter ihm hindurchfloß. „Ich will es erforschen!" meinte Scab. „Ich will mich hier auf den Boden setzen, damit ich herausfinde, wer der Eigentümer dieses Wasserlochs sein mag." Scab erhob sein Haupt und blickte auf das Gesicht im Wasser, das wie ein Spiegelglas aussah. Er saß lange auf dem Boden, bis ein Schatten den langen Pfad entlangkam. Er kam schnell heran, um Wasser zu holen. Scab sprach ihn an und erkannte, daß es die kleine Dzo'noqwa-Frau war. „Für wen holst du Wasser?" - „Ah", erwiderte die Dzo'noqwa, „ich hole Wasser für meine Mutter. Sie ist sehr krank." - „So", meinte Scab zu der kleinen Dzo'noqwa-Frau, „kehre um und frage sie, ob es keine Möglichkeit für einen Schamanen, der sie heilen will, gibt, zu ihr zu gelangen." Die kleine Dzo'noqwa-Frau eilte zurück. Wegen der Bedeutung von Scabs Worten warf sie ihr Gefäß einfach auf die Erde. Die kleine Dzo'noqwa-Frau trat in das Haus und erzählte der Mutter, was sie erlebt hatte. „Dieser Schamane fragte, ob schon Schamanen hier sind. Er ist gekommen, dich zu heilen." - „Oh!", stöhnte die Dzo'noqwa, „was sollen wir ihm denn zahlen, mein Liebling? Mach dich auf und hole ihn her." Die kleine Dzo'noqwa-Frau rannte zu Scab zurück, der noch am Wasser saß, und erzählte es ihm: „Ich berichtete meinem Vater von deinen Worten. Was soll er dir zahlen?" - „Ja", entgegnete Scab, „ich will es tun, auch wenn es weiter nichts in eurem Haus gibt. Kehre zurück und berichte ihm meine Antwort." Die kleine Dzo'noqwa-Frau eilte zurück, um Scabs Antwort zu mitzuteilen. „Ich will es tun, auch wenn es weiter nichts in eurem Haus gibt." Oh, wie litt die Dzo'noqwa unter ihrer Krankheit. „Hol ihn", bat die Dzo'noqwa die kleine Dzo'noqwa-Frau, „achte nur darauf, daß du kein Unglück mit unserem Haus verursachst. Todbringer zu sein, ist die Eigenschaft unseres Hauses." Die kleine Dzo'noqwa-Frau lief zurück. „Du sollst kommen", rief die kleine Dzo'noqwa-Frau. „Doch sieh dich gut vor unserem Haus vor. Unser Haus ist nicht gewöhnlich." - „In Ordnung", erwiderte Scab, „bin ich denn ein gewöhnlicher Mensch?" Er brach auf. Die kleine Dzo'noqwa-Frau lief voraus. Dann vernahm Scab das Geräusch der sich schließenden Tür des Hauses. Er erreichte das Haus. Die kleine Dzo'noqwa-Frau sprang hinein, als die Tür sich öffnete. Dann schloß sie sich wieder. Scab steckte sich Christrosen in seinen Mund, um sie zu erschrecken. Da öffnete sich die Tür. Scab trat in das Haus. Dann spie er in beide Richtungen der Tür des Hauses. Die doppelköpfigen Schlangen in beiden Teilen des Hauses wurden durch die Christrose betrunken, die Scab im Mund hielt und die das verursachte. Die Ursache dafür, daß das Haus ein Todbringer war, lag in den doppelköpfigen Schlangen. Scab stand auf der Türseite des Hausfeuers. Ah, die legten sich nieder, legten sich bei der kranken Dzo'noqwa nieder. Scab ging hin und stand außerhalb des Raumes der kranken Dzo'noqwa. Sie wußte nicht, daß Scab bereits im Haus war. Er setzte sich außen vor dem Raum der kranken Dzo'noqwa nieder. „Wo fühlst du Schmerzen?“ fragte Scab. „Oh“, jammerte die Dzo'noqwa, „hier ist es.“ Scab tastete die Brüste der Dzo'noqwa ab. Plötzlich spürte er seinen Pfeil. „Aha“, rief er. Er merkte, es war einer der Pfeile, die er verschossen hatte. „Sieh an“, sagte er jetzt, „du leidest an einer schweren Krankheit. Ich will versuchen, ihre Ursache zu finden.“ Dann beugte er seinen Kopf über den Brustkorb der Dzo'noqwa und biß in seinen Pfeil. Er biß in das Ende eines seiner Pfeile, zog ihn aus dem Brustkorb der Dzo'noqwa und verbarg ihn auf seinem Bauch. Da war der nächste. Er zog ihn ebenso heraus und verbarg ihn in seinem Schoß. Die Dzo'noqwa und die anderen im Haus konnten nicht erkennen, was Scab gemacht hatte. Scab beugte sein Haupt wieder über das, was von ihm geheilt werden sollte, zog den dritten Pfeil heraus und versteckte ihn. Noch einer war übrig, den er noch nicht gefunden hatte. Schließlich zog er auch den letzten Pfeil heraus und hatte so alle vier wiederbekommen. Danach fragte Scab die Dzo'noqwa: „Wie fühlst du dich?“ Und die Dzo'noqwa antwortete: „Es geht mir besser.“ Scab pustete auf die Brüste der Dzo'noqwa. So beendete er im Haus die Heilung der Dzo'noqwa. Die Dzo'noqwa setzte sich jetzt im Haus auf und sprach ihren Dank für das aus, was Scab getan hatte. „Ich danke dir“, rief die Dzo'noqwa, „ich habe bereits gewußt, daß du ein großer Schamane bist, als du in mein Haus gekommen bist, denn niemand wagte es bisher, mein Haus so zu behandeln. Todbringer ist mein Haus. Nimm die Knochen draußen. Jetzt will ich dir meine Dankbarkeit erweisen. Du darfst mein Kind nicht verletzen. Du sollst sie zur Frau bekommen zusammen mit diesem Haus und dem Wasser, auf dem du gesessen hast. Selbst wenn jemand schon lange tot auf dem Boden lag, kann er noch von dir damit erfolgreich besprüht werden. Es trägt den Namen “Wasser des Lebens”. Jetzt sollst du die Schachtel deiner Frau nehmen. Sie kommt niemals zum Ende. Sie kann nicht geleert werden.“

Scab wollte jetzt nach Hause zurückkehren, und er brach mit seiner Frau auf. „Yai“, meinte die kleine Dzo'noqwa zu ihrem Mann, „nimm meine Schachtel vom Boden auf.“ Scab ging zu der Schachtel seiner Frau. Die Schachtel seiner Frau hatte nur ein kleines Format. Doch Scab war zu schwach, die Schachtel aufzuheben. Wenn der Vater der Dzo'noqwa gemerkt hätte, daß Scab zu schwach für die Schachtel war, hätte er sie nicht zur Frau erhalten und nichts aus dem Haus bekommen. Scab flüsterte seiner Frau zu, daß er zu schwach für die Schachtel wäre. Die kleine Dzo'noqwa liebte Scab und half ihrem Mann. Von denen, die im Haus saßen, merkte keiner, daß Scab zu schwach für die kleine Schachtel war. So trug die kleine Dzo'noqwa alleine die Schachtel in einer Hand und ging hinaus. Sie brachten das Haus, das er erhalten hatte, hinter ihnen her, und er nahm auch das Wasser des Lebens mit. Vier Tage hatte er im Innern des Landes im Haus der Dzo'noqwa zugebracht. Schließlich kamen Scab und seine Frau nach Hause, zum Haus von ihm und seinem Vater. Was war das? Sein Vater war tot. Nur blanke Knochen lagen noch auf dem Boden. „Was! Mein Vater ist tot", schrie Scab zu seiner Frau. „Wo liegt er?" fragte Scabs Frau. Die kleine Dzo'noqwa-Frau konnte nicht sehen. Scab führte sie hin: „Hier ist es." Da nahm die kleine Dzo'noqwa-Frau ein wenig vom Wasser des Lebens und sprenkelte es über Scabs Vater. Sogleich erhob sich Scabs Vater wieder. „Ah, ich habe sehr gut geschlafen", meinte Scabs Vater. Da erklärte Scab ihm: „Du hast nicht geschlafen, du warst tot. Du bist nur durch meinen übernatürlichen Schatz wiederbelebt worden. Ich erhielt meinen übernatürlichen Schatz, dieses Wasser des Lebens, das Haus und auch diese meine Frau." Da sprach der Vater voller Dankbarkeit: „Willkommen, mein Kind, du hast jetzt einen übernatürlichen Schatz erhalten, mein Kind. Ich danke dir!"

Lange Zeit war Scab verheiratet und liebte seine Frau. Doch schließlich wurde er seiner Frau überdrüssig. Eines Morgens stand Scab auf und ging hinunter zum Ufer. Er trat in das Wasser am Ufer und beobachtete, wie jemand auf dem Meer fuhr. „Komm heran, damit ich an Bord steigen kann." Gans kam. „Zu schade, es ist kein Platz frei. Wir haben zu viele Kleewurzeln geladen." Wieder kam ein Kanu vorbei. „Komm heran, damit ich an Bord steigen kann." Möwe kam herbei. „Es ist kein Platz frei. Unsere Schwänze ragen schon heraus." Er blieb zurück. Abermals kam ein Kanu. „Komm heran, damit ich an Bord steigen kann." - „Zu schade, es ist kein Platz vorhanden. Unser Heck hängt schon zu tief", rief Eistaucher. Ein weiterer fuhr vorbei. „Komm heran, damit ich an Bord steigen kann." - „Zu schade, unser Kanu ist brüchig", rief Albatros. Es schien keinen Weg hinaus auf See zu geben. Dann kam noch ein Kanu. „Komm heran. Laß mich an Bord kommen." Sie näherten sich dem Ufer. „Nun mach", rief der im Bug Sitzende, „frag unseren Freund, wo er hinwill." - „Ich möchte die Tochter eures Häuptlings heiraten." - „Willkommen", rief da Büffelkopfente. Scab stieg an Bord. „Nun los. Wir wollen die Kraft unseres Freundes kennenlernen", rief Büffelkopfente. „Wir wollen hier hinuntertauchen, damit wir herausfinden, wie lange der Atem unseres Freundes reicht, denn wir müssen unter diesem großen Berg hindurchtauchen." Damit tauchten sie. Doch vorher meinte Scab noch: „Ich werde euch ein Zeichen geben, wenn mir die Luft knapp wird." Sie tauchten. Dann gab Scab das Zeichen, seinen Kopf wieder hoch zu lassen. „Dein Atem reicht kaum lange genug", meinte Büffelkopfente. „Oh! Es muß noch länger dauern, bevor du uns das Zeichen gibst, denn wir müssen dich unter diesem großen Berg hindurch bringen." - „Versuchen wir es", meinte Scab. Sie tauchten. Sie versuchten, schnell zu schwimmen. Scab gab seinem Freund kein Zeichen. Jetzt hob er sein Haupt, und er erkannte es genau. Er sah das Haus des Häuptlings auf dem Wasser leuchten. „Siehst du es jetzt?" wurde Scab gefragt. „Dort ist es, wo du hinkommen mußt, zu diesem Licht." Dann gelangten sie zu dem Haus. Büffelkopfente fragte: „Was können wir für unseren Freund tun?" Da meinte eine andere Büffelkopfente: „Wir sollten trokkenes Feuerholz suchen, denn unser Häuptling ist immer knapp mit Feuerholz." - „Gut", meinte eine andere Büffelkopfente, „ich kenne ein ordentliches Stück Feuerholz. Dort am Ende des Ufers steht eine Erle." Sie gingen dorthin. Sie fanden dort wirklich ausgezeichnetes Feuerholz. Das Feuerholz konnte gut in drei Stücke geteilt werden. Am Ende des Feuerholzes befand sich ein Loch. „Unser Freund soll hier in dieses Loch am Ende des Feuerholzes steigen." Da kletterte er in die Höhlung am Ende des Feuerholzes. Danach schleppten die Büffelkopfenten das Feuerholz fort. Sie schleppten es zum Ufer ihres Häuptlings. Es war noch nicht ganz Ebbe. Das Feuerholz würde ans Ufer treiben.

Die kleinen Büffelkopfenten schleppten es zurück an eine Stelle, von wo es zum Ufer geschwemmt wurde. Die kleinen Büffelkopfenten beobachteten ihren Freund, als das Holz an Land trieb. Sie tauchten vor der Küste ihres Häuptlings und beobachteten ihren Freund. Es wurde Morgen und die Flut kehrte zurück. Der Häuptling trat aus dem Haus und blickte über seine Küste. Dann kam der Häuptling das Ufer herunter. Er fand das Feuerholz, das am Ufer neben dem Weg lag, der vom Haus hinab führte. Er lief zurück, um seine Axt zu holen. Er begann, das Feuerholz zu spalten. „Das ist sehr trocken", freute er sich. Er hieb das Holz in zwei Teile. Dann nahm er es auf die Schulter. Er wußte nicht, daß Scab darin verborgen war. Er trug es auf seiner Schulter. Zuerst trug er den Abschnitt, in dem Scab steckte. Dann lief er wieder zum Ufer und holte das zweite Stück. Währenddessen kroch Scab aus seinem Holz und verbarg sich in einer Ecke des Hauses. Scab konnte die, die er zur Frau begehrte, deutlich sehen. Sie saß genau in der Mitte an der Rückseite des Hauses. Der Häuptling schleppte noch das Feuerholz, und Scab saß in der Ecke des Hauses.

Mond trat ein. Er setzte sich im Haus nieder. „Ah", meinte Mond, „ich beobachtete einen Mann in einem Land. Sein Name ist Scab. Ihn wünsche ich mir als Gatten für unseren Liebling, denn Scab wird der genannt, der als Frau die kleine Dzo´noqwa-Frau hat." Dann wurde es dunkel. Sonne kam und setzte sich im Haus nieder. Was Mond gesprochen hatte, war auch die Meinung von Sonne: „Ich sah ein Kind namens Scab, der als Frau die kleine Dzo´noqwa-Frau hat. Ich möchte, daß unser Liebling ihn als Gatten bekommt." Oh, Scab war sehr erfreut, daß so von ihm gesprochen wurde. Er schlich im Haus näher an die heran, von der alle wünschten, sie solle seine Frau werden. Scab hob die Bettdecke des Kindes an. Da wurde er fortgestoßen, und es heißt, ein Hund rannte umher. Er lüftete noch einmal die Bettdecke des Kindes. Wieder wurde er fortgestoßen. „Schlage mich nicht", meinte Scab, „es ist so, daß mir erzählt wurde, ich solle dich zur Frau bekommen. Ich bin Scab." Da meinte das Kind zu ihm, er solle sich zu ihr legen. Er legte sich hin und war sehr glücklich. Er lachte mit der, die nun seine Frau war. Die Eltern des Kindes hörten das. „Was machst du für einen Lärm, mein Kind?“ Doch sie erhielten keine Antwort von ihrem Kind. Es wurde wieder Nacht. Wieder spielten sie in dieser Nacht. Wieder wurde sie von ihrer Mutter aufgefordert: „Schick diesen Hund weg.“ Die Mutter dachte, es sei ein Hund, der mit ihrer Tochter tollte, doch es war Scab, der mit ihr spielte. Noch einmal wurde es Nacht. „Wer ist es, mit dem du immer lachst?“ fragte die Frau des Häuptlings. „Du bist komisch“, antwortete die Tochter. „Es ist doch so, daß du sagtest, ich solle Scab als Gatten haben. Es ist Scab, der bei mir liegt.“ Der Tag brach an. „Erhebe dich und komm mit deinem Gatten zum Frühstück ins Haus“, forderte der Häuptling. „Was wirst du machen?“ fragte die Frau ihren Gatten Scab. „Aus folgendem Grund wirst du nämlich aufgefordert, auf meinem Sitz Platz zu nehmen. Er trägt die Stacheln des Teufelsfischs. Sobald du dich auf ihm zurücklegst, wirst du sterben. Was wirst du machen?“ - „Was soll ich denn machen“, antwortete Scab, „sieh, ich werde eben sterben, was kann ich denn machen?“ Da entgegnete die Frau: „Ich liebe dich. Dreh deinen Rücken zu mir, damit ich ihn massieren kann.“ Sie hatte Angst, er würde sterben. So rieb sie den Rücken ihres Gatten. „Jetzt bist du vorbereitet. Jetzt kannst du zu meinem Sitz gehen. Sei nicht sinnlos ängstlich, wenn du dich in meinen Sitz zurücklehnst.“ - „Na gut“, meinte Scab zu seiner Frau. Dann verließ er ihren Raum, um auf dem Sitz Platz zu nehmen. „Komm, Liebling“, sagte der Häuptling zu seinem Kind und seinem Schwiegersohn. „Laß dich in diesem Sitz deiner Frau nieder“, meinte der Häuptling dann zu Scab. Da lehnte sich Scab in dem zurück, worin zu sitzen ihn sein Schwiegervater aufgefordert hatte. Nur das Todesbrett fiel aber hinunter. Es stürzte auf den Boden, als Scab sich an das lehnte, wovon berichtet wurde. Der Häuptling blickte verwirrt zu seiner Frau, überrascht, daß Scab nicht tot im Sitz auf dem Boden lag. Scabs Frau aber freute sich, da ihr Mann nicht gestorben war. Da meinte der Häuptling, er wolle sich fügen, da Scab kein gewöhnlicher Mensch sei.

Erst nach langer Zeit bekam Scab Heimweh. Er erinnerte sich an seinen Vater und an seine Frau. Da fragte die Frau ihren Mann: „Du hast Heimweh?“ - „Ich sehne mich wirklich nach

Hause zurück", antwortete Scab. „Und du willst nach Hause fahren?" fragte die Frau ihren Mann weiter. „So ist es", antwortete Scab. „Was kann ich machen, damit du nach Hause kommst?" - „Wie soll ich es denn machen?" fragte Scab wieder, „vielleicht bringt mich mein Freund zurück." - „Sei nicht vergebens traurig", meinte jetzt die Frau, „wir wollen zu deinem Haus fahren und deinen Vater und deine Frau, die kleine Dzo'noqwa-Frau sehen." Die Frau erzählte alles ihrem Vater. Sie berichtete es ihrer Mutter und ihren Brüdern. Das waren ihre Brüder, Sonne und Mond. Sie waren die Brüder der Frau. Der Vater meinte zu seiner Tochter: „Fahrt nur, mein Liebling! Ich hoffe, die Zeit dort wird dir nicht zu lang." Da bereitete sie ihr Fluggewand vor, denn sie wollte über das hohe Gebirge fliegen. Sie ging mit ihrem Mann hinaus. Dann zog das Kind sein Fluggewand an. Die Frau sagte zu ihrem Mann: „Du mußt dich nur flach auf meinen Rücken legen und meinen Hals umarmen. Wir werden fliegen. Schlaf nur nicht ein!" Sie flog los und überquerte das hohe Gebirge. Plötzlich erblickte die Frau Rauch. „Offensichtlich, ist das der Rauch von deinem Haus", rief die Frau. „So ist es", stimmte Scab seiner Frau zu. Da flog sie hin und landete landwärts des Hauses ihres Gatten. Sie hatten sein Gebiet erreicht. Sie zog ihr Fluggewand aus, faltete es und preßte es stark zusammen. Dann betraten sie das Haus. Sein Vater und seine kleine Frau, die kleine Dzo'noqwa-Frau, saßen dort. „Ich will versuchen, deine Freundin, deine Frau, auf den Boden zu werfen", meinte die Frau nun zu Scab. Dann richtete sie ihre magische Kraft gegen die kleine Dzo'noqwa-Frau. Sofort flog die kleine Dzo'noqwa-Frau in eine Ecke des Hauses. Sie war von der Frau in einen Rotkopfspecht verwandelt worden. Gleich darauf verließ sie das Haus. Sie wurde wieder ein Mensch. Dann verwandelte die kleine Dzo'noqwa-Frau die andere ebenfalls in einen Vogel. Sie richtete ihre magische Kraft gegen die Frau, die hinüber in eine Ecke des Hauses flog. Jetzt wurde sie der Specht des Hauses. Die Frau wurde zu einem Specht, als sie von der übernatürlichen Kraft der kleinen Dzo'noqwa-Frau getroffen wurde. Es dauerte nicht lange, und sie gab ihr die eigentliche Gestalt zurück, nahm ihre Kraft von ihr. Dann setzten sie sich im Haus nieder. Sie kämpften nicht mehr gegeneinander, wie sie es getan hatten. Sie hatten ihre übernatürliche Kraft aneinander erprobt, die außergewöhnlichen Frauen.

Lange Zeit war Scab nun mit seinen beiden Frauen verheiratet. Lange schon lebte die zweite Frau in der Heimat ihres Gatten. Da begann sie, sich Sorgen zu machen. Sie wollte nach Hause zurückkehren. Die Frau sagte zu ihrem Mann: „Ich möchte heimkehren." - „Ich werde dich begleiten", stimmte Scab seiner Frau zu. Sie machte sich für die Heimfahrt fertig. Sie ging an die Rückseite des Hauses. Scab folgte seiner Frau. Die Frau zog ihr Gewand über und hatte es im gleichen Augenblick am Körper. „Willst du mitkommen?" fragte die Frau ihren Gatten. „Natürlich will ich das", antwortete Scab. „Lege dich wie damals flach auf meinen Rücken. Schlaf ja nicht ein!" wies die Frau ihren Mann wieder an. Dann flog das verheiratete Paar los. Scab beobachtete den Flug nicht lange, dann schlief er auf dem Rücken seiner Frau ein. Er fiel hinab und war tot. Sie, seine Frau, flog weiter.

Scabs Vater paddelte gerade. Da sah er etwas herantreiben. „Was mag das sein?" dachte der Mann bei sich. Dann paddelte er zu dem, was dort umhertrieb. Er erreichte es. Und da erkannte er seinen Sohn. „Was ist dir geschehen, mein Kind?" fragte er. Er ergriff sein Kind, zog es an Bord und fuhr nach Hause. Er trug sein Kind hinauf. „Ich kam gerade vorbei und fand deinen vom Wasser überspülten Gatten", rief der Mann der kleinen Dzo'noqwa-Frau zu. „Er ist jetzt tot." - „Wo ist er?" fragte die kleine Dzo'noqwa-Frau. „Da ist er", sagte ihr der Schwiegervater, denn die kleine Dzo'noqwa-Frau konnte wirklich nicht sehen, deshalb zeigte der Mann seiner Schwiegertochter, wo der Gatte der kleinen Dzo'noqwa-Frau lag. Die kleine Dzo'noqwa-Frau holte das Wasser des Lebens und sprenkelte es über ihren Gatten. Da sprach dieser: „Oh, ich habe eben wunderbar geschlafen." - „Du hast nicht geschlafen", erklärte die kleine Dzo'noqwa-Frau, „du warst tot. Ich habe dich gerade mit dem Wasser des Lebens gewaschen." Da wurden Scab und die kleine Dzo'noqwa-Frau wieder ein Ehepaar.

Scab
Erzählt von Ya'qolas, einem Naqe'mgilisala

Es lebte einmal ein Mädchen, dessen Körper mit Entzündungen übersät war. Deshalb wurde sie Scabby-Body (Lemk'in) gerufen. Ihre Eltern und alle anderen Leute verließen sie. Sie besaß kein Haus mehr, denn die Leute hatten beim Wegzug alle Wand- und Dachbretter mitgenommen. Nur die Großmutter des Mädchens fühlte Mitleid mit ihr und hatte ihr ein kleines Feuer in einer Muschelschale zurückgelassen. Das Mädchen sammelte ein paar alte Matten zusammen, die auf dem Boden liegen geblieben waren. Sie hängte sie über ein Brett und benutzte dies als Schutz. Sie war sehr krank dort mit ihrem von Entzündungen übersäten Körper. Sie nahm eine Muschel und trennte damit einen ihrer Furunkel ab. Dann legte sie die Muschel mit dem Schorf unter einen Baum, so daß der Regen hineintropfen konnte. Viermal machte sie das. Nach einigen Tagen ging sie wieder hin, um nachzusehen. Was war denn das? Die Muschel hatte an Größe zugenommen und sich geschlossen. Zugleich war aller Schorf von ihrem Körper verschwunden. Sie sah sich nach einer größeren Muschelschale um. Sie nahm den Schorf aus der kleineren Muschel und legte ihn in die größere. Nach vier Tagen ging sie wieder nachsehen. Da fand sie ein kleines Kind in der Muschel. Es war noch nicht vollständig. Nur Arme und Beine hatten sich schon gebildet. Nach weiteren vier Tagen ging sie noch einmal hin, und da erkannte sie, daß es ein richtiges Kind geworden war. Sie legte es in eine noch größere Muschelschale. Nach weiteren vier Tagen kam sie zurück und entdeckte einen kleinen Jungen, dessen Füße und Hände aus der Muschelschale herausragten. Sie nahm ihn heraus und brachte ihn zu ihrem Heim. Sie versorgte das Kind und nannte es Scab.

Eines Tages begann er zu weinen und forderte einen Bogen. Deshalb zog seine Mutter los, holte den Ast eines Thujabaumes für den Bogen und Knochen als Pfeilspitzen. Der Junge fragte nach Speise. Da weinte die Mutter und erklärte: „Wir haben nichts hier. Ich will losgehen und nachsehen, ob etwas in der Lachsreuse meines Vaters liegt.“ Der Junge begleitete sie, und sie fanden als Fang einen Blaurückenlachs. Sie brachten ihn nach Hause. Sie räucherte ihn, schnitt ihn auf und röstete ihn. Der Junge aß die Hälfte des Lachses. Die andere Hälfte hängten sie auf, um ihn am nächsten Morgen zu verzehren. Der nächste Morgen verging. Da zogen sie wieder zur Lachsreuse, und diesmal fanden sie zwei Lachse darin. Sie kochte sie sogleich. Sie aßen einen und hängten den anderen auf. Am nächsten Morgen war der Lachs verschwunden. Jeden Tag gingen sie zur Lachsreuse und fanden Lachse darin. Doch was sie auch am Abend beiseite legten, es war am nächsten Morgen verschwunden. Eines Tages meinte der Junge zu seiner Mutter: „Ich will einmal beobachten, was unseren Lachs wegnimmt." Die Mutter lief hinunter zur Lachsreuse, und der Junge blieb alleine im Haus. Dann sah er, wie jemand die Türklappe anhob. Er hielt seinen Bogen und seine Pfeile schußbereit. Was würde das sein? Eine Dzo'noqwa kam herein. Sie hatte sehr große Brüste. Sie streckte ihre Arme aus und ergriff den gerösteten Lachs. Dann drehte sie sich um und wollte zur Tür hinausgehen. In diesem Augenblick schoß der Junge, der in einer Ecke des Hauses saß, mit seinem Pfeil in ihre Brust. Die Dzo'noqwa schrie auf und rannte zurück in die Wälder. Als die Mutter des Jungen kam, erzählte er ihr, was geschehen war. Er sagte: „Ich mag meinen Pfeil. Ich will der Dzo'noqwa folgen, um meinen Pfeil wiederzubekommen."

Er ging ihren Spuren nach. Als es dunkel wurde, setzte er sich im Wald hin. Während er dort saß, hörte er ein summendes Geräusch hinter der Stelle, wo er sich niedergelassen hatte. Er ging in Deckung. Er wußte, daß das Geräusch von der kam, die er angeschossen hatte. Als der Tag anbrach, fand er die Spuren der Dzo'noqwa wieder und folgte ihnen. Sie führten einen Berg hinauf und dann hinunter zu einem See. Er erkannte, daß sie am See entlanggelaufen war. Er folgte ihr, fand ihr Haus und setzte sich an der Stelle nieder, wo die Hausbewohner Wasser zu holen pflegten. Drei Kinder der Dzo'noqwa kamen, um Wasser zu holen. Sie sahen ihn dort sitzen und entsetzten sich so, daß sie sich nicht ums Wasserholen kümmerten, sondern zurückrannten. Sie berichteten ihrer Mutter, daß sie jemanden am Wasser sitzen gesehen hätten. Die Mutter antwortete: „Das ist wichtig, was ihr mir berichtet. Geht wieder dorthin und fragt, ob er ein Schamane ist. Vielleicht ist er gekommen, um mich zu heilen." Die jüngste Tochter ging zurück und fragte den Jungen: „Bist du ein Schamane? Wenn du einer bist, bitte komm und heile meine Mutter." Da antwortete er: „Ich bin ein Schamane." Das Mädchen kehrte um und berichtete ihrer Mutter, die sie bat, den Jungen herbeizuholen. Sie bot ihm an: „Wenn du mich heilst, kannst du sie heiraten." Der Junge erwiderte: „Ist es das, was du mir bietest? Ich will deine jüngste Tochter nicht zur Frau." Das Mädchen eilte zurück und berichtete der Mutter, was er gesagt hatte. Der Sprecher der kranken Dzo'noqwa meinte: „Es ist wichtig, was du berichtest. Er soll auf jeden Fall herkommen. Sage ihm, er könne die mittlere Tochter heiraten." Als sie ihm die Botschaft brachte, meinte der Junge, er wolle auch die nicht. Da schickte der Sprecher der Dzo'noqwa die jüngste Tochter, sie solle ihn fragen, ob er die älteste Tochter heiraten wolle. Der Junge meinte, das sei die, die er wolle. Er betrat das Haus der Dzo'noqwa, um sie zu heilen. Als er eintrat, sah er eine große Büffelkopfente bei ihr sitzen und versuchen, sie zu heilen. Doch die Büffelkopfente konnte den Pfeil nicht finden. Der Junge setzte sich neben sie, griff nach dem Pfeil und zog ihn heraus. Da rief die Dzo'noqwa: „Ich spüre, daß du meine Krankheit herausgezogen hast." Weder der Büffelkopfenten-Schamane noch sonst jemand konnte den Pfeil sehen. Danach heiratete er die älteste Tochter der Dzo'noqwa.

Nach vier Jahren verspürte er Heimweh. Er lag in seinem Bett und bedeckte seinen Kopf mit seiner Decke. Da fragte die Mutter Dzo'noqwa ihre Tochter: „Was ist mit deinem Gatten los?" Und seine Frau fragte ihn: „Hast du Heimweh? Die Mutter will es wissen." Der junge Mann antwortete: „Ich fürchte, meine Mutter könnte inzwischen verstorben sein. Ich möchte nach ihr sehen." Da sagte die Mutter Dzo'noqwa: „Macht euch fertig, in seine Heimat zu ziehen. Ich will euch Geschenke mitgeben." Die Tochter der Dzo'noqwa erhielt eine magische Decke. Sie sollte der übernatürliche Schatz ihres Mannes sein. Sie war aus der Haut von Xo'los, dem jüngeren Bruder des Donnervogels, hergestellt. Auf der einen Seite der Decke befanden sich Häute von

Tomtits (Tso´saxs) und Kolibris. Sie gab ihm auch das Wasser des Lebens. Dann kehrten sie auf dem selben Weg zurück, den er gekommen war.

Als sie zum Haus seiner Mutter kamen, konnten sie keinen Rauch sehen. Er trat mit seiner Frau ein und trug die Decke, die er erhalten hatte und die er seiner Mutter zeigen wollte. Doch was war das? Nur ein Haufen Knochen lag da. Sie war aus Trauer um ihren verlorenen Sohn gestorben. Er breitete die Decke über die Knochen und sprengte das Wasser des Lebens darüber. Da erwachte die Mutter wieder zum Leben. Sie rieb sich die Augen und meinte: „Ich habe lange geschlafen." - „Nein", entgegnete ihr Sohn, „du warst tot."

Die drei lebten von da an gemeinsam in ihrem Haus. Eines Tages sagte der junge Mann zu seiner Mutter: „Ich möchte eine weitere Frau haben." Seine Frau stimmte ihm zu. Da fragte die Mutter: „Wen möchtest du denn heiraten?" Er antwortete: „Ich wünsche mir die Tochter von The-One-Shining-Down (Sepaxa´lis), The-One-Prayed-to (A´myaxet)." Er gewann die mythischen Tiere dafür, mit ihm zu ziehen und um seine Frau zu werben. Er gewann alle Vierfüßer und Vögel dafür, ihn zu begleiten. Der Weg führte aufwärts, wie eine Leiter. Sie kamen an die Stelle, von wo aus sie hochsteigen mußten. Als erster wurde der Hirsch hinaufgeschickt. Er wollte ihr Führer sein. Doch ein starker Wind blies ihm entgegen. So konnte er nicht hinaufsteigen, sondern wurde wieder hinuntergeblasen. Als nächster meinte Omäl, er wolle es versuchen. Doch er kam nicht einmal so weit wie der Hirsch, da wurde er schon hinabgepustet. Der nächste, der versuchte, hinaufzuklettern, war der Zaunkönig (Kwi´lka Newettee; Xwa´ta Kwakiutl). Er flog geradewegs hinauf und wich dem Wind aus. So glückte es ihm, hinaufzugelangen. Als er oben angekommen war, konnten auch alle anderen hinaufsteigen, denn er beendete das Wehen des Windes. Sie kletterten also die Leiter hinauf, und als sie oben angekommen waren, setzten sie sich nieder. Sie berieten, was zu machen sei. Omäl, der Rabe, meinte: „Wir wollen uns nach einem verrotteten Baumstumpf (Tse´mos) umsehen." Sie suchten und entdeckten eine trockene Erle. Sie stießen sie ins Wasser, und Scab stieg hinein.

Dann stießen sie sie ab, und sie trieb fort. Der junge Mann dachte: „Ich wollte, der Wind triebe das Holz zum Ufer des Hauses." Sofort begann der Wind zu wehen, und der Stamm trieb zum Land.

Bald erblickte die Tochter des Häuptlings das verrottete Erlenholz. Sie lief ins Haus und berichtete es ihrem Vater. Der Vater antwortete: „Was du mir mitteilst, ist wichtig. Ich bin schon seit langem ein Mensch, doch niemals trieb irgendwelches Holz an unser Ufer. Geh und hole es." Da umfaßte sie dies mit ihren Armen und trug es hinein. Der Vater befahl: „Leg es ins Feuer." Er wußte nicht, daß der junge Mann darin verborgen war. Das Mädchen warf das Holz ins Feuer. Ein Stückchen feiner Holzasche flog in ihren Raum. Scab war es, der sich dort zurückverwandelte. Das Mädchen begab sich in ihren Raum. Er hob ihr Gewand an, und das Mädchen fragte: „Wer bist du?" „Ich bin Scab. Ich möchte dich heiraten", antwortete er. Sie entgegnete: „Da sind wir einer Meinung. Ich möchte dich auch als Gatten haben." Als der Vater sie sprechen hörte, fragte er: „Mit wem redest du dort?" Das Mädchen antwortete: „Es ist Scab. Er ist gekommen, mich zu heiraten."

Da rief der Vater: „Komm heraus mit ihm. Du sollst mit ihm eine Mahlzeit einnehmen." Dann saßen sie dort. Scab trug seine Donnervogeldecke. Sie setzten einen Kessel ohne Wasser auf das Feuer. Der Kessel glühte rot. Als der Kessel heiß war, warf der Häuptling Scab hinein. Scabs Frau wurde sehr wütend. Scab verwandelte sich in eine Flocke heller Asche und flog in den Raum seiner Frau. Dann verwandelte er sich zurück in einen Mann. Als er sich wieder mit seiner Frau unterhielt, fragte der Häuptling: „Mit wem sprichst du denn dort?" Die Frau antwortete: „Es ist mein Gatte." Der Häuptling betrat den Raum und meinte: „Dein Mann soll so spät nicht mehr schlafen. Er soll mit mir kommen, um mir zu helfen, meinen Steinhammer wiederzuerlangen, der in einen Thujabaum gefallen ist." Scab erhob sich, und sie zogen hinaus, den Hammer zu holen. Der Häuptling lief hinter Scab her, der sehr schnell rannte. Der Häuptling hatte einen Thujastamm gespalten und einen Keil hineingetrieben. In den Spalt hatte er den Hammer geworfen. Er forderte

Scab auf, hineinzuklettern, um den Hammer zu holen. Sobald Scab im Stamm war, schlug er den Keil heraus. Da schloß sich der Baum über ihm. „Das geschieht dir recht", rief der Häuptling, „du bist gekommen, um mir Schande zu bringen." Er sah etwas aus dem Spalt herauströpfeln, was Scabs Blut zu sein schien. Doch Scab lebte noch und stand ein Stückchen vom Baum entfernt. Er lief zu seiner Frau und empfahl ihr: „Rate deinem Vater aufzugeben. Er kann mich nicht umbringen. Ich besitze übernatürliche Kräfte." Da beendete der Vater die Versuche, seinen Schwiegersohn zu ermorden.

Nach einiger Zeit bekam Scab Heimweh. Sein Frau fragte ihn: „Warum bist du so niedergeschlagen?" Er antwortete: „Ich habe Angst, daß meine Mutter tot ist." Da schickte der Häuptling ihn zurück. „Ich gebe dir einen Lachs als Vorrat mit. Zieh einen Fischhaken durchs Wasser." Der Lachs, von dem er sprach, war ein Wal, den die Frau mit dem Haken fing. Sie hob ihn an, als ob es ein kleiner Lachs wäre. Die Frau meinte zu ihrem Mann: „Den nächsten mußt du fangen." Scab machte das und hob den Wal mit Leichtigkeit aus dem Wasser. Dann kehrten sie nach Hause zurück. Er hatte als übernatürliche Gabe die Fähigkeit erhalten, auf diese Art Wale zu fangen.

Der alte Häuptling schickte sie, nach seinem Kanu zu sehen, daß sie benutzen sollten, um nach Hause zurückzufahren. Sie gingen am Ufer entlang, doch Scab sah kein Kanu, nur etwas, das wie ein Schiff aussah. Er kam zurück in das Haus und meinte zu seiner Frau: „Ich habe kein Kanu gefunden. Ich sah nur etwas, das wie ein Schiff aussah." Da antwortete die Frau: „Das war es, was mein Vater meinte." Seine Frau ergriff den Bug des Schiffes und zog es hinauf ins Haus. Danach brachen sie auf und erreichten schließlich das Haus seiner Mutter und seiner ersten Frau.

Sie stiegen das Ufer hinauf. Da erblickte die neue Frau die Dzo´noqwa-Frau, die im Haus saß. Die neue Frau setzte sich hin und hielt ihre Stirn. Sie meinte zu ihrem Gatten: „Weshalb brachtest du mich her, wenn du schon eine Frau hast?" Die beiden Frauen begannen zu streiten. Die Tochter des Himmelshäuptlings ergriff die Dzo´noqwa-Frau und riß sie in Stücke. Sie rief: „Ihr sollt die Blauhäher der kommenden Generationen sein." Die Stükke wurden zu Blauhähern und hüpften hinaus. Scab sammelte alle Blauhäher ein, legte sie unter seine Decke und besprengte sie mit dem Wasser des Lebens. Die Frau erwachte wieder zum Leben. Jetzt sprang die Dzo'noqwa-Frau auf die Tochter der Sonne und riß sie in Stücke. Sie rief: „Ihr sollt die Hörnchen der kommenden Generationen sein." Scab sammelte auch diese Stükke, legte sie unter seine Decke und besprengte sie mit dem Wasser des Lebens. Da wurde die wieder lebendig. Beide Frauen waren nun wütend, und beide zogen nach Hause.

Scab lag auf seinem Rücken. Er trauerte, weil seine beiden Frauen fortgegangen waren. Er dachte bei sich: „Was soll ich machen? Ich will versuchen, eine meiner Frauen zurückzugewinnen. Die Tochter der Sonne liebe ich mehr. Ich will hinauf in den Himmel ziehen." So folgte er ihr, um sie zurückzuerhalten. Er sah, wie sie über das Wasser lief, und folgte ihr. Als er nicht mehr weit von ihr entfernt war, trat er auf eine schlechte Stelle und ging unter. Seine Frau bemerkte das. Sie lief weiter und erreichte das Haus ihres Vaters. Der Vater fragte: „Warum bliebst du nicht bei deinem Mann?" Sie antwortete: „Er hatte eine andere Frau." Ihr Vater fragte: „Was machte er?" Sie antwortete: „Er folgte mir, trat in das Maul eines Ungeheuers und versank." Ihr Vater forschte nach: „Weißt du, wo er versank?" „Ja", antwortete sie. Ihr Vater meinte: „Ich will versuchen, ihn zu retten." Die junge Frau zeigte ihm die Stelle. Da nahm ihr Vater ein Seil, an dessen einem Ende eine Hand angebunden war, und ließ es hinab. Die Hand tauchte hinunter und suchte nach Scab. Sie fand seine Knochen. Doch einer der Knochen fehlte. Die Hand tauchte noch einmal hinunter, den fehlenden Knochen zu suchen. Die Hand entdeckte ihn. Der Häuptling der oberen Welt besprühte ihn mit dem Wasser des Lebens, und so wurde er wieder lebendig. Seine Frau nahm ihn mit in ihr Haus, und dort blieb er.

Hochzeit zwischen den Nimkish und den Kayoquath

Erzählt von Ale´was, einem Kayoquath

Tanelela, der Häuptling der Kayoquath besaß einen Sohn, der etwa dreizehn Jahre alt war. Eines Tages lag der alte Häuptling am Feuer, den nackten Rücken den Flammen zugewandt. Während er dort lag, schlief er ein. Als sein Sohn ins Haus trat, bat er seine Mutter, ihm Lachsrogen zu rösten, denn wie er sagte, hatte er großen Hunger. Seine Mutter spaltete Röstzangen aus einem Stück Rotkiefernholz und röstete zwei Rogenpaare für ihren Sohn. Sie steckte die Zangen auf derselben Seite, auf der der alte Häuptling schlief, in den Boden. Der junge Mann setzte sich auf den Boden und wartete, daß der Lachsrogen fertig würde. Plötzlich platzte der röstende Rogen auf, und einige Eier flogen gegen den Rücken des alten Häuptlings. Er wurde sehr wütend über seinen Sohn und sagte zu ihm: „Ich schäme mich für dich, denn scheinbar denkst du nicht daran, was du tun mußt, um meinen hohen Stand zu erreichen. Ich habe dich niemals baden gehen sehen, um dein Schicksal günstig zu beeinflussen, damit du ein großer Häuptling wirst, wie ich es bin." Er nahm den gerösteten Lachsrogen, warf ihn seinem Sohn ins Gesicht und verbrannte ihn schwer. Der junge Mann lief in seinen Schlafraum und legte sich hin. Nach Mitternacht erhob er sich und schlich heimlich dorthin, wo seine Mutter die Zahnmuscheln verwahrte. Er nahm zwei kleine Körbe voll Muscheln und zwei Seeotterfelldecken und steckte sich kleine Abalonemuscheln in die Ohren. Als er alle Vorbereitungen beendet hatte, verließ er das Haus seines Vaters und lief den Ta´sis-Fluß hinauf. Er wanderte die ganze Nacht, den ganzen folgenden Tag und auch die nächste Nacht, bis das Tageslicht dämmerte. Dann machte er eine Pause. Den Rest des Tages wanderte er wieder bis zum nächsten Morgen. Da entdeckte er menschliche Spuren nahe einem kleinen Fluß, der an der Ostküste von Vancouver Island hinabströmte. Im Fluß befand sich eine neue Lachsreuse. Da sprach der junge Mann zu sich selbst: „Ich will hier warten und schauen, ob ein Mensch kommt, nach seiner Lachsreuse zu sehen." Er nahm eine seiner Seeotterdecken und breitete sie hinten am Fluß aus. Dann ging er ein paar Salalbeeren pflücken. Er war noch nicht lange weg, da hörte er jemanden bei der Lachsreuse sprechen. Er lief hin und erblickte einen Mann und eine Frau, die am Flußufer standen. Sie blickten auf die Seeotterdecke, die über den Kies gebreitet war. Der junge Mann ergriff als erster das Wort: „Bruder und Schwester, weshalb starrt ihr auf meine Seeotterpelzdecke?“ Da antwortete der Mann: „Bruder, woher kommst du? Was führte dich hierher und wer bist du?“ Der junge Mann erklärte: „Ich komme vom Ta´sis. Ich bin Tanelelas Sohn. Ich bin von meinem Vater ausgeschickt, zu sehen, ob ich einen Häuptling finde, der eine Tochter für mich zum Heiraten hat.“ Der Mann antwortete: „Ich bin Häuptling La´sotiwalis der Nenelkenox. Meine Frau ist die Tochter des Häuptlings Yaxlen. Wir haben eine Tochter, die schon alt genug für eine Heirat ist.“ La´sotiwalis nahm den Lachs nicht aus der Reuse. Er forderte nur den jungen Mann auf, an Bord seines Kanus zu steigen. Sobald er eingestiegen war, paddelte La´sotiwalis nach Hause. Die Fahrt flußabwärts dauerte nicht lange. Dann erreichten sie das Ufer des Dorfes Ne´nelgas. Alle Nenelkenox sahen den Fremden im Kanu ihres Häuptlings. Als sie ankamen, verließen La´sotiwalis und seine Frau das Kanu. Der junge Mann war angewiesen worden, dort zu bleiben, bis die Sprecher ihn holten. La´sotiwalis ging in sein Haus und befahl den Sklaven, es zu säubern. Er sandte seine Sprecher, das Dorf zusammenzurufen. Als alle zusammengekommen waren, schickte La´sotiwalis seine Sprecher aus, den jungen Mann zu holen, der noch im Kanu saß. Er folgte den Sprechern in das Haus, nachdem er gerufen wurde. Man führte ihn zur Rückseite des Hauses. Nachdem er sich gesetzt hatte, rief La´sotiwalis seine Tochter Laxleledzemga und forderte sie auf, sich an die Seite ihres Gatten zu setzen. Dann gab der junge Mann die beiden kleinen Körbe voller Zahnmuscheln und die beiden Seeotterpelzdecken als Hochzeitsgabe an La´sotiwalis. Nach gebührender Zeit schenkte die Frau einem Sohn das Leben, der den Namen Yaxler bekam. Bald darauf bekamen sie ein weiteres Kind, ein Mädchen. Sie gaben ihr den Namen O´magilis.

Der junge Mann wurde niedergeschlagen. Sein Schwiegervater fragte ihn, ob er Heimweh habe. Er antwortete, er würde gerne losziehen und nach seinen Eltern sehen. Da rief der Schwiegervater alle seine Leute zusammen und berichtete ihnen, daß sein Schwiegersohn mit seiner Frau und seinen beiden Kindern nach Hause zurückkehren möchte. Er wolle ihm eine Walhausschüssel und eine Seehundhausschüssel und den Kannibalen-Tanz mit seinem Namen Mawis, außerdem Luchspelzdecken und Fett schenken. Zwölf junge Männer mußten diese Geschenke auf ihrem Rücken tragen. Nach zwei Tagen erreichten sie die Mündung des Ta'sis, wo Ga'yokwadex lebte. Als der junge Mann das Haus erreichte, waren sie dort überrascht, ihn zu sehen, denn sie hatten ihn schon lange für tot gehalten. Er verteilte an die Dorfbewohner die Luchspelzdecken und gab mit dem Fett als Mahl ein Fest. Seitdem stimmen die Namen und Tänze der Nimkish und der Kayoquath teilweise überein.

Si'wit

Erzählt von Gi'qalas, einem Gwa'waenox

Alle die Qwe'qsotenox und die Gwa'waenox lebten gemeinsam an einem Ort mit Namen Gu'mgumliga. Eines Tages spielten die Kinder. Sie schossen mit ihren Vogelpfeilen in die Luft auf einen Baum und versuchten, einander zu übertreffen. Sie benutzten Bogen. Si'wit wurde von seinem Freund Tsa'gulis besiegt. Tsa'gulis erhielt alle Vogelpfeile Si'wits. Da wurde Si'wit wütend, zerbrach seinen Bogen und überreichte ihn dem Freund. Da zerbrach Tsa'gulis wegen seines Freundes ebenfalls seinen Bogen. Schon wieder war Si'wit von seinem Freund übertroffen worden. Nun sammelte er Algen und brach sie in Stücke. Erneut versuchten sie, ihre Kräfte zu messen. Sie warfen Speere auf die Algen. Wieder wurde Si'wit besiegt. Dann machten sie etwas anderes. Si'wit packte die Spitze einer Thuja, um sie zu drehen. Er stieg auf die Spitze, doch konnte er sie kaum drehen. Tsa'gulis hingegen spielte auf dem Boden und verdrehte die Thuja leicht. Noch einmal verdrehten sie Thujastämme. Er stieg auf die Spitze und verdrehte den Stamm. Doch wieder wurde Si'wit geschlagen. Jetzt gab er auf und war von seinem Freund besiegt. Si'wit war eine Schande für seinen Vater. Er fuhr mit seinem Kanu los und errichtete ein Haus außerhalb bei He'qems. Dann legte sich das Kind hin. Es wollte nicht essen, denn es trauerte, weil sein Freund es besiegt hatte. Ein Bärenpelz diente als seine Bettdecke.

Inzwischen sprach seine Mutter zu ihrem Gatten Ma'xulagilis: „Wecke unser Kind auf, sonst bleibt es zu lange in seinem Haus. Es soll aufbrechen und einen Platz suchen, um seinen Körper zu reinigen." - „Wie sollte er sich denn nicht schämen, wo ihn sein Freund besiegt hat?" Er weckte seinen Sohn. Doch das Kind blieb nur so liegen, wie es gerade lag. Es zog die Bettdecke hoch. Erneut wurde es von seinem Vater geweckt, damit es sich auf die Suche nach einem Ort mache, der ihm gut täte. Wieder bewegte sich das Kind nicht. Da wurde es von seinem Vater gescholten: „Steh auf und geh fort. Ich schäme mich wegen der Berichte über dich zu sehr." - „Sprich nicht zu hart zu unserem Sohn, sonst wirst du mit dem, was du sagst, nichts Gutes erreichen." Der Vater stürzte sich auf seinen Sohn, um ihn aufzudekken. Doch was war das? Niemand lag mehr dort. „Sklave am Eingang des Hauses, wo unser Kind lag, befindet sich nichts mehr. Es muß schon vorher hinausgegangen sein."

Das Kind brach auf. Es gelangte an einen Teich. Am Ufer des Teiches setzte es sich nieder. Es hatte noch nicht lange auf dem Boden am Teich gesessen, als ein Eistaucher auftauchte und auf dem Wasser schwamm. Überraschenderweise gab er auf dem Wasser Töne von sich. Dann tauchte er wieder unter. Bald darauf tauchte ein kleiner Tümmler auf. Auch der Tümmler verschwand wieder im Wasser. Jetzt erschien ein Wal. Auch er tauchte wieder unter. Danach begann der See anzuschwellen. Da lief das Kind geradewegs zum Wasser. Es hatte sich noch nicht lange am Wasserrand niedergesetzt, als es etwas in seinem Rücken spürte. Es kam herauf und bewegte sich unter seinen Armen hindurch an beide Seiten seines Halses. Was war das? Ein Oktopus. Schließlich lag der Tintenfisch auf seinem Kopf. Der Junge bewegte sich nicht. Er sagte sich nur, er stürbe vielleicht jetzt an dem, was sie mit ihm anstellten. Das war es, was er erwartete, daß er jetzt wirklich wegen der Schande, besiegt worden zu sein, sterben müsse, weil er im Vergleich zu seinem Freund keine Stärke besaß. Er wurde unter Wasser gezogen, vom Oktopus unter das Wasser gesaugt. Nicht lange zog ihn der Tintenfisch hinab, da machte der Oktopus, daß er atmen konnte. Er kam an ein Haus in der Tiefe. Der Oktopus ließ ihn in das Haus treten. Er wurde eingeladen, ging hinein, und sie sprachen miteinander. Si'wit dachte daran, zu versuchen, einen übernatürlichen Schatz zu erhalten, denn er war von seinem Freund zu sehr erniedrigt worden. Im Geiste wünschte er sich tatsächlich, ein großes Messer zu bekommen, damit er seinen Freund töten könne. „Nun gut, so soll es sein", hieß es. Dann wurde er über die Eigenschaften des Messers unterrichtet. Mit dem Messer tötete er, was ihm zu Üben in den Ecken des Hauses zur Verfügung stand. „Stich damit einen Seehund. So mußt du es machen. Jetzt kannst du damit zustechen." Er verließ das Haus und wandte sich nordwärts. Er lief hinab. Schließlich erreichte er einen Ort mit Namen Old Man (No'mas). Von dort erblickte er das Wesen, das Ne'mxxaligiyu heißt. An seinem Rand sah er einen Mann. Er tötete ihn. Er tötete mit seinem Messer die Leute an den Rändern des Ne'mxxaligiyu. Schließlich waren alle Leute rings um den Ne'mxxaligiyu tot. Dann wandte er sich dem mittleren Teil zu und stach auf den Ne'mxxaligiyu ein. Allerdings konnte er ihn nicht umbringen. Der Ne'mxxaligiyu lebte noch, als er ihn verließ.

Er zog südwärts bis zu einem Ort mit Namen Kwit. Er sah den Ort namens Logs-Piled-up (Xwa'lagem). Die Pfähle bildeten die Grundlage für ein großes Haus. Sieh da! Dort war der eine, der Qo'mogwa hieß. Er schnitt einiges von dem ab, was als "viele Hände" bezeichnet wird. Nicht lange hatte er auf den Qo'mogwa eingehackt, da war er tot. Er zog weiter. Er wandte sich nach Ha'da und kam an einen Ort namens Kwa'xum, wo er einen großen Fisch erblickte. Er stach mit seinem Messer auf ihn ein. Er tötete ihn. Dann zog er weiter. Er kam an die Mündung des Ortes Xa'wage. Dort fand er einen Baumstumpf. Er stach mit seinem Messer hinein. Darauf erblickte er etwas, daß in der Öffnung eines zerborstenen Felsens saß. Er sprach es an: „Yah." Er wiederholte: „Yah." Es wendete nicht einmal sein Haupt. Da sprach er es noch einmal an: „Weshalb dreht es sich nicht einmal um? Sicher ist sein Wesen völlig anders. Du bist ein ganz anderes Wesen." Er rannte zum Ufer und durchbohrte es. Er durchbohrte es mit seinem Messer. Was war denn das? Es lag ganz flach am Ufer. Da schwoll das Wasser an. Nanu! Es war nur Blut. Es war eine einzige Blutlache. Damit hatte er alle Muscheln im Land der Qwe'qsotenox verdorben. Vier Monate lang konnte er ihnen nicht gestatten, Muscheln zu verzehren. Danach verließ er sie. Er betrat einen Ort namens Ha'da. Dort erblickte er ein Seeungeheuer mit Namen Ha'naqatsa. Er tötete einen Wal und fütterte damit das Seeungeheuer. Das verzehrte den Wal. Es hatte ihn noch nicht ganz aufgefressen, als Si'wit sich zu ihm wandte und seine Luftröhre zerschnitt, so daß das Seeungeheuer starb. Es war tot. Da zog er weiter. Er erreichte einen Ort namens Qe'qelsela. Da erblickte er etwas, was nur aus Händen bestand. Es gab keinen Besitzer der Hände. Si'wit ging hin und stach mit seinem Messer zu. Er tötete das Wesen. Dann verließ er den Platz. Er kam nach Ya'xyakilil. Er sah viele Delphine, die herumsprangen. Si'wit lief zu ihnen und brachte sie um. Es war eine harte Arbeit für Si'wit. Es dauerte lange Zeit, sie alle mit dem Messer abzustechen. Als er alle Delphine umgebracht hatte, zog er weiter. Er kehrte aus der Bucht zurück nach Ha'da. Er trieb alle Fische an einem Platz namens Tse'gwats zusammen. Dann zog er weiter.

Er erreichte den Ort Gwa'ye. Dort sah er verschiedene Arten von wundervollen Dingen. Sie hatten die Eigenart, sich von Zeit zu Zeit selbst zu vergraben. Er bekam Angst. Er kehrte um. Dann wurde er wütend und ging doch wieder dorthin. Er wollte sie töten. Aber er schaffte es auf keine Art, die wundervollen Wesen an ihrem Treiben zu hindern. Ihr Leib bestand aus einer Seehundflosse. Sie lagen nur eingegraben am Ufer. Sieh an! Das war das Wesen des Ortes Te'lgwisala. Da gab es Si'wit auf, nach ihnen zu stechen. Sie gruben dann nur ihre Enden in den Boden. So zog er weiter. Er versuchte Gwa'ye zu betreten. Es heißt, er wagte es nicht, dort herumzugehen, denn der weiche Untergrund war in Gwa´ye sehr schlammig. Den Ort verließ er wieder und kehrte dorthin zurück, von wo er gekommen war, um nach seinen Eltern zu sehen. Er kam nach Ek´egemala. Es heißt, er lief nicht mehr auf dem Boden. Er ging zu dem Platz, wo er früher mit seinem Freund Tsa´gulis gekämpft hatte. Hier setzte er sich nieder und schaute sich um. Da erblickte er seinen Vater. Der lief auf der Erde.

Sein jüngerer Bruder sprach mit seiner Mutter. Er wollte Schlingen für Büffelkopfenten nachbilden. Das Kind weinte. Es wollte seiner Mutter ein Haar ausreißen. Da meinte der Vater: „Gib doch dem Kind ein paar von deinen Haaren." Darauf spann die Mutter aus ihrem Haar ein Seil. Das Kind freute sich, als es die Schlinge aus dem Haar seiner Mutter erhalten hatte. Es lief hinunter ans Ufer zu den anderen Kindern. Es versuchte, Büffelkopfenten zu fangen. Eine schön gezeichnete Büffelkopfente kam heran. To´xlawigilak versuchte sie zu fangen. Da wurde er von den anderen Kindern auf dem Felsen niedergestoßen. Er wurde von den anderen Kindern mißhandelt. Erneut ging eine Büffelkopfente in die Schlinge. Und wieder wurde er auf dem Felsen niedergestoßen. Wieder wurde er von den anderen Kindern mißhandelt. Noch einmal fing er eine Büffelkopfente. Da nahmen sie ihm die Büffelkopfente weg. Es heißt, die Büffelkopfente flog durch die Schlingen der anderen Kinder hindurch und blieb erst in der des jüngeren Bruders hängen. Sieh da! Es war Si´wit. Da fing To´xlawigilak noch einmal die Büffelkopfente. Jetzt saß die Schlinge von To´xlawigilak fest. Es war, als ob er sie nicht einmal zuzuziehen bräuchte. Si´wit nahm schließlich auf dem Felsen seine Büffelkopfentenmaske ab. Er setzte sich auf den Felsen und verwandelte die vielen anderen Kinder in Vögel. „Bist du es?" fragte Si´wit. „Bist du mein jüngerer Bruder?" - „Ich bin To´xlawigilak." - „Komm her, ich möchte dich über unsere Eltern befragen. Leben sie noch?" - „Ja, obwohl es uns nicht gut geht und wir vom Dorf nicht wie Menschen behandelt werden. Nur Dreck werfen sie nach uns. Wir sind daher keine Menschen mehr. Wir sind die ärmsten. Wir müssen als Feuerholz Toilettenstöcke nehmen, die andere weggeworfen haben." - „Geh und richte dem Vater aus, er solle herkommen, damit ich mit ihm sprechen kann. Seid schnell wieder zurück!“ Das Kind berichtete dem Vater: „Komm mit zu dem, der dich für einen Hund hält, Si'wit. Er war es, der dort herunterkam. Er sitzt jetzt auf dem Felsen, wo ich war.“ Da hörte er von seinem Vater: „Nein. Höre nicht auf den, der dich schickte, einen Scherz zu machen. Er ist der Grund dafür, daß wir so arm sind.“ Das Kind wurde geschlagen. Es war kaum noch am Leben. Daher weinte das Kind, als es zu seinem älteren Bruder zurückkehrte. „Ich wurde nur von unserem Vater geschlagen. Er meinte, ich verspotte ihn. Ich bin kaum noch am Leben.” - „Kümmere dich nicht darum, ob du stirbst. Geh und fordere unseren Vater auf: ‘Du sollst schnell zu Si'wit kommen’.“ Wieder wurde das Kind von seinem Vater geschlagen. „Willst du denn sterben, indem du dem gehorchst, der einen Narren aus dir macht, daß du hierher kommst und spottest über das, was uns geschah?“ Das Kind rollte sich aus dem Haus. Es war kaum noch lebendig. Es kroch zu seinem älteren Bruder. „Ich habe kaum noch die Kraft, mich zu bewegen, so bin ich geschlagen worden.“ Da blies der ältere Bruder auf den Leib des jüngeren, und sein Körper war wieder voller Kraft. Si'wit sagte noch einmal zu seinem jüngeren Bruder: „Geh und fordere unseren Vater auf: ‘Du mußt kommen. Begib dich sofort eilig zu dem, der dich für einen Hund hält, Si'wit. Er sagt, wenn du nicht kommst, kehrt er sofort dahin zurück, von wo Si'wit gekommen ist, in die See’.“ Diesmal sprach die Mutter: „Versuche herauszufinden, was dieser Short-Life-Maker (Wa'wanemgilaga) berichtet, so daß wir wissen, ob es wirklich so ist.“ Da erhob sich der Vater, um nachzusehen. Was war denn das? Si'wit saß auf dem Felsen. Doch sein Kopf war verwandelt. Vergebens rannte der alte Mann hinunter zu seinem Kind. Sobald er in der Tür erschien, schätzte Si'wit es so ein, daß er mit seinem Vater nicht gleich Kontakt haben sollte. Er drehte sich um, sprang ins Meer und verwandelte sich. Ein Seeotter schwamm rücklings auf dem Wasser, die Maske von Si'wit. Auf seinem aus dem Wasser ragenden Bauch krabbelten kleine Seeotter herum. Es waren kleine Seeotter. Dann tauchte er wieder unter. Als er wieder hochkam, hatte er sich in einen großen Wal verwandelt. Rings um den großen Wal schwammen kleine Wale. Dann tauchten sie. Da besprachen sich die Gwa'waenox über seine Eigenschaften. Wieder tauchte nun Si'wit als ein anderes Wesen auf. Er war jetzt ein Delphin. Die Gischt brechender Wellen schwebte wegen der Delphine über der Küste. Sehr viele waren es, die jetzt untertauchten. Eine riesige Hand kam herauf, tauchte auf und wurde sichtbar. Dann verschwand sie wieder. Er tauchte wieder auf und zeigte sich in seiner eigentlichen Gestalt. Dann stand Si'wit im Eingangsweg der breiten Tür dessen, was Qo'mogwa heißt. Vier Türen gab es. Si'wit bewegte sich nahe der breiten Tür vor und zurück, denn sie schlug immer zu. Dann ging er wieder hinunter. Er stand auf dem Wasser, tauchte und kam wieder als Mensch hervor. Jetzt stand er auf dem Meer. Die Dorfleute ließen ihre Kanus ins Wasser. Sie nahmen ihre Pfeile und Bogen. Si'wit tauchte unter. Er tauchte wieder auf und hatte sich verwandelt. Jetzt war er ein junger Seehund. Vier kleine Seehunde schwammen dort herum. Dann schossen sie mit Pfeilen nach ihm. Doch er wurde nicht getroffen, als sie versuchten, ihn zu schießen. „Wir wollen versuchen, ihn mit einer Schlinge zu fangen." Sie versuchten, ihn mit einer Schlinge zu fangen. Und wieder war er nicht zu erwischen. Dann tauchte er unter und veränderte dabei sein Aussehen. Als er auftauchte, kam er als ein kleiner Eistaucher. Die Füße des Eistauchers befanden sich oben auf dem Wasser. Er war es, Si'wit, der nun als ein Eistaucher untertauchte. Als er wieder hoch kam, erschien mit ihm zusammen ein Haus, das eine, das Qo'mogwa heißt. Der Eistaucher blieb nicht lange, und als er untergetaucht war, stand Si'wit auf dem Meer. Er lief über die Oberfläche des Wassers. Da versuchten sie, ihn mit Schlingen zu fangen. Es gab nichts, was sie nicht mit ihm versuchten. Sie versuchten, ihn mit Pfeilen zu schießen. Er wurde nicht verwundet. Da meinte der Häuptling der Gwa'waenox, sie sollten ihn einkreisen, um ihn an Land zu treiben. Sie trieben ihn auf die Innenseite von La'lodalas. Dort stand er auf einem Felsen. Si'wit setzte sich auf den Felsen. Er wurde ein Vogel. Er flog einfach von dem Felsen fort. Jetzt waren die Gesangsführer bereit. Er war jetzt Ma'dem. Sie sangen den Ma'dem-Gesang. Sie sangen für ihn. Dann wurde ein Gestell errichtet, und sie machten sich auf, es zu Si'wit zu bringen.

Si'wit wurde dazu gebracht, auf dem Gestell zu sitzen. Die Vorsänger sangen für ihn. Si'wit drehte sich auf dem Gestell um, und der Ma'dem-Gesang wurde für ihn gesungen. Er war Ma'dem. Die Dorfleute hatten umsonst das Ma'dem-Gestell errichtet, denn Si'wit flog nun fort und landete auf den zusammengebundenen Kanus. Dort wurde er ergriffen.

Da veranstaltete sein Vater eine Winterzeremonie. Die Gwa'waenox sangen, als sie zum Land liefen. Sie sangen für Si'wit. Doch die Anzahl der Dorfleute war zu gering und der Dorfplatz zu klein. Die Leute, die Si'wit zu fangen versuchten, standen so am Wasser, als ob der Boden weggegraben wäre. Die Gwa'waenox besaßen Land, doch das Haus eines menstruierenden Mädchens berührte beide Enden. Qwa'qwisbalaogwa hatte ihre Menstruationszeit. Das Land war gerade ein abgerundeter Punkt, der Platz, wo Qwa'qwisbalaogwa lebte. Da wurde Erde von Kwa'xulawat mit Kanus herübergeholt. Sie entluden die Kanus an einer Stelle mit Namen Gu'gumliga. Dann stellte Si'wit sein Haus auf den Boden, ein Wintertanzhaus, das er als übernatürlichen Schatz für seinen Vater erhalten hatte. Zehn Plattformen bildeten den Fußboden des Hauses. Endlich war das Haus fertig. Sie schlugen den Takt für Na'lanokumgilak im Kanu. Er wurde dazu gebracht, auf dem Gestell zu stehen. Dann riefen die Dorfleute: „Geh voran!" Sie riefen viermal: „Geh voran in dem Kanu!" Na'lanokumgilak sang den Ma'dem-Gesang. Dann flog er hinauf auf das Dach des Hauses. Sein Kopf gab so eine Art quiekendes Geräusch von sich. Der Häuptling wurde gebeten, die Leine zu halten, an die der Ma'dem gebunden war. Da ergriff Na'lanokumgilak das Wort und bat seinen jüngeren Bruder, er solle die Ma'dem-Leine halten. Der befolgte die Bitte des Häuptlings, der ihn bat, die Ma'dem-Leine zu ergreifen. Dann blies Na'lanokumgilak Wasser über seinen jüngeren Bruder, über To'xlawigilak. Es war Si'wit selbst, der auf dem Ma'dem-Gestell stand. Rasend schnell wurde für ihn der Takt geschlagen. Der Ma'dem-Gesang ertönte:

Wowe! Du wirst arm wegen der übernatürlichen Macht.
Das ist wirklich deine Art, dein Kopf quiekt.

Es heißt, es war, als ob es gerade der Art der Bewegungen des jüngeren Bruders To'xlawigilak entsprach. Es heißt, es war, als ob To'xlawigilak die Winterzeremonie seines älteren Bruders Si'wit vorführte. Gleichzeitig sangen sie. Die Gesänge ertönten für Si'wit. Die Gesänge erschallten. Viermal wurde für ihn der Takt geschlagen. Dann war er gereinigt. Er wurde in die Mitte der Rückseite des Hauses gesetzt. Das machten sie in der richtigen Anzahl (viermal). Jetzt stand der Freund von Na'lanokumgilak auf. Tsa'gulis ergriff das Wort: „Singt nicht zu lange für euer übernatürliches Wesen, das den Fluß heruntergekommen ist, Gwa'waenox. Laßt uns den übernatürlichen Schatz des übernatürlichen Wesens, das den Fluß heruntergekommen ist, kennenlernen. Gwa'waenox." Er rollte seine Ärmel auf, um Na'-lanokumgilak niederzuwerfen. „Handle nicht so stürmisch, Freund", meinte Na'lanokumgilak zu seinem Freund Tsa'gulis. Doch der hörte nicht auf ihn und zog ihn am Haar. Der Quarz auf seinem Kopf quiekte. Er verbot ihm, ihn grob zu behandeln. Dann erhob sich Na'lanokumgilak, von seinem Freund gezogen. Jetzt wurde Na'lanokumgilak wütend. Er legte seine Arme aneinander, um beide Seiten seines Haares ziehen zu können, und zerrte es auf. Es heißt, Dampf strömte heraus, als es von Na'lanokumgilak auseinandergerauft wurde. Dann riß er Tsa'gulis in zwei Stücke. Da versuchten die Dorfleute vor Si'wit hinauszuflüchten. Sie wurden von Panik ergriffen vor dem, was er machte, als er seinen Freund in Stücke riß. Die Tür schlug auf und zu, und es war eine schnappende Tür. Die doppelköpfigen Schlangen auf beiden Seiten der Tür des Hauses streckten ihre Zungen heraus. Er verriegelte die Tür und schloß die Dorfleute ein. Keine Frau gab es, die nicht Na'lanokumgilak angeboten wurde, um ihn dazu zu bringen, die Tür zu öffnen. Doch er öffnete sie nicht. Alles versuchten die Dorfleute. So verkaufte Na'lanokumgilak die Qwe'qsotenox. Er forderte Feuerzangen. Er forderte Körbe von einigen der Qwe'qsotenox.

Die Schwester von Na'lanokumgilal hatte einen Gatten unter den Nimkish. Sie hieß Qwe'sgilidzemga. Na'lanokumgilak brachte ihr als Hochzeitsgeschenk Schachteln, in denen die Qwe'qsotenox steckten. Er gab sie als Hochzeitsgeschenke an Lela'kinxit. Der war der Gatte von Qwe'sgilidzemga. Die Qwe'qsotenox sprachen miteinander, als sie als Hochzeitsgeschenk übergeben wurden. Sie standen unter dem Ma'dem-Gestell. Sie lebten unter ihm, als der eine, der Ma'xmewidzemga starb. Da bat Tse'ndegimgilak: „Bitte, bringt La'sotiwalis nicht um.“ La'sotiwalis blieb als einziger aus seinem Dorf am Leben.

Si'wit

Eine andere Version (berichtet von George Hunt)

Die ersten Gwa'waenox lebten in He'gems. Als Häuptling hatten sie Hä'kwilawe, dessen Frau Tse'naga war. Sie besaßen einen Sohn, Si'wit, einen närrischen Jungen. Dessen Schwester war Qwa'qwisbalaogwa. Das jüngste der drei Kinder von Hä'kwilawe und seiner Frau hieß Made-to-be-Raindrop-on-Tree (To'xlawigilak). Eines Tages berichtete ein Mann namens Gliding-to-and-fro-in-the-World (Ka'xilälagilis) über Tsa'gulis, der einen Schatz gefunden hätte und der deshalb der einzige wirklich starke Mann wäre. Tsa'gulis würde jedem, von dem er wollte, daß er stürbe, einfach den Kopf abreißen. Als der Mann mit seiner Erzählung fertig war, stand Hä'kwilawe auf, nahm die Feuerzangen auf und ging mit ihnen in den Raum, wo Si'wit lag. Er schlug Si'wit mit den Zangen und schrie: „Paß auf! Du, der du immer schläfst, du Schlafmütze, du solltest jede Nacht in die Wälder ziehen und dich dort in den Teichen reinigen, um zu versuchen, einen Schatz zu erhalten, du, der du wie eine Frau bist, du, der du mir Schande machst. Sieh einmal den Schatz von Tsa'gulis. Es heißt, er reißt einfach den Kopf von jedem aus seinem Dorf ab, von dem er wünscht, er stürbe.“ Nachdem Hä'kwilawe sein Kind Si'wit derart angeschrien hatte, verließ er den Raum. Si'wit bedachte die Worte seines Vaters, denn es stimmte, daß er immer schlief. Niemals hatte er daran gedacht, dem Vater zu helfen, der immer arbeitete, um Nahrung heranzuschaffen. Er überlegte bei sich, nachts, wenn die Eltern schlafen gegangen sein würden, zu dem im Landesinnern gelegenen Teich zu gehen. Als die Nacht kam und die Eltern sich mit dem jüngeren Bruder und allen anderen hingelegt hatten, erhob er sich, sobald Si'wit sie schnarchen hörte, ganz leise von seinem Bett und schlich heimlich durch die Tür des Hauses seines Vaters. Er begab sich auf den Weg zu einem Teich landeinwärts vom Haus seines Vaters. Als er am Teich ankam, brach er sofort Zweige von Hemlocktannen ab. Er nahm die Zweige, als er sich in das Wasser des Teiches setzte und wusch seinen Körper, so daß aller Dreck von seinem Körper verschwand. Als aller Schmutz von seinem Körper gelöst war, rieb er seinen Leib mit den Hemlocktannenzweigen ab. Nach Beendigung der Reinigung lief er heim zu seinem Haus und legte sich in seinem Bett nieder. Seine Eltern hatten nicht bemerkt, daß Si'wit landeinwärts gezogen war.

Bei Tagesanbruch erhoben sich die Eltern und die beiden jüngeren Geschwister von Si'wit. Als Tse'naga, Si'wits Mutter, mit dem Kochen fertig war, erhob sich Hä'kwilawe, Si'wits Vater, ergriff die Feuerzangen und schlug Si'wit mit den Zangen. Hä'kwilawe wiederholte gegenüber Si'wit seine früheren Worte. Si'wit meinte nur, er sei nicht hungrig. Da gab es der Vater auf, ihn zum Aufstehen zu bewegen. Hä'kwilawe verließ den Raum und begann das Frühstück. Si'wit dachte nicht mehr ans Essen, denn er hatte seinen Geist darauf eingestellt, sich zu reinigen und einen Schatz zu erhalten. So verließ er den Schlafraum nicht. Als die nächste Nacht hereinbrach und seine Eltern und Geschwister schlafen gegangen waren und Si'wit sie schnarchen hörte, erhob er sich und schlich durch die Tür des Hauses. Er begab sich wieder zu dem Teich. Als er ihn erreichte, setzte er sich ins Wasser, und sobald er seinen Leib gereinigt hatte, rieb er seinen Körper mit Hemlocktannenzweigen ab. Nach Beendigung der Reinigung lief er heim zu seinem Haus und legte sich in seinen Schlafraum. Es war schon beinahe Tag. So kam der Morgen, und Si'wit hörte, wie sich sein Vater erhob und das Feuer entfachte. Dann begann seine Frau zu kochen. Als sie das Essen zubereitet hatte, griff Si'wits Vater die Feuerzangen. Wieder schlug er sein Kind mit den Zangen, wieder forderte er es auf, essen zu kommen. Und wieder entgegnete Si'wit, er sei nicht hungrig. Da gab der Vater auf und begann mit seiner Frau und den anderen beiden Kindern das Mahl. Den ganzen Tag kam Si'wit nicht aus seinem Schlafraum. Als erneut die Nacht anbrach, gingen seine Eltern und seine jüngeren Geschwister zu Bett. Sobald Si'wit sie schnarchen hörte, erhob er sich und trat durch die Tür des Hauses. Er begab sich zu dem Teich. Als er ankam, setzte er sich in das Wasser und wusch seinen Körper. Als er mit der Reinigung fertig war, rieb er den Körper mit Hemlocktannenzweigen ab. Kurz vor Tagesanbruch hatte er das beendet, kehrte heim zu seinem Haus und legte sich in seinen Schlafraum. Doch Si'wit schlief nicht ein. Er hörte seinen Vater sich erheben und das Feuer entfachen, als das Tageslicht graute. Dann hörte er seine Mutter, als sie zu kochen begann. Als das Essen fertig war, forderte die Mutter ihren Gatten auf, Si'wit zu holen, damit er mit ihnen äße. Sofort nahm Hä'kwilawe die Zangen mit sich. Er sagte zu seiner Frau: „Heute will ich diesen schlechten Menschen wirklich schlagen, und wenn er stirbt." Er betrat Si'wits Schlafraum. Als er Si'wits Schlafraum betreten hatte, schlug er ihn mit den Zangen. Er hörte erst auf, als die Zangen in Stücke zerbrochen waren. Diesmal sprach er Si'wit nicht an, denn er dachte, er sei tot. Es heißt, Hä'kwilawe trat aus Si'wits Schlafraum, und setzte sich mit seiner Frau und seinen beiden anderen Kindern zum Essen nieder.

Si'wits Wille war jetzt wirklich stark. Er dachte bei sich, wenn er wieder das Haus verließe, wolle er nicht mehr zu seinem Haus zurückkehren. Die Nacht brach an. Als Si'wits Eltern und seine jüngeren Geschwister schlafen gegangen waren und er sie schnarchen hörte, erhob er sich, holte zwei Thujastöcke und legte sie unter seine aufgebauschte Decke, so daß es aussah, als ob seine Knie dort herausgestreckt wären, und der Vater denken sollte, daß er bei Tagesanbruch noch dort läge. Als er seine Vorbereitungen beendet hatte, sah es tatsächlich so aus, als ob er dort noch liegen würde. Dann ging Si'wit durch die Tür und lief zu dem Teich. Dort angekommen, brach er Hemlocktannenzweige ab, nahm sie mit und setzte sich in das Wasser. Er wusch seinen Körper, und als er das beendet hatte, rieb er sich mit den

Hemlocktannenzweigen ab. Als er auch damit fertig war, schwoll der Teich an und überschwemmte den Boden. Das Wasser reichte bald bis zu Si´wits Knien, zog sich aber wieder zurück. Dann stieg der Teich erneut an. Sobald das Wasser bis zu Si´wits Nabel reichte, ging es wieder zurück. Abermals schwoll der Teich an. Als das Wasser Si´wits Brustkorb erreichte, ging es wieder zurück. Und noch einmal stieg der Teich an. Sobald das Wasser Si´wits Kinn erreichte, spürte er, wie etwas kam und seinen Körper um ihn schlang. Ein großer Tintenfisch bedeckte ihn. Er wurde in den Teich gezogen und in das große Haus von Qo´mogwa gebracht. Der Sprecher von Qo´mogwas Haus forderte Si´wit auf, sich auf den Boden rechts von der Tür im Innern des Hauses zu setzen. Si´wit erblickte Qo´mogwa, der auf dem Boden in der Mitte der Rückseite des geschnitzten Hauses saß. Viele Seehunde, Seeotter und Seelöwen krochen über den Boden des Hauses. Er erblickte auch zwei Grizzlybären. Der Sprecher des Hauses ergriff das Wort: „Sei willkommen, Freund Si´wit. Ich weiß, weshalb du gekommen bist. Du mußt aufpassen, daß du nicht zu lange hier verweilst. Vier Tage sollst du hier in diesem Haus meines Häuptlings verbringen.“ Als die Nacht anbrach, kam der Sprecher des Hauses herbei und setzte sich neben Si´wit auf den Boden und flüsterte: „Paß auf, Freund Si´wit. Mach dir keine Sorgen über die Heimkehr nach Hause, denn du wirst von diesem Häuptling einen Schatz erhalten.“ Si´wit war glücklich, da er erfahren hatte, daß er einen Schatz erhalten werde, weil er das Haus von Qo´moqwa betreten hatte.

Jetzt will ich von seinem Vater Hä´kwilawe berichten. Es heißt, als der Morgen anbrach und Si´wit schon fort war, erhob sich Hä´kwilawe und fachte das Feuer im Haus an. Als das von ihm entfachte Feuer aufloderte, begann seine Frau zu kochen. Als sie das Essen zubereitet hatte, stand Hä´kwilawe auf und betrat den Schlafraum von Si´wit. Bei sich trug er den Muschelgrabstock. Als er eintrat, sah er Si´wit auf seinem Rücken liegen. Er schlug ihn mit dem Grabstock. Da stießen die Thujastöcke, die Knie vortäuschen sollten, durch die Bettdecke. Hä´kwilawe hob die Bettdecke an und erkannte, daß Si´wit nicht darin lag. Vergebens suchte er den Schlafraum nach Si´wit ab. Er lief hinaus und teilte seiner Frau mit, daß Si'wit nicht in seinem Schlafraum auf dem Boden lag. Hä'kwilawes Frau wurde wütend und rief, er sei schuld, weil er morgens Si'wit immer mit den Zangen geschlagen hätte. Die Ersten des Numaym Gi'gilgam der Gwa'waenox kamen herbei und vernahmen den Streit zwischen Hä'kwilawe und seiner Frau Tse'naga. Die Obersten der Gwa'waenox waren wirklich entrüstet, als sie herausfanden, wie Hä'kwilawe seinen Sohn Si'wit behandelt hatte. Aus diesem Grunde trieben sie Hä'kwilawe fort. Er mußte He'gems verlassen (das bei den Weißen Nimmo Bay am Mackenzie Sound genannt wird). Hä'kwilawe und seine Frau waren entsetzt, denn sie wurden von den Gwa'waenox mit dem Tod bedroht. Deshalb belud Hä'kwilawe sofort sein Kanu mit seinem Besitz. Sobald sie das Kanu mit all ihrem Eigentum vollgeladen hatten, stiegen er, seine Frau und seine beiden Kinder an Bord und fuhren zu einem Ort in der Nähe von Gwa'ye, einer Gegend, die den Namen Kwa'xulawat trägt. Dort errichteten sie ein Haus (an einer Stelle, die von den Weißen Hayle Point genannt wird). Das war jetzt Hä'kwilawes Wohnort, dieses Kwa'xulawat. Schon im folgenden Jahr errichteten die anderen Gwa'waenox ebenfalls Häuser in Kwa'xulawat. Viele der früheren Dorfgenossen von Hä'kwilawe lebten jetzt dort. Als Hä'kwilawe vier Jahre in Kwa'xulawat gelebt hatte, hatte er die Ereignisse um Si'wit vergessen, denn er nahm ja an, dieser sei tot. Deshalb dachten Hä'kwilawe und seine Frau nicht mehr an Si'wit.

Eines Tages, an einem wundervollen Morgen, kam To'xlawigilak, Hä'kwilawes jüngster Sohn, ins Haus. Er bat seine Mutter, eine Fischleine für ihn anzufertigen, denn er wollte Schleimfische auf der anderen Seite der Landspitze des Dorfplatzes von Kwa'xulawat fangen gehen. Die Mutter riß sich sogleich einige Haare für die Fischschnur aus, und als sie die Fischleine geflochten hatte, gab Tse'naga sie ihrem Sohn. Der Junge rannte mit seiner Fischleine aus dem Haus zur anderen Seite der Landspitze von Kwa'xulawat. Als To'xlawigilak dort angekommen war, begann er zu fischen, wobei er sich am Rand der Küste befand. Plötzlich erblickte er eine große Büffelkopfente, die auf einem unter Wasser gelegenen Felsen stand und sich dem Land zuwendete. Der Junge stand auf seinem Felsen und starrte sie an, denn es schien ihm seltsam, daß die große Büffelkopfente nicht fortschwamm. Dann öffnete sie ihren Schnabel. Si'wit stieg aus ihrem Schnabel. To'xlawigilak erkannte seinen ältesten Bruder sofort. Si'wit kam nun aus dem Wasser und setzte sich neben seinen jüngeren Bruder. Si'wit begann als erster zu sprechen: „Geht es unseren Eltern gut?" To'xlawigilak antwortete ihm, daß es ihnen gut gehe. Da bat Si'wit seinen jüngeren Bruder, den Vater zu holen, „denn ich kam, mit ihm zu sprechen". Sogleich rannte To'xlawigilak los und betrat das Haus. Er setzte sich an der Seite seines Vaters nieder, der auf dem Boden saß. To'xlawigilak sprach ihn an: „Vater! Ich bin von Si'wit geschickt, dich zu holen. Du sollst mit ihm auf der anderen Seite der Landspitze sprechen." Da wurde sein Vater sehr wütend: „Mein totes Kind ist das einzige, worüber du mit mir keinen Scherz treiben darfst." Er schlug ihn mit den Zangen. To'xlawigilak weinte, als er den Vorfall Si'wit erzählte. Si'wit forderte seinen jüngeren Bruder auf, noch einmal zu gehen und die Mutter zu holen. To'xlawigilak rannte wieder los und trat in das Haus. Er stand im Raum und sagte: „Mutter, ich bin von Si'wit geschickt, dich zu holen, damit er auf der anderen Seite der Landspitze mit dir sprechen kann." Da forderte die Mutter ihren Gatten auf, dem Kind zu folgen, „denn es mag ja wahr sein, was er berichtet". Hä'kwilawe erhob sich vom Boden und folgte seinem Kind. Als sie den Ort erreichten, konnte To'xlawigilak Si'wit nicht auf dem Felsen, wo er gesessen hatte, erblicken. Doch plötzlich erblickte To'xlawigilak die große Büffelkopfente, die sich noch dort aufhielt, wo er sie zuerst gesehen hatte. „Das ist es, aus dessen Schnabel Si'wit erschien", berichtete er. Plötzlich schwamm ein Seeotter heran und hob seinen Kopf. To'xlawigilak meinte zu seinem Vater: „Das ist Si'wit." Der Seeotter tauchte unter, und ein Seegrizzlybär erhob sein Haupt. Auch der Seegrizzlybär tauchte wieder unter. Ein Seehund zeigte sein Haupt. Der Seehund tauchte und an seiner Stelle erhob ein Seelöwe seinen Kopf. Auch er tauchte wieder unter. Ein Orca erschien und prustete. Der Orca tauchte. Jetzt kam Si'wit aus dem Wasser. Er war es, Si'wit, der zuerst das Wort ergriff. „Aus folgendem Grund wollte ich, daß du kommst. Ihr sollt jetzt den Boden für ein Haus mit vier Plattformen vorbereiten, das als Haus mein Schatz ist. Und, ihr müßt mich einschließen, denn ich bin ein Ma'dem (-Tänzer). Am vierten Tag werde ich erscheinen." Dann verschwand er. Hä'kwilawe stand noch auf dem Felsen. Ein großes Haus erschien aus dem Meer. An der Vorderseite war es mit einem Orca bemalt. Zwei Wale standen auf jeder Seite der Tür. Fünf Vögel saßen auf den Spitzen der die Bretter tragenden Pfosten des Hauses. Dann tauchte das große Haus des Qo'mogwa wieder unter.

Schließlich kehrte Hä'kwilawe mit seinem Sohn To'xlawigilak nach Hause zurück. Sobald er das Haus betreten hatte, berichtete er alles seiner Frau: „Du Sklavin, To'xlawigilaks Worte waren wirklich wahr, denn ich konnte mit meinem Sohn Si'wit sprechen. Ich habe all seine Schätze gesehen, auch das große Haus, das aus dem Wasser aufstieg. In vier Tagen müssen wir uns um ihn kümmern, denn er ist der große Ma'dem." Dann rief er das Dorf zusammen, sie sollten alle in sein Haus in Kwa'xulawat kommen. Als die ersten Gwa'waenox alle versammelt waren, beauftragte sie Hä'kwilawe damit, den Boden für ein Haus mit vier Plattformen auszuheben. Sogleich gruben die Dorfbewohner und ihre Frauen den Boden aus. Dann schickte er die Thujaspalter, Bretter aus einem Thujabaum als Grundlage des Hauses zu hauen. Hä'kwilawe erzählte den Dorfbewohnern nicht, warum er das mit dem Boden veranlaßt hatte. Und die Leute fragten auch nicht nach dem Grund dafür. Nachdem sie so vier Tage gearbeitet hatten, waren sie am Morgen fertig. Als der Mittag nahte, erschien Si'wit am unteren Ende des Dorfes in Kwa'xulawat und ließ seinen heiligen Gesang erklingen. Als der heilige Gesang endete, hörten sie sein Haupt quieken. Sein Haar leuchtete jetzt wegen der vielen Quarzkristalle, die darin steckten. Die ersten Gwa'waenox fielen ohnmächtig nieder, denn sie waren entsetzt darüber, was sie erblickten. Hä'kwilawe rief: „Jetzt paßt auf, Dorfbewohner, laßt uns Si'wit umzingeln." Da erkannten die Gwa'waenox, daß es Si'wit war, den sie für tot gehalten hatten. Die ersten Gwa'waenox umzingelten Si'wit, doch als sie sich ihm näherten, verschwand er und entkam seewärts von der

Dorfseite. Si'wit lief über das Wasser. Doch als Si'wit dem Ufer näherkam, ließen die ersten Gwa'waenox ihre Kanus ins Wasser. Als die Menschen sich ihm näherten, verschwand Si'wit wieder. Er erschien jetzt am unteren Ende des Dorfplatzes in Kwa'xulawat.

Qwa'qwisbalaogwa, Si'wits Schwester, menstruierte gerade. Sie rannte einmal um ihren Bruder Si'wit. So konnte er ergriffen werden. Für eine Weile wurde Si'wit durch seine Schwester Qwa'qwisbalaogwa weltlich, weil sie gerade menstruierte. Als Si'wit am Ufer des unteren Dorfendes gefangen war, erschien das große Haus, und kam auf dem vorbereiteten Boden zum Stehen. Die Zeichnung an er Vorderseite stellte einen Orca dar, neben der Tür des Hauses auf jeder Seite zwei Wale. Fünf Vögel saßen auf den die Bretter tragenden Pfosten des großen Hauses. Hä'kwilawe forderte nun die Dorfbewohner auf hineinzugehen. Von selbst entfachte sich das Feuer in dem großen Haus mit den vier Plattformen. Als alle Dorfleute und Si'wit hineingegangen waren, lehrte Si'wit die Vorsänger des Dorfes seines Vaters Hä'kwilawe seinen Gesang. Bald beherrschten die Vorsänger diesen und sie stimmten ihn an, während Si'wit tanzte. Als er den Tanz beendet hatte, legte er sich hinter die figürlichen Pfosten des Hauses, die alle Seelöwen darstellten und in die vier Pfosten geschnitzt waren, auf dem Rücken nieder. Es gab auch zwei Seelöwen an den Enden der Balken des Hauses. Sobald also alle Vorfahren der Gwa'waenox sich im Haus versammelt hatten, kam Si'wit herein und sang sein heiliges Lied. Am Ende seines heiligen Liedes stimmten die Vorsänger Si'wits heiligen Gesang an, denn sie kannten ihn jetzt. Das ist Si'wits heiliger Gesang:

> Herrlich, ganz herrlich, ist die Art dieses deines wundervollen Kopfes;
> dein wundervoller Kopf ist jetzt eine kreischende Maske, das Gesicht an deinem Kopf dampft jetzt.
> Wunderbar, ganz wunderbar.

Als Si'wit seinen Gesang beendet hatte, legte er sich an der Rückseite des großen Hauses, seines Schatzes, auf dem Rücken nieder, wie schon erzählt. Jetzt dauerte es nicht mehr lange, und die ersten Gwa'waenox verließen das Haus. Alle schrien sie auf, denn sie erblickten ein sich näherndes Kanu. Es näherte sich dem Ufer des Dorfes. Es kam von Gwa'yasde'ms, das bei den Weißen Camp Bay heißt, dem Dorfplatz der ersten Qwe'q-sotenox. Es waren die Leute von Tsa'gulis, der als einzigartig starker Mensch in allen Dörfern gepriesen wurde. Tsa'gulis kam an Land. Die jungen Männer der Gwa'waenox liefen Tsa'gulis zum Ufer entgegen. Tsa'gulis ergriff sogleich das Wort: „Ist es wahr, daß Si'wit heimgekehrt ist?" Die jungen Männer bestätigten das: „Sieh dieses große Haus an. Er ist ein großer Ma'dem. Du wirst ihn heute Nacht sehen können, wenn er tanzt." Tsa'gulis und die drei Mitglieder seiner Mannschaft wurden zu einem Begrüßungsmahl in Hä'kwilawes Haus eingeladen, ein anderes als das, was Si'wit als Schatz erhalten hatte. Sobald Tsa'gulis und seine Mannschaft sich gesetzt hatten, erhielten sie sofort Speisen. Es war Abend, als sie ihr Begrüßungsmahl beendet hatten. Vier Männer kamen, um die Leute zu Si'wits Tanz zusammenzurufen. Si'wit hatte nach diesen Ereignissen seinen Namen geändert, und so riefen die vier Botschafter: „Wir sind gekommen, alle einzuladen. Alle sollen in das große Winterzeremonienhaus gehen, um Na'lanokumgilak zu besänftigen." - „Macht schnell, ihr Schamanen", rief einer der Botschafter, „uns wurde aufgetragen, daß die Besucher Augenzeugen werden sollen." Alle Dorfleute gingen mit ihren Frauen hinein. Sobald alle im Haus verschwunden waren, kamen auch Tsa'gulis und seine drei Leute, betraten das Haus und ließen sich auf die rechte Seite der Tür nieder. Nachdem sie sich alle gesetzt hatten, ließ der eine, der jetzt den Namen Na'lanokumgilak trug, seinen heiligen Gesang ertönen. Die Quarzkristalle klirrten auf seinem Kopf. Dann erhob er sich vom Boden und lief eine Runde um das Feuer in der Mitte des Hauses. Mit dem Ende seines heiligen Gesanges ertönten die Stimmen der Vorsänger, und Na'lanokumgilak begann zu tanzen. Als der Tanz beendet war, stand er ruhig in der Mitte des Hauses. Da erhob sich Tsa'gulis. Er ergriff das Wort: „Jetzt hört zu, ihr Gwa'waenox. Ich möchte die Macht meines Freundes hier erproben. Wir wollen versuchen, einander auszustechen." Bei diesen Worten begab er sich dorthin, wo Na'lanokumgilak stand. Sie rangen. Na'lanokumgilak bekam den Kopf von Tsa'gulis zu fassen und riß ihn ab. Als Tsa'gulis zu Boden fiel, er war ja tot, brach Na'lanokumgilak den Kopf in zwei Teile. Er warf die eine Hälfte auf die rechte Seite des Hauses. Die andere Hälfte warf er auf die linke Seite des Hauses. Dann forderte er seinen jüngeren Bruder To'xlawigilak auf, und zugleich änderte er den Namen seines jüngeren Bruders To'xlawigilak, der von da an Xwe'xxwelemgilak hieß, er forderte also Xwe'xxwelemgilak auf, die drei Männer, die Mannschaft Tsa'gulis, als Sklaven zu nehmen. So brachten die Gwa'waenox Schande über die Qwe'qsotenox. Die Gwa'waenox stürmten jetzt aus dem Haus, denn sie waren entsetzt durch das, was Na'lanokumgilak mit Tsa'gulis gemacht hatte. Damit endet diese Geschichte.

Diese Geschichte erzählte Gi'qalas vom Numaym Gi'gilgam der Gwa'waenox. Dann ergänzte der Geschichtenerzähler: „Ich vergaß zu berichten, daß Na'lanokumgilak, als alle Gwa'waenox aus dem Haus flohen, ihnen nachrief: „Ihr könnt mich nicht mehr sehen, außer wenn ihr meine übernatürliche Macht am Morgen abwascht. Ich besitze diesen Gesang, um mich von der übernatürlichen Macht zu reinigen, den ich dich lehren will." So sprach er zu seinem Vater. Und dann sang Na'lanokumgilak den Gesang, um die übernatürliche Macht abzuwaschen:

- Ah, es heißt, sie wurde nicht völlig bekannt, deine übernatürliche Macht wurde nicht völlig bekannt, die abhanden kam und verschwand.
- Ah, deine übernatürliche Macht wird nicht unglücklich machen; woai, woai, woai.
- Ah, es heißt, nicht völlig wurde bekannt, was der große Helfer mir berichtete, ai howa a.

Nachdem Hä'kwilawe und sein jüngster Sohn To'xlawigilak, der jetzt Xwe'xxwelemgilak hieß, die drei Gesänge gelernt hatten, um die übernatürliche Macht abzuwaschen, forderten sie heimlich acht ehrenvolle Männer auf, nach Mitternacht in das Haus zurückzukehren. Direkt nach Mitternacht betraten die acht Männer Na'lanokumgilaks Haus und ließen sich an der Rückseite nieder. Dann taten sie genau das, was die Kwakiutl machen, wenn sie die reinigen, die verschwunden sind und die zuerst aus den Wäldern kamen. Nur der Reinigungsgesang war ein anderer. Jetzt ist die Geschichte aber wirklich zu Ende.

Gambler

Erzählt von Gaa'xstalas, einem Senlem

Es heißt, die Söhne zweier Häuptlinge waren sehr unterschiedlich. Es heißt, sie kamen überein, um Preise spielen zu wollen. Sie setzten alles, was sie besaßen, gegeneinander. Doch verlor der eine immer. Und so verlor er alles an den anderen. Schließlich spielte er als letztes um seine Frau. Und er verlor auch sie. Da schämte sich der Vater, als sein Kind die Wettspiele verlor. Er rief das Dorf zusammen und erklärte, er wolle sein Kind verlassen. Als am Morgen der Tag dämmerte, war das gesamte Dorf in seinen Booten bereit, in ein anderes Gebiet zu fahren. Von da an lebten sie dort. Als der Sohn nun völlig verlassen war, grub er eine Kuhle in den Boden und baute sich darin ein Bett aus Moos. Obenauf schichtete er Rinden. Sobald er fertig war, legte er sich in dem, was er gegraben hatte, auf den Boden und deckte das Moos über seinen Leib. So verharrte er lange Zeit. Er stand niemals auf, denn er wünschte wirklich, dort auf dem Boden zu sterben. Es wurde Winter, und es schneite. Der Schnee lag hoch auf der Erde, und der Sohn konnte kaum noch atmen. Er war wegen der langen Zeit, die er nichts mehr getrunken hatte, ganz schwach geworden. Eine neue Nacht brach an und bereits wieder der Tag, als er hörte, wie der Schnee sich absetzte. Da öffnete er seine Augen und erblickte eine wunderschöne Frau, die sich ihm näherte. Sie bewegte sich auf ihn zu und sprach ihn an: „Was treibst du denn hier?“ - „Ich mache gerade Selbstmord“, erwiderte er in seiner Sprechweise. „Erhebe dich jetzt vom Boden“, forderte die Frau den Sohn auf. „Ich kann nicht“, entgegnete der Mann, „ich bin schon zu schwach." Da zog die Frau das Moospolster von seinem Leib und holte eine kleine, bis dahin verborgene Schachtel hervor. Sie bestrich seinen Körper mit dem, was sie aus der Schachtel nahm. Auch in seinen Mund flößte sie etwas davon ein. Da kam wieder etwas Leben in seinen Körper, und als die Frau das wiederholte, wuchs seine Stärke weiter an. Noch einmal vermehrte sich seine Kraft, und er setzte sich auf dem Boden auf. Ein weiteres Mal rieb ihn die Frau ein, und er konnte auf dem Boden stehen. Dann redete die Frau ihn an: „Komm, folge mir, laß uns zu meinem Haus gehen." Er erhob sich vom Boden und folgte der Frau. Sie kamen an einen Berg, und als sie hinunter in die Ebene schritten, erblickte er Rauch. Sie wanderten durch eine schöne Landschaft, als sie den ganzen Tag über die Prärie durchquerten. Es war bereits Abend, als sie endlich ankamen. Sieh an! Das ganze Dorf hatte sich im Haus versammelt. Die Frau teilte dem, der jetzt ihr Gatte war, mit: „Ich werde als erste hineingehen. Du beobachtest mich nur, bis ich mich setze. Dann kommst du herein. Um keinen Preis darfst du dein Haupt drehen, nur die Augen sollst du zur rechten Seite des Hauses wenden. Ich werde dich anlächeln. Du gehst einfach geradeaus und setzt dich an meiner Seite nieder." Dann trat die Frau ein und ließ sich auf dem Platz nieder, wie sie es gesagt hatte. Jetzt erst betrat ihr Mann das Haus und wendete seine Augen nur ihr zu, während sie lächelte. Dann ging er zu ihr und setzte sich neben sie auf den Boden. So wurden er und die Tochter des Häuptlings vermählt. Danach verließen die Dorfleute das Haus. Sieh an! Deshalb waren sie also gekommen. Auf diese Art führten sie also Hochzeiten durch. Die Leute, bei denen er jetzt lebte, waren Wölfe. Es verging eine lange Zeit, bis er von seinen Schwiegereltern aus dem Raum gerufen wurde. Ein Luchsfell lag auf dem Boden ausgebreitet, auf das sie sich setzen konnten, und sie erhielten zu essen. Sein Schwiegervater ergriff das Wort und fragte ihn nach dem Grund, weshalb er sich so verhalten hatte. Da antwortete er, der Grund sei gewesen, daß sein Dorf ihn verlassen hätte aus Scham darüber, weil er bei den Wettkämpfen mit seinem Freund verloren hätte. Da gab ihm sein Schwiegervater Wettkampfstöcke. „Jetzt kannst du keinen Wettkampf mehr verlieren." Dann wurde er gefragt, ob er nicht nach Hause zurückkehren wolle. Er antwortete, er würde das gerne. Da schickte der Schwiegervater seine Söhne auf die Schneeziegenjagd, damit ihre Schwester und ihr Gatte Proviant für die Heimfahrt besäßen. Seine Frau war bereit und nähte einen Wolfskörper für ihren Gatten. Als sie dies beendet hatte, regte sie ihren Gatten dazu an, ebenfalls mit ihr auf die Schneeziegenjagd zu gehen. Sie brachen auf, und die Frau teilte ihm mit: „Paß auf, daß du nicht von deinen Schwägern erblickt wirst, wenn du dieses mein Kleid trägst. Du könntest getötet werden." Er befolgte diesen Rat und hielt sich verborgen. Er ließ nicht zu, daß seine Schwäger ihn erblickten. Sie machten große Beute, er und seine Frau, vor allem Schneeziegen. Dann kehrten sie nach Hause zurück, und erst als seine Schwäger wieder das Haus betraten, begegnete er ihnen. Sofort häuteten sie die Jagdbeute. Sie trockneten das Fleisch. Inzwischen gebar die Frau ein Kind. Ein Junge wurde von ihr geboren. Jetzt waren sie soweit, von seinem Schwager hinausgebracht zu werden. Es herrschte Nacht. Der Schwiegervater sprach zu dem Gatten seiner Tochter: „Merke dir folgendes gut, mein Schwiegersohn! Ich gebe dir dieses hier, von dem deine Frau trinken soll. Wann immer du Wasser holst, gib ihr dieses. Jedesmal, wenn sie trinken will, soll sie diese Rückensehne eines Hirsches in das Wasser legen und erst dann trinken. Du mußt deine Frau sorgsam behandeln. Du darfst nicht gestatten, daß sie geräuchert (von Rauch berührt) wird, sonst kann sie nicht bleiben. Das muß immer so sein. Und sobald du sie mißhandelst, kann auch dein Kind nicht bleiben."

Es war Abend geworden, als er seinen Schwiegersohn aufforderte, seine Waden mit Talg aus einer kleinen, verzierten Schachtel einzureiben. Als er das gemacht hatte, wurde er aufgefordert, sich zwischen seine Schwäger zu mischen, wenn sie zum Ufer spielen gingen. „Sobald du ihr Spielzeug erwischst, soll es dir gehören", teilte sein Schwiegervater ihm mit. So machte er sich auf. Einer seiner Schwäger hielt einen Kristall, den sie als Spielzeug nahmen. Sie warfen ihn einander beim Laufen zu, wie sie es immer zu tun pflegten. Von Zeit zu Zeit wurde er einem anderen zugeworfen, und in diesem Augenblick versuchte der Schwiegersohn, ihn zu erwischen. Sie hielten sich schon lange an der Küste auf, als er ihn endlich schnappte. Jetzt gehörte der Kristall ihm. Er kehrte nach Hause zurück. Am nächsten Morgen sollten sie fortgebracht werden. Am Morgen stand er auf und machte sich fertig. Sein Reiseproviant bestand aus getrocknetem Fleisch. Er hatte zahlreiche Begleiter, seine Frau und sein Kind bei sich.

Am Ende des Tages erreichten sie seine Heimat. Sieh da! Er hatte genau zu seinem Dorf zurückgefunden. Er betrat das Haus seines Vaters. Doch der erkannte sein Kind nicht (?) und war überrascht durch das Kommen. Er trat ein, doch hatte er außerhalb des Gebietes hinter dem Dorf seine Frau und das, was sie mitgenommen hatten, zurückgelassen. Er forderte seinen Vater auf, seine Leute zur Lagerstätte seiner Frau zu schicken. Da rief der Vater die Dorfleute zusammen, und alle kamen. Sie brachten das Gepäck der Frau des Häuptlingssohnes. Er freute sich, daß er sein Kind wiedersah und lud die Dorfleute ein, zu ihm zu kommen und mit seinem Kind zu speisen, denn ebenso freute er sich über seine Schwiegertochter und seinen Enkel. Er erfuhr auch, was sein Kind erhalten hatte. Er wurde aufgefordert, sein Dorf einzuladen, und da er sie auch als Gäste wünschte, lud er sie ein. Alle, die eingeladen waren, kamen. Er schickte sofort die Einladungen los und verteilte als Speise das getrocknete Schneeziegenfleisch, das er von seiner Schwiegertochter erhalten hatte. Dann verteilte er Felle an seine Gäste. Der Sohn wurde von seiner Frau Wasser holen geschickt, weil sie etwas trinken wollte. Er holte Wasser für sie vom Fluß. Er kehrte zurück und hatte bei sich, was sein Schwiegervater ihm gegeben hatte. Dann reichte er es seiner Frau. Sie nahm die Sehne und legte sie in das Wasser. Nichts geschah mit dem Wasser, und so trank sie es. Es wurde Nacht, und da wünschte sie, daß ihr Gatte sich aufmachen und mit seinem Freund ein Wettspiel mit seinen neuen Stöcken veranstalten solle. Er betrat dessen Haus und forderte ihn auf: „Komm, laß uns einen Wettkampf austragen, Freund.“- „Oh, fordere doch nicht, daß wir wieder kämpfen, denn du bist nicht so gut“, entgegnete der Freund, „sonst könntest du noch einmal deine Frau verlieren." - „Das wird mir auf keinen Fall passieren. Laß uns doch einen Kampf wagen." Da forderte der Freund ihn auf, sich in seinem Haus niederzusetzen, und sie begannen mit dem Wettspiel. Er spielte mit dem, was sein Schwiegervater ihm gegeben hatte, und so geschah es, daß sein Freund zu verlieren anfing, der Freund, den er herausgefordert hatte. Er war noch nicht lange im Haus gewesen, als er meinte: „Laß uns aufhören." Der frühere Gewinner sagte das. „Ich wollte es nur einmal ausprobieren, denn ich dachte mir, daß er nun ein Gambler sei." Danach kehrte er nach Hause zurück. Er brachte die Verzierungen, die vorher seinem Freund gehört hatten, nach Hause mit und erhielt alles zurück, was er verloren hatte. Es wurde Nacht. Es wurde Tag. Seine Frau erwachte und schickte sofort ihren Mann, Wasser für sie zu holen. Der Gatte ging Wasser holen und kehrte damit zurück. Er übergab das Wasser an seine Frau. Sie nahm es, ergriff ihre Sehne und legte sie in das Wasser. Nichts passierte mit dem Wasser.

Der Tag brach an. Es wurde wieder Abend, und er machte sich auf, seinen Freund erneut herauszufordern. Er betrat sein Haus und sagte sofort: „Laß uns wieder ein Wettspiel machen, mein Freund." Doch der Vater des Freundes wollte es nicht gestatten. „Spiele nicht gegen deinen Freund, der offensichtlich dort, wohin er verschwand, einen übernatürlichen Schatz erhalten hat." Aber der Sohn hörte nicht auf seinen Vater. Er setzte sich im Haus nieder und spielte. Wieder gewann sein Freund allen Hausschmuck. Jetzt besaß er keinen Zierrat mehr. Dennoch spielten sie weiter. So gewann der Freund seine Frau zurück, die er vor langer Zeit verspielt hatte, er erhielt seine Frau zurück. Doch er meinte, er wolle sie nicht wiederhaben, denn er ängstigte sich vor seiner neuen Frau. Er meinte, sein Freund solle für seine Frau sorgen. Dann forderte er seinen Freund auf: „Jetzt wollen wir aufhören." - „Laß uns wieder beginnen", forderte dagegen der Freund. So spielten sie weiter und spielten um die Frau seines Freundes. Er gewann alles, was dem Freund gehört hatte. Dann hörte er auf. Er kehrte nach Hause zurück und legte sich schlafen. Es wurde Morgen. Seine Frau erhob sich und schickte ihren Gatten wieder, für sie Wasser zu holen. Er holte das Wasser und kehrte damit zurück. Sie nahm es und legte die Sehne hinein. Wieder geschah nichts mit dem Wasser. Der Tag brach an, sie aßen, und seine Frau war glücklich, denn sie merkte, daß sie von ihrem Mann gut behandelt wurde.

Inzwischen erzählte seine frühere erste Frau andauernd, daß sie zu ihrem Mann zurückkehren wolle. Doch der Mann wollte das nicht, weil er seine jetzige Frau wegen des Kindes liebte. Als es Abend wurde, verkündete er, er wolle wieder zu seinem Freund gehen und spielen, doch was könnte der Freund bieten, nachdem er bereits all seinen Hausschmuck und seine früheren Frauen erhalten hatte? Zu Recht weigerte sich der, und so kehrte er nach Hause zurück. Doch wurde er weiter von seiner Frau belästigt, die er im Spiel zurückerhalten hatte. Auch das Gemüt seines Freundes war betrübt, da man ihn geschlagen und arm gemacht hatte. So gingen sie schlafen. Am Morgen stand er zusammen mit seiner Frau auf, und wieder gab ihm seine Frau ihren Korb, damit er Wasser für sie holen gehe. Er kam zur Wasserstelle. Dort sah er seine erste Frau. Sie holte ihn zu sich und fragte: „Weshalb magst du mich nicht?“ - „Ich will meine neue Frau nicht kränken. Sie wird es merken, wenn ich zurückkomme, daß du hier warst und mit mir gesprochen hast.“ Da ließ ihn seine erste Frau gehen. Er kehrte nach Hause zurück und gab seiner Frau das Wasser. Sie nahm es und legte die Sehne in das Wasser. Das Wasser wurde trüb. Da meinte sie, das könne sie nicht trinken, und goß es neben dem Feuer aus. Dann erhob sie sich und führte ihr kleines Kind fort in ihren Raum. Es folgte ihr und legte sich mit ihr in ihrem Raum hin. Ihr Gatte ging ihr nach und wollte sie sprechen. Was war denn das? Sie hatten im Haus ihre Wolfsfelle angezogen. Ihr Gatte bat sie inständig, doch so etwas nicht zu tun, doch nicht nach Hause zu ziehen, denn er mochte seine erste Frau nicht. Von der Frau ertönte aber nicht der kleinste Laut einer Regung. Das Herz des Mannes war jetzt voller Trauer, denn er wußte, seine Frau würde nach Hause gehen. Sie erhob sich den ganzen Tag nicht in ihrem Raum. Es wurde Nacht, und sie saß immer noch im Haus. Der Mann ging nicht schlafen. Er paßte auf, ob seine Frau aufbrechen würde. Der Tag brach an, und unverändert befand sie sich im Haus. Sie und ihr Kind zogen ihre Kleidung an. Schließlich nahte der Abend. Dann wurde es Nacht. Vergebens sprach er zu seiner Frau und flehte sie an, nicht heimzukehren. Sie antwortete ihm nicht. So saß er wieder die ganz Nacht auf dem Boden und paßte auf, ob sie fortginge. Der Tag brach an, und wieder war es dasselbe. Sie blieb einfach im Haus. Weder sie noch ihr Kind nahmen etwas zu sich. Manchmal versuchte auch ihr Schwiegervater, sie zu bitten, sie möge nicht heimziehen. Doch auch ihm antwortete sie nicht. Wieder kam die Nacht. Erneut schlief der Mann die ganze Nacht nicht, sondern paßte auf, ob sie fortginge. Der Tag brach an, und die Frau blieb weiter im Haus. Von Zeit zu Zeit versuchte der Gatte, sein Kind dazu zu bringen, sich zu erheben und etwas zu essen, doch das Kind stand nicht auf. Abermals kam das Ende des Tages. Es wurde Nacht, und jetzt waren es schon vier Tage, daß ihr Gatte nicht geschlafen hatte, um auf sie aufzupassen. Offensichtlich wartete die Frau darauf, daß ihr Mann einschlief.

Schließlich schlummerte er ein. Als das Tageslicht anbrach, erhob sich die Frau mit ihrem Kind. Sie machten sich auf den Weg nach Hause, dorthin, von wo sie gekommen waren. Plötzlich erblickte sie die Spuren ihres Mannes und seiner ersten Frau, denn auf den Steinen am Boden lag Schnee. Wut packte sie. Sie erreichte den Weg am Fuß der Berge und passierte ihn, nachdem sie ihn so zerstört hatte, daß ihr Mann nicht mehr hindurchkommen konnte. Ihr Mann trauerte, denn er hatte jetzt keine Frau und kein Kind mehr. Plötzlich erhob er sich und brach auf. Er fand im Schnee ihre Spuren und folgte ihnen. Er erreichte den Weg am Fuß der Berge. Was war das? Der Weg lag versperrt. Er setzte sich auf einen Felsen und weinte. Lange Zeit hatte er so auf dem Felsen gesessen, als er den Klang von Stimmen sich nähern hörte. „Weshalb weinst du hier auf diesem Felsen?“ Er rieb sich die Augen und blickte auf. Oh, es war ein Biber. „Ich will meiner Frau hinterherlaufen, doch habe ich keine Möglichkeit, denn dieser mein Weg ist versperrt.“ Da antwortete der Biber: „Ich werde ihn freischaufeln.“ Und wirklich schaufelte er den Weg frei. So kam er hindurch und ging weiter. Er wanderte durch ein herrliches Land. Immer weiter zog er.

Schließlich erreichte er das Ufer eines Gewässers in der Prärie. Es gab keine Möglichkeit, es zu überqueren. Er versuchte, an das Ende zu gelangen, um dort hinüberzukommen, aber auch das war unmöglich. Er ließ sich nieder, begann zu weinen und dachte daran aufzugeben. Als er so lange Zeit auf dem Boden gesessen hatte, hörte er das Geräusch von Stimmen sich nähern. „Weshalb weinst du hier?" Er hob sein Haupt und blickte auf. Oh, es war der Puma. „Ich will dir den Grund sagen, weshalb ich solch einen Lärm verursache. Ich versuche, meiner Frau nachzufolgen, doch es gibt keine Möglichkeit, dieses Gewässer hier zu überqueren." - „Ich werde dir zeigen, wie du mit diesem Wasser umgehen kannst", meinte der Puma. „Steige ruhig in das Wasser. Du mußt nur die ganze Zeit die Augen geschlossen halten, wenn du hindurchgehst und das Wasser deine Augen bedeckt." Da erhob er sich und folgte den Anweisungen, wie er sich verhalten solle. Als das Wasser seine Augen bedeckte, konnte er es auf einem Pfad durchqueren. So zog er weiter. Nach langer Zeit erreichte er aufs neue das Ufer eines Gewässers. Seine Frau hatte gewollt, daß das Land so beschaffen sei, damit ihr Mann ihr Haus nicht erreichen könne. Erneut sank er zu Boden, weinte und war nahe daran aufzugeben. Lange saß er so auf dem Boden, als der Puma kam und ihn ansprach: „Weshalb heulst du hier auf dem Boden? Du bist närrisch. Erinnerst du dich nicht, was ich dir beigebracht habe? Folge meinen Anweisungen erneut, und du wirst hindurchkommen." Da erinnerte er sich, erhob sich sofort und stieg in das Gewässer. Als das Wasser seine Augen bedeckte, lief er auf einem Pfad hindurch. Er zog weiter und wanderte lange Zeit, bis er zum dritten Mal ein Gewässer erreichte. Er stieg geradewegs hinein und machte es so, wie er es bei den beiden anderen getan hatte. Er durchquerte es. Weiter wanderte er und kam an ein neues Gewässer. Er setzte sich auf den Boden und dachte daran aufzugeben. Da kam der Puma. „Warum sitzt du hier am Ufer, wo du doch schon fast das Haus deiner Frau erreicht hast?" - „Der Grund, warum ich auf dich gewartet habe, ist, damit du mir rätst, was ich machen soll, um meine Frau zurückzugewinnen." - „Du mußt geradewegs in das Haus ihrer Großeltern am Ende der Küste gehen, dann wirst du gleich dein Kind erblicken. Mach dich auf", meinte der Puma zu ihm. Sogleich erhob er sich, stieg in das Wasser und folgte den Worten des Pumas. Der Puma hatte ihm aus Mitleid geraten, und so wanderte er gemäß dieser Anweisung die Küste entlang. Der Abend hatte bereits begonnen. Schließlich betrat er das Haus der Großeltern seiner Frau. Er kam herein, als sie gerade das Feuer vorbereiteten. Sie arbeiteten nur nach dem Gefühl. Sieh da! Der Großvater und seine Frau waren blind. Da half er ihnen, ihr Feuer zu entfachen. Der alte Mann äußerte seinen Dank. „Was ist los mit dir, kannst du etwa nicht sehen?" fragte der Mann den Alten. „Nein, das kann ich nicht." - „Jetzt will ich dich sehen machen." Er nahm seine kleine, bemalte Schachtel, holte etwas Talg heraus und kaute ihn. Davon schmierte er ein wenig auf die Augen der beiden. Dann fragte er sie: „Wie ist es? Könnt ihr schon etwas sehen?" - „Ich kann schon ein bißchen sehen." Er wiederholte den Vorgang und fragte erneut: „Könnt ihr schon etwas sehen?" - „Jetzt beginne ich zu sehen. Es wäre sicher gut, wenn du noch einmal so mitleidig an uns handeltest." Noch einmal bestrich er ihre Augen, und jetzt konnte der Mann wirklich sehen. Dann machte er dasselbe mit der Frau, und auch sie gewann ihr Augenlicht zurück. Als sein kleines Kind hereinkam, ging es direkt auf seinen Vater zu. „Bist du gerade angekommen?" fragte es den Vater. „Ich bin gerade angekommen, um dich und deine Mutter zu holen." - „Du wirst die Mutter nicht bekommen. Von ihren Eltern wird ihr nicht gestattet, zu dir zurückzukehren", meinte das Kind zu seinem Vater. „Hilf mir doch", bat er sein Kind. „Gut, ich werde es versuchen, doch meiner Mutter ist nicht erlaubt, aus dem Haus zu gehen. Es ist so, daß sie sich immer in ihrem Raum aufhält." - „Nun geh", riet der Vater seinem Kind, „du mußt weinen, schreien, daß du willst, deine Mutter solle dir folgen, wenn du gehst und dich am Ufer erleichtern willst." - „So werde ich es machen." Dann nahm er etwas von dem Talg, den er in der bemalten Schachtel aufbewahrte, und gab ihn dem Kind. Das lief zu seinem Haus und suchte die Mutter auf. Sofort fragte die Mutter: „Wo ist das her, was du dort hältst?" - „Es war von ihm, der kam, von dem alten Mann." - „Du lügst", schalt die Mutter ihr

Kind. „In Wirklichkeit ist es von ihm, deinem Vater, ich erkenne es.“ - „Nein“, erwiderte das Kind, „es ist von ihm, dem alten Mann.“ Die Mutter hörte auf, darüber mit ihrem Kind zu streiten. Das Kind war nun nicht lange im Haus, als es seine Mutter bat: „Komm, folge mir, damit ich mich an der Küste erleichtern kann.“ - „Nimm lieber eine Tante mit“, entgegnete die Frau ihrem Kind. Da wurde das Kind wütend. Es schrie, es wolle sie, seine Mutter, sie solle mitkommen und ihm folgen. Die Großeltern eilten herbei und meinten, sie solle ihr Kind begleiten, doch sie wollte das nicht. Jeder forderte inzwischen die Mutter auf, sie solle ihr Kind begleiten. Doch sie wollte nicht zustimmen, denn sie wußte, daß ein Plan seines Vaters dahintersteckte. Immer weiter belästigte es seine Mutter mit seinem fortgesetzten Geplärre, bis sich die Mutter schließlich erhob: „Komm, du schlechtes Kind, ich will dich begleiten.“ Da stand es auf, und sie verließen das Haus. Sieh an! Sie traten an der Stelle heraus, wo der Vater auf der Seeseite wartete. Sofort ergriff er seine Frau, die gerade zur Tür hinaustrat. Da lachte das Kind auf. „Das ist der eigentliche Grund, weshalb ich wollte, daß du mitkommst“, rief es der Mutter zu. Dann kehrten sie mit ihrem Mann in das Haus zurück. Die Schwiegereltern wechselten kein Wort mit dem Mann, als sie zurückkehrten. Sie warnten ihn und seine Frau nur.

Dann begann die Fischsaison. Der Mann wollte mit seinen Schwiegereltern und Schwägerinnen auf dem Fluß fischen gehen. Seine Frau stimmte zu, und so zog er los. Inzwischen hatte sie ein weiteres Kind geboren, und wieder war es ein kleiner Junge. Sie fuhren mit dem Kanu zu ihrem Fischgrund, und seine Frau blieb mit ihren Kindern zu Hause. Sie erreichten den Fischgrund, und schon fühlten er und eine seiner Schwägerinnen sich zueinander hingezogen. Er fühlte sich wegen seiner Frau nicht beunruhigt und war mit einer seiner Schwägerinnen ein Herz und eine Seele. Sie fischten lange auf dem Fluß. Als sie aufhörten, banden sie in Bündel, was sie gefangen hatten, und kehrten nach Hause zurück. Er wurde von seinem Schwiegervater ermahnt, denn der wußte von seinem Kind, daß es über das, was sein Schwiegersohn und dessen Schwägerin gemacht hatten, Bescheid wissen würde. Sie kehrten nach Hause zurück und erreichten das Ufer ihres Dorfes. Sie entluden ihre Kanus. Sobald die Ladung aus dem Kanu gebracht war, erhielt er von seiner Frau Speise. Dann schickte seine Frau ihn los: „Geh und hol mir Wasser zum Trinken." Der Mann hatte schon Angst vor seiner Frau. Er nahm das Gefäß seiner Frau. Damit holte er Wasser. Er kehrte zurück und übergab es seiner Frau. Sie ergriff das Gefäß. Dann legte sie die Hirschsehne in das Wasser, und das Wasser wurde trüb. Da warf sie alles, was sie ergreifen konnte, ins Feuer, auch die Hirschsehne. Sie erhob sich und führte ihre Kinder in das Haus. Sie bekleidete sich und die Kinder mit dem Wolfsfell und verließ erneut ihren Mann, denn sie wußte, was er mit seiner Schwägerin gemacht hatte, während er fischte. Der Mann sprang auf und versuchte, seine Frau und seine Kinder einzuholen. Noch erblickte er ihre Spuren. Doch nicht weit entfernt wurde er durch einen gewaltigen Berg aufgehalten. Dort gab es einen großen Wasserfall, hinter den sie sich geflüchtet hatte. Der Mann versuchte, ihr Versteck zu finden, denn er sehnte sich nach seinen Kindern. Er konnte sie nicht entdecken, und so gab er auf. Er wendete sich heimwärts. Doch kehrte er nicht sinnlos in sein früheres Haus zurück, sondern zog vorbei in das Land seines Vaters. Sobald er dort ankam, suchte er seine frühere Frau auf. So hatte er jetzt zwei Frauen, seine frühere und die seines Freundes, die er beim Spielen mit seinem Freund gewonnen hatte. Das ist das Ende der Geschichte.

Night-Hunter und Day-Hunter

Erzählt von La'bid, eine A'wa ilela-Geschichte.
Aufgeschrieben von George Hunt

Der eine, Head-Copper-Maker (La'qwagilageme) und sein Numaym, die First-Ones (Gi'gilgam) lebten in einem Dorf, sie, die von den ersten A'wa ilela die Big-Ones (Awa'wa) genannt wurden, weil sie erst vor kurzem ihren Namen zu "Gi'gilgam" gewechselt hatten. Das war, als die frühere True-Copper-in-House (Laqwailqanak) lebte und als Gatten Shelter (Ta'tentsid) hatte, der vom Numaym der First-Ones der Great-Kwakiutl stammte. Laqwailqanak besaß zwei Söhne. Schließlich starb Laqwailqanaks Vater Spreading-Dancer (Lapalal). Außer ihr hatte er kein anderes Kind gehabt. Deshalb nahm Laqwailqanak ihren kleinen Sohn und setzte ihn auf den früheren Sitz ihres Vaters Lapalal. Und so trug er den Namen des Numaym seines Vaters Ta'tentsid, Gi'gilgam. Seitdem heißen die Awa'wa Gi'gilgam. So entwikkelte sich der Name Gi'gilgam für den Numaym Awa'wa der A'wa ilela, die zuerst am Hump-Back-Salmon-Place (Ha'nwade) auf diese Welt gekommen sind. Das war, als die Gi'gilgam am Eawe'galis lebten.

La'qwagilageme hatte als Kinder vier Söhne. La'qwagilageme saß mit seinen vier Kindern auf der Sommerplattform, als der Älteste zu sprechen begann: „Was kann ich für unseren Vater machen? Ich will ein Harpunierer werden, damit er immer Fleisch für unser Dorf hat.“ Da ergriff der Zweitälteste das Wort: „Ich will auch ein Harpunierer werden und will unseren jüngsten Bruder als Steuermann haben. Dein Steuermann soll der zweitjüngste Bruder sein. Du wirst ein Nacht-Jäger und ich werde ein Tag-Jäger sein, damit unser Vater immer für unser Dorf schlachten kann.“ Danach trug der älteste Bruder zum ersten Mal den Namen Night-Hunter. La'qwagilageme freute sich über die Worte seiner Kinder, denn das war es, was sich La'qwagilageme als Beruf seiner vier Söhne erhofft hatte, daß sie Seehundjäger würden.

Sofort bereitete sich Night-Hunter zusammen mit seinem Steuermann, dem zweitjüngsten Bruder vor. Er sengte den Kiel seines Jagdkanus ab. Als er damit fertig war, zogen er und sein Steuermann ins Landesinnere und gruben Nieswurz aus. Als sie Nieswurz gefunden hatten, brachen sie die magischen Spitzen der Hemlocktannenzweige ab. Dann zogen sie zur Quelle des Eawe'galis-Flusses. Der Night-Hunter nahm zwei Nieswurzwurzeln und überreichte sie seinem Steuermann. Mit zwei anderen Nieswurzwurzeln rieb er seinen Körper ab. Sein jüngerer

Bruder, der Steuermann, ahmte genau nach, was sein älterer Bruder tat. Als sie mit dem Einreiben fertig waren, ergriff er die Äste der Hemlocktanne, und nun rieben sie damit ihre Leiber ab, beide zur gleichen Zeit. Als sie auch damit fertig waren, setzten sie sich am Ufer des Flusses auf den Boden und warteten, bis es Abend wurde. Dann kehrten sie dorthin zurück, wo ihr Jagdkanu lag. Sie brachten es ins Wasser und stiegen an Bord. Sie fuhren zum Skull Rock (Qa'gekwaa's), einer Spitze unterhalb des Eawe'galis. Dann steuerten sie zum Open-Point (Axe'lba). Als sie am Axe'lba ankamen, konnten sie Robben auf der Spitze eines großen Berges bellen hören, dessen Name Ga'tstaes lautet und der nicht weit vom Axe'lba liegt. Night-Hunter paddelte los. Das Kanu hielt am Fuß des Ga'tstaes. Sie verharrten ruhig und lauschten, ob die Robben wieder bellten. Es dauerte nicht lange, und die Robben ließen sich wieder dort oben hören. Eilig ging Night-Hunter am Fuß des Ga'tstaes an Land, denn dort ertönte von Zeit zu Zeit das Bellen der Robben von der Terrasse, die Night-Hunter zuvor erblickt hatte. Er verließ sein Reisekanu und stieg den Berg hinauf zu der Terrasse. Bei sich trug er sein Seil aus Thujagerten, die lange Ankerleine seines Kanus und seinen Robbenschläger. Als er die halbe Strecke zu der Bergterrasse zurückgelegt hatte, erstreckte sich dort eine andere Plattform. Night-Hunter erblickte dort ein rundes Feuer. Er näherte sich ihm, und was erblickte er? Eine riesige Robbe lag auf dem Boden. An ihrem Hinterkopf befand sich ein Quarzkristall. Das war es, was er für Feuer gehalten hatte, der Kristall im Nacken der riesigen Robbe. Als die große Robbe Night-Hunter erblickte, sprang sie hinunter in die Öffnung des Schlafplatzes der anderen Robben. Es ertönte nun ein großer Lärm von den Robben, die in der Höhle miteinander stritten, die - welche Überraschung - der Weg hinab, das Luftloch des Schlafplatzes der Robben war. Night-Hunter blickte hinunter. Ein starker Wind blies ihm vom Schlafplatz der Robben her ins Gesicht. Night-Hunter legte sein Thujagertenseil auf den Felsen, nahm seine Keule und stieg wieder hinunter vom Berg. Er rief seinen jüngeren Bruder, seinen Steuermann, der Qeged hieß. Als er zu der Stelle kam, wo sein Kanu lag, erklärte er dem jüngeren Bruder:

„Ich habe durch einen glücklichen Zufall den Schlafplatz der Robben entdeckt. Du darfst darüber nicht mit unserem Bruder Day-Hunter sprechen. Wenn du davon irgendeinem berichtest, selbst wenn es unser Vater ist, werde ich dich mit dieser Keule töten." Bei diesen Worten zielte er mit der Keule auf den jüngeren Bruder. Der jüngere Bruder gelobte es dem Ältesten und meinte, er habe nicht die Absicht, irgend jemandem von dem Schlafplatz der Robben zu berichten, den er durch sein Glück gefunden habe. Nach dieser Unterhaltung teilte Night-Hunter seinem jüngeren Bruder mit, daß sie noch diese Nacht den Berg hinaufsteigen würden. Sie machten sich auf den Weg. Night-Hunter trug immer noch seine Keule. Sie erreichten die Öffnung, die Mündung des Schlafplatzes der Robben. Night-Hunter ergriff das Seil aus Thujagerte und band das Ende um einen Baum, der neben der Öffnung zum Schlafplatz der Robben stand. Dann bat er seinen jüngeren Bruder, wenn er zum ersten Mal an dem Seil zerren würde: „Dann mußt du mich hinaufziehen." Er ergriff das Seil und stieg in die Öffnung. Nun gut, es dauerte gar nicht lange, bis er am Seil zerrte. So hievte Qeged das Seil hinauf, das wegen einer großen Robbe sehr schwer wog. Dann löste Qeged die Robbe vom Seil und ließ es wieder hinunter. Erneut zerrte Night-Hunter daran, und Qeged zog es wieder hinauf. Vier große Robben wurden von Qeged hinaufgezogen. Schließlich zog er auch Night-Hunter wieder nach oben. Sie rollten die vier Robben den Berg hinunter. Dann forderte Night-Hunter Qeged auf, die Robben zu waschen und das Innere ihrer Augen und Mäuler zu säubern, so daß die Bodenreste und Tannennadeln herausgespült würden. Als die Robben so von Erde und Nadeln gesäubert waren, brachten sie diese auf ihr Reisekanu. Nachdem die großen Robben nun an Bord waren, kehrten sie nach Hause zurück.

Der Morgen dämmerte, als sie in Ha'nwade ankamen. Sie erreichten das Ufer ihres Hauses am Eawe'galis und erblickten Day-Hunter, der gerade in Richtung Knight Inlet lospaddelte. Qeged lud nun die vier Robben aus, denn Night-Hunter war schon das Ufer hinaufgestiegen und hatte sein Haus betreten. Sogleich kam La'qwagilageme herbei und entfachte am Ufer ein

Feuer, um die vier Robben abzusengen. Als er das beendet hatte, schnitt er die Robben auf und räucherte sie. Nach getaner Arbeit lud er das Dorf ein. Das war das erste Robbenfest, das La'qwagilageme mit den Robben gab, die sein Sohn Night-Hunter als erster erbeutet hatte.

Als es Abend wurde, kehrte auch Day-Hunter wieder zum Ufer zurück, doch er hatte nur einen einzigen schlafäugigen Seehund als Beute. Er schämte sich sehr, als er vernahm, daß die Beute seines älteren Bruders aus vier riesigen Robben bestanden hatte. Am Abend brach Night-Hunter wieder mit seinem jüngeren Bruder Qeged zur Seejagd auf. Sie paddelten geradewegs nach Ga'tstaes. Am Fuß des Schlafplatzes der Robben trafen sie ein. Sie stiegen aus ihrem Kanu. Night-Hunter nahm wieder seine Keule mit. Sie erreichten den Schlafplatz der Robben. Night-Hunter ergriff das Seil aus Thujagerte und ließ sich hinab. Es dauerte wieder nicht lange, bis er an dem Seil zerrte. Qeged hievte es in die Höhe. Dann band er eine große Robbe vom Seil. Acht große Robben zog Qeged diesmal hinauf. Danach zog er auch Night-Hunter wieder in die Höhe. Seitdem trägt der Ort, wo er die Robben aufgehäuft hatte, den Namen „The Throwing Down of Seals". Sie rollten die acht Robben zum Ufer hinunter. Qeged reinigte die Leiber, Schnauzen und Augen von Bodenspuren und Tannennadeln. Als er damit fertig war, nahm er seine Harpune und schoß sie in die Robben. Damit täuschte er vor, daß sie gespeert worden seien. Als er dies beendet hatte, brachte er die Robben an Bord des Reisekanus. Sie machten sich auf den Heimweg und erreichten Ha'nwade, als der Tag anbrach. Sie erreichten sein Haus am Eawe'galis. Night-Hunter erblickte seinen jüngeren Bruder, Day-Hunter, der gerade zur Seejagd aufbrach. Als Day-Hunter erkannte, wie tief das Reisekanu seines älteren Bruders im Wasser lag, kehrte er zum Ufer zurück und lief in sein Haus. Er war beschämt, da sein älterer Bruder so viel Jagdbeute gemacht hatte. Night-Hunter stieg aus seinem Kanu, betrat sein Haus und legte sich schlafen. Sein Vater, La'qwagilageme, eilte hinunter zum Ufer und lud die acht Robben aus dem Reisekanu seines Sohnes. Day-Hunter besprach sich mit seinem jüngeren Bruder Walewid. Er flüsterte ihm zu, heimlich hinunterzugehen und in den Schnauzen und Augen der Robben nach Tannennadeln und Erde zu suchen, die vielleicht in den Schnauzen zurückgeblieben waren oder in den Augen steckten. Denn Day-Hunter und seine Hausmitbewohner vermuteten, daß Night-Hunter durch einen glücklichen Zufall den Schlafplatz der Robben gefunden hätte. Aus diesem Grunde schickte Day-Hunter seinen Steuermann Walewid, die Robben zu untersuchen. Walewid gab vor, seinem Vater La´qwagilageme zu helfen, der noch die Robben aus dem Kanu schleppte. Gleich erkannte Walewid Reste von Erde in den Augen der Robben. Er fand auch noch Hemlocknadeln in den Rachen der Robben und brachte alles heimlich seinem älteren Bruder Day-Hunter. Day-Hunter riet ihm: „Erzähle niemandem von meiner Entdeckung, daß Night-Hunter durch einen glücklichen Zufall den Schlafplatz der Robben gefunden hat.“ Jetzt fühlte sich Day-Hunter zufrieden, weil er das herausgefunden hatte.

Inzwischen sengte La´qwagilageme die acht Robben ab. Als er damit fertig war, schnitt er sie auf. Als er auch das beendet hatte, lud er das ganze Dorf ein. Sobald sich alle in La´qwagilagemes Haus versammelt hatten, verteilte er rohes Robbenfleisch an seine Gäste. Nach der Verteilung verließen die Gäste das Haus. Auch Night-Hunter und sein Steuermann gingen hinaus. Sie ließen sich auf der Sommerplattform auf der Seeseite des Hauses nieder. Sie hatten dort noch nicht lange gesessen, als Day-Hunter und sein Steuermann Walewid aus ihren Häusern traten, herbeikamen und sich auch auf die Sommerplattform setzten. Day-Hunter und sein ältester Bruder Night-Hunter saßen jetzt eng beieinander. Da sprach Night-Hunter seinen jüngeren Bruder an: „Weshalb bist du heute nicht losgepaddelt, Day-Hunter?“ Day-Hunter antwortete: „Oh, Meister, der Grund, weshalb ich nicht losgepaddelt bin, ist, wie ich zugebe, daß ich wirklich voller Scham darüber bin, wie du alleine so viele Robben hierher gebracht hast, während ich nur einen schlafäugigen Seehund erbeutet habe. Ich bitte dich, laß uns die Namen tauschen, so daß ich den Namen Night-Hunter trage und du den Namen Day-Hunter.“ Der älteste Bruder lachte auf. Er meinte: „Nur zu! Sei Night-Hunter, denn du willst ihn ja als Namen haben. Zieh heute Nacht hinaus und jage dort, wo du immer jagst. Ich werde ab jetzt Day-Hunter sein. So werde ich morgen früh mit meinem Kanu aufbrechen und dort auf die Tagjagd gehen, wo ich immer mit diesem Kleinen hier war." Sobald es am Abend dunkelte, brach der neue Night-Hunter, der jüngere Bruder, in seinem Kanu auf. Sie fuhren natürlich zur Knight Inlet. Als der Tag anbrach, kehrten sie zurück und hatten als Jagdbeute zwei Robben. Jetzt zog der älteste Bruder auf die Seejagd, der, der jetzt den Namen Day-Hunter trug. Er fuhr nach Qa'gekwaa's. Sobald sie hinter der Landspitze von Eawe'galis außer Sicht waren, bestieg der neue Night-Hunter mit seinem Steuermann Walewid sein Kanu. Sie paddelten hinterher nach Qa'gekwaa's. Als sie die Landspitze erreichten, erkannten sie, daß ihr ältester Bruder Axe'lba ansteuerte. Sobald ihr ältester Bruder bei Axe'lba außer Sicht kam, paddelte der neue Night-Hunter wieder hinterher. Schließlich erreichte er Axe'lba. Er paddelte dicht an den Felsen entlang, doch vermochte er nichts zu entdecken. Dann erreichte er Ga'tstaes. Jetzt erblickte er das Reisekanu seines ältesten Bruders, das an beiden Enden am Fuß des Ga'tstaes festgebunden war. Kurz bevor er das Kanu erreichte, verließ er sein eigenes Kanu und nahm seine Keule aus Holzapfelholz mit. Er stieg aufwärts. Doch er war noch nicht lange unterwegs, als er einen Pfad fand, einen Tierwechsel. Er folgte dem Wechsel, der geradewegs an eine Stelle oberhalb des Platzes führte, wo das Kanu im Wasser lag. Dann mußte er nicht mehr weit gehen, und er erblickte jemanden, der mit großer Anstrengung ein Seil aus einer Höhle hochhievte. Es war Qeged, der Steuermann dessen, der jetzt den Namen Day-Hunter trug. Der, der jetzt Night-Hunter hieß, schlich gerade zu ihm hin, während das, was er hochzog, noch nicht sichtbar wurde, und stellte sich hinter ihn. Eine gewaltige Robbe, in der Mitte an das Seil gebunden, kam zum Vorschein. Qeged legte die Robbe auf ihren Platz und merkte nicht, daß Night-Hunter hinter ihm stand. Plötzlich erschlug ihn Night-Hunter mit seiner Keule, und Qeged war tot. Der neue Night-Hunter ergriff das Seil und ließ es in das Luftloch des Schlafplatzes der Robben hinunter. Es dauerte nicht lange, bis der neue Day-Hunter am Seil zerrte. Der neue

Night-Hunter zog das Seil hoch. Da erkannte er, daß es sein ältester Bruder war, der neue Day-Hunter, den er hinaufzog. Night-Hunter erkannte ihn. Sofort hörte er auf, ihn hochzuholen. Der neue Night-Hunter ergriff das Wort und rief seinem ältesten Bruder, dem neuen Day-Hunter zu: „Du hast schwere Fehler gemacht. Wäre es denn schlimm gewesen, mich, der ich dein jüngerer Bruder bin, aufzufordern, mitzukommen und dir bei deinem großen Schatz, dem Schlafplatz der Robben, zu helfen, den nur selten ein Mensch findet? Nun wirst du hinunterstürzen und eine Robbe werden." Das rief der neue Night-Hunter seinem ältesten Bruder, dem neuen Day-Hunter, zu. Während jetzt der Day-Hunter das Wort ergriff, machte sich der Night-Hunter daran, das Seil durchzuschneiden. „Beeil dich doch nicht so mit dem, was du vorhast, deinem Bruder anzutun. Es wäre gut, wenn du etwas vorausschautest, weil wir gemeinsam die Besitzer dessen sind, was ich durch einen glücklichen Zufall fand, diesen Schlafplatz der Robben." So lauteten seine vergeblichen Worte, denn der Night-Hunter schnitt das Seil durch. Der älteste Bruder stürzte hinab und starb. Night-Hunter nahm keine der Robben, die auf dem Boden lagen, denn er wollte nicht, daß jemand denken könne, er habe seinen ältesten Bruder ermordet. Deshalb belud er sein Kanu mit Feuerholz und kehrte nach Hause zurück. Da fragte ihn sein Vater La'qwagilageme, was er gemacht habe, als er lospaddelte. Night-Hunter antwortete, daß er Feuerholz holen gefahren sei. Die ersten des Numaym Gi'gilgam der A'wa ilela argwöhnten schon, er habe seinen ältesten Bruder ermordet. Der Abend kam, und es wurde Zeit, daß Day-Hunter heimkehren sollte. Doch er kehrte auch am folgenden Tag nicht zurück. Jetzt verstärkte sich die Vermutung der Leute, daß er von seinem jüngeren Bruder ermordet worden war. Der neue Night-Hunter dagegen fühlte sich sehr glücklich.

Jetzt will ich für einen Moment aufhören, vom Night-Hunter zu erzählen, und statt dessen über seinen älteren Bruder Day-Hunter sprechen, von dem es hieß, er liege tot auf dem Schlafplatz der Robben. Als das Seil, das Day-Hunter trug, von Night-Hunter zerschnitten wurde, stürzte er auf die Felsen, auf den Steinboden des Schlafplatzes der Robben. Day-Hunter merkte, daß sein Bauch platzte, denn seine Eingeweide spritzten über die Felsen. Doch sein Geist blieb noch völlig in ihm, und so lag er auf den Felsen, wo er herunterstürzte. Plötzlich hörte er viele Menschen, die sich unterhielten und über die Art sprachen, wie er herabstürzte. Alle freuten sich darüber, daß der, den sie Making-Awake-on-the-Rocks (Tsextsekagila) nannten, tot war, umgekommen durch seinen Sturz. Das konnte er alles vernehmen. Viele Leute kamen herbei und standen um ihn herum. Plötzlich hörte Day-Hunter jemanden laut ausrufen: „Warum versammelt ihr euch dort?“ Die Stimme klang weit entfernt. Ein Mann, der neben der Stelle stand, wo Day-Hunter auf dem Felsen lag, antwortete: „Tsextsekagila stürzte in unser Haus herab und ist jetzt tot.“ Da forderte der eine, der gefragt hatte: „Warum versammelt ihr euch dort?“: „Kümmert euch darum, daß er wirklich tot ist.“ Bei diesen Worten wurde Day-Hunters Herz so stark, daß er schnell vom Felsen aufstand. Einige der Robben hatten nicht einmal mehr Zeit, ihre Robbenmasken aufzusetzen. Doch viele konnten sie noch überziehen. So stand Day-Hunter jetzt auf dem Boden und wartete auf die Worte, die die Leute an ihn richten würden, oder darauf, daß sie ihn umbrächten. Der Häuptling, der den Namen Seal-Face (Me´gwae) trug, ergriff das Wort. Er war die größte aller Robben, derjenige, in dessen Nakken der runde Quarzkristall saß. „Oh, mein Volk, jetzt haben wir vor unserem Freund Tsextsekagila unser übernatürliches Geheimnis verloren, denn er hat erkannt, daß wir Menschen sind, wie er einer ist. Nun macht! Fragt ihn! Vielleicht wünscht er, von uns geheilt zu werden?“ Ein Mann, der genau neben der Stelle stand, wo Day-Hunter hinabstürzte, rief: „Das wünscht er sich, daß wir so etwas machen, Häuptling.“ Sieh an, er war ein Gedankenleser, der jetzt an der Seite von Day-Hunter stand. Da kam ein Mann aus einer Ecke dessen, was sich jetzt als ein großes Haus mit geschnitzten Pfosten zeigte, herbei und brachte etwas wie eine Schüssel mit dem Wasser des Lebens. Der Mann sprengte das Wasser über Day-Hunters Leib. So wurde er wiederhergestellt und seine Wunden geheilt. Dann ergriff der Häuptling aufs neue das Wort: „Was wünscht sich unser Freund als Schatz? Erhofft er sich Dinge für Potlatchs?“ Day-Hunter dachte bei sich, das wolle er nicht. Sofort verkündete der Gedankenleser: „So etwas will er nicht.“ Wieder sprach der Häuptling: „Wünscht er sich nicht die geschnitzten Pfosten und das Wasser des Lebens in der Ecke hier?“ Day-Hunter fragte sich: „Was soll das nützen?“ Und sofort verkündete der Gedankenleser die Frage: „Was soll das nützen?“ Da wurde der Häuptling verärgert über ihn. „Wünscht unser Freund den Death-Bringer-Baton?“ Day-Hunter dachte bei sich: „Das ist es, was ich mir wünschte, den Todbringer.“ Sofort meldete der Gedankenleser: „Er meint, das ist es, was unser Freund hier wünscht, den Todbringer, damit er an seinem jüngeren Bruder Rache nehmen kann.“ So erhielt Day-Hunter durch großes Glück den Fire-Making-Death-Bringer-Baton, denn das war der Name des Todbringers. Dann ordnete der Häuptling an: „Später will ich jemanden damit beauftragen, unseren Freund nach Hause zu bringen, nachdem er vier Tage hier in unserem Haus verbracht hat, mein Volk.“

Day-Hunter hielt sich nun zwischen den Robben auf, die alle zu Menschen wurden, sobald sie in ihre Häuser kamen, „wo ich jetzt bin, an dem Schlafplatz der Robben“. Die Robben nennen ihn "Place of Wealth“ (Qo´mxdems). Als die Nacht anbrach, veranstalteten sie eine Winterzeremonie. Das waren ihre Tänze: Der Seegrizzlybär-Tanz, der Grizzlybär-Tanz, der Kriegstanz, der Lachende-Gänse-Tanz und der Orca-Tanz, und schließlich der Kannibalen-Tanz der Robbenleute, denn sie fürchten ihn (den Kannibalen) wirklich sehr, wenn er in Trance gerät. Alle diese Tänze konnte Day-Hunter kennenlernen. Day-Hunter wußte nicht, daß es - wirklich! - schon Winter war, als die Nacht kam, und daß die Robbenleute deshalb ihre Winterzeremonie in der Nacht durchführten. Deswegen gibt es auch so wenig Robben im Winter. Der Sommer ist ihr Tag. Day-Hunter wurde die ganze Zeit, die er sich bei den Robben aufhielt, Tsextsekagila genannt.

Am Morgen versammelte der Häuptling seine Leute. Day-Hunter wurde aufgefordert, sich zwischen die Gäste zu setzen. Er sollte an der Rückseite des Hauses Platz nehmen. Sobald er sich niedergelassen hatte, stand der Häuptling auf. Er hielt eine Rede: „Aus einem besonderen Grunde habe ich euch zusammengerufen, Leute, wegen unseres Freundes Tsextsekagila hier, damit er endlich nach Hause zurückkehren kann, an den Ort, von wo er hergekommen ist. Ich möchte jemanden beauftragen, ihn nach Hause zu bringen. Der, den ich damit beauftrage, soll unser Freund Going-in-One-Day-to-the-End-of-the-World (Hayilbalisela) sein, denn er kann lange die Luft anhalten, wenn er taucht. Der Eingang zu unserem Haus liegt weit entfernt. Ich weiß, daß unser Freund Tsextsekagila sich nach Hause sehnt, denn er ist nun vier Tage hier gewesen. Jetzt mache dich auf, Freund Hayilbalisela, und bringe unseren Freund heim." Ein gut gekleideter Mann erhob sich und meinte: „Jetzt komm, Freund Tsextsekagila, ich will prüfen, wie lange du die Luft anhalten kannst." Sofort erhob sich Day-Hunter und ging zu ihm hin. Der Häuptling überreichte ihm den Todbringer. Dann forderte ihn Hayilbalisela auf, sich auf seinen Rücken zu legen und ihn an den Seiten zu kratzen, wenn ihm die Luft ausginge. Sobald der Mann zum Tauchen bereit war, verwandelte er sich in einen Eistaucher. Er tauchte, doch schwamm er noch nicht lange unter Wasser, als Day-Hunter ihn schon kratzte, und sofort tauchte er wieder auf. Erneut tauchte er, und diesmal blieb er länger unten, bevor Day-Hunter ihm das Zeichen gab. Er tauchte auf und blieb beim nächsten Mal sehr lange unter Wasser. Dann erklärte Hayilbalisela: „Jetzt ist mein Herz beruhigt, denn dein Atem reicht lange. Laß es uns noch einmal versuchen, jetzt! Versuche, die Luft wirklich lange anzuhalten." Dann tauchte er wieder. Diesmal gab Day-Hunter kein Zeichen, bis er von selbst auftauchte. Wie früher tauchte er wieder am Ufer des Dorfes der Robbenleute im Innern ihres Schlafplatzes auf. Day-Hunters Atem reichte jetzt sogar länger als der von Hayilbalisela. Da meinte Hayilbalisela: „Jetzt wird mein Atem von deinem übertroffen. Ich bin sicher, daß wir die Mündung unseres Platzes erreichen werden. Sei bereit, jetzt schwimmen wir hinaus." Dann tauchte er. Day-Hunter wußte, daß sie den Schlafplatz der Robben verlassen hatten. Das Licht unter Wasser schien jetzt anders. Am Schlafplatz der Robben war auch das Tageslicht dunkel gewesen. Es heißt, sie kamen an der Außenseite von Egg-Island hoch. In diesem Augenblick ergriff Hayilbalisela, der Eistaucher, das Wort: „Mein Freund Tsextsekagila, ich kenne deinen jüngeren

Bruder, Night-Hunter. Er war es, der dich verletzt hat. Ich hoffe, daß deine Rache an ihm gelingt. Wir wollen das Seeungeheuer Ne´mxxaligiyu, das im Charcoal-at-the-Mouth-of-the-River (Tsolnaxsiwe) lebt, dazu bringen, sich zusammen mit uns auf den Weg zu begeben." Dann forderte er Day-Hunter, den sie Tsextsekagila nannten, auf, die Luft anzuhalten, denn diesmal würden sie wirklich weit tauchen. Dann tauchte er und schwamm seewärts bis zum Meer hier. Er tauchte erst bei Tsolnaxsiwe auf. Day-Hunter sah viel Holzkohle dort schwimmen. Hayilbalisela ergriff erneut das Wort: „Jetzt paß auf, mein Freund. Jetzt wollen wir zum Haus des Seeungeheuers unten im Meer hinabtauchen. Dort existiert eine andere Welt. Er tauchte senkrecht hinab. Doch sie waren nicht lange durch das Wasser unterwegs, als sie eine schöne Landschaft erreichten. In dieser Gegend stand Ne´mxxaligiyus Haus. Hayilbalisela verwandelte sich in einen Menschen, und sie betraten das Haus. Ein beleibter Mann saß auf dem Fußboden. Sobald Ne´mxxaligiyu Hayilbalisela erblickte, sprach er ihn freundlich an. Hayilbalisela antwortete: „Wir kommen, um dich, Freund, für unsere Rache an dem jüngeren Bruder von Tsextsekagila einzuspannen." Ne´mxxaligiyu freute sich aufrichtig über ihre Worte. Sofort machte er sich bereit. Er rief, was er als seine Hunde bezeichnete, die vielen Seehunde, die in seinem Haus herumkrochen. Die Seehunde versammelten sich um ihn. Einen kleinen Seehund, der den Namen Dirty (Nesa) trug, ergriff er. Er nahm ihm seine Seehundmaske ab. „Ich will das mitnehmen für den Fall, daß ich es brauche, diese deine Seehundmaske, Child Dirty", erklärte er. Damit war er vorbereitet und verließ das Haus. Sie kamen hinauf in unsere Welt. Hayilbalisela wurde wieder ein Eistaucher, und Ne´mxxaligiyu verwandelte sich in einen Heilbutt. Day-Hunter lag erneut auf dem Rücken von Hayilbalisela, und sie tauchten gleichzeitig. Sie vertrauten darauf, daß ihre magische Macht übereinstimmte. Deshalb dauerte es auch nicht lange, bis sie von Tsolnaxsiwe aus, das nicht weit vom Rand der oberen Welt entfernt liegt, in die Nähe des Landes kamen. Sie erreichten Cascade (Tsexu´la). Ne´mxxaligiyu nahm Dirtys Seehundmaske und setzte sie Tsextsekagila, Day-Hunter, auf. Ne´mxxaligiyu forderte nun Tsextsekagila auf: „Jetzt mach dich auf, mein Freund, und zeige deinen Kopf seewärts vom Haus deines Vaters. Wenn die Dorfleute dich erblicken, werden sie deinen jüngeren Bruder, Night-Hunter, ausschicken, dich zu erlegen. Wenn er sich dir nähert, mußt du tauchen und seewärts schwimmen, dorthin, wo ich warte. Sobald er über meinem flachen Leib schwimmt, werde ich ihn in das Wasser ziehen. Bildet die See also eine hohe Welle, mußt du in sein Reisekanu steigen. Du mußt dich aufstellen und mit dem Feuerbringer, den du durch großes Glück erhalten hast, auf ihn zielen. Day-Hunter tauchte. Er schwamm hinüber und tauchte seewärts seines Hauses auf. Sofort erblickten die Leute, die dort auf dem Boden saßen, den Seehund. Night-Hunter wurde aufgefordert, ihn zu jagen. Eilig stieg er in sein Reisekanu und fuhr hinaus. Er näherte sich dem Seehund. Night-Hunter griff seine Harpune und versuchte, ihn aufzuspießen, als er tauchte. Doch er blieb nicht lange unter Wasser, sondern tauchte seewärts der Stelle, wo Night-Hunters Kanu schwamm, wieder auf. Der paddelte los und versuchte noch einmal, den Seehund zu treffen. Wieder tauchte der Seehund, und abermals erschien er nicht weit entfernt. Erneut paddelte Night-Hunter hinterher. Wieder versuchte er, ihn zu treffen, doch der Seehund tauchte. Er schwamm nur wenig weiter seewärts und tauchte erneut auf. Night-Hunter versuchte, dorthin zu paddeln, als die See zu rollen begann. Night-Hunter erkannte eine seichte Wasserstelle, wo sein Kanu gerade lag. Da stieß er seine Harpune in die Oberfläche von Ne´mxxaligiyu. Doch er war zu schwach für die Welle, die sich auftürmte. Seine Harpune steckte in Ne´mxxaligiyu, und seine Hände klammerten sich an der Harpune fest. Night-Hunter stand noch in seinem Reisekanu, als Day-Hunter Dirtys Seehundmaske abnahm und an Bord des Reisekanus von Night-Hunter kam. Day-Hunter ergriff das Wort: „Du bist von meinen Brüdern Night-Hunter. Jetzt wirst du dorthin gehen, wohin du mich haben wolltest.“ Night-Hunter blieb nicht die Zeit, ein Wort zu erwidern; er wurde von seiner Harpune ins Wasser gerissen. Er starb dabei wirklich, denn sobald er auf die Sandbank trat, die sich von Eawe´galis nach Cascade erstreckt und nun seicht war, versank er. Das Wasser ist dort eigentlich nur knietief, doch gerade jetzt kam eine hohe Welle. Es ist der Rücken von Ne´mxxaligiyu, der sandige Kies dicht unter der Wasseroberfläche.

Es wird berichtet, daß Ne´mxxaligiyu immer so aussah, wenn er den ersten Indianern erschien. Deshalb erzählten die Jäger der ersten Indianer auch, wenn sie Ne´mxxaligiyu erblickt hatten, nach Hause kamen und dann von ihren Dorfleuten gefragt wurden: „Habt ihr etwas Neues zu berichten?" häufig: „Ich bin dem seichten Wasser über Ne´mxxaligiyu begegnet."

Als Night-Hunter versunken war, beruhigte die See sich wieder. Der Eistaucher, also Hayilbalisela, schwamm nicht weit von der Stelle auf dem Wasser, wo Night-Hunters Kanu trieb, in dem jetzt Day-Hunter stand. Die ersten A´wa ilela kamen aus ihren Häusern. Sie zeigten sich überrascht über das, was mit Night-Hunter geschehen war, und auch über den, der jetzt in dessen früheren Kanu stand, den sie nicht mehr erkannten und für einen fremden Menschen hielten. Denn die ersten A´wa ilela hatten die Ereignisse vergessen, durch die Day-Hunter damals verschwand. Der Eistaucher schrie auf, genau als ob er Day-Hunter wecken wolle. Da sang Day-Hunter seine heiligen Gesänge:

Ich wurde von der magischen Macht ins Leben zurückgebracht; von der magischen Macht wurde ich wiederbelebt. Hai hai hai hai.

Mir wurde übernatürliche Kraft gegeben, übernatürliche Kraft erhielt ich von der wunderbaren Flut-Frau, der Übernatürlichen. Hai hai hai hai.

Mir wurde in die Hände gegeben das brennende Feuer der übernatürlichen Macht. Hai hai hai hai

Deshalb werde ich alles mit meinem brennenden Feuer verbrennen, ihr miesen weltlichen Leute. Hai hai hai hai.

Als er die letzten Worte seines heiligen Gesanges beendet hatte, streckte er seine rechte Hand aus, die den Death-Bringing-Baton hielt, und richtete die Spitze auf Qa´qelen. Sofort fing der Berg Feuer. Dann zielte er auf Cascade. Auch dieser Berg ging in Flammen auf. Als nächstes richtete er seine Hand auf den Ma´gitane. Auch auf diesem Berg loderten die Flammen. Dann wendete er seine Hand gegen den Fluß Eawe´galis. Sofort brannte auch hier alles. Dann hörte er mit den Zerstörungen auf. Er tat dies aus dem Grunde, weil sein Vater wissen sollte, daß er noch am Leben sei und durch einen glücklichen Zufall einen übernatürlichen Schatz erhalten habe, den Death-Bringer-Baton. Hayilbalisela, der Eistaucher, schrie auf. Er schwamm noch immer auf dem Wasser und tauchte jetzt. Er tauchte unter das Kanu, in dem Day-Hunter stand, und preßte seinen Rücken gegen den Boden des Kanus. So brachte er ihn zum Ufer des Hauses seines Vaters La´qwagilageme. Als er das Ufer erreichte, kam La´qwagilageme herab zu seinem Sohn Day-Hunter und bat ihn aus dem Kanu. Zusammen gingen sie in das Haus. Die ersten A´wa ilela fürchteten sich sehr vor Day-Hunter, denn sie hatten alle gesehen, wie es brannte, wenn er die Hand ausstreckte. Deshalb brachten sie alle ihre Habe in sein Haus und behandelten ihn wie einen Häuptling. Das ist das Ende der Geschichte.

Copper-Body

Erzählt von Kä´maxalas, einer Gwa´waenox Gi´gilgam-Frau

Copper-Body (La´qwagidek), der Häuptling der Gi´gilgam der Gwa´waenox, lebte auf Te´mxsem, der Insel in der Mündung des Clay (Le´qa Drury Inlet). La´qwagidek hatte ein Kind, ein Mädchen mit dem Namen Skin-Dresser-Woman (Alakilaogwa), seine einzige leibliche Tochter. Eines Tages saßen sie alle auf der Sommerplattform, La´qwagidek, seine Frau Copper-in-House (La´qwäl), seine Tochter und alle Dorfleute, auf der Sommerplattform auf der Seeseite des Hauses, denn es war wirklich ein herrlicher Tag. Kurz vor Mittag kam ein großes Kanu mit sehr vielen Männern als Besatzung an der Spitze von Te´mxsem in Sicht. Ein Mann stand in der Mitte des Kanus auf und hielt sein Paddel über seine Schulter. Als sie das Ufer von La´qwagideks Haus erreicht hatte, begann der Mann, der in der Mitte stand und das Paddel über die Schulter hielt, zu sprechen: „Ich bin gekommen, ich, Cloudy (A'nxwit), um deine einzige leibliche Tochter, Alakilaogwa, zur Frau zu nehmen, Häuptling La'qwagidek. Denn wir haben überall von ihrem Tochterpfahl gehört, der kreischen kann." Mit diesen Worten hob er eine Decke aus Bärenpelz auf und übergab sie als Hochzeitsgabe für seine Tochter an La'qwagidek. Danach ergriff der Mann, der Sprecher des Bootes, wieder das Wort, indem er eine weitere Decke aus Schwarzbärenpelz hielt: „Mit dieser Decke rufe ich meine Frau." Sofort erhob sich La'qwagidek und forderte die Dorfleute auf, mit seiner Tochter in sein Haus zu gehen, wo sie sich auf ihrem Tochtersitz niederlassen sollte, auf dem man sie hinunter zum Kanu seines zukünftigen Schwiegersohnes bringen sollte. Das ganze Dorf begab sich mit der Tochter in das Haus. Doch dauerte es gar nicht lange, bis sie wieder herauskamen und mit sich den Tochtersitz von La'qwagideks Tochter brachten, der ringsum mit Schädeln geschmückt war. Alakilaogwa saß auf ihrem Tochtersitz. Sie wurde an Bord des Reisekanus ihres Gatten gebracht. In einer Kiste befanden sich viele Privilegien, roter Thujarindenschmuck für vier verschiedene Tänze der Winterzeremonie. Die Privilegien und vier große Trommeln erhielt A'nxwit als Hochzeitsgaben. Als die Übergabe beendet war, bedankte sich A'nxwit nicht einmal für die ihm zur Hochzeit übergebenen Privilegien. Er fuhr sofort wieder ab und steuerte nach Pointed Beach (Awi'lbalis). Von dort ging es direkt nach Deserter's Island (O'kune). Sobald sie sich ihr näherten, lenkten sie nach Cox Island (Yu'le). Und sobald sie dorthin kamen, steuerten sie hinaus auf den Ozean. Kein Land war mehr zu sehen. Alakilaogwa fühlte sich dabei unwohl. Deshalb fragte sie ihren Gatten: „Oh! Ist der Ort weit entfernt, wohin wir fahren?" Da antwortete ihr Gatte: „Er liegt weit fort." So legte sich Alakilaogwa in das Kanu und weinte. Wieder fragte Alakilaogwa: „Sind wir immer noch nicht da?" Und ihr Mann antwortete: „Wir sind beinahe da." Alakilaogwa weinte weiter. So waren die Leute schon sehr lange gepaddelt, als der Steuermann erklärte, er könne die Berge ihres Landes erkennen. Sofort fragte Alakilaogwa: „Sind wir immer noch nicht da?" und ihr Mann antwortete: „Wir sind schon fast da." Da setzte sich Alakilaogwa im Kanu auf und blickte umher. Sie sah einen langen steilen Felsen, der bis in das Wasser reichte, und vom Kanu angesteuert wurde. Als sie dort ankamen, ergriff der Steuermann die Ankerleine und band sie an das Ende einer Wurzel, die eine Fichte auf der Spitze des Hügels, der vom Wasser aufstieg, hinabgesenkt hatte. Der Steuermann erhob sich im Kanu und kletterte die Wurzel entlang in die Höhe. Alle Bootsleute taten es ihm gleich. Da meinte Alakilaogwa zu ihrem Gatten, sie könne nicht auf diese Weise hinaufsteigen. Ihr Mann entgegnete: „Komm und lege dich auf meinen Rücken." Alakilaogwa legte sich auf den Rücken ihres Gatten. Ihr Mann ergriff die Wurzel. Nachdem er den Gipfel des Felsens, der steil ins Wasser abfiel, erreicht hatte, ließ er sie herunter auf den Boden und betrat einem ausgetretenen Pfad. Alakilaogwa folgte ihm, doch ihr Mann wendete seinen Kopf nicht einmal nach ihr um. Alakilaogwa konnte ihren Mann nicht überholen, doch sie sah, daß er hinunter in eine Höhle am Fuß des steilen Berges stieg. Alakilaogwa war schon ganz außer Atem, deshalb konnte sie auch nicht mehr schnell gehen. Plötzlich erblickte sie eine alte Frau, die dort auf dem Boden saß, wo genau über der Frau das Wasser vom Ende einer Wurzel tropfte. Als Alakilaogwa dort ankam, wo die Frau saß, sprach die Sitzende sie an: „Bleib einen Moment hier, Herrin, damit ich dir raten kann. Denn die, die dich hierher brachten, sind keine Menschen. Sind es nicht Bären? Iß auf keinen Fall, was sie dir anbieten, sonst mußt du für immer hierbleiben. Und laß dich auf keinen Fall von deinem Gatten küssen. Erlaube ihm auch nicht, sich mit dir zu paaren, sonst mußt du für immer hierbleiben. Nimm dies!" Mit diesen Worten überreichte sie Alakilaogwa einen kleinen Korb. „Verbirg ihn. Sobald du nun etwas zu essen erhältst, gib nur vor zu speisen. Doch stecke heimlich, was dir als Mahlzeit gegeben wird, in diesen kleinen Korb." Sie gab ihr auch weißes Moos zum Kauen, wenn sie vortäuschte, etwas zu verzehren, und erklärte: „Blick mich an. Der Grund, warum ich hier im Boden verwurzelt bin, liegt darin, daß ich vor langer Zeit verzehrte, was sie mir als Mahl anboten. Und in der Nacht paarte ich mich mit meinem Mann. Als der Tag anbrach, schickte er mich zum Wasserholen zu der Stelle, wo ich jetzt festgewachsen bin. Denn nachdem ich mich auf dem Boden niederließ, haftete ich hier fest. Seitdem sitze ich hier auf dieser Stelle. Sobald du den Verzehr vorgetäuscht hast, mußt du zu mir kommen und mir den kleinen Korb voll der Speisen übergeben, die zu essen du vorgegeben hast. Jetzt beeil dich! Sonst könnten sie argwöhnen, daß ich dir Ratschläge gegeben habe." Sogleich machte sich Alakilaogwa auf, stieg in das Höhlenhaus des Bären und ließ sich an der Seite ihres Gatten nieder. Sofort forderte ihr Gatte seine beiden Schwestern auf, Holzäpfel als Speise für die Ankunft seiner Frau zu sammeln. Sogleich nahmen die beiden Schwestern A'nxwits ihre Bärenpelze und zogen sie über. Sie wurden zu zwei Bären, die jetzt das Höhlenhaus verließen. Die beiden Bären blieben nicht lange fort, sondern kehrten bald zurück. Sie nahmen eine frische Matte und breiteten sie vor A'nxwit und seiner Frau Alakilaogwa aus. Danach drehten die beiden Schwarzbären ihre Rückseiten der auf dem Boden ausgebreiteten Matte zu und spritzten aus ihren Hinterteilen gesäuberte Holzäpfel. Als sie sich von allen Holzäpfeln entleert hatten, entledigten sich die beiden Bären ihrer Bärenpelze und hängten sie innen an der rechten Seite des Türweges auf. Sie kamen herbei und setzten sich zu A'nxwit, um die Holzäpfel zu verzehren. Alakilaogwa gab nun vor, die Holzäpfel zu essen, doch sie warf sie nur in den kleinen Korb. Sobald der kleine Korb nun mit Holzäpfeln gefüllt war, erhob sich Alakilaogwa, verbarg den kleinen Korb voller Holzäpfel und lief zu Woman-Rooted-on-the-Ground. Als Alakilaogwa dort ankam, übergab sie den kleinen Korb an Woman-Rooted-on-the-Ground. Die streute die Äpfel aus, gab Alakilaogwa den leeren Korb zurück und meinte: „Schlafe auf keinen Fall heute Nacht ein, wenn du dich mit deinem Gatten hinlegst. Sonst könnte er dich beschlafen. Und laß dich nicht von ihm küssen. Denn, sollte ihm der Beischlaf gelingen, mußt du immer in diesem Land bleiben, und auch, wenn du ißt, was sie dir als Speise geben. Jetzt geh heim, sonst könnten sie argwöhnen, wir hätten miteinander gesprochen." Alakilaogwa verbarg wieder den kleinen Korb und lief zum Haus ihres Gatten A'nxwit. An diesem Tag nahmen sie nur die eine Mahlzeit zu sich.

Als die Nacht kam, meinte A'nxwit zu seiner Frau Alakilaogwa: „Komm, wir wollen uns hinlegen." Sofort erhob sich Alakilaogwa vom Boden, folgte ihrem Gatten und legte sich ins Bett. Gleich wollte ihr Mann sie begatten. Doch Alakilaogwa weinte nur die ganze Nacht, und A'nxwit sprach sie nicht mehr an. Der Tag brach an, und A'nxwit forderte seine Frau auf, sich zu erheben. Sofort erhob sie sich und ging, um sich am Feuer des Hauses niederzulassen. A'nxwit forderte seine beiden Schwestern auf, Schneeballbeeren für das Frühstück für ihn und seine Frau zu holen. Sofort griffen sich A'nxwits Schwestern ihre Bärenpelze und zogen sie an. Als zwei Bären verließen sie das Höhlenhaus. Es dauerte wieder nicht lange, und die beiden Bären kehrten durch die Öffnung der Höhle in das Haus zurück. Sie machten dasselbe, was sie mit den Holzäpfeln gemacht hatten. Die beiden Bären wendeten ihre Rücken zu der auf dem Boden ausgebreiteten Matte und sprühten Schneeballbeeren aus ihren Hinterteilen. Als sie damit fertig waren, legten die beiden Bären ihre Bärenpelze ab und hängten sie an der rechten Seite des Türweges innen auf. Dann kamen sie herbei und setzten sich bei A'nxwit nieder und verzehrten mit ihm die Schneeballbeeren. Alakilaogwa gab ebenfalls vor, die Schneeballbeeren zu essen, doch steckte sie die Beeren nur in den kleinen Korb. Als der Korb mit Schneeballbeeren gefüllt war, erhob sich Alakilaogwa und lief aus dem hinaus, was von den Bären als ihr Haus bezeichnet wurde. Sie lief zu Woman-Rooted-on-the-Ground. Sobald sie bei ihr war, gab sie ihr den Korb voller Beeren. Woman-Rooted-on-the-Ground nahm den kleinen Korb, streute die Beeren auf den Boden und sagte: „Mach dir nichts daraus, daß ich dir so oft Anweisungen gebe! Schlafe nur nicht ein, denn dein Mann könnte dich dann begatten. Und gestatte unter keinen Umständen, daß er dich küßt. Weine sofort, wenn er versucht, mit dir zu schlafen, denn es ist nicht gestattet, daß Bären Weinen hören. Denn nur aus diesem Grunde bin ich hier festgewurzelt, weil ich dem, der jetzt dein Gatte ist, erlaubte, mit mir zu schlafen, als wir uns zum ersten Mal zur Nacht hinlegten. So ist es. Jetzt geh! Sonst kommen wir in Verdacht." Da ergriff Alakilaogwa den kleinen Korb, lief nach Hause und setzte sich auf den Platz, wo sie immer saß.

Die Nacht brach an. Da forderte A'nxwit Alakilaogwa auf: „Laß uns zu Bett gehen!“ Sie erhob sich und legte sich mit ihrem Gatten in das Bett. Gleich wollte sich ihr Gatte mit ihr paaren. Doch Alakilaogwa weinte nur. Da drehte sich A'nxwit um und lag Rücken an Rücken mit seiner Frau. So konnte er sie nicht begatten. Als der Morgen kam, standen Alakilaogwa und ihr Gatte A'nxwit auf und setzten sich nieder, wo sie immer zu sitzen pflegten. A'nxwit forderte seine zwei Schwestern auf, im Inland Beeren als Frühstück für sich und seine Frau zu sammeln. Die beiden Frauen zogen ihre Bärenpelze an. Zwei Bären verließen das Haus. Nach kurzer Zeit kamen sie zurück, brachten die Speisematte und breiteten sie vor Alakilaogwa aus. Dann stellten sich die beiden Bären in beide Richtungen daneben und sprühten aus ihren Hinterteilen Johannisbeeren. Als sie ihre Hinterteile aller Johannisbeere entledigt hatten, zogen die beiden Bären ihre Pelze aus und hängten sie auf. Die beiden Frauen kamen nun herbei und setzten sich nieder, die Johannisbeeren zu verzehren. Auch A'nxwit aß die Johannisbeeren gemeinsam mit seiner Frau Alakilaogwa, die aber nur so tat, als nehme sie Beeren zu sich. Sobald ihr kleiner Korb gefüllt war, stand sie auf, verließ das Haus und lief zu Woman-Rooted-on-the-Ground. Sie übergab ihr den kleinen Korb voller Johannisbeeren, und Woman-Rooted-on-the-Ground zerstreute die Beeren auf den Boden. Dann meinte sie: „Jetzt sei vorsichtig und schlafe diese Nacht ja nicht ein. Denn, wenn du einschläfst, wird dein Gatte mit dir schlafen, und dann kannst du niemals mehr zu deinen Eltern zurückkehren, wie es mir ergangen ist. Und, laß es nicht zu, daß du geküßt wirst. Ich weiß es. Wenn du heute Nacht nicht beschlafen wirst, kannst du morgen nach Hause heimkehren. Du mußt das Kanu deines Gatten als dein Reisekanu nehmen, denn es ist das einzige feste Kanu bei den Bären. Deshalb können sie dann nicht hinter dir herpaddeln. Jetzt mach dich auf, dein Gatte könnte sonst argwöhnen, daß ich dir Ratschläge erteile.“ Alakilaogwa ergriff ihren kleinen Korb und lief ins Haus.

Die Nacht kam. Sie lag mit ihrem Gatten im Bett. Es war schon beinahe Morgen, als Alakilaogwa wirklich müde wurde und für einen Moment in Schlaf fiel. Sie wachte erst auf, als sie von ihrem Gatten geküßt wurde. Da begann sie zu weinen. Als das Tageslicht kam, erhoben sie sich und setzten sich nieder, wo sie jeden Tag saßen. A'nxwit forderte seine Schwestern auf, Früchte für ihn und seine Frau zum Frühstück zu pflücken. Sogleich bekleideten sich die beiden Schwestern mit ihren Bärenpelzdecken und verließen das Haus. Es dauerte nicht lange, bis sie zurückkamen. Die beiden Bären brachten die Speisematte und breiteten sie vor A'nxwit und seiner Frau Alakilaogwa aus. Die Bären standen in beide Richtungen und sprühten aus ihren Hinterteilen Holunderbeeren. Als sie sich aller Beeren entleert hatten, zogen die beiden Bären ihre Bärenpelzdecken aus und hängten sie auf, wo sie sie immer hinhängten. Dann setzten sie sich zu Anxwit, der die Beeren verzehrte, und seiner Frau, die nur vorgab, sie zu essen. Alakilaogwa hatte Barthaare bekommen, die ihr bis auf die Brust reichten, weil sie von ihrem Gatten geküßt worden war. Als Alakilaogwa nun fertig war mit ihrem Mahl, erhob sie sich, verließ das Haus und lief zu der Stelle, wo Woman-Rooted-on-the-Ground saß. Noch bevor Alakilaogwa bei ihr war, begann Woman-Rooted-on-the-Ground zu sprechen: „Weshalb hast du es zugelassen, daß du von deinem Gatten geküßt wurdest? Jetzt hast du diese Barthaare. Gib mir den kleinen Korb, eile ohne Zögern zum Kanu und fahre heim in dein Land. Binde nur sofort die Ankerleine des Kanus los und paddle. Du mußt immer dahin steuern, wohin der Bug deines Kanus weist. Habe keine Angst vor deinem Mann, denn er kann dir nicht nachpaddeln, weil es kein anderes Kanu gibt. Nun mach dich auf den Weg!" Sofort rannte Alakilaogwa zu dem Platz, wo das Kanu angebunden war, und stieg hinein. Dann löste sie die Ankerleine vom Ende der Wurzel. Sie paddelte los und steuerte bis zum Abend in die Richtung, in die das Kanu wies. Die Nacht brach an. Mitternacht war vorbei, als sie gerade in die Richtung, in die sie steuerte, etwas wie ein Feuer in der Tür eines Hauses erblickte. Dann erkannte sie viele Menschen, die drinnen umherliefen. Dann war ihr, als ob das Haus das Kanu anziehe, denn es fuhr jetzt sehr schnell. Das Kanu fuhr durch die breite Tür und kam auf der rechten Seite des großen Feuers in der Mitte des großen Hauses zu stehen. Alakilaogwa saß immer noch in ihrem Kanu. Es war keine Person im Haus zu sehen, nur viele Seehunde. Doch schließlich erblickte sie einen Mann, der an der Rückseite des großen Hauses auf seinem Rücken lag und sprach: „Komm her, du sollst einen großen übernatürlichen Schatz von mir erhalten. Du hast gut daran getan, in mein Haus zu kommen. Jetzt steig aus deinem Kanu und setz dich an meine Seite, denn ich will dich zu meiner Frau haben." Alakilaogwa dachte bei sich: „Laß mich ihn ruhig als Gatten nehmen." Sie erhob sich im Kanu, stieg hinaus und setzte sich an die Seite des Mannes, der ihr unbekannt war. Sobald sie sich auf den Boden gesetzt hatte, begann der Mann wieder zu ihr zu sprechen: „Ich weiß, daß du mich nicht erkannt hast. Ich bin Qo´mogwa, mein Haus trägt den Namen House-of-Happiness (Aixaixdamil), denn die vielen Leute, die es von Zeit zu Zeit besuchen, sind immer glücklich. Auch du wirst glücklich sein, Alakilaogwa, weil ich erschienen bin, dich für kurze Zeit zur Frau zu nehmen." Da fühlte sich Alakilaogwa wegen dieser Rede zufrieden, und Qo´mogwa und Alakilaogwa wurden ein Paar.

Alakilaogwa dachte nicht mehr an ihre Eltern, denn sie wurde von ihrem Gatten Qo´mogwa wirklich gut behandelt. Schon bald wurde Alakilaogwa schwanger. Sie brachte einen Sohn zur Welt. (Ich vergaß, als sich Alakilaogwa in der ersten Nacht mit Qo´mogwa niedergelegt hatte, und als sie sich dann am Morgen erhob, merkte sie, daß sie keine Barthaare mehr hatte. Qo´mogwa hatte sie entfernt.). Sobald sie das Kind geboren hatte, gab Qo´mogwa ihm den Namen Copper-Maker (La´qwagila). Im nächsten Jahr brachte Alakilaogwa wieder ein Kind zur Welt, ein Mädchen. Sogleich nannte Qo´mogwa seine Tochter Copper-Maker-Woman (La´qwagilaogwa). Alakilaogwa war voller Freude über ihre Kinder, die schnell heranwuchsen, und über ihren Gatten Qo´mogwa, der seine Kinder und seine Frau wirklich gut behandelte. Aus diesem Grunde dachte sie auch nicht mehr an ihre Eltern. Im nächsten Winter gebar sie wieder einen Sohn. Qo´mogwa nannte ihn Potlatch-Giver (Ma´xwa), und im Winter darauf bekam Alakilaogwa eine weitere Tochter. Qo´mogwa gab seiner jüngsten Tochter den Namen Potlatch-Giver-Woman (Maxmawedzegma). Jetzt erinnerte sich Alakilaogwa auf einmal an ihre Eltern.

Qo'mogwa bemerkte, daß seine Frau jeden Tag niedergeschlagen war. Da fragte er seine Frau: „Wünschst du nicht, zu deinen Eltern zurückzukehren?“ Und Alakilaogwa antwortete, daß sie immer an ihre Eltern denken müsse. Da meinte Qo'mogwa: „Sieh da! Du wirst bald nach Hause kommen.“ Als es Nacht wurde, forderte er sie auf, sich ins Bett zu legen. Nachdem sich nun Qo'mogwa und Alakilaogwa hingelegt hatten, erklärte er: „Jetzt wünschst du, zu deinem Haus zurückzukehren. Ich werde dich zu deinen Eltern bringen. Du mußt mir nur in einem gehorsam sein, was ich dir sage. Schließe jetzt die Augen und schlafe und kümmere dich nicht darum, was du hörst, was für Geräusche auch ertönen. Öffne auf keinen Fall die Augen und versuche nicht zu erkennen, was du hörst, denn sonst wirst du Unglück erleiden.“ Da schloß Alakilaogwa ihre Augen. Qo'mogwa schläferte sie ein. Sie war noch nicht lange eingeschlafen, als sie von einem dröhnenden Geräusch rings um das Haus geweckt wurde. Sie wachte auf, doch sie erinnerte sich der Worte ihres Gatten, der sie ermahnt hatte, auf keinen Fall die Augen zu öffnen. So hielt sie ihre Augen geschlossen, obwohl sie nicht schlief. Dann war es, als ob das Dröhnen aufhöre. Qo'mogwa weckte seine Frau, und sie öffnete die Augen. Er erklärte: „Jetzt bist du zu Hause. Ich werde zu meinem eigenen Haus zurückkehren, denn dieses soll das Haus unserer Kinder sein, das Haus mit vier in den Boden gegrabenen Plattformen. Beim ersten Tageslicht verschwand er.

Alakilaogwa hörte ihren Tochterpfahl, als der Adler auf der Spitze zu kreischen begann. Sie erblickte die Privilegien, die La'qwagidek an Anxwit, den Bärenmann, vergeben hatte. Sie hingen alle an der Rückwand des großen Hauses von Qo'mogwa. Als am Morgen schon helles Tageslicht herrschte, erkannte Alakilaogwa die Stimme ihres Vaters, der vor ihrem Haus sprach. Sofort erhob sich Alakilaogwa von ihrem Lager, ging, die Tür öffnen, und lud ihren Vater ein, hereinzukommen und sich zu setzen. So setzte sich La'qwagidek für kurze Zeit nieder, doch als sie eine Gesprächspause machten, er und Alakilaogwa, verließ er das Haus durch die Tür, um das Dorf zu wecken, denn alle schliefen noch. Er verkündete den Dorfleuten die Neuigkeit, daß Alakilaogwa wieder zurückgekehrt sei. Da kam das ganze Dorf zusammen, um seine Tochter Alakilaogwa zu sehen. Als alle im Haus versammelt waren, entdeckte La'qwagidek die vier großen Kisten auf der rechten Seite des großen Hauses. Kupferplatten befanden sich in der einen Kiste; Decken lagen in einer anderen Kiste; geräuchertes und getrocknetes Walfleisch enthielt die dritte Kiste; die vierte barg die vier Hausschüsseln. Die eine war eine Seeotterhausschüssel; die zweite war eine Orcahausschüssel; die dritte eine Walhausschüssel und die letzte eine Seelöwenhausschüssel. Als La'qwagidek das alles gesehen hatte, forderte er die Dorfleute auf, sich zu setzen. Dann gab er ein Fest mit getrocknetem Wal, getrocknetem Seelöwen und Seehund, die er in die vier Hausschüsseln füllte. Da speisten die ersten der Gwa'waenox. Dann ergriff La'qwagidek die vier Kupferplatten und übergab jeweils eine an die vier Häuptlinge der ersten Gwa'waenox. Als alles beendet war, verließen die Dorfleute La'qwagideks Haus. Aus diesem Grunde wurde La'qwagideks Enkel Copper-Maker (La'qwagila) genannt.

Die Frau, die von einem Schädel entführt wurde.

Erzählt von Guyo'sdedzas, einem Wa'wulibaye

Ich befragte Ke'selas, der gekommen war, weil ich versuchte, Informationen über die Geschichte über den Weißen Mann zu bekommen, denn ich wollte sie weitererzählen, wenn ich die Geschichte kennen würde. So forderte ich ihn auf: „Nun mach, erzähle es mir, damit ich vernehme, was dir bekannt ist." „Ich will es dir erzählen." „Dann laß es mich hören."

Eine hübsche Frau wurde von vielen umworben, einer nach dem anderen. Das ganze Dorf wetteiferte, um sie zu werben. Doch keiner war gut genug für sie. Dann warben Leute aus einem anderen Dorf um sie. Einer war ihr gut genug, und sie wollte ihn. Er schien ihr der rechte zu sein. Ihre Dorfgefährten waren verletzt, weil sie einen aus einem anderen Dorf wollte. Da besprachen sich ihre Dorfgefährten miteinander: „Laß uns gegen die anderen Krieg führen, so daß das ganze Dorf ausgerottet wird." Sie begannen den Krieg gegen das andere Dorf. Sie ermordeten sie. Sie vernichteten das ganze Dorf. Sie schnitten ihnen die Köpfe ab. Dann kehrten sie zu ihren Häusern zurück. Sie brachten die Köpfe der Männer mit und legten sie auf ein Gerüst am Strand. Die Köpfe befanden sich jetzt am Ufer. Das Herz der Frau war betrübt. Sie stand auf und betrachtete die Köpfe. Sie lief hinunter zum Strand. Dort sah sie genau in der Mitte des Strandes den Kopf des einen, den sie sich zum Mann gewünscht hatte. Da weinte die Frau. Sie rief: „In welchem Zustand bist du? Kann der Zustand, in dem du bist, zum Leben zurückkehren? Komm, Schädel, du, nach dem ich mich vergebens sehnte!" Darauf lief die Frau geradewegs in ihr Haus und legte sich in ihr Bett. Ihr Herz war wegen des einen, nach dem sie sich vergebens gesehnt hatte, betrübt. Die Nacht brach an. Plötzlich klopfte jemand an ihre Tür, als es Tag wurde. „Öffne mir." Die Frau erhob sich und öffnete. Sie erkannte sofort, daß der Mann vor ihr stand, den sie als Gatten wünschte. Sie stürmte auf ihn zu und umarmte ihn. „Du bist die, derentwegen ich gekommen bin. Laß uns aufbrechen und lospaddeln. Roll dein Bett zusammen und laß uns lospaddeln." Die Frau holte ihr Bettzeug und ihre Kleidung. „Nimm alles mit!" Sie rollte alles zusammen und übergab es dem Mann. Der Mann nahm das Bettzeug und breitete es im Kanu aus. „Lege dich hier im Kanu nieder. Wir wollen jetzt lospaddeln." Da legte sich die Frau im Kanu hin. Er paddelte, und die Frau schlief. Sie schlief im Kanu, und der Mann paddelte. Der Tag brach an. Die Frau hob ihr Haupt, erwachte und setzte sich im Kanu auf . Sie blickte umher. Kein Land war zu sehen; kein Berg war zu sehen, keine Insel. Da ergriff der Mann das Wort: „Ich will nur, daß du dich erinnerst, was du sagtest, als du dich lustig über den Zustand machtest, in dem ich war. Jetzt werde ich heimkehren." Mit diesen Worten sprang der Mann in das Wasser, und ein Schädel rollte über das Wasser. Er war wieder zu einem Schädel geworden.

Was sollte die Frau sagen? Sie wußte nicht, welchen Weg sie nehmen sollte. So trieb sie lange Zeit herum, Tag für Tag. Eine ganze Anzahl Jahre trieb sie umher. Plötzlich erblickte die Frau etwas Rundes seitwärts auf dem Wasser, Schaum auf dem Wasser. Sie nahm ihr Kanu, hob es in die Höhe und brachte es ins Kanu. Obwohl es jetzt im Kanu war, schmolz es nicht. Der Tag brach an. Was war es wohl? Stoff. Es waren weiße Baumwolle und viel Faden. Sie trieb immer noch umher. Sie befand sich immer noch auf dem Wasser, doch jetzt freute sie sich, denn jetzt hatte sie etwas anzuziehen. Da ertönte ein Geräusch, als ob der Bug auf Land setze. Sie hob ihren Kopf und sah umher. Was konnte es sein, wenn nicht ein herrliches Land! Sie stieg aus dem Kanu und zog ihr Reisekanu hinter sich her. Dann entlud sie es. Sie lud ihren Stoff aus. Es war sehr viel. Sie nähte und errichtete ein Haus. Ihr Haus bestand aus Segeltuch. Niemand ließ sich blicken. Obwohl das Haus am Strand stand, kam niemand, um sie zu treffen. Plötzlich ertönten die Geräusche von Schüssen. Sie lief hinaus und sah nach. Doch konnte sie nichts erblicken. Ohne daß sie jemanden wahrnahm, erblickten sie zwei Männer, die gemeinsam dort entlangliefen. Dann traten die Männer vor sie. Sie näherten sich und standen vor der Tür. „Kommt herein!" forderte die Frau sie auf. Es waren Weiße Männer. Die Frau sprach mit ihnen: „Weshalb ist eure Kleidung so schlecht?" Hirschleder war ihre Kleidung, ihre Hüte und ihre Schuhe. „So ist unsere Kleidung", meinten die Männer. „Wollt ihr nicht, daß ich euch neue mache?" fragte die Frau. „Das wäre schön", antworteten die Weißen Männer. Sie kleidete sie mit ihrem Stoff, stellte Kleider her und übergab sie ihnen. Es heißt, die Kleider waren rot, und sie zogen sie an. Da fragte die Frau sie: „Seid ihr alle?" „Wir sind sehr viele." „Ist euer Dorf weit weg?" „Es ist nicht weit fort. Es liegt sehr nahe." „Macht euch auf und berichtet eurem Häuptling, daß ich kommen werde, mit ihm zu sprechen. Er soll herkommen und meine Kleidung tragen." Sie machten sich auf den Weg und berichteten ihrem Häuptling. Er steuerte herbei. Er vertäute sein Schiff. Er traf dort ein, wo sie lebte. Als der Häuptling da war, überreichte sie ihm Kleider, die er in sein Schiff lud. Sie versuchten, das Schiff zu füllen, doch es schwoll an und wurde größer. Dann ging die Frau an Bord des Schiffes. Sie wurde in das Dorf gebracht. Diese Frau wurde die Anführerin des Dorfes. Sie war die Herrin des Dorfes.

Bildanhang

Alte Ansicht eines Dorfes an der Nord-Westküste

Ansicht von Fort Rupert, von Osten gesehen.
Im Vordergrund zwei Deckenpfähle

Der Na'naquaualil-Tanz

Lao'laxa-Tanz

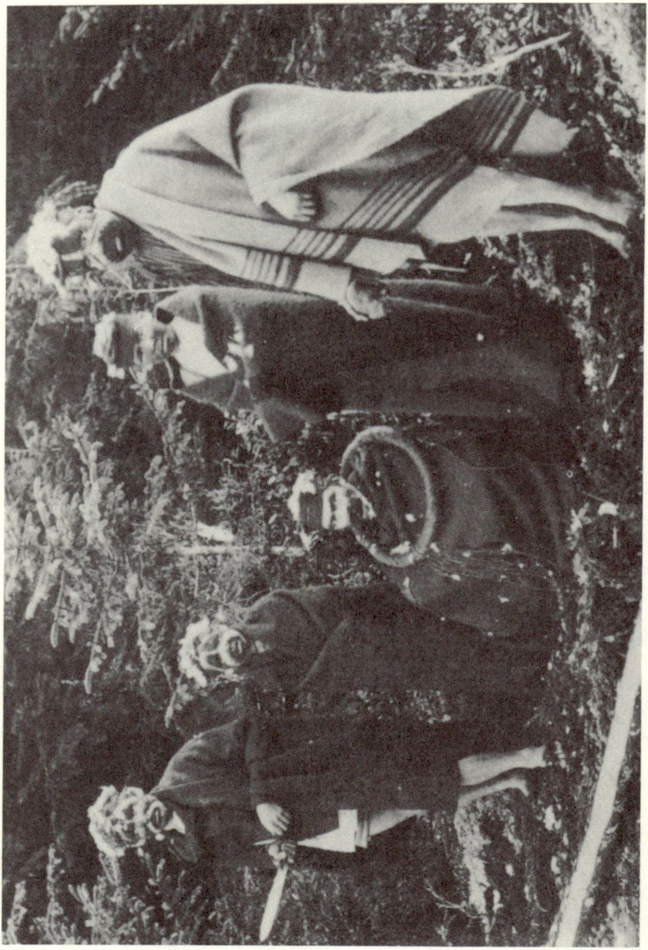

Noo´nlemala (Narren-Tänzer) des Kwakiutl-Stammes bei einer Winterinitiationszeremonie im Wald von Fort Rupert. Foto von Oregon Columbus Hastings, 1894

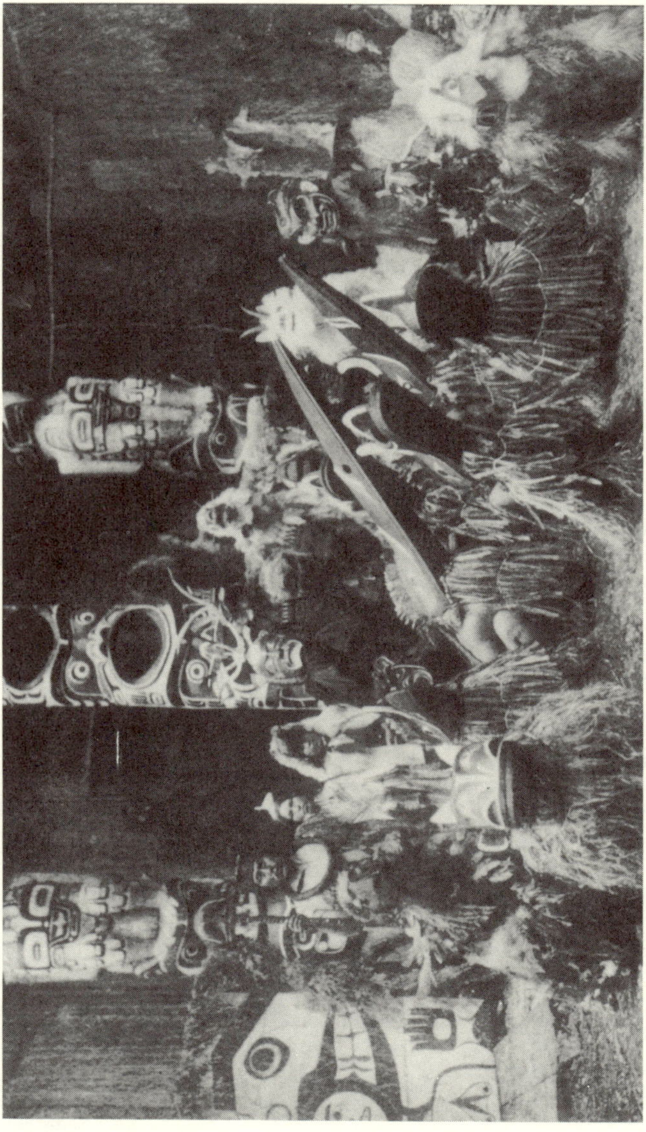

Maskierte Kwakiutl-Tänzer. Foto von Edward Sheriff Curtis, 1914

Seite 292:
Ein Häuptling hält während des Festes eine Ansprache

Seite 293:
Die Ha´matsas oder Kannibalen der Koskimo bei einem Fest

Der Zeremonienmeister Nu´xnemis (rechts)
und sein Sprecher Ho´lelite (links)

Tanz des Häuptlings der Haa´nalino

Statue, die einen Orca darstellt. Fort Rupert

Das Gesicht des Ungeheuers Baxbakualanu Xsi´wae
in einen Felsen bei Fort Rupert gehauen

Literaturauswahl

Auf eine Auflistung der Arbeiten Boas wird hier verzichtet. Dazu sei auf die Literaturlisten in den genannten Texten verwiesen.

- **Baumann, P.**; Schliessler, M., 1987: *Amerikas indianische Seele.* Econ, Düsseldorf, Wien, New York
- **Bierhorst, J.**, 1993: *Die Mythologie der Indianer Nordamerikas.* Weltbild Verlag, Augsburg
- **Bolz, P.**; Peyer, B., 1987: *Indianische Kunst Nordamerikas.* DuMont, Köln
- **Codere, H.**, 1950: *Fighting with Property.* J. J.Augustin, New York
- **Codere, H.**, 1961: Kwakiutl. In: Spicer, E. H.: *Perspectives in American Indian Culture Change*, University of Chicago Press
- **Codere, H.**, 1966: *Kwakiutl Ethnography.* Franz Boas. The University of Chicago Press.
- **Drucker, P.**, 1940: *Kwakiutl Dancing Societies.* Anthropological Records 2, 201-230
- **Dürr, M.; Kasten, E.; Renner, E.** (Hrsg.) 1992: *Franz Boas:* Ethnologe, Anthropologe, Sprachwissenschaftler. Reichert, Wiesbaden
- **Kan, S.**: *Symbolic Immortality.* Smithionian Institution Press, Washington und London
- **Kasten, E.**, 1990: *Maskentänze der Kwakiutl.* Reimer, Berlin
- **Krech, H.**, 1993: *Meine Seele wird nach Süden ziehen.* Carlsen, Hamburg
- **Läng, H.**, 1989: *Kulturgeschichte der Indianer Nordamerikas.* Lamuv, Göttingen
- **Lindig, W.**, 1972: *Die Eskimo und Indianer Nordamerikas.* Modernes Antiquariat Fourier und Fertig, Wiesbaden
- **Mertens, B.**, 1981: *Der Rabe, der die Sonne stiehlt.* Pädagogischer Dienst der Staatlichen Museen Preußischer Kulturbesitz
- **Müller, W.**, 1955: *Weltbild und Kult der Kwakiutl-Indianer.* Franz Steiner Verlag, Wiesbaden
- **Olson, R. L.**, 1960: *Notes on the Bella Bella Kwakiutl.* Anthropological Records 14, 319-347
- **Piddocke, S.**, 1965: *The Potlatch System of the Southern Kwakiutl:* A new Perspective. Southwestern Journal of Anthropology 21, 244-264
- **Sens, K.**, 1994: *Vom Anfang aller Legenden.* Museen der indigenen Bevölkerung Kanadas. DTV, München
- **Thode-Arora, H.**, 1989: *Für fünfzig Pfennig um die Welt.* Campus, Frankfurt, New York

Reihe DOCUMENTA ETHNOGRAPHICA

Herausgegeben von Dr. Michael Kuper
Ursprungsmythen und Welterklärungsfabeln der Völker, Beispiele einer weltumspannenden, altehrwürdigen und hohen Spiritualität

Bd. 1 **Schamanengeschichten aus Sibirien**
Aus dem Russischen übersetzt und eingeleitet von Georg Buddruss und Adolf Friedrich
328 Seiten, DM 24,80 (SF 25,80, ÖS 194)
ISBN 3-88468-036-6

Die alten Mythen der Jakuten, Burjaten und Tungusen berichten von den Fähigkeiten der Schamanen, von ihrem Zugang und Kontakt mit den Bewohnern der "anderen Welt", mit Göttern, Dämonen und Zwischenwesen.

Bd. 2 Knud Rasmussen
Die Gabe des Adlers
Eskimomythen aus Alaska
242 Seiten, DM 22,- (SF 23,-, ÖS 172)
mit zahlreichen Abbildungen
ISBN 3-88468-037-4

Die Mythen kennzeichnen das Weltbild der Eskimo und offenbaren ihren Schöpfungsglauben; sie zeigen die bis ins Übersinnliche gesteigerte Lebenskraft und das geheimnisvolle Einssein von Mensch und Tier. Im Nachwort: *Der Adler als Kulturbringer im nordasiatischen Raum und als Vogel der Schamanen* von Hans Findeisen

Reihe DOCUMENTA ETHNOGRAPHICA

Bd.3 **Die Vereinigung des Feuers**
Schöpfungsmythen der Winnebago-Indianer
gesammelt von Paul Radin,
herausgegeben von Michael Kuper
152 Seiten, DM 19,80 (SF 20,80, ÖS 155)
ISBN 3-88468-044-7

Dieser einzig völlig erhaltene Zyklus von Ursprungsmythen der Plains-Indianer erzählt vom Ursprung der Götter und des Kosmos, von der Entstehung der Menschen und Stämme; von ihrem magischen Brauchtum wie auch von den allgemeinen tiefgreifenden Veränderungen während des Schöpfungsprozesses - und danach.

Bd.4 **Mythen der Cherokee**
Der Aufstand der vierfüßigen Völker und
die Eulenspiegeleien von Tricksterhase
herausgegeben von James Mooney
übersetzt und eingeleitet von Dr. Harro Strehlow
246 Seiten, DM 24,- (SF 25,-, ÖS 187)
mit 12 Fotos
ISBN 3-88468-051-X

Nach Ansicht der Cherokee ist die Erde eine gewaltige Insel. Sie schwimmt auf dem Wasser des Meeres und ist an ihren vier Kardinalpunkten mit einem Strick am Himmelsgewölbe aufgehängt, das aus festem Fels besteht. Wenn die Erde alt und verbraucht sein wird, werden die Menschen aussterben. Die Stricke werden reißen und die Erde im Ozean versinken lassen. Alles wird wieder Wasser sein. Und davor fürchten sich die Indianer ...

Reihe **DOCUMENTA ETHNOGRAPHICA**

Bd.5 **Coyote geht um**
Indianische Schelmengeschichten um den Steppenwolf
übersetzt und herausgegeben von Thomas Kaiser
224 Seiten, DM 24,- (SF 25,-, ÖS 187)
mit Illustrationen von Jaime de Angulo
ISBN 3-88468-055-2

Coyote, der ewig hungrige, ewig geile und ewig ruhelose Schwachkopf-Weltenschöpfer, der Narr schlechthin, einer, der die Gesetze schafft und in der nächsten Geschichte wieder brechen wird; dieser liebenswürdige und abgefeimte Schuft ist der verehrteste Held des indianischen Westens. Ethnologen halten die Coyotegeschichten für die ältesten Überlieferungen der Indianer überhaupt.

Bd. 6 **Die fremde Welt der Kwakiutl**
Indianische Mythen der Nord-Westküste Kanadas
Gesammelt von Franz Boas und George Hunt
übersetzt und eingeleitet von Dr. Harro Strehlow
306 Seiten, DM 28,- (SF 29,-, ÖS 219) mit 18 Fotos
ISBN 3-88468-057-9

Die fremde Welt der Kwakiutl kennt keine Götter, aber auch keine ausgeprägten Individualitäten; nur übernatürliche Wesen, denen man im Traum oder der Vision begegnet und mit ihnen um übernatürliche Schätze kämpft, diese gelegentlich auch geschenkt bekommt. Mit diesen Schätzen ändern sich Namen, Stellung und damit der ganze Alltag der Helden.

Reihe DOCUMENTA ETHNOGRAPHICA

Die Reihe wird fortgesetzt:

Bd. 7 **Mythen vom afrikanischen Spinnentrickster**

Bd. 8 **Mythen der japanischen Ainu**

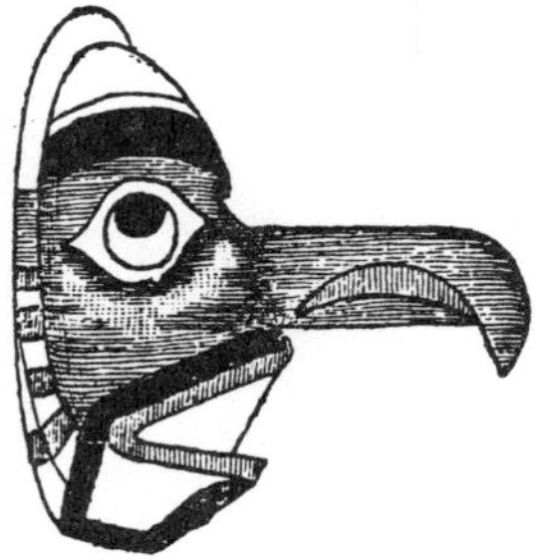

Seitenansicht
der Sonnenmaske